国家社科基金
后期资助项目
GUOJIA SHEKE JIJIN HOUQI ZIZHU XIANGMU

浙江学人与中国近代考古学

Zhejiang's Scholars and Modern Chinese Archaeology

项隆元　著

ZHEJIANG UNIVERSITY PRESS
浙江大学出版社

国家社科基金后期资助项目
出版说明

　　后期资助项目是国家社科基金设立的一类重要项目，旨在鼓励广大社科研究者潜心治学，支持基础研究多出优秀成果。它是经过严格评审，从接近完成的科研成果中遴选立项的。为扩大后期资助项目的影响，更好地推动学术发展，促进成果转化，全国哲学社会科学工作办公室按照"统一设计、统一标识、统一版式、形成系列"的总体要求，组织出版国家社科基金后期资助项目成果。

　　　　　　　　　　　　　　　　　全国哲学社会科学工作办公室

目 录

绪 论

中国近代考古学的创立是 19 世纪末 20 世纪初中国学术变迁的结果。

19 世纪末至 20 世纪初,既是中国社会大变革的时代,也是中国文化大变革的时代,作为社会和文化体系中产生知识、观念的领域,中国学术也经历了一个"除旧布新"的大变革过程。这一变革过程最直接的表现,就是西方学术文化的大规模传播和各门近代学科的相继建立,由此打破了中国原有的"经、史、子、集"学术分科,促进了中国传统学术向近代学术的变迁。与众多近代学科门类一样,中国近代考古学也是在这一变革过程中逐步建立起来的。

中国近代考古学的产生无疑与"西学"在中国的传播有密切的关系,但是我们也注意到,中国传统学术的演变对中国近代考古学的创立同样起到了重要作用。所以,张光直在谈及近代考古学在中国产生的原因时,就认为传统金石学的成就与近代西方考古学理论和方法一样,同样是中国近代考古学的主要学术来源。[1] 也就是说,中国近代考古学是中西学术文化交融的产物,它既有鲜明的"西学"特征,又有浓重的"国学"色彩。

浙江号称"文物之邦",传统学术向来发达;近代以后,浙江学术又开时代风气之先。因而,集"国学"和"西学"于一体的中国近代考古学的产生与发展,与近代学术大变迁背景下的浙江学人的探索有着密切的关系。

一

任何一种学术变迁,一方面会随社会变革而显示出发展的阶段性,另一方面也会循学术演进的内在逻辑而呈现先后相接的连贯性。因此,梁启超在撰写《中国近三百年学术史》讲义时,开篇就告诫学生:"凡研究一个时代思潮,必须把前头时代略为认清,才能知道那来龙去脉。"[2]若要认清 19 世

---

[1] 张光直:《考古学与中国历史学》,《中国考古学论文集》,生活・读书・新知三联书店 1999 年版,第 13—14 页。

[2] 梁启超:《中国近三百年学术史》,天津古籍出版社 2003 年版,第 2 页。

纪末 20 世纪初浙江学人的学术变迁,同样有必要对整个清代的浙江传统学术做一番概要性的梳理。

从学术史的角度看,清代初期的学术与明朝的阳明学派有着千丝万缕的联系,此后浙江学人的学术主流也是在对阳明学派的延续、修正、反思和立新中确立起来的。

由余姚人王守仁(号阳明,1472—1529)开创的阳明学派影响深远,在中国学术史上占有重要地位。自明初程朱理学取得独尊地位之后,虽使朝廷"一道德而同风俗"①的意图得到实现,但随之而来的便是学术生机受到严重压抑。这从明朝名儒薛瑄的"自考亭(指朱熹——引者)以还,斯道已大明,无烦著作,直须躬行耳"②的表述中,已可以窥见当时知识界为学活力的式微。打破程朱理学一统天下的沉寂格局,给明代学术注入新活力的便是王阳明。与众多的明代学者一样,王阳明的学术思想也是从接受程朱理学开始的。所不同的是,王阳明十分注重学求自得,不盲从"圣贤"之言,在经历了"学凡三变"的曲折过程之后,最终形成了自己的学术思想。对此,黄宗羲在《明儒学案》中曾作过简明扼要的概述:"先生之学,始泛滥于词章,继而遍读考亭之书,循序格物,顾物理吾心终判为二,无所得入。于是出入于佛老者久之。及至居夷处困,动心忍性,因念圣人处此更有何道? 忽悟格物致知之旨,圣人之道,吾性自足,不假外求。其学凡三变而始得其门。"③王阳明虽年未及六十而辞世,但他的"致良知"学说及其所著《传习录》等,不胫而走,深入朝野。他所开创的阳明学派,也逾越浙江地域,成为明代中叶以后风行南北的学术主流。

阳明之学的崛起,冲破了明初以来烦琐、僵化的学术樊篱,给沉闷的学界带来了一股清新的风气。但是到明代末叶,政治黑暗,思想禁锢,阳明之学也失去了原有的生气。明亡后,阳明学几乎成为众矢之的,一些深怀民族感情的知识分子感到宋明末学空谈之害,不约而同地将失家亡国之恨泼在阳明学身上。于是,清初非难、修正阳明学的呼声如怒涛拍岸,涌现出黄宗羲、顾炎武、王夫之、颜元等奠定清学基础的一批学术大师。对此,梁启超在《清代学术概论》中说:"顾、黄、王、颜,同一'王学'之反动也,而其反动所趋之方向各不同。黄氏始终不非王学,但正其末流之空疏而已;顾、王两氏黜明存宋,而顾尊考证,王好名理;若颜氏者,则明目张胆以排程、朱、陆、王,而

---

① [明]程嗣功、王一化:《应天府志》卷一八,明万历刻增修本,第 522 页。
② [清]张廷玉等:《明史》卷二八二,中华书局 1974 年版,第 722 页。
③ [清]黄宗羲:《明儒学案》卷十,清道光重刻本,第 114 页。

亦菲薄传注考证之学,故所谓'宋学''汉学'者,两皆吐弃。"①梁启超将"清学"看作是从反宋明理学,首先是反阳明学而逐渐建立起来的,可谓一语中的。不过,清初学者对阳明学的态度有所不同,作为王阳明的同乡,黄宗羲"始终不非王学",其对待阳明学的态度显然要比顾炎武、王夫之、颜元等人平和得多。

黄宗羲(1610—1695)对待阳明学的态度平和,并不意味着没有立新。他虽然学承刘宗周,远宗王阳明,但立足于"天崩地解"的社会现实,将王、刘之学廓而大之,其学术已不是理学旧规所能包括。黄宗羲认为"儒者之学,经纬天地"②,主张合学问与事功为一,以期救国家之急难。由于志存经世,因而凡与国计民生有关的学问,他都广为涉足,著述繁多。所著《明儒学案》凡62卷,纵贯有明一代理学源流,上起明初吴与弼,下迄明末刘宗周,网罗理学家200余人,成为中国古代第一部系统的断代学术史专著。为存一代典章人物,他遍阅明人文集,区分类聚,荟萃成编,辑为卷帙浩繁的《明文海》,全书所涉近2000家,为一代文章渊薮。所著《明夷待访录》,博及经济、政治、文化、教育等诸多领域,既总结明亡的历史教训,又规划出内容广泛的变革方案,尤其是蕴含的对君主专制政权体制的批判思想,在有清一代留下了久远而深刻的影响。

黄宗羲既是开一代风气的学术泰斗,也是成就卓著的教育家。他一生讲学四方,弟子遍布两浙,尤以浙东万斯大、万斯同兄弟最为著名。

万斯大(1633—1683),博通诸经,精研三礼,著有《仪礼商》《周官辨非》《礼记偶笺》《礼记集解》《学礼质疑》《学春秋随笔》等。其"非通诸经,不能通一经;非悟传注之失,则不能通经"③的治学方法,对清代"汉学"的发展很有影响。

万斯同(1638—1702),博通诸史,尤精明史,一生著作甚丰,有《儒林宗派》《历代史表》《石园诗文集》《两浙名贤录》《读礼通考》等数十种,特别是对《明史》初稿的完成贡献尤多。所以,梁启超在《中国近三百年学术史》中说:"清初史学之发展,实由少数学者之有志创修明史,而明史馆之开设,亦间接助之。其志修明史者,首屈指亭林、梨洲,然以毕生精力赴之者,则潘力田、万季野、戴南山。"④然顾亭林(顾炎武)、黄梨洲(黄宗羲)有志修明史而未能

①　梁启超:《清代学术概论》,中国人民大学出版社2004年版,第149页。
②　[清]黄宗羲:《南雷文定·后集》卷三,清康熙刊本,第163页。
③　[清]黄宗羲:《南雷文定·前集》卷八,清康熙刊本,第98页。
④　梁启超:《中国近三百年学术史》,天津古籍出版社2003年版,第305页。

修,潘力田(潘柽章)、戴南山(戴名世),又皆死于清代文字狱,只有万季野(万斯同)以布衣的身份参与修撰《明史》。万斯同为官修《明史》的成书,可谓鞠躬尽瘁,耗尽心力。

至清代中期,着眼于考证的清代"朴学"已臻如日中天的境地。这一局面的形成,从外在环境看,是与清廷统治趋于稳定和大兴文字狱有关;而就其内在逻辑看,清初的批判、反思理学思想正是它形成的先导。清初批判、反思理学的思潮本身就带有两重性,一方面以经世致用为宗旨,另一方面又具有浓厚的"复古""法古"倾向,只不过在高涨的经世致用的呼声下,"复古""法古"的声响较为低沉,并不显露。随着清廷文化专制的加剧,批判、反思理学思潮的双重性发生地位转换,以"复古""法古"为特征的朴学逐渐取代了以经世致用为宗旨的学术思想而成为主要方面。清初萧山人毛奇龄、德清人胡渭着眼于纯学术考证的倾向,似乎已预示着朴学时代即将到来①。

毛奇龄(1623—1716),其治经虽犹存理学旧辙,但他认为"汉去古未远,其据词解断,犹得古遗法"②,因而表彰汉学,崇尚考证。通过论《大学》无古今文之殊,辨宋儒《易》说之非,定《太极图》非儒家正传,斥《子贡诗传》《申培诗说》为伪作等,为继起者开诸多路径。

胡渭(1633—1714),学风不尚泛博,所著仅《禹贡锥指》《易图明辨》《洪范正论》《大学翼真》等数种,但影响颇大。尤其是《易图明辨》,考定宋儒所谓"河图""洛书"之误,虽无"过情之抨击,而宋学已受致命伤"③,其对清代学术的意义,后人给予了高度评价。

乾隆、嘉庆时期,朴学鼎盛。此时,浙江学人从事经史研究者为数众多,成就突出。其中,全祖望、邵晋涵、章学诚等大师的史学研究,更为盛极一时的乾嘉学术支撑起半壁江山。

鄞县(今宁波鄞州区)人全祖望(1705—1755),上承黄宗羲、万斯同,下启邵晋涵、章学诚,博通经史,尤熟于明末清初史事。他三笺《困学纪闻》,补辑《宋元学案》,七校《水经注》,成为乾嘉史学文献派的代表。

余姚人邵晋涵(1743—1796),经学、史学并举。曾入四库全书馆任编修,主持《四库全书》史部编撰,史部提要大多出其手。其经学著作《尔雅正

---

① 乾嘉学派是指清代乾隆、嘉庆时期思想学术领域逐渐发展成熟的以考据为主要治学方式的学术流派。因为此一时期的学术研究采用了汉代儒生训诂、考订的治学方法,与着重于理气心性抽象议论的宋明理学有所不同,所以有"汉学"之称。又因此学派的文风朴实简洁,重证据罗列而少理论发挥,故而有"朴学""考据学"之称。

② 〔清〕毛奇龄:《易小帖》卷一,四库全书本,第14页。

③ 梁启超:《清代学术概论》,中国人民大学出版社2004年版,第144页。

义》开清儒重新注疏儒家经典之先河。其史学、经学成就为当时学者及后人所推崇。

绍兴人章学诚（1738—1801），其史学思想对后世影响更大。乾嘉学风，以经学考据为主流，针对汉学考据的积弊，章学诚提出两条匡正之道：一是古文辞，二为史学，而归根结底还是史学。章氏所提"六经皆史"①说，更使人耳目为之一新。正如钱穆所言："章学诚讲历史有一更大不可及之处，他不是站在史学立场来讲史学，而是站在整个的学术史立场来讲史学。"②

嘉庆、道光年间，清王朝由盛而衰，乾嘉学术远离实际的学风弊端也逐渐显现。一些思想敏锐、开放的浙江学人，开始抛弃保守且脱离实际的古文经学和理学，选择了今文经学③以应世变，从而使一度寂静的经世思想再度崛起。

最早是嘉庆末年曾从外祖父段玉裁治朴学的龚自珍（1792—1841），喊出了"更法"的时代呼声。他所撰的《明良论》《乙丙之际著议》等，皆提出了"改革"的主张。他援引《公羊》以经世，提出治、乱、衰三世递变的历史循环论，给公羊学的"变易"观注入务实求变的内容。这种历史进化观虽显粗略，并带有些许"幼稚"，但开假《公羊》以言社会改革风气之先河。继而在道光、咸丰年间，杭州人谭献（1832—1901）、德清人戴望（1837—1873），也以公羊学作为自己的治学所向，阐发"三世"渐进之旨。今文经学因获得新内容，开始风行海内，到光绪、宣统时期，最终成为时代思潮。

今文经学的复兴成为晚清学术的主旋律，然而古文经学并未完全消沉。虽然就整个学界而言，仍坚守古文经学这一营垒的学者已为数甚微，但以俞樾、黄以周、孙诒让、章炳麟为代表的一批浙江学人，在古文经学领域独树一帜，且成就卓然，让古老的"汉学"闪射了最后的光芒。

德清人俞樾（1821—1907），宗法王念孙、王引之父子，以正句读、审字义、通古文假借为治经之道，治学严谨，著作等身，后人称誉他为同治、光绪

---

① ［清］章学诚：《文史通义》卷一，嘉业堂章氏遗书本，第 6 页。
② 钱穆：《中国史学名著》，生活·读书·新知三联书店 2004 年版，第 253 页。
③ 学术史上，素来有"今文经"与"古文经"、"今文经学"与"古文经学"的说法。今文经与古文经，原是指以今文（汉隶）、古文（籀书）两种不同的字体写成的经书。"今文经学"与"古文经学"，不但是指所持底本字体的不同，更主要是对经典内容阐释方面的差异而言。今文经学的特点是关注现实政治，致力于发掘、发挥经文背后的微言大义；今文经学彰显了经典的时代意义，植入了许多前人未见的思想，从而使经典的阐释历久弥新。古文经学讲文字训诂，留意典章制度，注重历史事实，具有浓厚的实证色彩；古文经学家具有朴实的学风和严谨的治学方法，所以他们常常能够对古籍做出正确的和比较合理的训释，从而彰显那些被今文经学家文饰、遮蔽的文本原意。

年间"东南大师"①。他撰《群经平议》,为古代经籍校正误文,发明故训,解决了许多前人没能解决的难题;著《诸子平议》,对文辞深奥的先秦诸子之书做了精到的训释和考订,且多有精义阐发,为后人治诸子之学奠定了新的学术基础。

定海人黄以周(1828—1899),承其父黄式三之学,追孔门之"博文约礼"②,毕生从事礼学研究。所著《礼书通故》百卷,考释古代礼制甚详。有学者称该书可与唐代杜佑《通典》相媲美,虽似有溢美之词,但也说明该著述确有较高的学术价值。

瑞安人孙诒让(1848—1908),是光绪年间的古文经学大家。所撰《周礼正义》,是总结旧说以解释《周礼》的最完备的专著;所著《墨子间诂》,是研究墨子的名著;而《名原》《古籀拾遗》《古籀余论》等著述,是金石学研究之文,对许慎之作有多处驳难;《契文举例》则是第一部考释甲骨文字的著述。梁启超说:"瑞安孙仲容(诒让),治《周礼》,治《墨子》,治金文、契文,备极精核,遂为清末第一大师,结二百余年来考证古典学之局。"③

余杭人章炳麟(1869—1936),出身于书香世家,治小学极为严谨,究心掌故,博览群书,为光绪、宣统时期最负盛名的古文经学家。

二

如果说晚清时期俞樾、黄以周的研究,尚属纯朴学的范畴,那么孙诒让、章炳麟已开始有意识地吸收"西学",为传统学术注入了新的活力。

孙诒让后期所从事的"汉学"研究,已呈现出从传统学术向近代学术过渡的趋势。1901年,清政府试办新政,令臣工各抒己见。侍郎盛宣怀请孙诒让代撰条陈,孙氏乃草成《变法条议》40篇。翌年,改题为《周礼政要》问世。从其《序》中所称的"光绪辛丑,天子将变法自强,广求众议。友人属为具稿,乃以《周礼》为纲,西政为目,成此册篇"④的写作原因和目的来看,《周礼政要》已是孙诒让试图融中西文明于一体的政论著述。全书采用类比的方法,先寻一段《周礼》原文,次作注解,再引欧美各国的有关制度、日本明治

① 齐耀珊:《杭州府志》卷一七〇,民国十一年(1922)本,第 4674 页。

② [清]黄以周:《礼书通故》卷五十,清光绪十九年(1893)刻本,第 1230 页。

③ 梁启超:《近代学风之地理的分布》,《清华学报》1924 年第 1 期,第 31 页。

④ [清]孙诒让:《变法条议·叙》;转引自徐和雍、周立人整理《孙衣言孙诒让父子年谱》,上海社会科学院出版社 2003 年版,第 297 页。

维新以后的新政策相比附,说明"华盛顿、拿破仑、卢梭、斯密亚丹之伦,所经营而讲贯,今人所指为西政之最新者,吾二千年前之旧政已发其端"①。他所提出的"中西学术原同贯"的口号与"中外文明倘同轨"的设想,表现出难得的近代精神。此前,孙诒让对墨学的研究,也已呈现出这种精神。他除了以古文字、经学的高深造诣,对《墨子》文本做精心校勘和训诂外,还独辟蹊径,试图运用近代西方科学文化知识,从墨子学说中挖掘出自然科学的精华。他在《与梁卓如论墨子书》中提到,《经说上》中"无久之不止""有久之不止"两语,"似即力学永静永动之理,而与奈端(牛顿)静者不自动、动者不自止之理,亦复冥契"②,便是一例。不仅如此,孙诒让还对《墨子》中蕴含的"如欧士论理家雅里大得勒(亚里士多德)之演绎法,培根之归纳法及佛氏之因明论者"③这类中国学术近代化所需的哲学"精理"和"微言大例"做了阐发。

与孙诒让相比,章炳麟更进一步继承和发扬了朴学中可与近代学术相接轨的治学精神和治学方法,把先秦诸子研究扩而广之,使之成为一门学问——诸子学,并将历来奉为一尊的儒家拉下庙堂,置于与诸子学平起平坐的纯学术门类的位置。梁启超曾说:"晚清先秦诸学的复活,实为思想解放一大关键。"④而先秦诸学的复活,章炳麟的诸子之学功不可没。章炳麟不仅在经史研究方面成就卓著,而且对近代语言学、社会学的创立起了重要作用。他精研文字、音韵、训诂之学,著述甚丰,相继著有《订文》《方言》《中国文字略说》《转注假借说》《小学略说》《二十三部音准》《小学答问》《文始》《新方言》等,在传统小学最终脱离经学的依附而成为独立的语言学的过程中起了积极作用。他还继严复译《天演论》介绍达尔文和斯宾塞尔的社会进化论学说之后,于1898年,翻译了《斯宾塞尔文集》。此后又将日本学者岸本能武太的《社会学》一书译成中文,对中国近代社会学的创立起了重要作用。

毫无疑问,孙诒让、章炳麟的研究方法与精神,已呈现出传统学术开始向近代学术转变的趋向。不过,近代学术的确立首先是从自然科学开始的。早在道光、咸丰年间,在坚船利炮的催逼和西学东渐的催化下,一批出自"畴人"门户的传统学者,开始以怀疑、求真的态度,运用实证、类比、分析、归纳的方法,探索、研究客观世界,吹响了近代自然科学在中国建立的前奏曲。

---

① 张宪文辑:《孙诒让遗文辑存》(温州文史资料第五辑),浙江人民出版社1990年版,第363页。
② 张宪文辑:《孙诒让遗文辑存》(温州文史资料第五辑),浙江人民出版社1990年版,第88页。
③ 张宪文辑:《孙诒让遗文辑存》(温州文史资料第五辑),浙江人民出版社1990年版,第87页。
④ 梁启超:《中国近三百年学术史》,天津古籍出版社2003年版,第279页。

其中浙江籍学者,如项名达、徐有壬、李善兰等,以其创造性工作,为传统的畴人之学向近代自然科学转变以及近代自然科学的确立做出了杰出的贡献。

杭州人项名达(1789—1850),为道光六年(1826)进士。他无意宦海沉浮,独钟数学,取得了不少为后人称道的成就。如:推广和概括明安图等人的成果,得到有关三角函数幂级数展开式的两个新的弦矢公式;所推导的椭圆周长和圆周率倒数公式,是中国数学史上关于二次曲线研究方面所取得的重要成就;所创立的确定无穷级数各项系数的待定系数法、开高次方的逐次逼近法以及与戴煦合作得到的有理指数幂二项式定理,也颇具价值。[①]

同为道光年间进士的湖州人徐有壬(1800—1860),在政务之余,潜心历数,著述颇丰。其代表作《割圆八线缀术》,对三角函数幂级数展开式传入中国以来的研究成果做了系统的总结。所给八线互求十二式、大小八线互求十八式,使得三角函数展开式大体完备。其所创半符号式的缀术,使幂级数的表示得以简化,是微积分传入中国之前的一个创新。[②]

曾为徐有壬幕僚的海宁人李善兰(1811—1882),与人合译或独译了《几何原本》(后 9 卷)、《重学》《植物学》《代数学》《代微积拾级》《谈天》等西学著作,涉及数学、物理学、天文学、生物学等众多领域,在译介西方自然科学知识方面,影响深远。他还撰有《则古昔斋算学》13 种,凡 24 卷。在尖锥求积术、素数的判别定理等方面多有建树,其中"李善兰恒等式"曾在学术界独领风骚。所提出的"今欧罗巴诸国日益强盛,为中国边患。推原其故,器精也;推原制器之精,算学明也",而要消除这个差距,就必须"人人习算,制器日精"的观点[③],与魏源的"师夷之长技以制夷"的主张,可谓异曲同工。

畴人之学日益疏离经学而独立,传统的经史之学也应西学的催化而逐渐蜕变。在这一转型过程中,一批既受过传统学术训练,又受到西方近代文化熏染的浙江籍学者,在译介和运用西学的同时,也将传统学术研究推进了近代大门。这些浙江籍学者,除上述的孙诒让、章炳麟外,代表人物还有沈家本、陈黻宸、夏曾佑、张元济、蔡元培、王国维等。

湖州人沈家本(1840—1913),光绪九年(1883)进士。他虽精于经学,但一生专治法学。曾任刑部右侍郎、大理寺正卿、法部右侍郎、修订法律大臣、资政院副总裁等职。著《历代刑官考》《历代刑法考》《汉律摭遗》《明律目笺》

---

① 钱宝琮主编:《中国数学史》,科学出版社 1964 年版,第 301—312 页。

② 钱宝琮主编:《中国数学史》,科学出版社 1964 年版,第 329 页。

③ 徐世昌:《清儒学案》第 4 册,中国书店 1990 年影印本,第 260 页。

《文字狱》《刑案汇览》《读律校勘记》等，订《大清现行刑律》《大清新刑律》《大清民律》《大清商律草案》《刑事诉讼律草案》《民事诉讼律草案》等，其学之所及已呈现出近代法律学端倪。

瑞安人陈黻宸（1859—1917），光绪二十九年（1903）进士。一生以执教为业，先后执教鞭于永嘉罗山书院、杭州养正书塾、京师大学堂、两广方言学堂、北京大学等。所著《独史》《地史原理》《京师大学堂中国史讲义》《中国通史》等，已透射出"新史学"的气息。

杭州人夏曾佑（1863—1924），光绪十六年（1890）进士。曾官礼部主事、泗州知州，充两江总督文案，民国时曾任教育部社会教育司司长、北平图书馆馆长。他对今文经学、佛学有精深的探究，在乾嘉考据学和传统诗文等方面有相当的素养。后致力于中国古代历史的研究，用章节体编著的《中国古代史》，是近代中国人尝试用进化论研究中国历史的第一部著作。

海盐人张元济（1867—1959），光绪十八年（1892）进士。曾任刑部主事、总理各国事务衙门章京。主张变法维新，曾向光绪帝上《痛陈本病统筹全局以救危亡》奏折等。后离京至沪，先任职于南洋公学，后主持商务印书馆。主持商务印书馆期间，出版了各种教科书、中外文工具书，及《四部丛刊》《百衲本二十四史》《续古逸丛书》等古籍丛书，影响深远，成为中国近代出版事业的开拓者之一。

绍兴人蔡元培（1868—1940），光绪十八年（1892）进士。曾授翰林院编修，民国时曾任南京临时政府教育总长、北京大学校长。他提出以国民教育、实利主义教育、公民道德教育、世界观教育和美学教育"五教育并举"的教育方针，提倡学术自由、兼容并包的教育思想，成为中国新型教育的开拓者。

海宁人王国维（1877—1927），从事文史哲研究数十载，生平著述 60 余种，批校古籍逾 200 种。他是近代中国运用西方哲学、美学、文学观点和方法剖析评论中国古典文学的先行者，又是将历史文献与出土文物相结合研究中国历史的开拓者。王国维以其创造性的研究，成为传统学术向近代学术转变过程中继往开来的一位杰出学术大师。

三

浙江发达的传统学术与开时代风气之先的学术创新精神，在清初以来的中国学术变迁潮流中，不时掀起朵朵浪花。正是在这样的背景下，浙江学人在传统金石学向近代考古学转型中扮演了重要的角色。

金石学作为专门之学,肇始于宋。刘敞的《先秦古器记》、欧阳修的《集古录》,为金石学专书之始。尔后,吕大临、李公麟、王黼、赵明诚、薛尚功、黄伯思、洪适等各有著述①,沈括的《梦溪笔谈》、郑樵的《通志》,也涉及金石方面的内容。虽然宋代盛行的金石学至元明两代有所衰颓,但清代金石学发展迅猛,犹如奇峰突起,成为一时显学。

自清初至清末,从事金石研究者队伍之庞大,为前代所不及。这些学者或以金石考证经史,或研究文史义例,或精于小学,或笃嗜鉴赏,或专攻美术。其中不乏如顾炎武、黄宗羲、王昶、钱大昕、翁方纲、孙星衍、阮元、包世臣、吴式芬、吴大澂、孙诒让、叶昌炽等成就卓著、声名显赫的大家。所以,梁启超在《清代学术概论》中说:

> 金石学之在清代又彪然成一科学也。自顾炎武著《金石文字记》,实为斯学滥觞。继此有钱大昕之《潜研堂金石文字跋尾》,武亿之《金石三跋》,洪颐煊之《平津馆读碑记》,严可均之《铁桥金石跋》,陈介祺之《金石文字释》,皆考证精彻,而王昶之《金石萃编》,荟录众说,颇似类书。其专举目录者,则孙星衍、邢澍之《寰宇访碑录》。其后碑版出土日多,故《萃编》《访碑录》等再三续补而不能尽。顾、钱一派专务以金石为考证经史之资料,同时有黄宗羲一派,从此中研究文史义例。宗羲著《金石要例》,其后梁玉绳、王芑孙、郭麟、刘宝楠、李富孙、冯登府等皆赓续有作。别有翁方纲、黄易一派,专讲鉴别,则其考证非以助经史矣。包世臣一派专讲书势,则美术的研究也。而叶昌炽著《语石》,颇集诸派之长,此皆石学也。其"金文学"则考证商周铜器。初,此等古物,惟集于内府,则有《西清古鉴》《宁寿鉴古》等官书,然其文字皆摹写取姿,媚失原形,又无释文,有亦臆舛。自阮元、吴荣光以封疆大吏,嗜古而力足以副之,于是收藏寖富,遂有著录。阮有《积古斋钟鼎彝器款识》,吴有《筠清馆金石文字》,研究金文之端开矣。道咸以后日益盛,名家者有刘喜海、吴式芬、陈介祺、王懿荣、潘祖荫、吴大澂、罗振玉。式芬有《攈古录金文》,祖荫有《攀古楼彝器款识》,大澂有《愙斋集古录》,皆称精博。其所以考证,多一时师友互相赏析所得,非必著者一人私言也。自金文

---

① 主要著述有吕大临《考古图》、李公麟《古器图》、王黼《博古图》、赵明诚《金石录》、薛尚功《历代钟鼎彝器款识》、黄伯思《东观余论》、洪适《隶释》、洪遵《泉志》、龙大渊《古玉图谱》、郑文宝《玉玺记》、王厚之《汉晋印章图谱》、岳珂《桯史·晋盆杅》等。

学兴，而小学起一革命。前此尊《说文》若六经，祔孔子以许慎，至是援古文籀文以难许者纷作。若庄述祖之《说文古籀疏证》，孙诒让之《古籀拾遗》，其著也。诸器文字既可读，其事迹出古经以外者甚多，因此增无数史料，而其花文雕镂之研究，亦为美术史上可宝之资，惜今尚未有从事者耳。最近复有龟甲文字之学。龟甲文者，光绪己亥在河南汤阴县出土，殆数万片，而文字不可识，共不审为何时物。后罗振玉考定为殷文，著《贞卜文字》《殷墟书契考释》《殷墟书契待问篇》。而孙诒让著《名原》亦多根据（龟）甲文。近更有人言其物质非龟甲乃竹简云。惜文至简，足供史材者希，然文字变迁异同之迹可稽焉。①

清代金石学呈现的繁荣局面，既非一朝一夕所能事，也非一方一地所造就。但是，有清一代，传统学术在江南得到空前的发展，形成了"一代学术几为江浙皖三省所独占"②的局面，确实也是事实。作为一代显学的金石学也大致如此。梁启超所列举顾炎武、钱大昕、黄宗羲等金石大家中，多半为江浙皖籍人士。其中，黄宗羲、黄易（1744—1802）、梁玉绳（1745—1819）、严可均（1762—1843）、李富孙（1764—1843）、洪颐煊（1765—1837）、冯登府（1783—1841）、孙诒让、叶昌炽（1849—1917）、罗振玉（1866—1940）等便是浙籍学者③。

除此之外，浙籍人士如曹溶（1613—1685）、叶封（1623—1687）、朱彝尊（1629—1709）、陈奕禧（1648—1709）、丁敬（1695—1765）、梁诗正（1697—1763）、吴颖芳（1702—1781）、陈莱孝（1728—1787）、吴骞（1733—1813）、朱文藻（1735—1806）、张燕昌（1738—1814）、吴东发（1747—1803）、张廷济（1768—1848）、张鉴（1768—1850）、沈复粲（1779—1850）、赵之琛（1781—1852）、杜春生（1785—?）、许梿（1787—1862）、释达受（1791—1858）、宗稷辰（1792—1867）、戴熙（1801—1860）、赵之谦（1829—1884）、陆心源（1834—1894）、黄瑞（1837—1889）、傅云龙（1840—1901）、吴昌硕（1844—1927）、诸可宝（1845—1903）、沈曾植（1850—1922）、蔡汝霖（1868—1916）等等，都在传统金石学领域有所成就与贡献。

不可否认，传统金石学走的是一条半艺术化的道路。正如李济所言："随着半艺术的治学态度，'古器物'就化为'古玩'，'题跋'代替了'考订'，

① 梁启超：《清代学术概论》，中国人民大学出版社2004年版，第182—183页。
② 梁启超：《近代学风之地理的分布》，《清华学报》1924年第1期，第2页。
③ 叶昌炽，原籍浙江绍兴，后入籍江苏长洲（今属苏州）；罗振玉，祖籍浙江上虞，生于江苏淮安。

'欣赏'掩盖了'了解'。"①不过进入晚清后,情况发生了改变。伴随着西学东渐和殷墟甲骨、汉晋简牍、敦煌遗书的发现,半艺术化的金石学开始向科学化的考古学转变。在这一进程中,浙江籍的孙诒让、章炳麟、夏曾佑、罗振玉、王国维、马衡、施昕更等一批著名学者,既立足于传统,又吸收"西学",在西方近代考古学知识的介绍与运用、传统金石学的传承与拓展、近代考古学的创立与发展等方面都做出了有益的探索。

传统金石学依附于传统史学,而近代考古学与近代历史学的关系则犹如孪生。1900 年,章炳麟在手校本《訄书·哀清史第五十九》所附《中国通史略例》中,发出了改造传统史学,重写中国历史的第一声呐喊。在《中国通史略例》里,章炳麟就新编中国通史的宗旨、体例乃至具体篇目提出了颇为系统的看法,显然是酝酿已久。其中所提到的"今日治史,不专赖域中典籍。凡皇古异闻,种界实迹,见于洪积石层,足以补旧史所不逮者",是国人较早注意到欧洲所谓"洪积石层"的考古发现及对史前史研究的作用。② 章炳麟在《中国通史略例》中关注考古学并非偶然,早在杭州诂经精舍期间,他就阅览了不少物理、化学、地质等方面的西学书籍。作于此时的《膏兰室札记》已涉及考古学上石、铜、铁"三期说"。在《訄书》中的《原变》《喻侈靡》《序种姓》等篇中,同样显现出他对西方考古学的了解与接纳。1902 年,章炳麟在《致吴君遂书》中论及编修历史问题时说:"上世草昧,中古帝王之行事,存于传记者已寡,惟文字、语言间留其痕迹,此与地中僵石,为无形之二种大史。"③在此,他又一次关注并强调了地下考古发现与历史研究的密切关系。

章炳麟的设想未能如愿,但编著新式中国通史的构想,绝非是异想天开之举。20 世纪初年,新编历史教科书已如雨后春笋般出现。其中,夏曾佑的《最新中学中国历史教科书》(后改名《中国古代史》)在当时最具影响。《中国古代史》虽仅写到隋代,但采用章节体编写,突破了传统史书编撰藩篱。夏曾佑依据历史的进化和演变,把中国历史划分为上古(草昧至周末)、中古(自秦至唐)、近古(自宋至清)三大段,再细分为传疑期、化成期、极盛期、中衰期、复盛期、退化期与更化期等数个小时期。夏氏《中国古代史》开新式中国通史之先河,其开创性意义,自严复、梁启超以降,学界时有论及。只是人们在关注其"新体例"——采用章节体,"新思想"——吸纳西方进化论的过程中,均忽略了《中国古代史》对西方考古学理论知识的吸纳与运用。

① 李济:《中国古器物学的新基础》,《安阳》,河北教育出版社 2000 年版,第 317 页。
② 章炳麟:《中国通史略例》,《訄书》,生活·读书·新知三联书店 1998 年版,第 332—336 页。
③ 章太炎:《致吴君遂书》,《章太炎政论选集》上册,中华书局 1977 年版,第 172 页。

确实,夏曾佑在《中国古代史》中未明确提及考古学,但从诸如"夫蚩尤受金,作兵,伐黄帝,是地质学家所谓铜刀期矣"①等言语中,仍可以窥见作者对西方考古学的了解,及试图借用"三期说"来研究中国古史的意图。

孙诒让治《周礼》《墨子》等先秦典籍,是以其高深的古文字学造诣为基础,而他对古文字的探究则是从金文开始的。孙氏在先秦典籍和商周金文方面的深厚积累,为后人开启了破天荒的甲骨文字的研究工作。光绪三十年(1904),孙诒让看到一年之前印行的《铁云藏龟》,深感惊奇。他凭借古文字的深厚功力和广博的学问素养,未及二月,便把《铁云藏龟》中的甲骨文材料梳理出一个头绪。他将自己的研究心得,撰成专著,这就是被学术界誉为对甲骨学的创立具有开山意义的《契文举例》。正是甲骨文字的发现和甲骨学的创立,对推动中国传统金石学向近代考古学过渡起了重要作用。

在推动传统金石学向近代考古学转型的过程中,祖籍浙江上虞的罗振玉更是功不可没。他在殷墟甲骨、汉晋简牍、敦煌遗书、金石刻辞、内阁大库档案的保存、整理、研究、出版方面都有突出的贡献。诚如郭沫若在《中国古代社会研究》自序中所说:"在中国文化史上实际做了一番整理工夫的要算是……罗振玉,罗振玉的功劳即在为我们提供出了无数的真实的史料。他的殷代甲骨的搜集、保藏、流传、考释,实是中国近三十年来文化史上所应该大书特书的一项事件。还有他关于金石器物、古籍佚书之搜罗颁布,其内容之丰富,甄别之谨严,成绩之浩瀚,方法之崭新,在他的智力之外,我想怕也要有莫大的财力才能办到的。"②

海宁人王国维,是一位集文学家、词学家、美学家、史学家、考古学家、金石学家及翻译理论家于一身的学者。王国维说:"古来新学问起,大都由于新发见。"③生逢众多新史料相继发现之时,确实是王国维治学的一大幸事,而高度重视并以独特的见识运用新史料,尤其是地下出土材料,才是王国维治学取得卓越成就之关键。王国维一方面承袭乾嘉朴学传统并加以拓展,在殷墟甲骨、汉晋简牍、敦煌文书、钟鼎石刻、齐鲁封泥等金石和古器物研究方面,取得了许多超越前贤的成果,成为甲骨学、敦煌学、简牍学的主要奠基者;另一方面倡导"古史新证",以殷墟甲骨证商史、以钟鼎铭刻证周史、以汉晋简牍证汉史、以敦煌文书证唐史,突破了"信古"或"疑古"的局限,成为"新

① 夏曾佑:《中国古代史》,河北教育出版社 2003 年版,第 16 页。
② 郭沫若:《中国古代社会研究·自序》《中国古代社会研究》,河北教育出版社 2003 年版,第 6—7 页。
③ 王国维:《最近二三十年中中国新发见之学问》,《王国维遗书》第 5 册,上海古籍书店 1983 年版,第 65 页。

史学的开山"。他所运用和总结的"二重证据法",对 20 世纪中国学术进程产生了广泛而深远的影响,也为中国近代考古学的创立奠定了重要基础。①

鄞县(今宁波鄞州区)人马衡(1881—1955),一生致力于金石学的研究,其金石学成就,傅振伦在《马衡先生传》中曾有很好的概括:一是确定殷墟甲骨年代;二是测定先唐十五导尺长度;三是肯定石鼓为秦刻;四是系统地研究了中国古籍制度;五是汉熹平、魏正始等石经研究。在治学方法上,他独辟蹊径,在承袭传统金石学家训诂考证的同时,又注意出土文物的现场勘察,并亲自主持河北易县燕下都的田野考古发掘,成为传统金石学向近代考古学转变过程中的关键人物,因而被誉为"中国近代考古学的先驱"②。

中国近代考古学的兴起,与 20 世纪初期中国学者的考古实践相关联。良渚文化这一著名新石器时代考古文化的发现与认识,就与 20 世纪 30 年代施昕更(1911—1939)、何天行(1913—1986)、慎微之(1896—1976)等学人的探索分不开。施昕更、何天行对良渚遗址的调查与发掘,不仅揭开了良渚文化考古研究的序幕,而且开启了长江下游地区的田野考古发掘之先河。对此,吴汝祚评价说:"从 1921 年发现河南渑池县仰韶遗址,到 1936 年发掘山东日照县两城镇龙山文化遗址,这期间的一系列田野调查和发掘,使黄河流域的史前考古工作得到了迅速的发展。与此同时,何天行和施昕更两位先生在长江下游的太湖地区对良渚等遗址的调查和发掘及其专著或报告的撰写,亦有力地推动了这一地区史前考古工作的逐渐开展,有着卓越的贡献。"③

浙江学人的探索,不仅对中国近代考古学的创立产生过重大影响,还对中国近代考古学的发展做出过突出贡献。20 世纪 30 年代后,沙孟海(1900—1992)、唐兰(1901—1979)、夏鼐(1910—1985)、陈梦家(1911—1966)、徐邦达(1911—2012)等一批浙江籍的学者或专攻考古,或长于鉴定,或博及文史,成就卓著。尤其是夏鼐,成为 20 世纪中后期中国考古学的扛鼎人物。王仲殊、王世民在论及夏鼐的学术地位与影响时说:"夏鼐先生是我国杰出的考古学家和历史学家,新中国考古工作的主要指导者和组织者,中国现代考古学的奠基人之一。他的卓越学术成就在国内外学术界享有崇

---

① 李学勤:《疑古思潮与重构古史》,《中国文化研究》1999 年第 1 期,第 4 页。
② 郭沫若:《凡将斋金石丛稿·序》,《凡将斋金石丛稿》前附,中华书局 1977 年版。
③ 吴汝祚:《施昕更与何天行》,《东南文化》1997 年第 1 期,第 12 页。

高的声誉,产生了深远的影响。"①

四

由此,我们对 20 世纪前期浙江学人的探索与中国近代考古学产生的关系,将分为七个专题做一番系统的探讨。

第一章为章炳麟与初期的考古学,着重考察以章炳麟为代表的学者是如何接纳西方近代考古学,并在史学研究中得到初步运用的。第二章为孙诒让与甲骨文研究,重点分析孙诒让在甲骨文研究上的成就,以及对近代考古学的分支甲骨学创立的影响。第三章为罗振玉与古器物研究,主要探讨罗振玉的学术研究成果,以及在由金石学向古器物学转变过程中的影响。第四章为王国维与"二重证据法",在介绍王国维的主要学术成就基础上,重点分析"二重证据法"的提出对中国近代考古学创立的影响。第五章为马衡的金石研究与考古探索,重点分析具有深厚金石学功底与情结的学者,是如何从书斋考古走向田野考古的。第六章为施昕更、何天行与良渚文化,看看"小人物"是如何发现"大文化",并开启长江下游地区史前考古的。第七章为夏鼐的考古学成就②,重点介绍夏鼐的学术成就,以及对 20 世纪中后期中国考古学的影响。

"不薄今人爱古人"③,这是杜甫最有名的诗句之一。过去有许多学者常用它作为治学与处世的格言,因为它既体现了宽阔的胸怀,也包含了一份沉甸甸的责任。"爱古人",就得了解古人、前人走过的治学道路与取得的学术成就。考古学史研究从某种意义上说就是对考古学的"考古"。这种"考古"既有助于我们认识前代考古学人的探索、追求与成就,对于我们全面地了解人类认识自己的历程也是一个不可或缺的环节;当然,这也是面向未来的基础。诚如安志敏在《中国近代考古学的一百年》中所言:"20 世纪是中国近代考古学蓬勃发展的一百年,众多的考古发现与研究成果的广泛深入,更是前所未有的历史见证。回顾这段历程不仅有助于了解中国考古学的过

---

① 王仲殊、王世民:《夏鼐先生的治学之路——纪念夏鼐先生诞生 90 周年》,《考古》2000 年第 3 期,第 81 页。

② 第七章是采纳课题匿名评审专家意见而增加。虽然与主题"近代考古学的产生"有一定距离,但中国考古学的最终成熟,则与以夏鼐为代表的一批考古学家的贡献密不可分。

③ 〔唐〕杜甫《戏为六绝句·其五》:不薄今人爱古人,清词丽句必为邻;窃攀屈宋宜方驾,恐与齐梁作后尘。

去与未来,更表明人类认识发展的一系列环节。"①

　　这正是"浙江学人的探索与中国近代考古学的产生"研究课题的初衷与目标。虽然本课题研究只限于浙江学人与中国近代考古学关系的探析,但仍可从一个侧面窥见中国近代考古学产生与发展的进程,以及浙江前辈学人既脚踏实地又勇于探索的精神。②

① 安志敏:《中国近代考古学的一百年》,《中国历史文物》2006 年第 1 期,第 4 页。

② 本章主要参考了陈祖武:《明清时期浙东学术的历史地位》,《光明日报》(理论周刊)2004 年 03 月 02 日;汪林茂:《从传统到现代——晚清浙江学术的变迁》,《浙江大学学报》(人文社会科学版)2004 年第 5 期。

第一章　章炳麟与初期的考古学

——近代考古学知识在中国的传播

19世纪下半叶以后，中国的"文化疆域"与国土疆域一样受到列强的"侵犯"。国土受犯，全民共愤，一致对外，不言而喻。而当"文化疆域"受到挑战，所引起的回应就复杂得多。但就学术变迁而言，从洋务运动中的"中学为体、西学为用"，到戊戌变法后的"新学"与"旧学"之分，"西学"取代"中学"成为学术界的主流已势不可挡。1899年吴汝纶致函友人说："人无兼材，中、西势难并进，学堂自以西学为主；西学入门，自以语言文字为主，此不刊之宝法。他处名为西学，仍欲以中学为重，又欲以宋贤义理为宗，皆谬见也。"[①]严复更是断言："西学既日兴，则中学固日废，吾观今日之世变，中学之废，殆

章炳麟(1869—1936)，后改名绛，
字枚叔，号太炎，浙江余杭人。

无可逃。"[②]尽管也有一些学者认为"学无新旧也，学无中西也"[③]，但中国传统学术被逐渐纳入西方近代学科体系及知识系统已成必然之势。正是在晚清"西学东渐"的强劲态势下，各种西方近代科学成果纷纷被介绍进来。

近代考古学知识在中国的传播及在史学研究领域的初步运用，就是在19世纪末20世纪初掀起的西学东渐浪潮中逐步呈现的。张光直说："1840—1842年的鸦片战争，使西方的影响在各个方面开始急剧地进入中

---

① 　[清]吴汝纶：《与余寿平》，《吴汝纶尺牍》，黄山书社1990年版，第195页。
② 　严复：《英文汉诂·厄言》，《严复集》第1册，中华书局1986年版，第154页。
③ 　王国维：《国学丛刊·序》，《观堂集林》，河北教育出版社2003年版，第700页。

国人的生活和意识,也使得眼睛只盯着中国传统的中国观土崩瓦解。西方的历史学,在 20 世纪初期的几十年,对中国的历史学家产生了深远的影响。中国的历史学家,开始寻求中国传说时代历史的经验证明,传说时代的历史包括大部分的中国上古史。地质学、考古学以及其他可能从地下发现经验材料的学问,都在中国找到了自己的热心观众。"①确实,一些西方近代考古学知识首先是通过地质学、历史学等译著,于 19 世纪末 20 世纪初传入中国,并在创立"新史学"的潮流和编著新式中国通史的实践中得到了初步运用。其间,浙江籍的学者章炳麟、陈黻宸、夏曾佑等起了积极作用。

第一节　西学的传播与近代学科门类的确立

既然近代中国对西方考古学的认识,是与西学的传播与近代学科门类的确立这一大的历史背景紧密相关,那么,我们在介绍考古学知识传播之前,有必要先就这一背景做一番简要的介绍。

一、西学的传播

鸦片战争后,伴随列强的军事、经济侵略,西方文化亦挟列强坚船利炮之威蜂拥而入,同传统的中国文化发生尖锐撞击。面对西方文化的严峻挑战,一部分有识之士,从救亡图存目的出发,在痛苦反思传统文化的基础上,终于发出了"师夷长技以制夷"的呼喊,从而开始了近代中国向西方学习的艰难而曲折的历程。

在晚清的西学东渐中,西方的自然科学首先受到重视。如果从学科知识的传入时间看,一些自然学科知识的传入可以追溯到明末清初的一批传教士来华时期,但大规模的传入和有目的的引入,则是 19 世纪中叶之后的事。据 1902 年徐维则辑录的《增版东西学书录》所载书目②,19 世纪下半叶,翻译的天文学方面的译著有 13 种,包括王韬与伟烈亚力合译的《西国天学源流》、伟烈亚力与李善兰合译的《谈天》、华衡芳与金楷理合译的《测候丛谈》等;地学方面的译著有 52 种(包括地理学 10 种,地志学 42 种),其中有林乐知翻译的《地理启蒙》、艾约翰翻译的《地学启蒙》、傅兰雅著述的《地学

---

① 张光直:《考古学和中国历史学》,《中国考古学论文集》,生活·读书·新知三联书店 1999 年版,第 19—21 页。

② [清]徐维则辑,顾燮光补:《增版东西学书录》,光绪二十八年(1902)。

须知》与《地志须知》等;算学方面译著有 42 种,其中包括李善兰和伟烈亚力合译的《几何原本》(后 9 卷)与《代微积拾级》、傅兰雅和华衡芳合译的《代数术》与《微积溯源》等,所包含的内容,已涉及近代数学中的代数、三角、微积分等众多领域;物理学方面的译著数量也不少,达到 50 种,涉及力学、声学、光学、电学、气学、热力学等分支,其中由傅兰雅翻译或著述的就有《重学须知》《重学浅说》《电学》《声学》《光学须知》《气学须知》《水学须知》《热学须知》等;化学方面译著有 23 种,其中重要的有毕利干翻译的《化学指南》与《化学阐原》、林乐知翻译的《化学启蒙》、艾约瑟翻译的《化学启蒙》、傅兰雅编译的《化学鉴原》与《化学须知》、丁韪良编撰的《化学入门》等;此外还有西方近代植物学译著 19 种、生理学译著 14 种。可以看到,19 世纪下半期有关近代数学、物理学、化学、天文学、地理学、动植物学、生理学等学科知识已被较多地翻译介绍进来,这为近代自然科学在中国的确立奠定了基础。由于西方考古学的产生与发展同地质学有着千丝万缕的联系,所以近代考古学知识最早就是通过地学类的译著,如玛高温、华蘅芳译介的《地学浅释》等,被介绍进来。

如果说 19 世纪末是西方近代自然科学大规模传入中国的时期,那么进入 20 世纪初,入传的西方近代人文社会学科开始与自然科学分庭抗礼。此时,所译人文社科类书籍的数量迅速增长,而且在译书总数中所占的比重也大幅度提高。据钱存训统计,1850 年至 1899 年的约 50 年间,全国共译书 567 种,其中翻译西方自然科学方面的书籍 169 种,占译作总数的 29.8%,翻译有关应用科学的书籍 230 种,占 40.6%,两者共占这个时期译作总数的 70.4%;而这个时期翻译的社会科学方面的译作 46 种,占 8.1%;有关史地方面的 57 种,占 10%;有关哲学方面的 10 种,仅占 1.8%。这种重自然科学和应用科学而轻社会科学和人文科学的情形,到了 20 世纪初发生了明显的改观。以 1897 年严复翻译出版《天演论》为开端,中国出现了翻译西方哲学社会科学著作的热潮。仅 1902 年至 1904 年的 3 年间,全国译书约 533 种,其中翻译西方社会科学方面的书籍 136 种,占译作总数的 25.5%;有关史地方面的书籍 128 种,占总数的 24%;有关哲学方面的也达到 34 种,占 6.4%;有关西方自然科学、应用科学方面的译作则相对减少,分别占总数的 21% 和 10.5%。[①] 不难看出,19 世纪末 20 世纪初在中国出现的西学传播浪潮,是从主要传播代表西方物质文化的自然科学和技术,逐步向既传播物质

---

① 钱存训著,戴文伯译:《近世译书对中国现代化的影响》,《文献》1986 年第 2 期,第 191 页。

文化,也传播代表精神文化的思想与学术转变的。此时,对西方考古学的介绍多了一个途径,除了地质学译著,近代考古学知识也伴随着对西方人文学科著作的翻译,尤其是史学类著作的译介,如巴克尔的《英国文明史》等,被介绍进来。

戊戌以后,中国学者对西学的译介与接纳,开始以日本为主渠道。20世纪初,从日本译介的"西书",其主要内容已不是"格致诸学",而是近代"政法诸学",出现了以译介文、史、政、法等人文社会科学书籍为主,译介数、理、化、生、地等自然科学书籍为辅的局面。据谭汝谦主编的《中国译日本书综合目录》所录统计①,从 1896 年到 1911 年的 15 年间,中译日文书 958 种,其中社会科学书籍为 366 种,史地书籍为 175 种,语言文字书籍 133 种,应用科学书籍 89 种,自然科学书籍仅有 83 种。法学、政治学方面,影响较大的有高田早苗的《国家学原理》、岩崎昌与中村孝合著的《国法学》、户水宽人的《法律学纲要》、葛冈信虎的《法律新编》、熊谷直太的《法律泛论》、小林魁郎的《行政裁判法论》、中村太郎的《国际私法》、永井惟直的《政治泛论》、市岛谦吉的《政治原论》等;哲学方面,影响较大的有井上圆了的《哲学要领》与《妖怪学讲义》、姊崎正治的《宗教哲学》、藤井健次郎的《哲学泛论》等;伦理学方面,影响较大的有中江笃介的《理学钩玄》、中岛力造的《中等教育伦理学》、元良勇次郎的《中等教育伦理学讲话》、乙竹岩造的《新世界伦理学》等;社会学方面,主要有岸本能武太的《社会学》、贺长雄的《人群进化论》等;教育学方面,主要有熊谷五郎的《教育学》及东京富山房所编的《教育学新书》《教育学问答》等;逻辑学方面,主要有东京富山房所编的《论理学问答》等;经济学方面,主要有池代秀太郎的《经济泛论》、川洁的《财政学》等。一些日本学者所著的史学著作也被翻译进来,如坪井九马三的《史学研究法》、浮田和民的《史学原论》等。由于这些史学著作包含了较为系统的西方考古学知识,因此,国人得以较全面地了解考古学的理论与方法。

在翻译、出版西学论著的同时,这一时期还出现了一批专门翻译介绍西方文化思想著作的刊物。如 1900 年留日学生杨廷栋等创办的《译书汇编》,翻译介绍了一些欧美及日本的政治学、历史学著作;1902 年由留日学生杨笃生等创办的《游学译编》,亦以介绍传播西学为主要内容,曾译载了不少有关近代西方政治、经济、法律、历史等方面的论著,影响颇大。特别是创办于1902 年由梁启超主编的《新民丛报》,分设论说、学说、时局、史传、教育、学

---

① 谭汝谦:《中国译日本书综合目录》,香港中文大学出版社 1980 年版。

术、小说及海外汇报、海外奇谈等栏目，广泛介绍了西方的各种学说和各方面的代表人物，在当时产生较大影响。这些刊物涉猎面较为广泛，其中刊发的一些史学方面的著述，也涉及考古学知识，如《译书汇编》第 9、10 期上发表的《史学概论》，便是其中一例。

频繁而持续的翻译、介绍活动，促进了西学在国内的传播，国人谈"新学"、议"西学"成为一时风尚。当时有人曾描绘过那种情形："庚子重创而后，上下震动，于是朝廷下维新之诏，以图自强。士大夫惶恐奔走，欲副朝廷需才孔亟之意，莫不曰新学、新学。虽然，甲以问诸乙，乙以问诸丙，丙还问诸甲，相顾错愕，皆不知新学之实于意云何。于是联袂城市徜徉，以求其苟合，见夫大书特书曰'时务新书'者，即麇集蚁聚，争购如恐不及。而多财善贾之流，翻刻旧籍以立新名，编纂陈简以树诡号。学人昧然，得鱼目以为骊珠也，朝披夕哦，手指口述，喜相告语：新学在是矣，新学在是矣！"①尽管有点饥不择食之味、鱼目混珠之嫌，但由此仍可窥见人们追求"新学""西学"②之热烈。

二、近代学科门类的确立

西方近代学术，大致分为自然科学和社会科学两大门类，中国传统学术门类则主要有经学、史学、小学、算学、天文历法、舆地学及所谓"儒家四学"③，中、西学术之间存在显著的差异。在西方近代学术门类中，有许多中国传统学术门类中没有的学科，如近代物理学、化学、生物学、地质学、社会学等；即便是与西方的数学、天文学、地理学、历史学具有相似性的中国传统算学、天文、舆地学、史学，也在学科体系和理论方面有着明显的不同。可以说，中国近代意义上的学术门类的建立，是西学东渐的结果。而 19 世纪末 20 世纪初掀起的西学传播浪潮，对中国传统学术的转型和近代学术门类的建立起了关键的作用。

1876 年，京师同文馆总教习丁韪良（W. A. P. Martin）负责制定了新的教学计划，课程设置分为八年制和五年制两套。八年制课程安排为：首年，认字写字、讲解浅书；二年，讲解浅书、练习文法、翻译条文；三年，讲各国地

---

① 冯自由：《政治学·序》，《政治学》前附，上海广智书局光绪二十八年（1902）版。
② 晚清所谓"新学"有两种不同的涵盖：一是指"今文经学"，与之相对应的"旧学"则是指继承古文经传统的清代"朴学"，亦即"汉学"；一是指由西方引进的学术思想以及主要运用西方的思想方法进行研究的中国学问，与之相对应的"旧学"则是指中国传统的学术思想。
③ 即义理之学、考据之学、辞章之学、经世之学。

图、读各国史略、翻译选编；四年，数理启蒙、代数学、翻译公文；五年，讲求格物、几何原本、平三角、弧三角、练习译书；六年，讲求机器、微分积分、航海测算、练习译书；七年，讲求化学、天文测算、万国公法、练习译书；八年，天文测算、地理金石、富国策、练习译书。五年制课程安排为：首年，数理启蒙、九章算法、代数学；二年，学四元解、几何原本、平三角、弧三角；三年，格物入门、兼讲化学、重学测算；四年，微分积分、航海测算、天文测算、讲求机器；五年，万国公法、富国策、天文测算、地理金石。由于汉文和经学"原当始终不已，故于课程并未另列"。① 从课程表上看，同文馆所传授的知识，除了属于中学的"经学"外，主要是西学科目，包括外国语言文字、算学、天文测算、格致学、化学、地理学、金石矿物学等。其中，格致学分为力学、水学、声学、气学、火学、光学、电学等分支科目，算学则包括代数、几何、三角、微积分等分支科目。

1897 年，张元济创办通艺学堂，开设了"文学门"和"艺术门"两大学术门类的课程。"艺术门"诸学，主要是近代自然科学各学科门类，如算学、几何、代数、化学、格物学、天学、地学、制造学等；"文学门"诸学，则主要是社会科学各学术门类，包括西方名学（辨学）、计学（理财学）、公法学、理学（哲学）、政学（西名波立特）、教化学（西名伊特斯）、人种论等科目。

1902 年，管学大臣张百熙负责制定了《京师大学堂章程》，将大学分为政治、文学、格致、农业、工艺、商务、医术等七科。其中政治科包括政治学、法律学两门学科；文学科包括经学、史学、理学、诸子学、掌故学、词章学、外国语言文字学等七门学科；格致科包括天文学、地质学、高等算学、化学、物理学、动植物学等六门学科。

1903 年，张之洞、张百熙在《奏定大学堂章程》中，规定"政法科"包括政治学和法律学两门，这两门学科又包括了政治总义、政治史、统计学、行政机关学、警察监狱学、法律原理学等十多种分支科目。这些科目，基本上将当时"移植"到中国的法学、政治学各科目明确规定下来。在"文学科"中，历史学科及其分支科目（如泰西各国史、亚洲各国史、年代学等）、地理学科及其分支科目（如外国地理、政治地理、商业地理、交涉地理、历史地理、地文学、地图学等）、文学学科及其分支科目（如各国近世文学史、声音学等），也都被明确确定了下来。值得注意的是，人类学、金石文字学、古生物学等科目，也

---

① 《同文馆题名录》光绪五年（1879）；见朱有瓛主编《中国近代学制史料》第一册，华东师范大学出版社 1983 年版，第 71—73 页。

被归入大学所要开设的"随意科目"之中。其中,对"古生物学"的界定更像是今日的"考古学",因为它是一门"考究发掘地中所得之物品,如人骨、兽骨、刀剑、砖瓷以及化石之类,可以为史家考证之资者"①的学科。

1907 年,黄节、邓实等人拟设"国粹学堂",分设 21 个学科门类。包括:经学、文字学、伦理学、心性学、哲学、宗教学、政法学、实业学、社会学、史学、典制学、考古学、地舆学、历数学、博物学、文章学、音乐学、国画学、书法学、武事学和译学。这里,最值得注意的是单立了"考古学"门类。虽然"考古学"门类,从其开设钟鼎学、石刻学、金石学史、美术史等课程来看,似乎与传统的"金石学"相类似,但其毕竟是在中国传统文化与学术的基础上,吸收西学体系及研究方法的产物。这似乎可以说明,作为近代学科之一的考古学,在 20 世纪初年的中国学术界开始作为正式学科名称被确定了下来。

第二节　早期考古学知识的传播

正如西方近代考古学的创立与近代地质学的发展有千丝万缕的联系,近代考古学知识进入中国学者的视野,首先与 19 世纪中叶后对西方地质学著作的译介相关联。至 20 世纪初期,中国学者介绍西方历史学的文章、著作渐渐增多,更多的考古学知识伴随着历史理论和文明史的译介被介绍进来,并开始把考古学当作历史学的辅助学科。

一、地学著作的译介与考古学知识的传播

19 世纪中叶后西学大规模地进入中国,传统的舆地之学渐为西来的地学所取代。魏源在《海国图志》中译介玛吉士(J. M. Marques)所著《地球天文合论》时说:"夫地理者,讲释天下各国之地式,山川河海之名目,分为文、质、政三等。其文者,则以南北二极,南北二带,南圆北圆二线,平行子午二线,赤寒温热四道,直经横纬各度,指示于人也。其质者,则以江湖河海,山川田土,洲岛湾峡,内外各洋,指示于人也。其政者,则以各邦各国,省府州县,村镇乡里,政事制度,丁口数目,其君何爵,所奉何教,指示于人也。此三者地球之纲领也,不可缺一。"②此后,地学的"地文""地质""地政"三分说为学界所遵循。虽然具体的解说不尽相同,有时还相去甚远,但是那时不少以

---

① ［清］张百熙:《奏定大学堂章程》,《张百熙集》,岳麓书社 2008 年版,第 209 页。
② ［清］魏源:《海国图志》卷九六,岳麓书社 1998 年版,第 2188 页。

"地学""地质"命名的译介西方地学的书籍,大多涉及地层堆积、人类远古遗存及考古发掘等知识。其中玛高温(D. J. M. Gowan)口译、华蘅芳笔述的《地学浅释》便是典型一例。

《地学浅释》刊印于清同治十年(1871)①,是中国最早译介的西方近代地学著述之一。著者英国人雷侠儿(C. Lyell),今译莱伊尔,是近代地质学的奠基人。该书原本38章,译著分为38卷,前9卷论岩石类型及地质概念;第10—27卷论历史地层学;第28—34卷论火成岩;第35—37卷论变质岩;第38卷论矿床学。其中卷十名为"论今时新叠层及后沛育新叠层",主要是关于远古人类遗存的发掘和研究状况,大致依从晚期到早期的时间顺序叙述。如在"瑞西湖中古屋"一节,讲述考古学史上著名的瑞士湖上村落,并指出"其土中古物甚多,可与石刀、铜刀、铁刀之说相证"。该卷还论述了所谓石刀、铜刀、铁刀"三期说"及以地层分期的方法:"太尼地方有一皮脱厚层(皮脱者,草木于北方之地枯而不朽,所积之层也),其中有淡水僵石及陆地兽骨。其形皆与现今本处之生物无异。其皮脱之下层二十至三十尺深处,得古时石刀,在松树根中。而其上层皮脱中则有古时铜刀,在栗树根中。考之古史,知其处并不宜松,所以知此刀此树尚在未有文字之先。意其处先有松后有栗,故松树之皮脱在下,栗树之皮脱在上,均能积成厚层。其有松之时,古人以石为刀,未知用铜。及有栗树时,其人已知以铜为刀,而尚不知用铁。今则其地并无松、栗,而有榆林甚茂,其榆树皮脱中遇有铁刀,知其地有榆树之时,人已能用铁矣。"②所提及的石刀、铜刀、铁刀的"三期说",是丹麦学者汤姆森(C. J. Thomsen)《北欧古物导论》(1836年)和沃尔索(J. J. A. Worsaae)《丹麦原始时代古物》(1843年)中所提出并得到地层学证实的。《地学浅释》至迟在1871年已出版,上距《北欧古物导论》的出版不到35年,距《丹麦原始时代古物》出版只有28年。

几乎在同一时期,西方学者的一些重要考古活动,也通过传教士之口被介绍进来。如1874年丁韪良在《中西闻见录》上发表的《古国遗迹》一文,介

---

① 该书出版时间一般认为是1873年。但据《格致汇编》第3卷《译书要略》,以及上海江南制造局《译书提要》卷二记载,《地学浅释》在同治十年(1871)已由上海江南制造局刊售。又据同治九年三月初三日《总办机器制造局冯、郑上督抚宪禀(附酌拟广方言馆课程十条、拟开办学馆事宜章程十六条)》中言:"自上年延请西士伟烈亚力、傅兰雅、玛高温诸人各种西书,计前后译成《汽机发轫》九卷、《金石识别》十二卷、《采煤要法》十二卷……《地学浅释》三十八卷……"则《地学浅释》的中译本在1870年可能已经问世。

② (英)雷侠儿撰,(美)玛高温口译,华蘅芳笔述:《地学浅释》卷6—11,江南机器制造局1873年版,第80—81页。

绍了 1870—1873 年间谢里曼发掘希腊特洛伊古城考古时事。文中丁韪良首先简略介绍了西方近代各国的考古活动,"在古时亚洲西界有数小国,声名文物彬彬称盛,如犹太、腓尼基、德罗亚是也。缘兹,泰西学士常赴该处掘搜古物,以博见闻";犹太国为古教圣地,英、美、德、法诸国,"每派人躬往勘寻旧迹,用资考证,兼示不忘本原之意";英国人常在尼尼微、巴比伦等处,掘地搜寻,得古石殿、石碑、石像无数,其碑字类虫篆,"渐通其文,参之古书,若合符节,所载事迹足补典籍之阙"。最后他说,"近又有德国人在德罗亚搜获古迹甚奇",荷马史诗曾记载特洛伊战争,"人咸谓风影之说,不过出自诗人铺述,信者绝少","今掘地见城,并故王宫,间有金银钱参错土中,及妇女珠饰犹存,足证斯事为实。观于此,可见古人著作考据之真,又可见今人好古敏求之效也"。① 丁韪良之文既是即时的新闻报道,又可看作是对考古学知识的专门介绍。

在对考古学知识的介绍和考古活动的报道的同时,将地学、考古学知识运用于历史诠释的文章也开始见诸报端。1876 年《万国公报》刊出韦廉臣(A. William-son)所撰《古初纪略》一文,讲解《圣经》所记亚当及其后人的传衍分布时说:"自亚当至洪水时,有谓二千余年者,有谓一万四千年者。旧约所载未经明言,然由地下枯骨及各项器具验之,谓万有四千者近是。"文中提到,亚当长子该隐杀亚伯,离开本土至挪得,其后人又分三支,疑分别是蚩尤及三苗、印度人、黑人的祖先。"其初迁时皆衣兽皮,无铜铁器具,弩矢之镞、鱼标之刃皆以石为之,居无庐舍。后有出为牛羊牧者,始立帐幙,或用皮或用木叶为之。六世后始得铜铁,能制造。"又说:"以上旧约所纪及后世传闻如此,今始得确据。有格物先生开窑至极深处,见有人骨及石器械等,再上于有骨之处始见有铜铁器械,再上始有近今人骨及近今磁器等。"②

如果说《古初纪略》在用地学、考古学知识诠释人类早期历史方面尚属模糊和牵强,那么 1903 年《万国公报》所刊的李提摩太(R. Timothy)与蔡尔康合著《考古征文求助说》一文则要明确得多:"试质诸地学名家,知太古地极卑薄,其所以渐成高厚者,则缘每岁土润溽暑之际,往往大雨将行,山头悬瀑千寻,挟沙石而沉山趾。一年所积,诚属无多;比及百年,约高尺许。准是核计,太古地面诸形迹,今必深陷地心。格致家遂思以掘地代读书,谓土层犹书叶也。书之纪事,逐叶翻新;土之告人,逐层转旧。彼此互相印证,无间

---

① （美）丁韪良:《古国遗迹》,见《近代中国史料丛刊三编》第 32 辑,台北文海出版社 1987 年版,第 431—433 页。

② （英）韦廉臣:《古初纪略》,《万国公报》第 404 期(1876 年 9 月 9 日),第 54—55 页。

亚欧非美,共分太古之世为古石、新石、铜、铁四代。真知灼见,确切不易。"①在此,作者以浅显而准确的语言介绍了"地层"形成过程及在研究古史中的作用。从"以掘地代读书,谓土层犹书叶也"等形象语言中,可以读到考古学独特的获取资料的方式和解读资料的方法。而"无间亚欧非美,共分太古之世为古石、新石、铜、铁四代。真知灼见,确切不易"的表述,则显露出此时考古学已经初步成熟和作为一门新兴学科的自信。

可以说,从 19 世纪 70 年代起,主要通过地质学著作的译介传播,古人类遗存、地层学、"三期说"等考古学知识开始进入中国学者的视野,并逐渐成为史家、学者知识资源的一部分。

二、史学著作的译介与考古学知识的传播

对西方近代考古学知识较为系统的译介,则出现在史学著作中。1902年,留日学生汪荣宝署名衮父,在《译书汇编》杂志第 9、10 期上发表《史学概论》,这大概是中国近代第一部比较系统介绍西方历史研究法的编译之作。这部译作虽然简略,但参照了日本多位具有西学背景的历史学家的著作。其中自称:"本论以坪井九马三《史学研究法》为粉本,复参以浮田和民、久米邦武诸氏之著述及其他杂志论文辑译而成,所采皆最近史学界之学说,与本邦从来之习惯,大异其趣。聊介绍于吾同嗜者,以为他日新史学界之先河焉。"②

坪井九马三是近代日本著名史学家,曾留学德国。其所著《史学研究法》参照了德国史家伯伦汉(E. Bernheim)的《史学方法论》编译而成。浮田和民的《史学原论》、久米邦武的《史学方法论》等同样受到伯伦汉、巴克尔(H. T. Buckle)等西方学者的影响。虽然坪井氏《史学研究法》所阐发的史学理论和方法本于伯伦汉《史学方法论》,但也有一些创新。如《史学研究法》非常重视历史学的辅助学科,书中这一方面的讨论多达 160 页。而《史学方法论》仅用了 19 页,较为简略。但两者都重视实物资料在史学研究中的作用。如《史学方法论》中列有"印章学""古泉学"等项,《史学研究法》则将"印章学"归属"古文书学",将"古泉学"拓展为"铸币学及度量衡学"。《史学研究法》还专列有"考古学"一项。这说明,萌芽于文艺复兴时期的西方近代考古学,在 19 世纪末 20 世纪初的东西方史学界,均已被看作是历史学重要的辅助学科。正因为如此,汪荣宝编译的《史学概论》就涉及了一些近代考古学知识。

① (英)李提摩太、蔡尔康:《考古征文求助说》,《万国公报文选》,生活·读书·新知三联书店 1998年版,第 670 页。
② 衮父(汪荣宝):《史学概论》,《译书汇编》1902 年第 9 期,第 105 页。

　　《史学概论》在译介历史研究法的同时,对考古学也做了简略却十分到位的介绍。在第五节"关于史学之学科"中,把考古学和语言学、古文书学、地理学等学科放在一起,看作是史学的重要辅助学科,认为这些学科都是"与史学有肺腑之戚,而相与维系、相与会通"的学科。这里,明确将考古学看成是史学重要辅助学科之一,这在中国近代史学史、近代考古学史上尚属首次。《史学概论》还对考古学的含义做了简略而准确的介绍。汪荣宝说:"一般所谓考古学者,常分为书契以前和书契以后之两部。自人类学者言之,则书契以前之一部为最重要。而自史家之眼观之,则书契以前尚为无史之时代,以关系较少,无待探求,从而史学上所谓考古学者,其意味必为书契以后之考古学。"短短的一段文字,却点明了考古学的要义。首先,第一次较准确地介绍了近代考古学的两个主要分支,即史前考古学和历史考古学①,并明确地将有无"书契"文字,作为区分两者的标准。其次,暗含了考古学与历史学的区别,历史学的研究对象主要是"书契"材料,而考古学主要关注的是"古代之遗物"。在他看来,古代之遗物"自土木工事之类,若建筑、若道路、若桥梁,迄于器用、兵械、装饰品,及仪仗、礼式之变迁,皆属考古学之范围。即精密言之,又得分为古土木学、古器学,及掌故学"。第三,点明了考古学与人类学、历史学的关系。史前考古学与人类学相互依存,而历史考古学与历史学相得益彰。考古学通过"研究古物,由其时代而调查其制作意匠、式样、手法之变迁,即何时之社会先有何物,及其次之时代变为何风,如是网罗证明之,以备史学上之参考"。还认为,"通俗所谓考古学者,颇误以为古董学之专门",这是"大错"。② 一百多年前对考古学有如此精到的认识,无疑是十分难得的。

　　除了坪井氏《史学研究法》以外,汪荣宝还提到浮田和民的著作,那就是

---

①　史前考古学的研究范围是未有文字之前的人类历史,历史考古学的研究范围是有文献记载以后的人类历史,主要是研究青铜时代和铁器时代的文化遗存。历史考古学必须与历史学相配合,同时还要依靠古文字学、铭刻学、古钱学、古建筑学等分支。史前考古学和历史考古学都以遗迹和遗物为研究对象,这是它们之间的共同性。但由于历史考古学必须验证文献记载,而史前考古学则没有任何文献记载可供依据,所以两者的研究任务也有所不同。史前考古学承担了究明史前时代人类历史的全部责任,而历史考古学则可以与历史学分工合作,相辅相成,共同究明历史时代人类社会的历史。

②　以上引文均出自衮父(汪荣宝)《史学研究法》,见《译书汇编》1902 年第 10 期,第 69—81 页。

不久就有 6 种译本之多的《史学原论》①。1903 年,留日学生李浩生翻译的《史学通论》便是当时《史学原论》的译本之一。该书比上述的《史学研究法》一书更为系统。全书共分 8 章,分述历史学的性质、范围、定义、价值,以及历史与国家、地理、人种等等之关系,历史大势及研究方法等,较具体地介绍和阐述了西方一些著名史学家和思想家有关史学理论和方法的思想观点,其中也涉及一些考古学知识。如在讲到"历史研究法"时,《史学通论》说"在就过去事实之痕迹,以发现真理,以说明现在,以预察将来,以知社会之起源、进化之目的也",此乃历史研究之方法。"藉令为几千万年前之事,但使痕迹不灭,则此事之原动力有可推而知之者。此所以考古学及人类学虽等于地质学,而实较地质学为有兴味也。"考古学的进步促进了历史学的发展,"古代历史家,口碑记录之外无资料,每收集之、比较之、改删之、再演说之,以为正确之历史。然至近时,则更以遗物及纪念物为资料,而历史始脚踏实地,骎骎有进步之盛运矣"。在史学研究中,"遗物""纪念物"和"记录",其价值各因研究之目的而不同,这三种资料"不得偏重其一"。至于具体的方法,除"搜集""引证""推度"外,还有"假定"一法,"例如见古坟之整然,可以见古代社会之秩序焉。夫资料者,各别者也,其间有连续者,有不连续者,于是事实与事实之间有旷阙,不补此旷阙,则历史上之事实不全。苟欲全之,莫如假定说"②。这里已充分注意到以实物遗存为主要研究对象的考古学对于史学研究的意义。

浮田和民的《史学原论》深受英国历史学家巴克尔所著的《英国文明史》一书影响。20 世纪初年,中国也出现了《英国文明史》多种译本。③ 该书也涉及西方考古学在历史研究中的作用及运用,如在讲述历史研究方法时,《英国文明史》写道:"欲扩人知古之识,必先读史。吾欧洲之所谓良史,盖无乎不包矣。如发故城之址,而得古钱,则摹其款识之文,字母之式,象形之篆,斯亦考证之资也。至若久湮之言语,必董理而详次之。盖人语遘变,本有定例以准之。今人之所研究而得者,已有数端。古昔人民播迁之迹,年代

① （日）浮田和民撰,李浩生译:《史学通论》,杭州合众译书局 1903 年版。浮田和民此书另有侯士绾译本(名《新史学》,1903 年上海文明书局出版)、罗大维译本(名《史学通论》,1903 年进化译社出版)、刘崇杰译本(名《史学原论》,1903 年闽学会出版)、杨毓麟译本(名《史学原论》,1903 年湖南编译社出版)、东新译社同人编译本(名《史学原论》,1902 年《游学译编》第 1 期译书预告)。
② （日）浮田和民撰,李浩生译:《史学通论》,杭州合众译书局 1903 年版,第 91 页。
③ 其中有:1903 年南洋公学译书院刊印的《英国文明史》;从日译本转译的《文明史论》(见 1903 年 9 月 6 日《政艺通报》第 15 号上海新民译印书局新书广告);王建祖译的《英国文明史》(见 1904 年作新社出版的《美洲留学报告》中"留学著述介绍");陆续连载于 1906 年至 1907 年清末学部主办的《学部官报》第 3 期至第 28 期魏易所译的《文明史》等。

虽极湮远者,言语家亦可藉是例以详考之。"①1906 年《学部官报》译刊的《文明史》中也写道:"考古者发掘地中湮没之古城,得古钱而读其文,借以证其时代。拓古文之碑刻,凡锐角象形之文字,百方考译而得其义。治语言学者,将古来人类言语之变迁列为图表,而探取古代民族迁徙之消息焉。"②由此可见,巴克尔的《英国文明史》注意到了考古发掘尤其是古城发掘和古钱、碑刻等实物资料对于历史研究的意义。巴克尔是英国著名的实证主义史家,他于 1857—1861 年间所著的 2 卷本《英国文明史》是其代表性著作。《英国文明史》不同于一般的历史著述,在关注史实的同时,以很大的篇幅讨论了史学理论和方法问题,其中也涉及考古学。在西方近代史学史上,巴克尔可以说是打破传统史学、力求建立新史学的先驱。20 世纪上半期,巴克尔及其《英国文明史》在中国的传播曾出现过两次高峰:一是 20 世纪初年"新史学"思潮时期,二是 20 世纪 20、30 年代"新史学"运动时段。无疑,对巴克尔《英国文明史》的译介,有助于中国学术界对近代西方考古学的认识。

由于近代考古学给传统的以文献为主要研究对象的历史学,提供了新的研究材料、研究思路与途径,因此一些西方史学概论性的著作乃至一些关于文明史的著作,往往把考古学作为着力介绍的内容。于是在中国学者翻译史学著作的过程中,西方考古学的一些知识也被介绍进来。这些著述,既影响到中国 20 世纪前期新史学思潮和运动的产生,也对西方近代考古学的传入、生根产生了直接或者间接的影响。

第三节 章炳麟与新式中国通史

西方考古学对中国学术的影响,首先在新式中国通史的编撰领域得到了体现。新式中国通史的编著,孕育于中西之学交相激荡的时代。进入 20 世纪之初,随着"新史学"的落地与勃兴,编撰新式中国通史的号角亦同时吹响。在编撰各种新式中国通史过程中,近代考古学知识在不同程度上得到了介绍和运用。

---

① (英)巴克尔著,南洋公学译书院译:《英国文明史》;转引自俞旦初的《二十世纪初年西方近代考古学思想在中国的介绍和影响》,《考古与文物》1983 年第 4 期,第 109 页。

② (英)巴克尔著,魏易译:《文明史》;转引自俞旦初的《二十世纪初年西方近代考古学思想在中国的介绍和影响》,《考古与文物》1983 年第 4 期,第 109 页。

一、章炳麟新史学观与考古学

章炳麟(1869—1936),字枚叔,后改名绛,号太炎,浙江余杭人,是一位学者型革命家。就其学术而言,早在1890年即入诂经精舍,随著名学者俞樾研习经史。在长期的学术生涯中,章炳麟广泛涉猎历史、哲学、文学、金石、文字、经学、佛学诸学术领域,并取得卓越的成就。

清末民初,史学界兴起一股所谓"新史学"的学术潮流。在新史学体系的构建和史学观的酝酿过程中,章炳麟发挥了举足轻重的作用。1900年,章炳麟在重订本《訄书・哀清史第五十九》所附《中国通史略例》中,发出了重写中国通史的第一声呐喊。① 在《中国通史略例》里,章炳麟已经就新编中国通史的宗旨、体例乃至具体篇目发表了相当系统的看法,似乎是酝酿已久。尽管《中国通史略例》篇幅较长,但为观其全貌,录文如下:

> 中国秦汉以降,史籍繁矣。纪传表志肇于史迁,编年建于荀悦,纪事本末作于袁枢,皆具体之记述,非抽象之原论。杜、马缀列典章,阃置方类,是近分析法矣。君卿评议简短,贵与持论鄙倍,二子优绌,诚巧历所不能计,然于演绎法,皆未尽也。衡阳之圣,读《通鉴》《宋史》,而造论最为雅驯,其法亦近演绎;乃其文辩反覆,而辞无组织,譬诸织女,终日七襄,不成报章也。若至社会政法盛衰蕃变之所原,斯人暗焉不昭矣。王、钱诸彦,昧其本干,攻其条末,岂无识大,犹愧贤者。今修《中国通史》,约之百卷,镕冶哲理,以祛逐末之陋;钩汲眢沉,以振墨守之惑;庶几异夫策锋、计簿、相斫书之为者矣!
>
> 西方作史,多分时代;中国则惟书志为贵,分析事类,不以时代封画;二者亦互为经纬也。彪蒙之用,斯在扬榷,大端令知古今进化之轨而已,故分时者适于学校教科;至乃研精条列,各为科目,使一事之文野,一物之进退,皆可以比较得之,此分类者为成学讨论作也。亦犹志方舆者,或主郡国,则山水因以附见,其所起讫,无必致详;或主山川,记一山必尽其脉带,述一水必穷其出入,是宁能以郡国封限矣!昔渔仲粗粝,用意犹在诸《略》;今亦循其义法,改命曰《典》,盖华峤之故名也。

---

① 白寿彝主编《中国通史》第1卷《导论》中,据《訄书》手校本59卷《哀清史》所附,断定《中国通史略例》写作于1900年(见白寿彝主编《中国通史》第1卷,上海人民出版社1989年版,第308页注)。现行史学史论著多将该文写作年代定为1903年或1904年,是由所据《訄书》版本不同引起。此从白寿彝说。

诸典所述,多近制度。及夫人事纷纭,非制度所能限,然其系于社会兴废,国力强弱,非眇末也。会稽章氏谓后人作史,当兼采《尚书》体例,《金滕》《顾命》,就一事以详始卒。机仲之《纪事本末》,可谓冥合自然,亦大势所趋,不得不尔也。故复略举人事,论撰十篇,命之曰《记》。

西方言社会学者,有静社会学、动社会学二种。静以臧往,动以知来。通史亦然,有典则人文略备,推迹古近,足以臧往矣;若其振厉士气,令人观感,不能无待纪传。今为《考纪》《别录》数篇。非有关于政法、学术、种族、风教四端者,虽明若文、景,贤若房、魏,暴若胡亥,奸若林甫,一切不得入录,独列《帝王》《师相》二表而已。昔承祚作《益部耆旧传》,胪举蜀才,不遗小大;及为《蜀志》,则列传亡几。盖史职所重,不在褒讥,苟以知来为职志,则如是足也。(案:太史公引《禹本纪》、扬子云作《蜀王本纪》,皆帝者之上仪也。然汉《艺文志》儒家有《高祖传》十三篇,《孝文传》十一篇,而刘绍《圣贤本纪》亦列子产,见于《文选·王文宪集序》注所引。是知纪传本无定称。今亦聊法旧名,取孟坚《考纪》、子政《别录》以为识别云尔。)

列表五篇:首以《帝王》,以省《考纪》;复表《师相》,以省《别录》。儒林文苑,悉数难尽,其撰述大端,已见于《文言》《学术》二典,斯亦无待作传,故复列《文儒表》,略为第次,从其统系而已。方舆古今沿革,必为作典,则繁文难理;职官亦尔,孟坚《百官公卿》止于列表,一代尚然,况古今变革可胜书邪? 故于《帝王表》后,即次《方舆》《职官》二表,合后《师相》《文儒》,为《表》凡五云。

史职范围,今昔各异,以是史体变迁,亦各殊状。上世瞽史巫祝,事守相近;保章、灵台,亦官联也,故作史必详神话。降及迁、固,斯道无改。魏、晋以来,神话绝少,律历、五行,特沿袭旧名,不欲变革,其义则既与迁、固绝异。然上比前哲,精采黯黕,其高下相距则远。是繇一为文儒,一为专职尔。所谓史学进化者,非谓其霩清尘翳而已,已既能破,亦将能立。后世经说古义,既失其真,凡百典常,莫知所始,徒欲屏绝神话,而无新理以敹彻之。宜矣! 其肤末茸陋也。要其素知经术者,则作史为犹愈。允南《古史》,昔传过于子长,今不可见。颜、孔《隋书》,亦迁、固以后之惇史。君卿《通典》,事核辞练,绝异于贵与之伧陋者。故以数子皆知经训也。(近世如赵翼辈之治史,弋戈鄙言,弗能钩深致远,由其所得素浅尔。)惜夫身通六艺之士,滞于礼卑而乏智崇之用,方之古人,亦犹倚相、射父而已。必以古经说为客体,新思想为主观,庶几无愧于作者。

今日治史,不专赖域中典籍。凡皇古异闻,种界实迹,见于洪积石层,足以补旧史所不逮者,外人言支那事,时一二称道之,虽谓之古史,无过也。亦有草昧初启,东西同状,文化既进,黄白殊形,必将比较同异,然后优劣自明,原委始见,是虽希腊、罗马、印度、西膜诸史,不得谓无与域中矣。若夫心理、社会、宗教各论,发明天则,烝人所同,于作史尤为要领。道家者流,出于史官,庄周、韩非,其非古之良史邪!

设局修史,始自唐代。繇宋逮明,监修分纂,汗漫无纪。《明史》虽秉成季野,较《宋》《元》为少愈,亦集合数传以成一史云尔。发言盈廷,所见各异,虽有殊识,无繇独著。孟德斯鸠所谓"古事谈话"者,实近史之良箴矣。今修《通史》,旨在独裁,则详略自异。欲知其所未详,旧史具在,未妨参考。昔《春秋》作而百国宝书崩,《尚书》删而《三坟》《穆传》轶,固缘古无雕版,传书不易,亦繇儒者党同就简,致其流亡。然子骏《七略》《尚书》家犹录《周书》;《周官》而外,《周法》《周政》亦且傍见《儒家》;固非谓素王删定以后,自余古籍,悉比于吐果弃药也。《通史》之作,所以审端经隧,决导神思。其佗人事浩穰,乐胥好博之士所欲知者何既,旧史具体,自不厌其浏览。苟谓新录既成,旧文可废,斯则拘虚笃时之见也已。

中国通史目录

表:帝王表 方舆表 职官表 师相表 文儒表

典:种族典 民宅典 浚筑典 工艺典 食货典 文言典 宗教典 学术典 礼俗典 章服典 法令典 武备典

记:周服记 秦帝记 南冑记 唐藩记 党锢记 革命记 陆交记 海交记 胡寇记 光复记

考纪:秦始皇考纪 汉武帝考纪 王莽考纪 宋武帝考纪 唐太宗考纪 元太祖考纪 明太祖考纪 清三帝考纪 洪秀全考纪

别录:管商萧葛别录 李斯别录 董公孙张别录 崔苏王别录 孔老墨韩别录 许二魏汤李别录 顾黄王颜别录 盖傅曾别录 王猛别录 辛张金别录 郑张别录 多尔衮别录 张鄂别录 曾李别录 杨颜钱别录 孔李别录 康有为别录 游侠别录 货殖别录 刺客别录 会党别录 逸民别录 方技别录 畴人别录 叙录①

---

① 章炳麟:《訄书》,生活·读书·新知三联书店 1998 年版,第 332—336 页。

　　察其上述大段议论,化腐朽为神奇之心显而易见,然其并不赞成"脱胎换骨"地革旧鼎新,可谓用心良苦。就章炳麟新史学观的主张而言,《中国通史略例》所体现的如下三点值得我们特别注意:

　　第一,重视对中国传统史学的继承。关于中国通史的体例,章炳麟认为,以往的纪传、编年、典制、考证等体裁,主要仅限于排比史料,有舍本逐末之弊;为了在书中熔铸新哲理,应该进行体裁的创新。乾嘉年间,章学诚曾提出兼采纪事本末体的方法作为改革史书编撰的方向,章炳麟认为这是"大势所趋",并且加以发展。同时,"编撰《中国通史》的一项基本要求,是要体现'社会兴废、国力强弱',这一历史编撰的难题,正好依靠吸收纪事本末体的优点来解决"①。他所拟的《中国通史略例》以及《中国通史目录》所包括的表、典、记、考纪、别录等体裁,实际是他试图借鉴纪事本末体,并综汇中国原有其他各种史书体例之长推陈出新的结果。

　　第二,注意对外国史学的吸收。我们在《中国通史略例》中读到:"西方作史,多分时代;中国则惟书志为贵,分析事类,不以时代封画;二者亦互为经纬也。彪蒙之用,斯在扬榷,大端令知古今进化之轨而已,故分时者适于学校教科;至乃研精条列,各为科目,使一事之文野,一物之进退,皆可以比较得之,此分类者为成学讨论作也。"章炳麟又说:"西方言社会学者,有静社会学、动社会学二种。静以藏往,动以知来。通史亦然,有典则人文略备,推迹古近,足以藏往矣;若其振厉士气,令人观感,不能无待纪传。"这里不仅涉及了历史著作的体例,更点明了修撰史书的宗旨:一是为了"知古今进化之轨",一是为了"振厉士气"。而这些,均与章炳麟对西方史学观的吸纳有关。

　　第三,对西方近代考古学的关注。19、20 世纪之交,西方近代考古学已成为一门严谨的学科,然此时国人对考古学的认识并不清晰。章炳麟说:"今日治史,不专赖域中典籍。凡皇古异闻,种界实迹,见于洪积石层,足以补旧史所不逮者,外人言支那事,时一二称道之,虽谓之古史,无过也。亦有草昧初启,东西同状,文化既进,黄白殊形,必将比较同异,然后优劣自明,原委始见,是虽希腊、罗马、印度、西膜诸史,不得谓无与域中矣。若夫心理、社会、宗教各论,发明天则,悉人所同,于作史尤为要领。"在此,章炳麟不仅注意到了"种界实迹""洪积石层",而且明确指出它们"足以补旧史所不逮"。虽然,西方考古学知识此前已在中土有所介绍,但国人最早注意到考古发现

———————————

① 　陈其泰:《章太炎与近代史学》,《中国社会科学院研究生院学报》1999 年第 1 期,第 38 页。

对史前史研究的作用,则大概由此而始。

限于主题与篇幅,前两点暂且不论,这里仅就章炳麟为何关注西方的考古学略加分析。其实,章炳麟对考古学的关注,并非偶然,与其较早、较多地接触西学紧密相关。早在杭州诂经精舍期间,他就阅读了大量物理、化学、地质等方面的西学书籍。如作于此时的《膏兰室札记》①,在"问运至野者"条中,就曾引用《地学浅释》的内容来说明植物为何因时地之不同而有生有灭。"问运至野者"条虽主要言植物,但所引的内容却跟考古学上石、铜、铁"三期说"有关,即《地学浅释》的"太尼皮脱中古刀"一节。在《膏兰室札记》中,章炳麟还试图以《管子》所言"土"与地质学上的"僵石层"做对应,以证明所谓"今时新层"形成时间甚古。他说:"或疑今去管子二千余年,所谓今时新层者,不应管子时已有,不知'今时'之名,该石刀、铜刀、铁刀三期,石刀期之在中国,实当虞夏以前,则管子时土,安得无'今时新层'耶?"②不管其论是否合理,他对西方考古学的接纳是不言而喻的。这一点在《訄书》的《原变》《喻侈靡》《序种姓》等篇中,显现得更为明显。

章炳麟在《原变》一文中这样写道:"人之相竞也,以器。风胡子曰:轩辕、神农、赫胥之时,以石为兵,断树木,为宫室,死而龙臧。黄帝时,以玉为兵,以伐树木,为宫室,凿地,死而龙臧。禹穴之时,以铜为兵,以凿伊阙,决江导河,东注于东海,天下通平,治为宫室。当今之时,作铁兵,为龙渊、泰阿、工布麾之,至于猛兽欧瞻,江水折扬,晋、郑之头毕白。(见《越绝书·外传·记宝剑》)石也,铜也,铁也,则瞻地者以其刀辨古今之期者也。惟玉独无所见于故书轶事。"③在此,章炳麟不仅提到了西方考古学中石、铜、铁"三期说",而且还引《越绝书》风胡子言作比附,并注意到"以玉为兵"时代为西方考古学所未有。这大概是国人最早用西方的"三期说"来解释《越绝书》的石、玉、铜、铁"四期说"的一段文字。

章炳麟在《喻侈靡》一文中又说:"夫物产之消长,均一壤也,而古今不同。亡时而亡新生,亦亡时而亡绝灭。故松、榆、行栗,以其下所得古刀,监其萌芽早晚。而意大利捽拉草子之形,圆于英吉利所生者。此以知今之与古,中国之与不通之野,其草木固有异也。草木既枯为皮脱,又久则为僵石,

---

① 《膏兰室札记》作于1891—1892年左右;见沈延国《膏兰室札记校点后记》,《章太炎全集》第1卷,上海人民出版社1985年版,第302—307页。
② 章太炎:《膏兰室札记》卷三,《章太炎全集》第1卷,上海人民出版社1985年版,第259—265页。
③ 章炳麟:《原变》,《訄书》,生活·读书·新知三联书店1998年版,第28页。

而天地期运，于是一终；《管子》命之'运'，浮屠命之'劫'，欧罗巴人命之'期'。"①这里，章炳麟除了提到欧罗巴人"期"的概念，在字里行间还隐含了他对考古地层学的认识。至于将欧罗巴人的"期"与《管子》、佛教中的"运""劫"相比附，一方面反映了当时"国学"与"西学"的微妙关系，另一方面也是为更直观地介绍和阐释"西学"。

　　此外，在《序种姓上》一文中，章炳麟对人类的原始状态及进程，也有所阐发。他说："然自太古生民，近者二十万岁。（近世人类学者以石层、槁骨推定生民之始，最近当距今二十万年，其远者距今五十万年。如《旧约》所述，不逾万年，其义非是。）亟有杂淆，则民种羯羠不均。古者民知渔猎，其次畜牧，逐水草而无封畛；重以部族战争，更相俘虏，屡处互效，各失其本。燥湿沧热之异而理色变，牝牡接构之异而颅骨变，社会阶级之异而风教变，号令契约之异而语言变。故今世种同者，古或异；种异者，古或同。要以有史为限断，则谓之历史民族，非其本始然也。"②在此，章炳麟将由西方考古学与人类学的发现相结合而推演出的人类进化的一般法则，移植到中国的历史研究中，无疑有开创之功。

　　正是章炳麟对石、铜、铁"三期说"以及考古学上的地层堆积已有所了解，故就有了上述《中国通史略例》中"今日治史，不专赖域中典籍"的阐述。1902 年在《致吴君遂书》中论及编修历史问题时，章炳麟进一步指出："上世草昧，中古帝王之行事，存于传记者已寡，惟文字、语言间留其痕迹，此与地中僵石，为无形之二种大史。"③可见，章炳麟较早受到考古学思想的启发，意识到研究历史不能仅据文献资料，地下发现的各种实物史料，均可用之于研究历史，以补旧史的不足。

　　至于章炳麟晚年曾经就甲骨文的真伪问题，与当时的甲骨学界闹过一段颇为引人深思的学术公案④，其原因不能简单地看作是章炳麟晚年的保守。其实，从学术的严谨性和宽容性角度看，章氏所提出的"龟甲何灵而能长久若是哉"等疑问，并无不妥。这反而说明章炳麟晚年仍然在关注考古的新发现与新进展。事实上，当孙诒让利用甲骨材料，在古文字领域获得成果后，章炳麟也看到了甲骨文的价值，曾致书孙氏索取《名原》。

　　此时，在浙江籍学者群中，提倡新史学，关注西方地质学、考古学的学者

① 　章炳麟：《喻侈靡》，《訄书》，生活·读书·新知三联书店 1998 年版，第 46 页。
② 　章炳麟：《序种姓》上，《訄书》，生活·读书·新知三联书店 1998 年版，第 173 页。
③ 　章太炎：《致吴君遂书》，《章太炎政论选集》上册，中华书局 1977 年版，第 172 页。
④ 　何新：《章太炎晚年与甲骨文的一段公案》，《读书》1984 年第 5 期，第 89—90 页。

并非仅有章炳麟一人,陈黻宸是又一代表人物。陈黻宸(1859—1917),字介石,浙江瑞安人,是近代著名的教育家和颇有成就的历史学家。当章炳麟撰写《中国通史略例》、梁启超发表《中国史叙论》之时,陈黻宸也在《新世界学报》上刊登了《独史》①一文,阐述了撰述新的中国通史的理论、方法及体例大纲。虽然陈黻宸的修史方案与章氏、梁氏基本相同,皆是欲在糅合纪传体和纪事本末体的基础上突破原有的修史体例,但他所发出的编写符合时代要求的新的中国历史著作的呼声及思考,同样为新史书的诞生发挥了添砖加瓦的作用。此外,陈黻宸随后还撰写了《地史原理》一文,作为对新史方案的补充。在该文中,陈氏提出了"调查贵实""区划贵小""分类贵多""比例贵精"等编撰思想,主张在此基础上做一新地理史。值得注意的是,陈黻宸亦把西方考古学的理论与方法纳入了撰写新史书的视野中。如《地史原理》中论"格致家之地理",就有"于火山万状,穷其原质,积土千寻中有城郭、古矿,识其文字,穿凿及于地心"②的记述。

几乎与章炳麟撰写《中国通史略例》同时,1901年,梁启超在《清议报》上发表《中国史叙论》③,从世界史学变革的大背景上展开论题,同样提出要编撰一部不同于旧史的新中国通史的主张。梁启超所构想的中国通史,设"有史以前之时代"一节。他说:"1847年以来,欧洲考古学会专派人发掘地中遗物,于是有史以前之古物学遂成为一学派。近所订定而公认者,有所谓史前三期:其一石刀期,其二铜刀期,其三铁刀期。而石刀期中,又分为新旧二期,此进化之一定阶段也。虽其各期之长短久暂,诸地不同,然其次第则一定也。据此种学者之推度,则地球生物之起源在一万万年以前。而人类之遗迹,亦在一万年乃至十万年以前云。中国虽学术未盛,在下之层石未经发见,然物质上之公例,无论何地,皆不可逃者也。故以此学说为比例,以考中国有史前之史,决不为过。据此种学者所称新旧两石刀期,其所经年代,最为绵远,其时无家畜,无陶器,无农产业,中国当黄帝以前。神农已作耒耜,蚩尤已为弓矢,其已经过石器时代,交入铜器时代之证据甚多。然则人类之起,遐哉邈乎,远在洪水时代以前,有断然也。"④在这里我们可以看到,梁启超理解的史前概念已十分全面,除了把新石器时代与旧石器时代一起

① 陈黻宸:《独史》,《陈黻宸集》上册,中华书局1995年版,第560—575页。
② 陈黻宸:《地史原理》,《陈黻宸集》上册,中华书局1995年版,第579页。
③ 《中国史叙论》一文分上、下两篇,分别刊录于:《清议报》(光绪廿七年七月廿一日)第90册,1—5页;《清议报》(光绪廿七年八月初一日)第91册,1—4页。
④ 梁启超:《中国史叙论》,《饮冰室合集·文集》之六,中华书局1989年版,第10页。

看作"无家畜、无陶器、无农产业"不太符合实际外,已相当准确地介绍了史前各个阶段的特点。不仅如此,梁启超还第一次用近代考古学的概念与理论,对中国史前史进行了分期。虽然他主要比附神话传说,但他已认识到石、铜、铁"三期说"是"物质上之公例,无论何地,皆不可逃者也"。这在 20 世纪初年的中国学术界,的确是一种十分进步的思想。

可惜的是,无论是章氏还是梁氏,他们当时都身系政治,心多旁骛,忙于社会活动,终究未能亲自担纲来实现编著中国通史的宏愿。章炳麟计划写的《中国通史》为"百卷之书,字数不过六七十万,或尚不及,尽力为之,一年必可告竣"①,但此计划未能实现。梁启超在写出《中国史叙论》之后,"然荏苒日月,至今犹未能成十之二"②,同样无暇顾及。

二、夏曾佑的《中国古代史》与近代考古学知识的运用

章炳麟、梁启超的设想虽没能如愿,但编著新式中国通史的构想绝非异想天开之举。1903 年,就有丁保书的《蒙学中国历史教科书》、柳诒徵的《历代史略》等多部新编历史教科书问世。虽然它们大多是参考了日本的教科书或直接根据日本的教科书改编的,但毕竟开启了新编历史教科书的序幕。之后,各种新编历史教科书如雨后春笋般出现。仅据北京师范大学图书馆所藏图书,20 世纪初年直接以"历史教科书"命名的就有 9 种之多③:丁保书的《蒙学中国历史教科书》(文明书局 1903 年),商务印书馆的《中国历史教科书》(商务印书馆 1903 年),夏曾佑的《最新中学中国历史教科书》(商务印书馆 1904—1906 年),姚祖义的《最新中国历史教科书》(商务印书馆 1904 年),刘师培的《中学历史教科书》(国学保存会 1905—1906 年),章嵚的《中学中国历史教科书》(文明书局 1908 年),陈懋治的《高等小学中国历史教科书》(文明书局 1908 年),汪荣宝的《中国历史教科书本朝史》(商务印书馆 1909 年),陈庆年的《中国历史教科书》(商务印书馆 1909 年)等。

其中,夏曾佑的《最新中学中国历史教科书》(后改名为《中国古代史》)在当时最具代表性。俞旦初说:"二十世纪初,辛亥革命前十年间的中国史学,既是十九世纪末戊戌变法时期史学的继续和发展,又是辛亥革命以后一个时期的新史学运动的先导和前奏,在中国近代史学史上占有重要的地位。

---

① 章太炎:《致梁启超书》,《章太炎政论选集》上册,中华书局 1977 年版,第 168 页。
② 梁启超:《三十自述》,《饮冰室合集·文集》之十一,中华书局 1989 年版,第 19 页。
③ 储著武、汤城:《历史教科书与新史学——以夏曾佑、刘师培为中心探讨》,《河北学刊》2005 年第 5 期,第 139 页。

对于这个时期的史学,以往的史学史研究,一般论述较多的是几位著名学者的几种著名的作品,如章太炎的《中国通史略例》、梁启超的《中国史叙论》和《新史学》、夏曾佑的《中国历史教科书》,还有刘师培的《中国历史教科书》,等等,都在不同的方面给我们增进了科学的认识。"①陈其泰更是认为:"梁启超《新史学》(1902年)和夏曾佑《中国古代史》(1904—1906年)的相继完成,是近代史学发展上的重要事件,它们一是以史学评论的形式,一是以通史著作的形式,标志着自觉以新的历史哲学为理论指导,在内容上和著述形式上又都明确地提出新要求的近代史学著作正式产生了。"②

夏曾佑(1863—1924),字穗卿,号别士,浙江杭州人。其学术有家学渊源,父夏鸾翔,精于算学,同治、光绪时与同乡李善兰、戴煦并以善算学闻名。夏曾佑受此影响,自小即对自然科学知识深有兴趣,这与他后来倾心于西方进化论学说关系甚大。《中国古代史》就是在进化史观主导下完成的一部新式历史教科书。

夏曾佑把中国古代历史划为上古(草昧至周末)、中古(自秦至唐)、近古(自宋至清)三大段,且再细分为传疑期、化成期、极盛期、中衰期、复盛期、退化期与更化期七个小时期。此种辨析社会发展脉络的新史观,还贯穿在对各重大历史事件的评析之中。如认为禹政乃"古今一大界",战国又为"古今大界",秦朝亦是区别古今世界的一大关键,三国为时代转变的枢纽等。虽论证粗糙,然新意则昂然彰显。书中不时亦有以西史比喻国史者,如称禅让制为贵族政体,将黄土抟人、禹时洪水与上帝造人、挪亚方舟相比附,把秦朝比作列强等。这就透出早期新式中国通史的另一特征,即沟通中西之学时所表现出的简单与幼稚。书中对史前之神话传说,或存疑,或创新说,又显示出对旧史反逆的"疑古"特性。《中国古代史》叙述简明,文字流畅,论说动情,此书一出,备受读者欢迎。

此书最初名为《最新中学中国历史教科书》,上册于1904年6月出版。全书3册,至1906年出齐。1933年,商务印书馆辑印大学教科书,将本书升格为《大学丛书》之一,易名《中国古代史》,兹后多次重印。

关于夏曾佑的《中国古代史》的特点与成就,自严复、梁启超以降,学界已多有论述,在此不再赘述。只是人们在关注其"新体例"——章节体,"新思想"——西方进化论的过程中,忽略了《中国古代史》对西方考古学理论知

---

① 俞旦初:《二十世纪初年中国的新史学思潮初考》,《史学史研究》1982年第3期,第54页。

② 陈其泰:《中国近代史学的历程》,河南人民出版社1994年版,第304页。

识的吸纳与运用。

夏曾佑在《中国古代史》第一章"世界之初"节中写道："人类之生，决不能谓其无所始。然言其所始，说各不同，大约分为两派。古言人类之始者，为宗教家；今言人类之始者，为生物学家。宗教家者，随其教而异。各以其本群最古之书为凭。世界各古国，如埃及（Egypt）、巴比伦（Babylon）、印度（India）、希伯来（Hebrew）等，各自有书，详天地剖判之形，元祖降生之事。其说尚在，为当世学者所知。而我神洲，亦其一也。顾各国所说，无一同者。昔之学人，笃于宗教，每多入主出奴之意，今幸稍衰，但用以考古而已。至于生物学家者，创于此百年以内，最著者英

夏曾佑（1863—1924）的《中国古代史》，初名《最新中学中国历史教科书》，是20世纪初年最具影响的新式历史教科书。

人达尔文（Darwin）之种源论（Origin of Species）。其说本于考察当世之生物，与地层之化石，条分缕析，观其会通，而得物与物相嬗之故。由古之说，则人之生为神造；由今之说，则人之生为天演。其学如水火之不相容。此二说者，若欲穷其指归，则自有专门之学在，非本篇所暇及。"①在此，夏曾佑所述及的生物学，与时人所说"古生物学"一样，大致与当时地学书籍中所述考古学知识相近。

不仅如此，夏氏还在书中宣扬了由渔猎而游牧，由游牧而耕稼，由耕稼而国家的社会历史进化公式。他在"神农氏"节中写道："盖民生而有饮食，饮食不能无所取，取之之道，渔猎而已。然其得之也，无一定之时，亦无一定之数，民日冒风雨，暮豀山，以从事于饮食，饥饱生死，不可预决，若是之群，其文化必不足开发。故凡今日文明之国，其初必由渔猎社会，以进入游牧社会。自渔猎社会，改为游牧社会，而社会一大进。盖前此之蚤暮不可知，巨细不可定者，至此皆俯仰各足，于是民无忧馁陷险之害，乃有余力从事于

---

① 夏曾佑：《中国古代史》，河北教育出版社2003年版，第6页。

文化。且以游牧之必须逐水草,避寒暑也,得以旷览川原之博大,上测天星,下稽道里,而其学遂不能不进矣。虽然,游牧之群,必须广土,若生齿大繁,地不加辟,则将无以为游牧之场。故凡今日文明之国,其初必又由游牧社会,以进入耕稼社会。自游牧社会,改为耕稼社会,而社会又一大进。盖前此栉甚风沐甚雨,不惶宁处者,至此皆可殖田园,长子孙,有安土重迁之乐,于是更有暇日,以扩其思想界。且以画地而耕,其生也有界,其死也有传,而井田、宗法、世禄、封建之制生焉,天下万国,其进化之级,莫不由此。"①在此,夏曾佑虽未明确提到考古学,但其中所借用的西方考古学理论的影子还是清晰可辨的。说明作者一定接触过由西方地质学、历史学而传入的近代考古学知识。这一点,在《中国古代史》"黄帝与蚩尤之战"一节中,得到了印证:

> 夫蚩尤受金,作兵,伐黄帝,是地质学家所谓铜刀期矣。(中国秦汉以前之兵,均以铜,其说见后。)而吾族剥林木以为兵,铜木之间,利钝殊焉。蚩尤胜而黄帝败,殆无疑义。然而成败相反,此何故哉?按黄帝时,吾族已发明弓矢之制。古称挥作弓,挥,黄帝臣也。又称倕之竹矢在西房,倕,亦黄帝臣也。而其矢以砮石为之,是弓、矢均创于黄帝,而又无待乎金。中国形势,江南多洲渚林薮,故利在短兵,而长于用水;河北多平原大陆,故利在骑射,而便于野战。蚩尤率泽国之民,徒步短兵,以与黄帝控弦之士,相角于大野,虽有铜头、铁额之固,风伯、雨师之从,亦无所用之。②

在此,单是"夫蚩尤受金,作兵,伐黄帝,是地质学家所谓铜刀期矣"一句话,就点明了作者确实对西方考古学的"三期说"已有所了解,并尝试将考古学知识运用到中国古史研究的意图。至于蚩尤以铜为兵,而黄帝以木为兵,其时显然缺少实物的佐证,但这也为之后的田野考古提出了要求。

由此,从《中国古代史》中,我们可得到这样的认识:夏曾佑已经接触到西方考古学的知识,并开始将这些知识与地质学、古生物学、进化论一起运用到中国历史研究与阐释之中。尽管夏氏对西方考古学知识的了解,还不如章炳麟、梁启超那样全面、深入,对考古学知识的运用也显得简单,甚至带有些许幼稚与牵强,但其将考古学知识融入历史教科书之中,因此在促进考

---

① 夏曾佑:《中国古代史》,河北教育出版社 2003 年版,第 13 页。

② 夏曾佑:《中国古代史》,河北教育出版社 2003 年版,第 16 页。

古学知识传播方面的作用不可低估。周予同说："接受经今文学的启示,编写普通的历史教本,使转变期的新史学普及于一般青年们的,是夏曾佑。"①

　　值得一提的是,当夏曾佑入手编撰《中国古代史》时,蒋智由署名观云,在《新民丛报》上发表了一篇题为《世界最古法典》的文章,提出了对西方近代考古学的见解。蒋智由(1865—1929),原名国亮,字观云,号因明子,浙江诸暨人。近代诗人,与黄遵宪、夏曾佑一起被梁启超并列为"近代诗界三杰"。1903 年,在《世界最古法典》一文中,蒋智由首先介绍了 1901 年法国"古物探险队"在波斯诗赛(今译苏撒)发现的巴比伦"加摩比王法典"(今译汉谟拉比法典),并认为这是"世界最古之法典"。然后,他以"记者曰"的形式发表了评论:"今西洋学者,非独发明新学理也,于古昔之事,被其发明者甚多,然皆从事迹实验得来,与我国学者从纸片上打官司,断断不休,盖有异矣。我国人以考古自尊容,讵知考古之事亦不能不用新法,而后可谓之真考古。若仅抱一部十三经,仰屋钻研,以为古莫古于是矣,则真河伯之见也。后世之事,无不从上世孕育而来,自其脱壳而后,若与前事截然为二,然细索其从来之迹,草蛇灰线之中,一一可求,且往往于其中得恝然大解之事。是故考古之学,亦今日饶趣乐而有实益者也。虽然,必先汇通群学,而后于考古之学,其眼光乃自不同。若夫以考古为考古,其学术之范围甚隘,吾见其考古之不足观已。"②这里主要涉及了三个问题:一是西方新的考古与中国旧的考古有所不同,真考古要采用"新法";二是考古学与历史、现实有密切关系,考古学可"实益"社会;三是考古学只有建立在"群学"的基础之上,才可能有宽阔的眼光,不能为考古而考古。在 20 世纪初年,这些都是难能可贵的见解。

---

① 周予同:《五十年来中国之新史学》,《周予同经学史论著选集》,上海人民出版社 1983 年版,第530 页。

② 蒋观云:《世界最古之法典》,《新民丛报汇编》,光绪二十九年(1903),第 366 页。

第二章　孙诒让与甲骨文研究

——甲骨文发现与甲骨学创立

当孙诒让饮誉晚清学坛时,章炳麟还是一个受业于经学大师俞樾的学子。尽管两人的年龄相差整整 21 岁,但他们一方面学承乾嘉朴学,以卓越的古文经学成就,让古老的"汉学"闪射了最后的光芒;另一方面突破纯考据学的范畴,开始有意识地吸收"西学",为传统学术注入了新的活力。

孙诒让(1848—1908),字仲容,
号籀庼居士,浙江瑞安人。

清代学者将有关文字学的专门知识,称为"小学"。必先通小学,而后治经史,几乎成了清儒治学的定律。清末张之洞写《书目答问》时仍说:"由小学入经学者,其经学可信;由经学入史学者,其史学可信;由经学史学入理学者,其理学可信;以经学史学兼词章者,其词章有用;以经学史学兼经济者,其经济成就远大。"①短短的一段话,却道出了清代 200 余年来学者们的研究风气和治学路径。乾嘉学派领袖戴震说:"经之至者,道也;所以明道者,其辞也;所以成辞者,字也。必由字以通其辞,由辞以通其道,乃可得之。"②这便道出了治经史必先通文字的缘由。乾嘉学者们孜孜不倦地从事于文字声韵训诂之学,无非是想借以治经史之学,他们虽然将小学看作是治经史之学的基础,但只把小学置于经史之学的附庸地位。孙诒让也是由小学起步的,所不同的是他在治经史的同时,与吴大澂等一批学者一起将小学廓而大之,使小

---

① ［清］张之洞撰,范希曾补正:《书目答问补正》,上海古籍出版社 2008 年版,第 238 页。
② ［清］洪榜:《戴先生行状》,《戴震全集》第 6 册,清华大学出版社 1999 年版,第 3380 页。

学由附庸蔚为大国,开拓了"古文字学"的新园地。吴大澂有《说文古籀补》和《字说》,用金文以补许慎《说文解字》之缺失。孙诒让则有《古籀拾遗》《名原》和《契文举例》,由《说文》上溯金文,由金文而探究甲骨文字,更是开辟了甲骨文字学研究的新天地。王国维说:"殷墟文字之学,始于瑞安孙仲容比部(诒让)。"[①]郭沫若也认为:"甲骨文字之学,创始于孙诒让。"[②]

19世纪末20世纪初,正是甲骨文的发现与甲骨学的始创,为传统金石学与近代考古学之间找到了联结点。因此,孙诒让与后继者罗振玉、王国维等一起,成为传统金石学向近代考古学转变过程中的关键性人物。

第一节　朴学大师的治学历程

孙诒让是清末著名学者,他继承乾嘉学术传统,在经学礼制、文献校勘、典籍训诂、古文字学等诸领域都有卓著建树,有"清代三百年经学之殿后"和"朴学大师"之称誉。然而,孙诒让的学术实践除了"继往"之外,在"开来"方面亦有不少创获。其中"甲骨文字之学",便由他始创。在论及孙诒让与甲骨文研究之前,我们先就孙诒让的学术生涯作一概述,这既有利于更全面地了解孙诒让的学术成就,也有助于探究孙诒让在甲骨文研究方面取得突出成就的原因。

孙诒让(1848—1908),字仲容,又作仲颂,号籀庼居士,浙江瑞安人。同治年间举人,一生除了短期在刑部主事外,以治学、撰述为业。他著述繁富,成就突出,其中《周礼正义》《墨子间诂》《契文举例》《札迻》《古籀拾遗》《名原》《温州经籍志》《籀庼述林》等均享有盛名。治学范围博及经学、史学、诸子学、古文字学、金石学、校勘学、目录学、文献学等众多领域,且均能创新发明,迈越前贤。所以,梁启超在《清代学术概论》中有这样的评述:"清学之蜕分期,同时即其衰落期也。顾、阎、胡、惠、戴、段、二王诸先辈,非特学识渊粹卓绝,即行谊亦至狷洁。及其学既盛,举国希声附和,浮华之士亦竞趋焉,固已渐为社会所厌。且兹学荦荦诸大端,为前人发挥略尽,后起者率因袭补苴,无复创作精神,即有发明,亦皆末节,汉人所谓'碎义逃难'也。而其人犹自倨贵,俨成一种'学阀'之观。今古文之争起,互相诋諆,缺点益暴露。海

---

① 王国维:《殷墟文字类编·序》,《观堂集林》,河北教育出版社2003年版,第697页。

② 1964年,郭沫若为孙诒让故居玉海楼题词。

通以还，外学输入，学子憬然于竺旧之非计，相率吐弃之，其运命自不能以复久延。然在此期中，犹有一二大师焉，为正统派死守最后之壁垒，曰俞樾，曰孙诒让，皆得流于高邮王氏。樾著书，惟二三种独精绝，余乃类无行之袁枚，亦衰落期之一征也。诒让则有醇无疵，得此后殿，清学有光矣。"①孙诒让之所以能赢得梁启超"有醇无疵，得此后殿，清学有光矣"的赞誉，与他一生以治学为重，成就卓越，且有创新是分不开的。

从 13 岁草成《广韵姓氏刊误》，到卒前撰就《尚书骈枝》、改定《契文举例》与《籀𢈏述林》，孙诒让的学术生涯长达 48 年。对此，姜亮夫在《孙诒让学术检论》一文中做了这样的概括："孙先生为学的次第，大概可分两期。三十七岁以前为前期，四十七岁以后为后期，三十七至四十七为转折点。前期大概以文字、校雠、目录为主，可以说是全部学术的准备期。文字、训诂是基础工，目录、校雠是材料学。这一期是先生专力于学的时候，'某少溺于章句之学，于世事无所解'（《与梁卓如论墨子书》）。到三十七岁那年，甲申中法之战，法军到了镇海、定海、宁波一带，先生与地方人士合组民防以后，渐渐参与地方事业。到四十七岁，甲午中日战后，先生成为地方教育实业等重大设施的领导人物。以后学问也已大成。此时虽是仍以典章制度及《墨子》为中心，完成了《周礼正义》《墨子间诂》等大书，而对古文字的心得，也因刘鹗《铁云藏龟》一书之出现，而大大提高，写成了《契文举例》《名原》等重要著作。一生学问到此结穴，'收头结大瓜'！"②在此，姜亮夫将孙诒让的为学经历分为三期（前、后期及转折期），极为精到。以此为据，并参以孙诒让年谱③，我们将其一生治学历程，分为三个阶段，即：1871 年前，为孙诒让学术积累时期；1872—1894 年，为孙诒让学术成就时期；1895—1908 年，为孙诒让学术拓展时期。

一、学术积累期

孙诒让出身于书香门第兼官宦之家，其父亲孙衣言、叔父孙锵鸣均为清代进士、翰林院编修，在朝廷及地方为官多年。与当时的读书人一样，以科举求仕为目标，孙诒让从五六岁开始便在其父亲的启蒙下，读经书、识文义。八九岁已读《四书》《周礼》及《汉魏丛书》。他在《札迻·叙》自述为学经过时

① 梁启超：《清代学术概论》，中国人民大学出版社 2004 年版，第 136 页。
② 姜亮夫：《孙诒让学术检论》，《浙江学刊》1991 年第 1 期，第 94 页。
③ 朱芳圃：《清孙仲容先生诒让年谱》，台北商务印书馆 1980 年版；孙延钊撰，徐和雍、周立人整理：《孙衣言孙诒让父子年谱》，上海社会科学院出版社 2003 年版。

说道:"诒让少受性迂拙,于世事无所解,顾窃嗜读古书。咸丰丙辰丁巳间,年八九岁,侍家大人于京师澄怀园时,甫受《四子书》,略识文义。庋阁有明人所刻《汉魏丛书》,爱其多古册,辄窃观之,虽不能解,然浏览篇目,自以为乐也。"①除《四书》外,孙衣言又传授他《周礼》。其在《周礼正义·叙》中说:"诒让自胜衣就傅,先太仆君即授以此经(指《周礼》——引者),而以郑注简奥,贾疏疏略,未能尽通也。既长,略窥汉儒治经家法,乃以《尔雅》《说文》正其诂训,以《礼经》《大小戴记》证其制度,研掸累载,于经注微义,略有所窥。"②

咸丰十年(1860),年仅13岁的孙诒让即开始治校雠之学,草成《广韵姓氏刊误》。虽然是读书札记,但其论证《广韵》人名来源与正误已是旁征博引,显现出孙诒让对经史与韵书的熟悉。之后他对《广韵姓氏刊误》进行了修订,增为2卷。

同治二年(1863),16岁的孙诒让读江藩《汉学师承记》与阮元《皇清经解》,前者是关于清代考据学的学术史著作,后者是一部汇集清代经学研究成果的大型丛书。由此,孙诒让对清儒各派治经、史、子、小学家法有了更深入的了解,从中也显示出孙诒让偏重经学、小学的治学倾向。17岁,他收得元管军上百户铜印、晋太康三年砖、东汉卫鼎,又阮元校刻本《薛尚功钟鼎款识》,爱不释手。之后,孙诒让对金石文字的偏好,始终没有改变。18岁,孙诒让著《白虎通校补》1卷。

同治五年(1866),19岁的孙诒让参加院试,以第一名入邑庠。20岁,应乡试,中举人。该年,校勘完成了宋王致远抄本《开禧德安守城录》1卷。21岁,开始大量收集古籍。22岁,撰成《温州建置沿革表》《永嘉郡记校集本》,并始草《温州经籍志》。24岁,始草《四部别录》。

21岁起,侍父从宦于江苏、安徽、湖北三省,使孙诒让有机会结交大江南北的文人学士、学者名流,相互切磋学问,并甚得父执俞樾、座师张之洞的垂爱,获益不浅。另外,此时又逢太平天国被清政府镇压,东南沿海各家密藏的古籍大量散出,孙诒让便利用此时机收购了大量书籍,以为治学之用。他在《札迻·叙》中说:"既又随大人官江东,适当东南巨寇荡平,故家秘藏多散出,间收得之,亦累数万卷。每得一佳本,晨夕目诵。遇有钩棘难通者,疑牾累积,辄郁蒀不怡。或穷思博讨,不见端倪,偶涉它编,乃获确证。旷然昭

---

① [清]孙诒让:《札迻·叙》,《续修四库全书》第1164册,上海古籍出版社2001年版,第2页。

② [清]孙诒让:《周礼正义·叙》,《续修四库全书》第82册,上海古籍出版社2001年版,第2页。

寤,宿疑冰释,则又欣然独笑,若陟穷山,榛莽霾塞,忽觐微径,竟达康庄。"① 这一切都为孙诒让日后的学术研究提供了极为有利的条件,也是他在学术上日益成长并取得巨大成就的重要因素。

虽然,同治七年(1868)、同治十年(1871)孙诒让连续两次参加礼部考试,均未能及第,但已经为其日后进一步研究经史之学、金古文字之学打下了坚实的基础。对此,孙诒让在《寄答日人馆森鸿君书》中回忆起早年求学生涯时说:"少耽文史,恣意浏览,久之,则知凡治古学,师今人不若师古人,故自出家塾,未尝师事人,盖以四部古籍具在,善学者自能得师。"②这便道出了他青少年时期爱好文史的情结和通过博览群书所打下的扎实基础,以及感悟到的"善学者自能得师"的道理。

二、学术成就期

"厚积而薄发"是治学的一种态度,也体现了治学是一个艰辛的过程。孙诒让用了近 20 年时间,完成了他的学术积累与准备。进入 25 岁之后,以始撰《周礼正义》和草成《商周金识拾遗》(即后《古籀拾遗》)为起点,孙诒让迎来了学术成就期。在之后的 20 余年间,孙诒让虽然数次参加科举考试均落第,却完成了包括《周礼正义》《墨子间诂》在内的许多享有盛名的著述,奠定了他在晚清学术界的突出地位。这一阶段的治学经历大致如下:

1872 年(同治十一年),25 岁,草就《商周金识拾遗》3 卷;校勘《蒙川遗稿》;改定《毛公鼎释文》;精校《四库全书简明目录校注》。

1873 年(同治十二年),26 岁,得刘宝楠《大戴礼记》旧校,手录以藏;始创《周礼正义》长编,从而开始了近 30 年研究《周礼》的征程。

1874 年(同治十三年),27 岁,撰成《虢季子白盘拓本跋》;校读《论语正义》;撰写《吴禅国山碑跋》;完成《六历甄微》5 卷。再游金山、焦山,手拓瘗鹤铭、唐经幢诸石刻以归。

1876 年(光绪二年),29 岁,得周要君盂,自命书室曰"一盂庵";购得金文拓本 200 种;校刊同邑方成珪《集韵考正》。

1877 年(光绪三年),30 岁,代父撰倪模《古今钱略》序;草创《墨子间诂》;撰成《温州经籍志》;写定《汉石记目录》166 种,凡 23 卷。至杭州访丁松生(丁丙),观嘉惠堂八千卷楼秘藏之盛。为征集乡哲遗书,作《征访温州

---

① ［清］孙诒让:《札迻·叙》,《续修四库全书》第 1164 册,上海古籍出版社 2001 年版,第 2 页。

② 张宪文辑:《孙诒让遗文辑存》(温州文史资料第五辑),浙江人民出版社 1990 年版,第 158 页。

遗著约》。

1878 年（光绪四年），31 岁，在家乡陶山，得宋绍兴三十一年石塔题记等多种拓本。写定《永嘉郡志》，并付印。

1879 年（光绪五年），32 岁，收藏嘉兴姚氏旧弃汉五凤三年砖砚一方，自署寓居曰"五凤砖砚斋"。与同邑好友访郡邑金石古刻。校刻《止斋集》；撰方成珪《集韵考正》跋。

1880 年（光绪六年），33 岁，拓永嘉十三都密印寺宋代元丰年间证觉寺钟款；得晋太和诸砖。永嘉续修县志，聘孙诒让为协纂。

1881 年（光绪七年），34 岁，遍访永嘉县城古甓；致力校读汉唐诸碑；校方成珪《干常侍易注疏证》。为续修县志，草撰修志及采访诸例凡 6 条。

1882 年（光绪八年），35 岁，撰成《温州古甓记》1 卷；草成《瑞安建置沿革表》；校补戴咸弼《东瓯金石志》；与人续修《永嘉县志》成。自光绪六年起，先后得晋、宋、齐、梁、陈砖逾百种，自命居所曰"百晋精庐"，别署"百晋陶斋"。

1883 年（光绪九年），36 岁，再校戴咸弼《东瓯金石志》12 卷。

1884 年（光绪十年），37 岁，读《山海经笺疏》18 卷、《图赞》1 卷、《订讹》1 卷；校正毕沅校本《山海经》；读胡承珙《仪礼今古文疏义》，并校正其舛误。

1885 年（光绪十一年），38 岁，官刑部主事。阅日本全善、森立之《经籍访古志》6 卷，补遗 1 卷，卷中所记佚书秘籍，嘱友人访求。与名流潘祖荫、江标、费念慈、王懿荣等讨论金石之学。

1886 年（光绪十二年），39 岁，应礼部试不第。黄岩杨晨撰《三国会要》，与孙诒让商榷义例。始读中译西方政事及科技书刊。

1887 年（光绪十三年），40 岁，购得宋王硕《易简方》（日本宽延刊本），欣喜累日，手跋其后，拟重刻之。始订阅国内各种时务报刊及书籍。

1888 年（光绪十四年），41 岁，父孙衣言为其卜筑玉海楼，为读书、藏书之所。两广总督张之洞来征《周礼正义》稿并召赴粤，时因书稿尚未写定，未往。重修《商周金识拾遗》，补入薛尚功、阮元、吴荣光诸家旧释 66 条，改名为《古籀拾遗》，嘱同邑周瑑手写付梓。

1889 年（光绪十五年），42 岁，完成《周礼正义》书稿，凡 86 卷。

1890 年（光绪十六年），43 岁，应礼部试不第。《古籀拾遗》刊成；携《周礼正义》书稿，前往武昌与鄂督张之洞商榷；撰写《克鼎释文》并作跋。

1891 年（光绪十七年），44 岁，撰成《宋政和礼器文字考》1 卷。

1892 年（光绪十八年），45 岁，草创《墨子间诂》；始撰《尚书骈枝》。

1893 年(光绪十九年),46 岁,整理过去 30 年中阅读与校勘的近 80 种古籍笔记,冠名《札迻》,凡 12 卷;写定《墨子间诂》初稿,凡 19 卷。

1894 年(光绪二十年),47 岁,应礼部试不第。嘱吴门毛翼庭以聚珍版初印《墨子间诂》300 部;撰成《周礼三家佚注》1 卷,并付梓;精校黄以周《礼书通故》,笺正 300 余条;《札迻》刊成。

从上可知,尽管孙诒让屡试不第,但其几乎每一年均有所创获。尤其是此时撰成的《周礼正义》《墨子间诂》《札迻》《古籀拾遗》《温州经籍志》,对后世产生广泛影响。

《周礼正义》是孙氏疏解《周礼》的一部力作。同治十一年(1872),孙诒让开始着手资料长编工作。翌年春,乃草创《周礼疏》。此后,更是广搜细讨,钩稽排纂,屡有新获。光绪十四年(1888)秋,张之洞议集刊清朝经疏,征孙诒让所撰《周礼正义》稿,并谋付梓。当时,疏稿尚未写成,孙诒让遂亟校核、理董,至翌年始写成《礼疏长编》稿。光绪十六年(1890)正二月间,他携新写成稿本数十册,往湖北张之洞官署以就商榷。然因事情有变,刊刻之事不得已而中辍。此后,孙诒让对《礼疏》又时有校改,继因不惬于心,复更张义例,再事编摩疏通。光绪二十五年(1899)八月,孙诒让撰《周礼正义·叙》及《凡例》。又经友人黄绍箕、费念慈襄助校勘,至光绪二十九年(1903)二月,樊棻以《周礼正义》铸铅版。光绪三十一年(1905)夏,历时 20 余年、稿凡数易的《周礼正义》(86 卷)遂得刊成问世。他博采众家之长,对历代《周礼》研究进行了一次全面而彻底的大总结。梁启超评价《周礼正义》为"清代经学家最后的一部书,也是最好的一部书"①。张舜徽说《周礼正义》"集二千年周礼学之大成,故其书在清代新疏中,最后出而最精"②。白寿彝主编的《中国通史》称"此书和黄儆季(以周)的《礼书通故》,真算得是清代经师殿后的两部名著了"③。

《墨子间诂》是积孙氏 30 余年之功,聚各家校勘《墨子》成果的又一集大成之作。光绪十八年(1892),草创《墨子间诂》,1894 年以聚珍版印行。1907 年进行重校,1910 年重校本刊行。正文 15 卷,目录 1 卷。前有俞樾《叙》、自《叙》,后有《附录》1 卷、《墨子后语》2 卷。该书"间诂"取自东汉许慎《淮南间诂》,所谓"间者,发其疑牾;诂者,正其训释"④。梁启超说,《墨子间

① 梁启超:《中国近三百年学术史》,天津古籍出版社 2003 年版,第 212 页。
② 张舜徽:《纪念孙仲容先生》,《孙诒让纪念文集》(《温州师范学院学报》1988 年增刊),第 1 页。
③ 白寿彝主编:《中国通史》第 11 卷,上海人民出版社 1999 年版,第 1012 页。
④ [清]孙诒让:《墨子间诂·叙》,《墨子间诂》,中华书局 1986 年版,第 3 页。

诂》释古训，正错简，识胆绝伦，辨伪眼光远出诸家之上。其《附录》及《后语》考订流别，精密闳括，尤为向来读墨子书者所未见。"自此书出，然后《墨子》人人可读；现代墨学复活，全由此书导之。"①梁启超对《墨子间诂》的评价并不过分。此后，从事墨学研究的学者、大家辈出。正如陈奇猷所说："孙氏之后研究墨学者继踵而起，有章太炎、梁任之、李笠、王树楠、刘师培、范耕研、栾调甫、伍非百、谢无咎、谭戒甫、张纯一，皆有著述，其见于读书札记及载于报章杂志中之零篇短论，尤不可枚举。斯学之盛，超越前代。"②之所以出现这样的局面，孙诒让的《墨子间诂》功不可没。

《札迻》12卷，是孙诒让集30多年研读古书心得，于光绪十九年（1893）集录的一部校勘代表作。全书校勘订正了秦汉至齐梁间78种古书中的讹误衍脱千余条，内容所及，既有古文献中的经典及其传注，也有不为一般人所了解的谶纬、书数等著作，于后世校勘考证多有启发意义、参考价值。俞樾曾给以高度评价，说《札迻》"精熟训诂，通达假借，援据古籍以补正讹夺，根柢经义以诠释古言，每下一说，辄使前后文皆怡然理顺"③。章炳麟亦称《札迻》"每下一义，妥聑宁极，渟入凑理。书少于《诸子平议》，校勘之勤，倍《诸子平议》"④。

《古籀拾遗》3卷，初名《商周金识拾遗》，同治十一年（1872）撰成，1888年重新校订，更名为《古籀拾遗》刊行于世。孙诒让在《叙》中说："端居讽字，颇涉薛、阮、吴三家之书。展卷思误，每滋疑懑。间用字书及它刻，互相斠覈，略有所瘳，辄依高邮王氏《汉隶拾遗》例，为发疑正读，成书三卷。"⑤他在精熟深思薛、阮、吴三家之书的基础上发疑正误，订正考释之误多处。该书与之后撰写的《古籀余论》一起，被称为"清末金文研究的代表作"⑥。陈梦家说："他所作《周礼正义》和《古籀拾遗》《古籀余论》都是极有价值的著作，而尤以后两书推进了金文研究的方法。"⑦张舜徽则更加明确地指出，孙诒让"当时在金文研究的学术地位，与吴大澂相伯仲；但他学问的渊广精实，过吴远甚"⑧。

① 梁启超：《中国近三百年学术史》，天津古籍出版社2003年版，第260页。
② 陈奇猷：《墨子间诂·跋》，《孙诒让研究》，杭州大学语言文学研究室1963年版，第54页。
③ ［清］俞樾：《札迻·叙》，《续修四库全书》第1164册，上海古籍出版社2001年版，第1页。
④ 章太炎：《孙诒让传》，《章太炎全集》第4册，上海人民出版社1985年版，第213页。
⑤ ［清］孙诒让：《古籀拾遗·叙》，《古籀拾遗·古籀余论》，中华书局1989年版，第1页。
⑥ 孙钧锡：《中国汉字学史》，学苑出版社1991年版，第262页。
⑦ 陈梦家：《殷墟卜辞综述》，科学出版社1956年版，第55页。
⑧ 张舜徽：《清儒学记》，华中师范大学出版社2005年版，第359—360页。

《温州经籍志》一书,是孙诒让早年对温州(永嘉、乐清、瑞安、平阳、泰顺、玉环六县)自唐宋迄清嘉道 1300 余家、1759 种著述所做的一部艺文志和目录学专著。全书网罗宏富;做到"凡遇先哲遗著,片纸只字,罔不收拾"①的地步。体例谨严,其分类遵照四部,子目参照四库总目。每书之下,采录原书序跋以及前人的评议识语,而后提出自己的见解,以申发其精奥,订正其讹误。该书费时八载,于光绪三年(1877)写定,民国十年(1921)由浙江图书馆刊印。姜亮夫评价说:"此一书搜罗温州六县古今艺文,既精且博,是最有成就的目录学著作。"②

三、学术拓展期

以 1895 年撰《兴儒会略例》21 条,与黄绍箕、黄绍第、项申甫、周琠等人发起创办瑞安算学书院为起点,孙诒让开始从书斋走向社会,投身教育救国和地方实业。此后,他一半是学者,一半是社会活动家,两者兼顾。这一阶段的治学及社会活动经历大致如下:

1895 年(光绪二十一年),48 岁,撰成《兴儒会略例》21 条并叙,力倡兴儒救国之论;校释《商子·境内篇》;重校已刊《墨子间诂》《札迻》等著述。

1896 年(光绪二十二年),49 岁,撰成《冒巢民先生年谱叙》《新始建国铜镜拓本跋》《周麦鼎考》;驳《六书解》假借说之非。

1897 年(光绪二十三年),50 岁,与章炳麟订交。撰《咸丰以来将帅别传》叙。受费念慈寄赠金石拓本。

1898 年(光绪二十四年),51 岁,校勘《顾亭林诗集》,成校文 1 卷;跋并诗寄章炳麟。

1899 年(光绪二十五年),52 岁,改定《周礼正义》,该书历时 20 余年,屡易其稿;撰就《周书校补》4 卷,并为序;完成《大戴礼记校补》3 卷。

1900 年(光绪二十六年),53 岁,作《浏阳二子歌》诗(诗佚);撰写《九旗古义述》;撰沈丹曾《东游日记》跋。

1901 年(光绪二十七年),54 岁,草成《变法条议》10 篇。端方以所藏秦权精拓等寄赠。

1902 年(光绪二十八年),55 岁,撰写秦权等拓本跋;《九旗古义述》刊成;校《瑞安藩乱记》,并跋于后;撰《周礼政要》40 篇;撰《自题变法条议后》

---

① 张宪文辑:《孙诒让遗文辑存》(温州文史资料第 5 辑),浙江人民出版社 1990 年版,第 201 页。

② 姜亮夫:《孙诒让学术检论》,《浙江学刊》1999 年第 1 期,第 95 页。

诗;重订每日读书治学计划。

1903 年(光绪二十九年),56 岁,重订《毛公鼎释文》,以文义推定此鼎为西周遗器;撰成《古籀余论》3 卷。《周礼正义》由上海求新图书馆樊时勋(樊菜)铸铅版。

1904 年(光绪三十年),57 岁,重校《周礼正义》《墨子间诂》;撰成《契文举例》2 卷。

1905 年(光绪三十一年),58 岁,撰刘绍宽《东瀛观学记》叙;《周礼正义》刊成;撰成《名原》2 卷,并付印;始撰《古文大小篆沿革表》,未竟。受俞樾所赠《曹景完碑楹贴》。

1906 年(光绪三十二年),59 岁,任学部二等谘议官。受章炳麟寄赠之《新方言》。

1907 年(光绪三十三年),60 岁,撰《学务本议》4 则、《学务枝议》10 则;校理《墨子间诂》15 卷并目录 1 卷、后语 2 卷,是为最后定本;作《六十辞寿启》。寄赠章炳麟《周礼正义》。

1908 年(光绪三十四年),61 岁,撰成《尚书骈枝》;复阅《契文举例》,写成定本;改《檪艺宧杂著》为《籀庼述林》,凡 127 篇。是年 3 月 22 日,孙诒让突患中风,幸医治得当,言语恢复,起坐自如。此时,家人多劝其息心静养,可是孙诒让仍忙于兴学,不以为意。4 月 27 日,病情加剧,不省人事,终告不治,于 5 月 22 日去世,享年 61 岁。

之所以将这一阶段称为"学术拓展期",是因为上述著述中,大多为前段研治《周礼》和金石文字学成果的释放与拓展。其中《周书校补》《大戴礼记校补》《九旗古义述》《籀庼述林》等可看作是《周礼正义》成书过程中的衍生品;而《古籀余论》《契文举例》《名原》等,则是金石文字学研究成果的拓展。

1901 年草就,1902 年成稿的《周礼政要》则是孙诒让众多著述中较为另类的一部。孙诒让在《周礼政要》序言中说:"中国变法之议,权舆于甲午,而极盛于戊戌,盖诡变而中阻,政法未更,而中西新故之辩,舛驰异趣,已不胜其哗哗。夫政之至精者,必协于群理之公,而通于万事之变。一切勿讲,而徒以中西新故划区畛以自隘,吾知其懵然一无所识也。中国开化四千年,而文明之盛,莫尚于周。故《周礼》一经,政法之精详,与今泰东西诸国所以致富强者,若合符契。然则华盛顿、拿破仑、卢梭、斯密亚丹之伦,所经营而讲贯,今人所指为西政之最新者,吾二千年前之旧政已发其端。吾政教不修,失其故步,而荐绅先生咸茫昧而莫知其原,是亦缀学者之所耻也。辛丑夏,天子眷念时艰,重议更法。友人以余尝治《周礼》,嘱捃摭其与西政合者,甄缉之以备裁择。此非欲标揭古经以自张其虚憍而饰其癫败也,夫亦明中西新故之无异轨,俾迂固之士废然自返,无所腾其啄焉尔。书凡二卷,都四十篇。虽疏漏尚众,而大致略具。汉儒不云乎:为治不在多言,顾力行何如耳。诚更张今法,集吾群力而行之不疑,则此四十篇者,以致富强而有余;其不能也,则虽人怀晁、贾之策,户诵杜、马之书,其于沦胥之痛庸有救于毫秒乎。呜呼,世之论治者可以鉴矣。"①由此可见,《周礼政要》不是研究《周礼》的学术专著,而是以陈述变法主张为目的的政论著作。可以说,该书集中体现了孙诒让晚年的维新求变的主张。后人对该书的评价褒贬不一,但它确实体现了孙诒让的近代意识。

就金石文字学而言,孙诒让的晚年成就主要体现在《古籀余论》《契文举例》《名原》等撰述中。尤其是《契文举例》和《名原》,开创了古文字学研究的新领域。

《古籀余论》3卷,完成于光绪二十九年(1903)。此书从吴式芬的《攈古录金文》中选取重要的铜器105件,对其铭文逐一考证,校正吴氏失误多处。其编排体例略同于《古籀拾遗》。孙诒让在其《后叙》云:"余前著《拾遗》,于三家书略有补正。近又得海丰吴子苾侍郎《攈古录金文》九卷,搜录尤闳博。新出诸器,大半著录,释文亦殊精审。……揽涉之余,间获新义。又有足正余旧说之疏谬者,并录为二卷。……余治此学逾卅年,所覯拓墨亦累千种,恒耽玩篆势,审校奇字,每覃思竟日,辄万虑俱忘,眇思独契,如对古人。"②顾颉刚评价说:"《古籀拾遗》《古籀余论》二书,在金文本身研究上或古史研究上,都有很高的价值。"③

《契文举例》2卷,撰于光绪三十年(1904),是第一部考订甲骨文字的专著。孙诒让得到刘鹗的《铁云藏龟》,惊叹不已,遂穷两月之力,对《铁云藏龟》所收文字进行了专门的研究,对大部分单字逐个进行辨析,并用分类法将甲骨文字的内容做了区分。尽管书中难免有许多错误,但《契文举例》为甲骨文的研究开辟了道路,成为甲骨学的开山之作。对此,下文将作专门论述。

《名原》2卷,光绪三十一年(1905)撰成。该书是综合甲骨文、金文、石鼓文以及《说文》中的古文、籀文,加以比证考释,推究汉字字源及其演变的

---

① [清]孙诒让:《周礼政要·叙》,《籀膏述林》卷五,民国五年(1916)刊本,第133—134页。
② [清]孙诒让:《古籀余论·后叙》,《古籀拾遗·古籀余论》,中华书局1989年版,第1—2页。
③ 顾颉刚:《当代中国史学》;转引自李海英:《朴学大师——孙诒让评传》,浙江人民出版社2007年版,第126页。

古文字学工具书。全书分《原始数名》《古章原象》《象形原始》《古籀撰异》《转注揭橥》《奇字发微》和《说文补阙》共7篇。它是孙诒让研究古文字的总结性著作。他指出文字"本于图象",汉字初始"必如今所传巴比伦、埃及古石刻文,画成其物,全如作绘",后来由于书写不便逐渐简化,"最后整齐之以就篆引之体"①,才成为《说文》所载的那种文字。这在一定程度上跳出了传统金石学考释单个文字的圈子,进入了探讨文字起源、演变的领域。书中所运用的偏旁分析法,也极为精到,对后世产生极大影响。可以说,《名原》代表了清代古文字研究的最高水平,是古文字学史上有划时代意义的一部著作。所以,朱芳圃说:"晚清之际,古文字学有名著二:一为吴大澂之《说文古籀补》,二则先生所撰之《名原》也。吴氏之书,综合古器铭识同文异体之字,依《说文》部勒之,赅博精审,世有定评矣。先生之书,大抵取甲骨、彝器等文,会最比属,以相参证,意在探文字制作之原,及其流变之故。虽瑕瑜互见,是非错出,然剖析研究之端,实自此书开之。"②

第二节　从《铁云藏龟》到《契文举例》

从治学历程可以看到,孙诒让的古文字研究主要在金文方面,对于甲骨文的涉猎很晚,但他却因《契文举例》成为甲骨文研究的先驱。

一、殷墟甲骨的发现与《铁云藏龟》的印行

在清末的五大发现③中,以殷墟甲骨的发现为最早。甲骨文通常是指商代晚期商王室及其他商人贵族在龟甲、兽骨等占卜材料上记录与占卜有关事项的文字,也包括少数刻在甲骨上的记事文字。④ 由于刻写有这些文字的龟甲或兽骨首先在殷墟发现,故又有殷墟卜辞、殷墟书契、殷契、殷墟文字等许多名称。此外,学者们也有称之为龟版文、龟甲兽骨文字、龟甲文、甲

---

① ［清］孙诒让:《名原》,《四库未收书辑刊》第10辑第2册,北京出版社2000年版,第321页。
② 朱芳圃:《清孙仲容先生诒让年谱》,台北商务印书馆1980年版,第93页。
③ 殷墟甲骨文与敦煌遗书,新疆、甘肃、内蒙古等地的汉晋简牍,中国境内之古外族遗文,内阁大库元明以来书籍档册,被学术界视为19、20世纪之交中国学术史上的"五大发现"。参见王国维《最近二三十年中国新发见之学问》,《学衡》第45期(1925年);收入《王国维遗书》第5册,上海古籍书店1983年版。
④ 甲骨文除了出土于殷墟之外,在河南郑州,山西洪洞,陕西长安、扶风、岐山以及北京昌平等地的古代文化遗址中也陆续有发现。这些甲骨文不仅有商代的,还有周代的。不过,它们无论从数量上讲,还是从内容上看,都远远无法与殷墟出土的甲骨文相比。

骨刻辞、贞卜文字的。

殷墟是商代晚期自盘庚至帝辛8代12位商王,共约273年间的都城遗址。它位于河南省安阳市的西北郊,以小屯村为中心,横跨洹河南北两岸,范围约有30平方千米。这里埋藏有极为丰富的商代晚期文化遗物,有字甲骨就是其中重要一种。然而在甲骨刚出土时,人们并不知道上面契刻的是占卜文字,更不知道它是殷商遗物。罗振常在《洹洛访古游记》中说:"此地埋藏龟骨,前三十余年已发现,不自今日始也。谓某年某姓犁田,忽有数骨片随土翻起,视之,上有刻画,且有作殷色者,不知为何物。北方土中,埋藏物多,每耕耘,或见稍奇之物,随即其处掘之,往往得铜器、古泉、古镜等,得善价。是人得骨,以为异,乃更深掘,又得多数,姑取藏之,然无过问者。其极大胛骨,近代无此兽类,土人因目之为龙骨,携以视药铺。药物中固有龙骨、龙齿,今世无龙,每以古骨充之,不论人畜。且古骨研末,又愈刀创,故药铺购之,一斤才得数钱。骨之坚者,或又购以刻物。乡人农暇,随地发掘,所得甚夥,检大者售之。购者或不取刻文,则以铲削之而售。其小块及字多不易去者,悉以填枯井。"①这说明在之前的数十年中,已有甲骨陆续出土。当时乡人"目之为龙骨,携以视药铺",作为农暇的副业。

这种状况到1898—1899年间,开始发生改变。刘鹗在《铁云藏龟》自序中说:"龟版己亥岁出土在河南汤阴县属之古牖里城。既出土后,为山左贾人所得,咸宝藏之,冀获善价。庚子岁,有范姓客,挟百余片走京师,福山王文敏公懿荣见之狂喜,以厚值留之。后有潍县赵君执斋得数百片,亦售归文敏。未几,义和拳乱起,文敏遂殉难。壬寅年,其喆嗣翰甫观察售所藏清公夙债,龟版最后出,计千余片,予悉得之。"②此时,甲骨已摇身一变,由"一斤才得数钱"的龙骨,变为须"以厚值留之"的宝物,成为金石学家争相收藏的对象。

关于甲骨的出土时间,刘鹗记述为"己亥",即光绪二十五年(1899)。这里所指应是把甲骨视为"古物"而非"龙骨"的时间。罗振玉为刘鹗《铁云藏龟》所作序言中也说"至光绪己亥而古龟古骨乃出焉"。后来,罗振玉在1910年的《殷商贞卜文字考》自序、1912年的《殷墟书契前编》自序、1933年的《殷墟书契续编》自序都说了同样的意思。方法敛(F. H. Chalfant)在1906年出版的《中国原始文字考》一书中也认为,甲骨出土于1899年。然

① 罗振常:《洹洛访古游记》,河南人民出版社1987年版,第20—21页。
② [清]刘鹗:《铁云藏龟·自序》,《刘鹗及〈老残游记〉资料》,四川人民出版社1985年版,第87页。

而,1931 年在《华北日报·华北画刊》署名汐翁的《龟甲文》一文,提出了不同看法,该文认为甲骨出土于光绪二十四年戊戌(1898)。1935 年,王襄在《题易鲁园殷契拓册》中则说:"当发现之时,村农收落花生果,偶于土中检之,不知其贵也。范贾售古器物来余斋,座上谂言所见,乡人孟定生世叔闻之,意为古简,促其诣车访求,时则清光绪戊戌冬十月也。翌年秋,携来求售,名之曰龟版。人世知有殷契自此始。"①李学勤认为王襄这一说法比较可信,因为考虑到"村农收落花生,偶于土中检之,于是为古董商人所得"之说,其始出或在 1898 年冬,而由王懿荣收藏、鉴定则可能是在 1899、1900 年。②

关于甲骨的出土地点,刘鹗说"龟版己亥岁出土在河南汤阴县属之古牖里城",显然是受了古董商的误导。罗振玉在《五十日梦痕录》中进一步谈到汤阴说之由来,他说:"龟甲兽骨,潍县估人始得之,亡友刘君铁云问所自出,则诡言得之汤阴。"③当时被误导的并非刘鹗一人,罗振玉、林泰辅、富冈谦藏、方法敛等中外学者,都称甲骨出土于河南汤阴或河南卫辉。④ 后来罗振玉经多方打听,终于探知甲骨非汤阴、卫辉所产,而实出"安阳西北五里之小屯村"⑤。

至于何人初识甲骨文,至今仍是一个难以完全解开的谜。刘鹗提到了"福山王文敏公懿荣见之狂喜,以厚值留之",但未言明王懿荣是否是第一个收藏者。倒是民间流传着这样一个传说,说王懿荣因患疟疾延请太医诊治,太医诊脉后所开处方中有一味涩精补肾的药材"龙骨"。王懿荣随即打发家人到宣武门外中药店达仁堂按方购药。撮药回来后,王懿荣亲自打开药包一一审视,无意间发现药包中的"龙骨"上刻有一种和篆文相似而又难以释读的文字。于是,举世闻名的甲骨文就在这样偶然的机会中被发现了。这个故事虽然生动,且流传相当广泛,但它毕竟只是一种民间传闻,有点离奇。不过,不管这个传说是否可靠⑥,王懿荣是较早接触、收购甲骨并最早对甲

① 王襄:《题易鲁园殷契拓册》,《河北第一博物院半月刊》第 85 期(1935 年);转引自吴浩坤、潘悠《中国甲骨学史》,上海人民出版社 1985 年版,第 4 页。
② 李学勤:《甲骨学一百年的回顾与前瞻》,《文物》1998 年第 1 期,第 33—37 页。
③ 罗振玉:《五十日梦痕录》,《雪堂自述》,江苏人民出版社 1999 年版,第 105 页。
④ 罗振玉的《殷商贞卜文字考》、林泰辅的《清国河南汤阴发现之龟甲兽骨》、富冈谦藏的《古羑里城出土龟甲之说明》,均说甲骨出土于河南汤阴;方法敛说甲骨出土于河南卫辉。
⑤ 罗振玉:《殷商贞卜文字考·序》,《雪堂自述》,江苏人民出版社 1999 年版,第 161 页。
⑥ 李学勤在《汐翁〈龟甲文〉与甲骨文的发现》(《殷都学刊》2007 年第 3 期)一文中指出,这一关于甲骨文的发现离奇故事不符合事实,引用者应辨析使用。

骨文进行初步鉴定的学者,则大体是与实际情况相符的。①

王懿荣(1845—1900),字正儒,又字廉生,山东福山人,清光绪六年(1880)进士,历任翰林院编修、国史馆协修、南书房行走、国子监祭酒、赏戴二品顶戴、会典馆纂修帮总纂官等职。他又是清末著名的金石学家,一生"好古成魔",尤其酷爱金石文字,凡是古籍、字画和三代以来的铜器、印章、钱币、残石、瓦当,无不精心收集珍藏。特别是王懿荣与吴大澂、方浚益、孙诒让等人依据金文,几乎同时发现《尚书》"宁王""宁武""宁考""前宁人"等文中的"宁"为"文"字之误。从这一揭千载未发之覆的成果来看,王懿荣无疑是一位金石文字学大家。② 王汉章在《古董录》中谈及其父王懿荣收藏甲骨时说:"回忆光绪己亥、庚子间,潍县估人陈姓,闻河南汤阴县境小商屯地方(当为安阳小屯之讹——引者)出有大宗商代铜器,至则已为他估席载以去,又获残鳞剩甲,为之嗒然。乃亲赴发掘处查看,见古代牛骨龟版,山积其间。询之土人,云牛骨椎以为肥田之用,龟版则药商购为药材耳。估取骨之稍大者,则文字行列整齐,非篆非籀,携归京师,为先公述之。先公索阅,细为考订,始知为商代卜骨,至其文字,则确在篆籀之前,乃畀以重金,嘱令悉数购归。"③说由商估而得识甲骨,自然是可信的。又作为精研铜器铭文之学的金石学家,知甲骨文"确在篆籀之前"也是很自然的。至于说他那时已知"为商代卜骨",在未确定出土地点及究明卜辞内容之前,恐难做到。但是,王懿荣第一个认识甲骨的价值并为之收藏之举功不可没④。从 1899 至 1900 年,在短短的一年之内,王懿荣已以重金购求到 1500 多片甲骨。可惜不久,王懿荣便殉难。"壬寅年,其喆嗣翰甫观察售所藏清公凤债,龟版最后出,计千余片"⑤,均被刘鹗所购得。

刘鹗(1857—1909),字铁云,又字蝶云,号老残,别署鸿都百炼生,是清末一位博学多才的奇人。江苏丹徒(今镇江)人,寄籍山阳(今淮安)。出身官僚家庭,但不喜科场文字。他承袭家学,致力于数学、医学、水利等实际学

① 关于甲骨文发现年代和它的第一个发现者,学界存有争论。据王宇信的考证,1899 年为甲骨文被认识和有意识购藏之年,王懿荣为它的第一个发现者无疑;见王宇信《关于殷墟甲骨文的发现》,《殷都学刊》1984 年第 4 期,第 1—8 页。

② 裘锡圭:《谈谈清末学者利用金文校勘〈尚书〉的一个重要发现》,《古代文史研究新探》,江苏古籍出版社 1992 年版,第 73—80 页。

③ 王汉章:《古董录》,《河北第一博物院画报》第 50 期(1933 年);转引自吴浩坤、潘悠《中国甲骨学史》,上海人民出版社 1985 年版,第 8 页。

④ 与王懿荣几近同时开始收存殷墟甲骨的尚有天津的王襄、孟定生等;见王襄遗作《簠室殷契乙未(1955)》,《历史教学》1982 年第 9 期,第 13—14 页。此外还有"端方发现说""陈介祺发现说"等。

⑤ [清]刘鹗:《铁云藏龟·自序》,《刘鹗及〈老残游记〉资料》,四川人民出版社 1985 年版,第 87 页。

问,并纵览百家,喜欢收集书画碑帖、金石甲骨。早年科场不利,曾行医和经商。光绪十四年(1888)至二十一年(1895),先后入河南巡抚吴大澂、山东巡抚张曜幕府,帮办治黄工程,成绩显著,被保荐到总理各国事务衙门,以知府任用。光绪二十三年(1897),应外商福公司之聘,任筹采山西矿产经理。后又为福公司筹划开采四川麻哈金矿、浙江衢严温处四府煤铁矿,成为外商之买办与经纪人。光绪二十六年(1900)义和团事起,八国联军侵入北京,刘鹗在联军处购得太仓储粟,设平粜局以赈北京饥困。光绪三十四年(1908)清廷以"私售仓粟"罪将他充军新疆。次年,刘鹗在乌鲁木齐去世。

如上所述,从收藏角度讲,刘鹗并非收藏甲骨第一人。刘鹗甲骨收藏逾5000片,主要来源大体计有:约有1000余片甲骨来自王懿荣的旧藏;潍县古董商赵执斋在鲁、冀、豫一带为其收购到3000余片;通过范姓商人(范维卿),自定海方药雨处收购甲骨300余片;此外,刘鹗曾派其三子大绅前往河南收购甲骨千余片。光绪二十九年(1903),刘鹗从收藏的甲骨中,精选并拓印了一部分,编成《铁云藏龟》一书,以石印问世。

《铁云藏龟》是中国历史上最早的甲骨图录,它的问世,无疑具有里程碑意义。自此,甲骨从金石私藏开始转化为学术公器。资料的公布,使甲骨为大范围的学者和公众所关注成为可能。《铁云藏龟》分为6册:第1册,有罗振玉、吴昌绶序和刘鹗自序,收甲骨拓本160片;第2册,收拓本174片;第3册,收拓本178片;第4册,收拓本176片;第5册,收拓本180片;第6册,收拓本190片。全书共收录甲骨1058片,除去伪刻4片与重复出现3片外,实为1051片,占其收藏的五分之一左右。该书采取原大拓片形式,每页包括两片甲骨,每片甲骨上文字多寡不一,但均未作任何释读。不过,在自序中刘鹗已经确认甲骨为"三代文字"。

刘鹗去世后,他多年搜集的甲骨随之四散。有1000片左右,先归其表兄弟卞子休,后由卞转卖给上海英籍犹太人哈同的妻子,1917年由王国维编成《戬寿堂所藏殷墟文字》。这批甲骨几经周折,1949年后归上海市文物管理委员会,现藏上海博物馆。约有1300多片,先归叶玉森收藏,叶氏选其中240片于1925年编为《铁云藏龟拾遗》,后甲骨实物也为上海博物馆所有。几十片,由美国人福开森买去,1933年由商承祚编为《福氏所藏甲骨文字》。2500片左右,1926年由商承祚等所购得,商氏曾选文辞少见和字之变异者,手拓600余片,于1933年编入《殷契佚存》中。百余片归西泠印社吴振平,1939年由李旦丘编为《铁云藏龟零拾》。另外,一部分归中央大学,1941年由李孝定编为《中央大学史学系所藏甲骨文字》;一部分归束世澂,

1947年转让给暨南大学,1949年后归复旦大学历史系所有;一部分归陈中凡,曾由董作宾编入《甲骨文外编》。以上三部分,1945年由胡厚宣编入《甲骨六录》一书。还有一部分归"中研院",1951年由胡厚宣结合自己的收藏而编入《战后南北所见甲骨录》。虽然铁云所藏甲骨散落各地,但"铁云"仍然是这批资料的标识,以标明与刘鹗收藏之间的传承关系。这从另一角度说明,《铁云藏龟》的里程碑意义获得学术界的认可。

二、《契文举例》的问世

刘鹗所藏甲骨散落各地,甲骨文研究却随之落地开花。第一位注意并研究铁云所藏甲骨的便是孙诒让。孙诒让的《契文举例》就是在《铁云藏龟》基础上写成的。

孙诒让在看到《铁云藏龟》后,惊叹"不意衰季睹兹奇迹",于是用2个月的时间细为校读、考释,依据《铁云藏龟》著录的甲骨文材料写成《契文举例》。对此,孙诒让在《契文举例》序中说:

> 文字之兴,原始于书契,契之正字为栔,许君训为刻。盖镂刻竹木以著法数斯谓之栔。契者,其同声假借字也。《诗经·大雅·绵》云:"爰始爰谋,爰契我龟。"毛公诂契为开,开、刻义同,是知栔刻又有施之龟甲者。《周礼》:"菙氏掌共燋契,以待卜事。"又云:"遂龡其燋契,以授卜师。"杜子春云:"契谓契龟之凿也。"亦举《绵》诗以证义。郑君则谓契即《士丧礼》之楚焞所用灼龟也。综斠杜、郑之义,知开龟有金契、有木契,杜据金契用以钻、凿,郑据木契用以燃、灼,二者盖同名异物。金契即刻书之刀、凿,将卜,开甲俾易兆;卜竟,纪事以征吉,殆皆有栔刻之事。《诗》《礼》所述,义据焯然。商、周以降,文字繁孳,竹帛漆墨,日趋简易,而契刻之文,犹承用不废。汉承秦燔之后,所存古文书籍如淹中古经、西州滕简皆漆书也,汲冢竹书出晋太康初,亦复如是。然则栔刻文字自汉时已罕见,迄今数千年,人间殆绝矣。迩年河西汤阴古羑里城掊土得古龟甲甚多,率有文字,丹徒刘君铁云集得五千版,甄其略明晰者千版,依西法拓印,始传于世,刘君定为殷人刀笔书。余谓《考工记》"筑氏为削",郑君训为书刀,刀笔书即栔刻文字也。甲文既出刀笔,故庸峭古劲,觚折浑成,怳若读古书手札。唯琢书纤细,拓墨漫漶,既不易辨认;甲片又率烂缺,文义断续不属;刘本无释文,苦不能卪读也。蒙治古文大篆之学四十年,所见彝器款识逾二千种,大抵皆出周以后。赏鉴

家所椠揭为商器者,率厎定不能塙信,每憾未获见真商时文字。倾始得此册,不意衰季睹兹奇迹,爱玩不已。辄穷两月力校读之,以前后复重者参互审绎,逦略通其文字,大致与金文相近,篆书尤简省,形声多不具,又象形字颇多,不能书识。所称人名号未有谥法,而多以甲乙为纪,皆在周以前之证。羑里于殷属王畿,于周为卫地,据《周书·世俘篇》殷时已有卫国,故甲文亦有商、周、卫诸文,以相推论,知必出于商、周之间,刘君所定为不误。至其以"癴"为"子"、以"羉"为"係",间涉籀文,或疑其出周宣以后,斯则不然。夫《史籀》十五篇,不必皆其自作,犹之许书九千字,虽为秦篆而承用仓、沮旧文者十见七八,斯固不足以献疑尔。甲文多纪卜事,一甲或数段,纵横、反正、交错、纠互无定例。盖卜官子弟,应时记识,以备官成,本无雅辞奥义,要远古契刻遗文,藉存辜较,朽骼畸零更三、四千季竟未漫灭为足宝耳。今就所通者略事甄述,用补有商一代书名之佚,兼以寻究仓后籀前文字流变之迹,其所不知,盖缺如也。抑余更有举证者,《尚书·洪范》原本洛书,汉刘子骏、班孟坚旧说咸谓"初一,曰五行"至"畏用六极"六十五字为洛水所出龟书,禹得之以为《九畴》。马、郑所论略同。后儒疑信参半,遂滋异议。顾彪、刘焯、刘炫、孔颖达之伦,虽依用刘、班,犹致疑于字繁简之间。今所见龟文残版径一、二寸者,刻字辄十计,元龟全版尺二寸,必可容百名以上。以相推例,洛水龟书殆亦犹是。盖本遂古之遗文,贤达宝传,刻著龟甲,用代简笔。大禹浮洛,适尔得之,要其事实不过如此。自纬候诡托以为神龟负书文琢天成,后儒矜饰符瑞,遂若天玺神识,祥符天书,同兹误诞。实则契龟削甲古所恒观,不足异也。此似足证经义,辄附记之,以谂学者。①

之所以将其全文录下,是因为这段文字详细说明了孙诒让撰写《契文举例》的缘由、目的及对甲骨文的基本看法。

《契文举例》分上、下两卷,上卷为"释日月""释贞""释卜事""释鬼神""释人""释官""释地""释礼",下卷为"释文字""杂例",共 10 篇。

《契文举例》成稿后,孙诒让曾将手稿寄赠罗振玉、刘鹗、端方等人②,但似乎没有太多的反响。直到 1916 年,王国维在上海书肆获得此书手稿,颇为惊讶。王国维说:"此书虽谬误居十之八九,然筚路椎轮,不得不推此

---

① [清]孙诒让:《契文举例·叙》,《契文举例》前附,齐鲁书社 1993 年版。
② 楼学礼:《契文举例校点记》,《契文举例》前附,齐鲁书社 1993 年版。

矣。"①王国维将书稿寄给罗振玉并附一信，信中进一步评述道："孙仲颂《契文举例》当即寄上，惟此书数近百页，印费却不少，而其书却无可采，不如《古籀拾遗》远甚。即欲摘其佳者，亦无从下手，因其是者与误者常并在一条中也。上卷考殷人制度，亦绝无条理，又多因所误释之字立说，遂觉全无是处。我辈因颂老而重其书，又以其为此学开山更特别重之，然使为书费钱至数百金则殊不必。公一观此书，当与维同感也。"②正如王国维所言，罗振玉确有同感。罗振玉《丙辰日记》十二月十一日记云："静安寄孙征君《契文举例》至……粗读一过，得者十一而失者十九，盖此事之难

《契文举例》是第一部研
究甲骨文字的著作。

非征君之疏也。"③虽然王国维与罗振玉的批评很尖锐，但是他们确实在更高的学术水准上看到了此书的不足。不过王与罗两人均尊重学术前辈孙诒让，也尊奉此书为甲骨学开山之作，这一点也是真诚的。最后罗振玉终于决定将手稿出版，以纪念这位学者及其开山之作。1917 年罗振玉以此手稿本影印于《吉石庵丛书》第三集中，从此孙氏的《契文举例》终于流传于世。

孙诒让研究甲骨文，虽不如《周礼正义》《墨子间诂》《古籀拾遗》《古籀余论》等著述成熟，可《契文举例》毕竟是甲骨学研究的第一部专著。罗振玉所说的"盖此事之难非征君之疏也"，应是实情。即便是在甲骨文发现百年后，李学勤仍说："于省吾先生考释甲骨文字，收获甚巨，其《甲骨文字释林》自序云：甲骨文字'已被确认的字还不到三分之一，不认识的字中虽有不少属于冷僻不常用者，但在常用字中之不认识者，所占的比重还是相当大的。……所以说目前在甲骨文字的考释方面，较诸罗（振玉）、王（国维）时代虽然有所发展，但进度有限。'20 年前他这番话今天仍旧适用，可见甲骨文的读释是

① 袁英光、刘寅生：《王国维年谱长编》，天津人民出版社 1996 年版，第 33 页。
② 王国维：《王国维全集·书信》，中华书局 1984 年版，第 166—167 页。
③ 罗振玉：《丙辰日记》；转引自陈梦家《殷墟卜辞综述》，科学出版社 1956 年版，第 55 页。

十分困难的。有人宣称在短期内释出多少字，断不可信。"①由此看来，作为认知甲骨的文字学价值和释读甲骨的最初尝试的《契文举例》，其错误更是在所难免。

1936 年，胡朴安在《中国文字学史》中评价《契文举例》说："椎轮伊始，虽未能洞悉奥隐，然为研究甲骨文者之先导。孙氏之书，粗有发明：略辨文字，一也。知卜法，二也。考知商礼，三也。论定官制，四也。考证商都方国，五也。正郑氏龟卜之误，六也。三十年前，有此甲骨文例之创作，可谓难能矣。"②这是早期学术界比较中肯、公允的意见。随着时间的推移，《契文举例》的价值更为人们所认识。当代学者裘锡圭在总结孙诒让的学术成就时说："应该承认，《举例》是甲骨文研究方面一部有重要价值的开创性著作。关于此书的评价，不但王国维所说的'实无可取''全无是处'明显不合事实，就是罗振玉所说的'得者十一而失者十九'也是不公允的。考虑到孙氏写书时在资料等方面所受的限制，他所做出的那些贡献就更加值得后人珍视了。孙氏在古文字和古文献方面的学力决不在罗王之下。如果孙氏在甲骨文研究方面能有罗王所具备的客观条件，他所能做出的贡献大概是不会比他们小的。"③

1964 年，郭沫若在孙诒让家乡浙江瑞安参观孙氏的藏书楼——玉海楼，他给玉海楼的题词是："甲骨文字之学，创始于孙诒让，继之者为王观堂，饮水思源，二君殊可纪念。"郭沫若本人是甲骨文研究大家，他题写这句话，已上距《契文举例》成书整整 60 年，甲骨文字这门学问已经枝繁叶茂，这位博览精深的行家于饮水思源之时推许孙诒让为创始人，并认为"殊可纪念"，这就不是一般的分量了。

第三节　孙诒让甲骨文研究的成果及影响

与《铁云藏龟》一样，《契文举例》同样具有里程碑意义。虽然 1904 年的《契文举例》与 1903 年的《铁云藏龟》，前后只相差一年时间，但在甲骨文研究、甲骨学形成的进程中，却向前迈出了关键的一大步。不仅最终完成了甲骨文由发现、收藏、著录到研究的全过程，而且在传统金石学与近代考古学

---

① 李学勤：《甲骨学一百年的回顾与前瞻》，《文物》1998 年第 1 期，第 34 页。
② 胡朴安：《中国文字学史》，中国书店 1983 年版，第 594—595 页。
③ 裘锡圭：《谈谈孙诒让的〈契文举例〉》，《孙诒让纪念文集》（《温州师范学院学报》1988 年增刊），第 149 页。

之间找到了联结点。

一、甲骨文研究的成果

孙诒让的甲骨文研究是建立在金石文字学之上的。一方面,孙诒让扎实的金石文字学功底和突出的成就,为甲骨文研究提供了基础;另一方面,甲骨文研究又为他的金石文字学研究提供了新的材料和路径。

孙诒让自同治三年(1864)即开始治金石学,时年仅十六七岁。从此他对金石文献的兴趣便一发而不可收,随后用了很大的精力来做收集和研究工作。其中对薛尚功的《历代钟鼎彝器款识法帖》、阮元的《积古斋钟鼎彝器款识》、吴荣光的《筠清馆金石文字》用力甚多。在《薛尚功钟鼎款识·跋》中,孙诒让说:"余少嗜古文大篆,年十七八,得杭州本(薛尚功《历代钟鼎彝器款识法帖》的嘉庆二年阮元刻本——引者)读之,即爱玩不释,尝取《考古》《博古》两图,及王复斋《款识》、王俅《集古录》,校诸《款识》,最后得旧影钞手迹本,以相参校。则手迹本多与《考古》诸图合,杭本讹误甚多,释文亦有舛互。"①可见,孙诒让治金石学是从研读薛尚功的《历代钟鼎彝器款识法帖》开始的,起点甚高。他用吕大临《考古录》、王黼《宣和博古图》、王厚之《钟鼎款识》、王俅《啸堂集古录》等宋代的金石款识材料,反复校勘薛尚功《历代钟鼎彝器款识法帖》杭州本与手迹本,从而得出了"杭本讹误甚多,释文亦有舛互"的见解。此种见解,在之后的《古籀拾遗·叙》中有进一步的表述:"然则宋元以后,聚录款识之书,虽复小学支流,抑亦秦汉经师之家法欤。宋人所录金文,其书存者,有吕大临、王楚、王俅、王厚之诸家,而以薛尚功《钟鼎款识》为尤备。然薛氏之旨,在于鉴别书法,盖犹未刊集帖之病,故其书摩勒颇精,而训释多谬。以商周遗文而乃与晋唐隶草絜其甲乙,其于证经说字之学,庸有当乎?"②

薛尚功的《历代钟鼎彝器款识法帖》存在诸多不足,阮元的《积古斋钟鼎彝器款识》、吴荣光的《筠清馆金石文字》等在当时很有影响的金石学著述同样存在不少缺点。对此,孙诒让做了较为细致的考订和研究。在此基础上草成《商周金识拾遗》,后重新校订,改名为《古籀拾遗》。内容分为 3 卷,上卷补正薛尚功《历代钟鼎彝器款识法帖》14 条,中卷补正阮元《积古斋钟鼎彝器款识》30 条,下卷补正吴荣光《筠清馆金石文字》22 条。另外,书的最后

---

① [清]孙诒让:《薛尚功钟鼎款识·跋》,《孙籀庼先生集》第 2 册,台北艺文印书馆 1963 年版,第 332 页。

② [清]孙诒让:《古籀拾遗·叙》,《古籀拾遗·古籀余论》,中华书局 1989 年版,第 1 页。

还附有《毛公鼎释文》和《宋政和礼器考》1 卷。政和礼器，南宋初人已多不能辨识，清代阮元和吴荣光诸家往往误认为是周秦彝器，孙诒让为之释误正谬，成《宋政和礼器考》1 卷。刘恭冕在《古籀拾遗·跋》中则称赞道："君于学无所不窥，尤多识古文奇字，故其所著，能析其形声，名其通假，近世鸿通之儒为此学者，自仪征阮氏、武进庄氏外，未有堪及君者。"①评价甚高。

到光绪二十九年（1903），时已 56 岁的孙诒让又完成了金石学的另一部名著——《古籀余论》3 卷。孙诒让写作《古籀余论》的动机之一，是为了对新出现的金石文字材料加以研究，从而补正旧说。在《古籀余论·后叙》中，他这样提到自己的著述目的："余前著《拾遗》，于三家书略有补正。近又得海丰吴子苾侍郎《攈古录金文》九卷，搜录尤宏博。新出诸器，大半著录，释文亦殊精审。仪征、南海，信堪鼎足，揽涉之余，间获新义。又有足正余旧说之疏谬者，并录为二卷，盖非第偶存札朴，亦自资砭策矣。"②用新的金文资料补正旧说，道出了孙诒让写作《古籀余论》的动机，更体现了他的治学态度与方法。对新发现的甲骨文的研究，就是在这一基础上开展的。

孙诒让的甲骨文研究成果主要反映在他 1904 年所写的《契文举例》中。1905 年写成的《名原》，也涉及一些甲骨文研究的内容。其学术贡献大致可用以下几点概括：

第一，首次把甲骨文作为研究对象，并明确了甲骨文的时代与性质。

回顾甲骨发现的第一个 10 年，即 1899—1908 年之间，有关甲骨的著录和研究，仅此两三部书而已。③ 确实，从王懿荣等收藏甲骨和刘鹗著录甲骨后近 10 年时间里，除了孙诒让的《契文举例》及《名原》对甲骨文进行考释研究外，别无其他成果。这一点，在罗振玉的《殷墟书契前编》序言中可以看到大概："光绪二十有五年，岁在己亥，实为洹阳出龟之年，予时春秋三十有四。越岁辛丑，始于丹徒刘君许见墨本，作而叹曰：此刻辞中文字与传世古文或异，固汉以来小学家若张（敞）、杜（林）、扬（雄）、许（慎）诸儒所不得见者也，今幸山川效灵，三千年而一泄其秘，且适当我之生，则所以谋流传而攸远之者，其我之责也夫！于是尽墨刘氏所藏千余，为编印之，而未遑考索其文字，盖彼时年力壮盛，谓岁月方久长，又学未邃，且三千年之奇迹当与海内方闻硕学共论定之。意斯书既出，必有博识如束广微者，为之考释阐明之，固非曾曾小子所敢任也。顾先后数年间，仅孙仲容征君（诒让）作《契文举例》，此

① ［清］刘恭冕：《古籀拾遗·跋》；转引自俞雄《孙诒让传论》，浙江人民出版社 2008 年版，第 63 页。
② ［清］孙诒让：《古籀余论·后叙》，《古籀拾遗·古籀余论》，中华书局 1989 年版，第 1—2 页。
③ 吴浩坤、潘悠：《中国甲骨学史》，上海人民出版社 1985 年版，第 303 页。

外无闻焉。仲容固深于《仓》《雅》《周官》之学，然其《举例》则未能阐发宏旨，予至是始有自任意。”①罗振玉的《殷墟书契考释》成书于1914年。1910年，罗振玉尚写过《殷商贞卜文字考》。也就是说，在1910年前，有关甲骨文研究“仅孙仲容征君（诒让）作札记，此外无闻焉”。所以，孙诒让为甲骨文研究第一人，是毫无疑问的。

不仅如此，孙诒让在明确甲骨文的时代与性质方面更是功不可没。

关于甲骨文的时代，刘鹗已提到甲骨文应是“殷人刀笔书”。在《契文举例》的序言中，孙诒让除了肯定刘鹗的观点外，还从文献记载和文字学本身进行了阐释。我们不妨再读一下孙诒让在《契文举例》序言中这一段话：“然则契刻文字自汉时已罕见，迄今数千年，人间殆绝矣。迩年河西汤阴古羑里城掊土得古龟甲甚多，率有文字，丹徒刘君铁云集得五千版，甄其略明晰者千版，依西法拓印，始传于世，刘君定为殷人刀笔书。余谓《考工记》‘筑氏为削’，郑君训为书刀，刀笔书即契刻文字也。甲文既出刀笔，故庯峭古劲，觚折浑成，恍若读古书手札。唯瑑书纤细，拓墨漫漶，既不易辨认；甲片又率烂缺，文义断续不属；刘本无释文，苦不能啚读也。蒙治古文大篆之学四十年，所见彝器款识逾二千种，大抵皆出周以后。赏鉴家所橥揭为商器者，率肊定不能塙信，每憾未获见真商时文字。倾始得此册，不意衰季睹兹奇迹，爱玩不已。辄穷两月力校读之，以前后复重者参互审绎，迺略通其文字，大致与金文相近，篆书尤简省，形声多不具，又象形字颇多，不能书识。所称人名号未有谥法，而多以甲乙为纪，皆在周以前之证。羑里于殷属王畿，于周为卫地，据《周书·世俘篇》殷时已有卫国，故甲文亦有商、周、卫诸文，以相推论，知必出于商、周之间，刘君所定为不误。”这里，孙诒让不仅第一次提到龟甲文字其实是一种“契刻文字”，而且“知必出于商、周之间”。其正文部分的文字考释，同样是基于甲骨文是殷商契刻文字这一认识基础上的。

关于甲骨文的性质，孙诒让在《契文举例》序言中就认为，正如《周礼》所载“菙氏掌共燋契，以待卜事”及“遂龡其焌契，以授卜师”一样，甲骨文“多纪卜事”。在《释贞第二》中，他进一步证实了甲骨文即卜辞。虽然甲骨文中最常见的“贞”字，孙诒让根据金文“贝”字形体与之相似，把它误释为“贝”，但孙诒让又以敏锐的眼光指出“贝”为“贞”之省文，义为“卜问”。他说：“以义求之，当为‘贞’之省。《说文·卜部》：‘贞，卜问也。从卜贝，贝以为贽；一曰鼎省声。’《周礼·春官·天府》云：‘季冬陈玉，以贞来岁之媺恶。’注，郑司农

① 罗振玉：《殷墟书契前编·序》，《雪堂自述》，江苏人民出版社1999年版，第125页。

云：'贞，问也。《易》曰：师贞，丈人吉，问于丈人。《国语》曰：贞于阳卜(《吴语》文)。'郑康成云：'问事之正，曰贞。'又《太卜》云：'凡国大贞，卜立君，卜大封，则眂高作龟。'注，郑司农云：'贞，问也。国有大事，问于蓍龟。'郑康成云：'贞之为问，问于正者，必先正之，乃从问焉。'斯并贞卜之义也。(《太卜》又有'贞龟'，注云：'正龟于卜位也。'义与'大贞''小异。)"①这一考释本身就十分精彩，充分显现了孙诒让深厚的功力。但更重要的是，"贞"即"卜问"这一认识的确立，为初创时期甲骨文研究提供了开启认识甲骨文性质、内容和进一步考释文字之门户的钥匙。

第二，初步创立了甲骨文字研究的基本原则与方法，并考释出了第一批甲骨文字。

孙诒让在《契文举例》序言中说："所见彝器款识逾二千种，大抵皆出周以后。赏鉴家所矜揭为商器者，率肊定不能墒信，每憾未获见真商时文字。倾始得此册，不意衰季睹兹奇迹，爰玩不已。"说明孙诒让甲骨文研究是以金文研究为基础的。孙诒让将金文研究中最得心应手的偏旁分析法，移植过来用于甲骨文考释，取得了显著的成果。陈梦家曾说："孙氏将不同时代的铭文加以偏旁分析，借此种手段，用来追寻文字的演变发展之中的沿革大例，书契之初轨、省变之原或流变之迹，他对于古文字的最大贡献在于此。"②利用偏旁分析来考释古文字，自许慎业已开始，但把偏旁分析法扩而广之，并成为一种科学意义上的研究手段，应该说是始于孙诒让。由于孙诒让对《说文解字》、金文等非常熟悉，且有深入的研究，因此在考释甲骨文字时，自然采用逆推的方法，即"由许书以上溯古金文，由古金文以上窥卜辞"③。这种方法，后经罗振玉、王国维的实践与提炼，成了甲骨文研究最普遍的方法。

在文字考释中，《契文举例》直接引述《说文》原文的约有 353 例，其中涉及《说文》古文的有 65 例。如《释文字》"自"条："'丁子卜殻贝畄'……'畄'即'自'字。《说文·自部》：'自，鼻也，象鼻形。'此上象鼻準，下象两空，于形尤切也。"④此条考释同样精彩，孙诒让通过《说文》小篆"自"的形体及其释义的举证，断定甲骨文的"畄"就是小篆鼻子本义的"自"。从该条列举的甲骨文的 13 个"自"的例子看，都不是鼻子本义的用例，因此，上下文语境提供不

---

① ［清］孙诒让：《契文举例》，齐鲁书社 1993 年版，第 8 页。
② 陈梦家：《殷墟卜辞综述》，科学出版社 1956 年版，第 56 页。
③ 吴浩坤、潘悠：《中国甲骨学史》，上海人民出版社 1985 年版，第 125 页。
④ ［清］孙诒让：《契文举例》，齐鲁书社 1993 年版，第 96 页。

了多少帮助。而孙氏能够释出甲骨文的"自",其主要依据有二：一是甲骨文"凶"字的字形和鼻子本身的形状上的相似性，二是《说文》关于"自"的释义和释形。尽管小篆的"凷"已不太"象鼻形"，但许慎仍然历史性地分析"自"的形体为"象鼻形"。此后学界都予采纳，成为定论。①

《契文举例》还引述金文约 322 条次，用于约 190 个甲骨文形体的考释。如"夻（去）"字："'夻□贝立止'（七十一之四）、'贝父其夻'（九十五之三），'夻'疑'去'之异文。《说文·去部》：'夽，人相远也。从大，凵声。'《凵部》：'凵，凵庐，饭器。'此变凵为口。"然后根据金文灝字（其偏旁为"去"）在盂鼎、师酉敦中的写法，证明"'夻'即'去'字"。② 这是由已知的金文偏旁来推断甲骨文字的方法，是相当到位的考释。其所推断的"夻"便是"去"字的结论，也为多数学者所接受。③

此外，孙诒让在校勘经、子及训诂文字时均采用了推求文例的方法，这一方法也被用来解读文字，形成了辞例推勘考释文字的独到方法。辞例推勘，具体的做法有二：一是依据文献中的成语推勘；另一种是依据文辞本身的内容推勘。这两种做法，孙诒让在金文研究中运用得炉火纯青，在甲骨文研究中也可见到精彩的例证。例如：甲骨文有个从"口"从"止"（两"止"相向或相背）的字，写作圕。孙诒让把这个字释为"韋"，读为"围"。他说："以文义推之，似亦即'韋'字而变其形。舜字本从夂屮反正平列，不分著上下。此从本形，于字例固符合也。其义或当为围之借字。……'圕禽'者田猎围兽，《王制》所谓围群也。……'其圕''不圕'者，军事围邑之类是也。"④这个字的形体跟古文字的"韋"字有相似之处，但"韋"所从的两只脚印分列在口的上下方。在一般情况下，两者是否同一个字光从字形上是不能断定的，但如果结合卜辞的用例来分析，孙诒让的考释应该说是很合理、很可信的。后人把这个字或释为"正"读为"征"，或释为"拨"，在文义上都会遇到许多难以克服的障碍，反而不如孙氏所释来得可靠。

正是通过运用这些原则与方法，孙诒让考释出了第一批甲骨文字。在《契文举例》中，孙诒让共考释了 330 个文字，其中在今天看来仍然准确的有130 个上下。其中有：

---

① 金钟赞、程邦雄：《孙诒让的甲骨文考释与〈说文〉小篆》，《语言研究》2003 年第 4 期，第 81 页。
② ［清］孙诒让：《契文举例》，齐鲁书社 1993 年版，第 113 页。
③ 程邦雄等：《孙诒让的甲骨文考释与金文》，《语言研究》2008 年第 4 期，第 83—84 页。
④ ［清］孙诒让：《契文举例》，齐鲁书社 1993 年版，第 10 页。

易、韦、复、中、出、内、永、卜、占、正、至、雨、若、帝、东、田、祖、渔、师、啬、商、周、启、益、南、备（古箙字）、羌、年、来、牢、俎、止、武、步、陟、逐、追、降、先、德、省、见、蜀、册、率、叀、专、兹、及、受、得、学、戈、我、伐、戌、求、泉、姘、姜、嫔、克、自、佚、畾、众、再、冓、帚、凶、卤（西）、酒、喜、登、丰、京、桀（乘）、余、斿、旅、才、唐、匸、鼎、车、爵、弓、豕、马、禽、隹、雀、萑等。

在《名原》中也新考释了一些甲骨文字，其中大致正确的有：

赤、米、虎、山、丘、藉等。①

尽管准确率不是太高，但这是在孙诒让仅见《铁云藏龟》这一十分有限的材料的基础上取得的，实属不易。即便是一些考释错误的字，其考释过程仍有相当的启发意义。例如：孙诒让对甲骨文"𠭯"字的考释，说："有云'兄贞'者，如云：'癸未卜兄贝……'（四十之六）、'庚申卜兄贝'（八十之二），是也。'兄'疑当为'祝'之省假字。故又云：'辛丑卜毁贝，兄于母庚。'（百廿七之一。旧读兄为况未塙）。盖贞卜之有祝辞者。"②把甲骨文中的"𠭯"字，认定为"兄"字③，在今天看来显然有些不妥。但究竟应释为何字，目前仍仁智互见，有的释为"尝""况"等，有的读为"并""荒"等。然而孙诒让进一步解释的"兄"疑当为"祝"之省假字，见解颇为独到。可惜后人没有注意到孙诒让的这一见解。其实，把"𠭯"解释为"祝"，比读作"尝""况""并""荒"等或许更为可信。④

颇有意思的是，孙诒让的考释中有曾被后来学者否定过的，却最终又被学者认为确凿之说的。如孙诒让考释出甲骨文中的"羌"字，并因《诗经·商颂·殷武》证明羌为商时西方部族。这一考释曾被罗振玉否定，认为当释为"羊"。后来郭沫若再次否定罗说，认为当是"狗"字之初文。然而经过古文字学家反复论辩，现认为孙诒让所释才是正确的。

第三，开始了甲骨卜辞分类研究的尝试，并为以甲骨文证商史带来了直接的启发。

孙诒让第一次对甲骨文进行了分类。如上介绍，《契文举例》分为上、下两卷，共10篇：释日月第一、释贞第二、释卜事第三、释鬼神第四、释人第五、

---

① 詹鄞鑫：《孙诒让甲骨文研究的贡献》，《南阳师范学院学报》2003年第8期，第52—53页。

② ［清］孙诒让：《契文举例》，齐鲁书社1993年版，第12页。

③ 罗振玉释为"兄"。其作祭祀动词或介词者，郭沫若以为"兄"通"尝"字，又以为读为"蓝"，或读为"荒"，王襄疑为"觐"之古文，杨树达以为通作"沉"；见李孝定编《甲骨文字集释》第8卷，"中研院"1965年版，第2801—2803页。

④ 詹鄞鑫：《孙诒让甲骨文研究的贡献》，《南阳师范学院学报》2003年第8期，第53页。

释官第六、释地第七、释礼第八、释文字第九、杂例第十。其中上卷为第一至第八篇,下卷收录第九与第十篇。孙诒让之所以如此分篇立目,这自然与他"辄穷两月力校读之,以前后复重者参互审绎,迤略通其文字"之后,认识到"甲文多纪卜事"有关。

尽管孙诒让依据的《铁云藏龟》所收材料有限,但孙氏如此分篇,已归纳出甲骨文卜辞内容之大概。这种分类使甲骨卜辞从无序走向有序,在有序中呈现出逻辑性,给后人以极大的启发。后来学者在此基础上又不断加以扩展与修正。在罗振玉的《殷商贞卜文字考》《殷墟书契考释》的分篇立目与卜辞归类研究中,便隐约可见《契文举例》的影子。如在《殷墟书契考释》中,罗振玉就将内容分为八章:都邑第一,帝王第二,人名第三,地名第四,文字第五,卜辞第六,礼制第七,卜法第八。罗振玉在《殷商贞卜文字考》自序、《殷墟书契考释》自序中所提到的"惜仲容墓已宿草,不及相与讨论,为憾事也",以及"顾先后数年间,仅孙仲容征君(诒让)作札记,此外无闻焉。仲容固深于《仓》《雅》《周官》之学,然其札记则未能阐发宏旨,予至是始有自任意"等,也说明罗振玉曾细细审读过《契文举例》。

《契文举例》也为以甲骨文证商史提供了启发。孙诒让在《契文举例》序言中说:"今就所通者略事甄述,用补有商一代书名之佚,兼以寻究仓后籀前文字流变之迹,其所不知,盖缺如也。"在孙诒让看来,甲骨卜辞的证经补史作用是第一位的,而考释文字源流是第二位的。《契文举例》中的《释日月》篇解释干支字及纪日纪月法,《释贞》篇考释甲骨占卜制度及辞例,《释卜事》篇考释甲骨占卜的内容范围,《释鬼神》篇考释甲骨卜辞中涉及的鬼神祭祀对象,《释人》篇考释卜辞中所涉及的人物,《释官》篇考释卜辞中所涉及的官名,《释地》篇考释卜辞中所涉及的方国及地名,《释礼》篇考释卜辞中涉及的典礼制度。这样的篇目安排与内容释读,本身就已体现出孙诒让对甲骨卜辞所反映史实的把握和对相关商代文化制度的重视。

尽管从《契文举例》具体内容看,其重点并非谈商代文化制度,而是考释文字,但这并不妨碍对之后研究甲骨文的学者的启发作用。王国维在读了《契文举例》之后说:"上卷考殷人制度,亦绝无条理,又多因所误释之字立说,遂觉全无是处。"虽然评价苛刻,但在王国维看来,《契文举例》试图"考殷人制度"的用意还是十分明确的。而王国维的《殷卜辞中所见先公先王考》及《殷卜辞中所见先公先王续考》,便是考殷人制度的著述。

二、甲骨文研究的影响

1916 年王国维在上海发现《契文举例》稿本,1917 年该稿本被罗振玉收入《吉石庵丛书》,1927年上海蟫隐庐曾加以翻印。1963年台湾艺文印书馆出版的《孙籀颀先生集》和1968年台北大通书局出版的《罗雪堂全集》都收录了《契文举例》。此书的原稿本同罗振玉的一部分藏书于1928年售与燕京大学,1952年全国高等院校院系调整后,这个稿本收藏于北京大学图书馆。孙诒让自己保存的稿本又做了一些修订,于1908年改定,但仍称稿本。楼学礼说,孙诒让有"较大幅度的修订","在材料运用上又作了一些新的取舍和编次","有些文字作了改释,有些则否定了旧释,改为存疑"。① 此修订本手稿后藏于杭州大学(今浙江大学)图书馆。

在成稿近90年后,《契文举例》在1993年又得到新生,齐鲁书社出版了由楼学礼根据杭州大学藏本点校的《契文举例》,让当今学者们能重睹此书的风采。楼学礼在《契文举例校点记》中说:

> 《契文举例》是孙诒让晚年的著作,因在他之前,还不曾有人做过对甲骨文字说得上是研究的工作,而他本人又是一位于古文字研究有深湛修养大家,由他来进行开创这一门学问的尝试,实在可以说是一件幸事。尽管当年罗振玉和王国维对它的评价不高,但却不能不承认有"筚路椎轮"之功。随着岁月的推移,后人就比罗、王更清楚地看到了这本书的重大价值,成书于1910年的《殷商贞卜文字考》,作者虽然曾对孙氏有过苛评,但人们却能明显地看出此中有前书的影响。所以1935年就有人认为《契文举例》"草创条例,审释殷文,在殷契著述中首具披荆斩棘之功,后贤有作皆此书所启导也。"又说:"自殷契出土以来,此中国学术史上别创领域之作,其有裨于殷墟文字之学,尤未可估量也。"1947年,学术界为孙诒让作百岁纪念时,又有学者认定"近世甲骨之学从此始,其开创之功大矣"。1954年陈梦家也认为罗、王"不免苛刻了一点",孙氏是"有开山之功"的"初步的较有系统认识甲骨文字的第一人"。对于孙氏的失误,他也合乎情理的表示"令人叹息"。1964年,郭沫若在孙诒让家乡浙江瑞安参观孙氏的藏书楼——玉海楼,他给玉海楼的题词是"甲骨文字之学,创始于孙诒让,继之者为王观堂,饮水思源,二君殊可纪念。"郭氏本人是甲骨文研究大家,他题写这句话,已上距《契文举例》成书整整六十年,甲骨文字这门学问已经枝繁叶茂,这位博览精深的行家于饮水思源之时推许孙氏为创始人,并认为"殊可纪

---

① 　楼学礼:《契文举例校点记》,《契文举例》前附,齐鲁书社1993年版。

念"，这就不是一般的分量了。①

无论是"在殷契著述中首具披荆斩棘之功，后贤有作皆此书所启导也"，还是"甲骨文字之学，创始于孙诒让"，都道出了孙诒让甲骨文研究的直接影响。而且，这种影响是深远的。至于间接影响，我们认为，大致可以用以下两点加以说明。

第一，孙诒让的甲骨文研究，促进了人们对甲骨价值的认识，由此引发了进一步搜集与著录甲骨文字的活动。

从 1899 年甲骨文被初次认识，到 1928 年中央研究院历史语言研究所对殷墟进行科学发掘，期间中外学者搜集、收藏的殷墟甲骨资料已达 10 万片左右。其中绝大部分是在《契文举例》出版后出现的。

从出土情况看，这一时期通过历年调查确定的约有 9 次，据估计，出土甲骨的总数，约在 8 万片以上。② 无据可考的应更多。有据可查的 9 次分别是：

1.1899—1900 年，小屯村民于村东北"刘家二十亩地"的中段最先挖掘，掘得一批甲骨。王懿荣、端方、刘鹗以及王襄等所得的甲骨，大约即是当时出土之物。

2.1903 年《铁云藏龟》出版后，购求甲骨的古董商人云集小屯。1904 年冬，朱坤率佃农在村北滨河之地，即"刘家二十亩地"北端之东、"朱家十四亩地"内，掘得甲骨数车之多。罗振玉与方法敛、库寿龄（S. Couling）等购得的甲骨文字，有相当一部分是朱家十四亩地的出土物。

3.1909 年村人在小屯村前张学献地中因掘山药沟发现甲骨甚多。此次所得甲骨，大多为罗振玉所购得。

4.1920 年，华北五省遭到大旱灾，村人迫于饥寒，相约于村北滨河之地挖掘甲骨。凡以前曾出土甲骨之处，搜寻再三。

5.1923 年春，张学献在其菜园内自行挖掘，获大骨版 2 块，上面均有不少文字。后来卖给明义士（J. M. Menzies）。

6.1924 年，村中筑墙起土，又发现甲骨文字一坑，其中有极大者。后大部分归明义士所有。

7.1925 年，村人在村南大路旁挖掘，得甲骨数筐，牛胛骨有长至尺余

① 楼学礼：《契文举例校点记》，《契文举例》前附，齐鲁书社 1993 年版。
② 吴浩坤、潘悠：《中国甲骨学史》，上海人民出版社 1985 年版，第 17—18 页。

者。据传都卖给上海商人,其中有一部分为刘体智所购。

8.1926 年,张学献为土匪所绑架,要款甚巨。村人与张家相商,于张家菜园上次发现大骨版处大举挖掘,约定各得甲骨一半。所得甲骨甚多,亦为明义士购去。

9.1928 年春,北伐军在安阳作战,驻兵洹南,小屯村人因废农作。4 月战事结束,村人无以为生,相约在村前路旁及麦场中作大规模的挖掘。所得甲骨都售与上海、开封商人。

从著录情况看,这一时期拓印成书的甲骨文著录专书有 12 种,公布甲骨文资料近 1 万片。虽然著录的材料只占当时出土、传世甲骨的很少一部分,但大多数比较重要的、有一定学术价值的材料已大体上公布出来。

1.刘鹗:《铁云藏龟》,1903 年出版,收录甲骨 1058 片。

2.罗振玉:《殷墟书契前编》,1912 年出版,收录甲骨 2229 片。

3.罗振玉:《殷墟书契菁华》,1914 年出版,收录甲骨 68 片。

4.罗振玉:《铁云藏龟之余》,1915 年出版,收录甲骨 40 片。

5.罗振玉:《殷墟书契后编》,1916 年出版,收录甲骨 1104 片。

6.罗振玉:《殷墟古器物图录》,1916 年出版,收录甲骨 4 片。

7.明义士:《殷墟卜辞》,1917 年出版,收录甲骨 2369 片。

8.姬佛陀(王国维):《戬寿堂所藏殷墟文字》,1917 年出版,收录甲骨 655 片。

9.林泰辅:《龟甲兽骨文字》,1921 年出版,收录甲骨 1023 片。

10.王襄:《簠室殷契征文》,1925 年出版,收录甲骨 1125 片。

11.叶玉森:《铁云藏龟拾遗》,1925 年出版,收录甲骨 240 片。

12.罗福成:《传古别录》第二集,1928 年出版,收录甲骨 4 片。

孙诒让的《契文举例》及甲骨文研究,所依据的甲骨文字著录《铁云藏龟》,其来源就是属有据可查的安阳殷墟出土的第一批甲骨材料。之后频繁的甲骨材料的搜集与著录活动,虽然不能说完全与孙诒让的《契文举例》及甲骨文研究有关,但是其间接的促动作用是显而易见的。

第二,孙诒让的甲骨文研究,促发了甲骨文研究之风气,为甲骨学的创立奠定了最初的基础。

孙诒让的甲骨文研究,一方面促动了进一步搜集与著录甲骨文字的活动,另一方面开辟了研究利用甲骨材料的新途径。随着上述甲骨文资料的公布和流传,研究甲骨文的风气渐盛,最终形成以甲骨文为主要研究对象的崭新学科——甲骨学①。

"甲骨学"的命名是以"甲骨文"名称的确定为基础的。当人们发现甲骨时,由于典籍失载,因此如何定名甲骨与甲骨文字,颇使学者踌躇。在甲骨文发现不久,学者们只能从其质料的观察,称其为"龟"(1903 年)、"龟甲兽骨"(1909 年)、"龟甲"(1910 年),或从甲骨上刻写有文字,称之为"契文"(1904 年)、"书契"(1911 年)。由于孙诒让在《契文举例》中已有"释卜事第三",又经过学者们的进一步研究,认识了甲骨文与占卜有关,因此 1910 年罗振玉出版的《殷商贞卜文字考》以"贞卜文字"为其书名,书中有"卜法第三",对甲骨文的性质有了进一步认识。在此基础上,1913 年以后有学者称之为"卜骨",1915 年以后有学者称之为"卜辞"。随着收藏和研究的深入,人们渐渐取得了共识,那就是"一切的名称,都不如叫'甲骨文'和'甲骨文字',比较恰当"②。据董作宾、胡厚宣的《甲骨年表》和胡厚宣的《五十年甲骨学论著目》所载③,将殷墟甲骨文字称为"甲骨文"或"甲骨文字"的较早论著,主要有 1921 年陆懋德的《甲骨文之历史及其价值》、1924 年容庚的《甲骨文之发现及其考释》、1925 年王国维的《殷墟甲骨文字及书目》等。此后又有日本人林泰辅的《甲骨文地名考》、胡光炜的《甲骨文例》、闻宥的《甲骨文之过去与将来》、郭沫若的《甲骨文字研究》、董作宾的《甲骨文断代研究例》、孙海波的《甲骨文编》等。

从 1899 年初步认识殷墟甲骨文字,到 1921 年后概括出"甲骨文"一名,已走过 20 多个年头。但从中可以看到,孙诒让提出的"契文"以及对"卜事"的认识,为"甲骨文"的命名及更深入的研究提供了重要基础。

随着"甲骨文"名称的确立,"甲骨学"一词也逐渐被提及。就目前所见,率先以"甲骨学"揭橥于论著标题的是 1931 年周予同在开明书店《中学生杂志》上写的《关于甲骨学》一文。以后,有 1933 年布那科夫的《甲骨学之新研究》(《通报》第 32 卷第 5 期),朱芳圃的《甲骨学文字编》(商务印书馆);1934年戴家祥的《评甲骨学文字编》(天津《大公报》图书副刊第 25 期),李星可的《甲骨学目录并序》(《中法大学月刊》第 4 卷第 4 期);1935 年郑师许的《我国甲骨学发现史》(复旦大学中文系《文学期刊》第 2 期),陈竞明的《三十五年

---

① 甲骨学的内涵有狭义与广义之分:狭义的甲骨学特指甲骨及其文字本身的研究,广义的则凡以甲骨文为材料论述历史文化者皆得纳入。参见李学勤《甲骨学一百年的回顾与前瞻》,《文物》1998 年第 1 期,第 33—37 页。

② 胡厚宣:《五十年甲骨文发现的总结》,商务印书馆 1951 年版,第 8—9 页。

③ 董作宾、胡厚宣:《甲骨年表》,商务印书馆 1937 年版;胡厚宣:《五十年甲骨学论著目》,中华书局 1952 年版。

来的甲骨学》(《考古社刊》第 3 期);1936 年小川茂树的《甲骨学之新展开》(《东洋史研究》第 2 卷第 2 期);1937 年蒋大沂的《甲骨学小史》(《上海市博物馆周刊》第 16 期)等。①

"甲骨学"一名之所以在此时提出,与 1928 年开始的殷墟考古发掘有关。而殷墟的考古发掘,又与甲骨文研究有关。殷墟考古发掘的初衷之一,便是获得更多的甲骨文字材料。随着殷墟的发掘进展,甲骨文研究的范围也随之扩大,研究方式更加科学化。董作宾在《甲骨文研究之扩大》②一文中,草拟了一个甲骨文研究的范围,共列 5 大类、25 小类的研究课题,大大超过了前一时期把甲骨文作为"金石文字"研究的范围。随后,董作宾的《甲骨文断代研究例》的发表,标志着甲骨学研究突破了传统金石学的范畴,进入了近代考古研究的领域。

19 世纪末 20 世纪初,中国学术界正经历着由传统学术向近代学术蜕变所带来的阵痛。此时的传统金石学已步履维艰。而孙诒让《契文举例》所开创的甲骨学研究,为传统金石学与近代考古学之间找到了联结点。

李济在谈及甲骨文的发现时说:"田野考古学者清楚地知道,至少早在隋朝,'殷墟'就被当作墓地使用了。证据表明,当隋朝人在此埋葬死者时,他们常发现埋藏在地下的刻字甲骨。如果那时的学者像 19 世纪的古文字学家一样有教养,发现了这埋藏的珍品,那么中国学者可能早在十三个世纪前就认识甲骨文了。这个假定根据的事实是现代发掘出来的隋墓,在覆盖这些隋墓的土层中,不止一次发现有刻字甲骨的碎片。我提及这一有趣的地层堆积,仅想表明这样一个基本观点,即在智力的发展中,都有其特定的、遵循着某种次序前后相接的阶段。19 世纪末甲骨文被认为是一个重大发现,这个发现与其说是偶然的,不如说是学者们不断努力的结果。1899 年发生的事是有长期的思想准备的。认清清代的学术思想史是重要的,因为它提供了条件促使学者们得以达到了解和承认甲骨文重要性的成熟阶段。"③

顾颉刚说:"现在发见了殷墟甲骨、新郑铜器,所以轰动全世界的视听者,正因今人的历史观念突过前人的缘故。"④就个人而言,孙诒让晚年之所

① 王宇信:《甲骨文甲骨学与甲骨学的科学界定——为甲骨文发现 100 周年而作》,《中国文物报》1999 年 6 月 9 日,第 3 版。
② 董作宾:《甲骨文研究之扩大》,《安阳发掘报告》第 2 册,中央研究院历史语言研究所 1930 年版,第 411—422 页。
③ 李济:《安阳》,河北教育出版社 2000 年版,第 9—10 页。
④ 顾颉刚:《自序》,《古史辨》第 5 册,上海古籍出版社 1982 年版,第 6 页。

以能在甲骨学研究上筚路蓝缕,也与他长期的学术积累和开放的治学心态分不开的。一方面,正因为孙诒让有深厚的学术素养,并精于金石文字学,才使他能首先破译甲骨文的奥秘。若无此造诣,即使与甲骨文日日守望也未必能考释出来。另一方面,也是更重要的一点,孙诒让具有一种学术上的开放心态,对于新发现和新材料有一种特有的学术敏感与热情。如果略作比较就能凸现出孙诒让的这一特点。章炳麟与孙诒让关系密切,某种程度上说,两者有师生之谊。相比之下,孙诒让见到甲骨后是如此的痴迷,诧为"奇迹",并全力探究,在成就一代名著的同时,也为国学研究开拓出一个全新的区域。然而比孙诒让年轻的章炳麟,却并不积极。其实章炳麟的文字学与古文献学的功力是一流的,他若投身于甲骨文的研究,或许也能开拓出一个绚烂的学术天地。在此,我们并不能简单地断定章炳麟保守,但在对待甲骨文的态度上,孙诒让确实要开放得多。关于孙诒让为何有如此开放的心态、现代的意识,姜亮夫有精到的评述:"古人学问的趋向,也就是'思想''行为''事业'趋向,孙先生是位诚笃的学人,以诚笃的态度治学,因而也以有根有据的观点来处事。但是晚年以后,他终于关不牢门,一方面受现实的大风大浪激荡,一方面接触的学术领域日宽,西洋、东洋的学说,科学、艺术的书籍,思想渐渐打开,到开明的路子上去,使他一生,不仅是一个谨严治学的经生,毕竟转变成为有现实意义的学人。这我们只要从甲午以后,他一方面完成他不朽的大著作,一方面参加了许多社会活动,如民防、教育、学会、实业、兴儒会变法平议等事业中,可以看出他是在稳步的前进。"①

陈梦家说:"在甲骨文考释上,孙氏还是有开山之功的,他是初步的较有系统的认识甲骨文字的第一人。"②白寿彝主编的《中国通史》认为:"中国学者最先有孙诒让、罗振玉、王国维,其后有叶玉森、董作宾、郭沫若、商承祚、金祖同等人,从事甲骨文研究。孙诒让的《契文举例》,是运用《铁云藏龟》考释甲骨文的最早著作。"③孙诒让与罗振玉、王国维、叶玉森、董作宾、郭沫若、商承祚、金祖同等一批学者的不断努力,在将甲骨学研究推向近代化的同时,也使自己成为传统金石学向近代考古学转变过程中的关键性人物。

---

① 姜亮夫:《孙诒让学术检论》,《浙江学刊》1991 年第 1 期,第 145 页。
② 陈梦家:《殷墟卜辞综述》,科学出版社 1956 年版,第 55 页。
③ 白寿彝主编:《中国通史》第 11 卷,上海人民出版社 1999 年版,第 1023 页。

第三章　罗振玉与古器物研究

——从金石学到古器物学

20 世纪"甲骨学"的创立与发展,是几代人前赴后继的结果。其中最初也是最关键的三步,是由刘鹗、孙诒让、罗振玉相继完成的。刘鹗以《铁云藏龟》开甲骨文著录之先河,孙诒让以《契文举例》创甲骨文释读之条例,罗振玉则以《殷墟书契》《殷墟书契考释》等多部著录与著述,揭示了甲骨文字的史学价值。郭沫若说:"在中国文化史上实际做了一番整理工夫的要算是……罗振玉,罗振玉的功劳即在为我们提供出了无数的真实的史料。他的殷代甲骨的搜集、保藏、流传、考释,实是中国近三十年来文化史上所应该大书特书的一项

罗振玉(1866—1940),字叔蕴,
又字叔言,号雪堂、贞松,浙江上虞人。

事件。"[①]其实,除了殷墟甲骨,罗振玉在敦煌遗书、汉晋简牍、金石刻辞、内阁大库档案和其他古器物的搜集、保存、整理、流传、研究等诸多领域也做出了突出的贡献。他与王国维共同创就的"罗王之学"[②],影响深远,不仅导致了甲骨学、敦煌学、简帛学等一些新学问的产生,也推动了传统金石学向古器物学、近代考古学的转型。

由于研究对象的扩大、研究内容的拓展和研究方法的进步,20 世纪初

---

① 郭沫若:《中国古代社会研究·自序》,《中国古代社会研究》,河北教育出版社 2003 年版,第 6 页。

② "罗王之学"的内容,陈梦家归纳为以下几个方面:①熟悉古代典籍;②并承受有清一代考据小学音韵等治学工具;③以此整理地下的新材料;④结合古地理的研究;⑤以二重证据治史学经学;⑥完成史料之整理与历史记载之修正的任务。参见陈梦家《殷墟卜辞综述》,科学出版社 1956 年版,第 51 页。

年的古物研究已不是传统金石学所能包含的了。罗振玉说:"古器物之名,亦创于宋人。赵明诚撰《金石录》,其门目分'古器物铭'及'碑'为二。金蔡珪撰《古器物谱》,尚沿此称。嘉道以来,始于礼器外兼收他古物。至刘燕庭(刘喜海)、张叔未(张廷济)诸家,收罗益广。然为斯学者,率附庸于金石学,卒未尝正其名。今定之曰'古器物学',盖古器物学能包括金石学,金石学固不能包括古器物学也。"①虽然罗振玉所提出的"古器物学"之名并没有由此而流行,但它却成了金石学与考古学的过渡环节。罗振玉本人也被称为当时最著名的"金石考古学家"。1923 年,陈独秀在谈及国学时说:"当今所谓国学大家,胡适之所长是哲学史,章太炎所长是历史和文字音韵学,罗叔言所长是金石考古学,王静庵所长是文学。除这些学问以外,我们实在不明白什么是国学。"②

第一节　罗振玉的生平与著述

罗振玉(1866—1940),字叔蕴,又字叔言,号雪堂、贞松,浙江上虞人,生于江苏淮安。我们可把他的一生大致分为三大阶段:早年的科举求学与创业求变时期(1900 年前)、入仕教育部门与旅居日本时期(1900—1919 年)、追随溥仪与定居旅顺的后期学术生涯时期(1919—1940 年)。每一阶段的活动各有所侧重,但是罗振玉对金石学、古器物学之喜好始终没有改变。

一、早年的求学与创业

科举之业是古代社会中知识分子的主要出路,为应科举,必须在儒家经典上下一番功夫。罗振玉早年亦欲走此路。他 5 岁入塾习经,16 岁回故乡上虞应院试,举秀才。虽然罗振玉曾集陆游"外物不移方是学"和"百家屏尽独穷经"诗句③,请人书以为铭帖,以志对儒家经典的独好,然而光绪八年(1882)、十四年(1888)先后两次赴杭州乡试,均以落第告终,由此不得不结束早年的求学与科举求仕的生涯。罗琨在《罗振玉评传》中分析科举考试对

---

① 罗振玉:《与友人论古器物学书》,《罗雪堂先生全集》初编一,台北大通书局 1986 年版,第 76 页。
② 陈独秀:《寸铁·国学》,《陈独秀著作选》第 2 卷,上海人民出版社 1993 年版,第 517 页。
③ [宋]陆游《朝饥示子聿》诗:水云深处小茅茨,雷动空肠惯忍饥。外物不移方是学,俗人犹爱未为诗。生逢昭代虽虚过,死见先亲幸有辞。八十头终强项,欲将衣钵付吾儿。又《自咏》诗:满梳晨起发凋零,亭午柴门未启扃。万事忘来尚忧国,百家屏尽独穷经。楠枯倒塈虽无用,龟老揩床故有灵。梦里骑驴华山去,破云巉绝数峰青。

罗振玉学术成长的影响时说："16 岁，童子试的顺利通过，并没有打开他通向仕途之门，但杭州之行却大大开阔了他的眼界，远比考中第七名秀才更为重大的收获是为日后的学术活动奠定了第一块基石。"①

此后，罗振玉在淮安山阳为塾师，并潜心治学、著书。除了经学外，还研治金石之学。"服习经史之暇，以古碑版可资考证。山左估人刘金科，岁必挟山左、中州、关中古碑刻至淮安。时贫不能得，乃赁碑读之，一纸赁钱四十。遂成《读碑小笺》一卷，又杂记小小考订为《存拙斋札疏》一卷。"②其早期著述除了《读碑小笺》(1884 年)、《存拙斋札疏》(1885 年)外，尚有《金石萃编校字记》(1885 年)、《毛诗草木鸟兽虫鱼疏新校正》(1886 年)、《毛郑诗校议》(1890 年)、《眼学偶得》《干禄字书笺证》(1891 年)、《三国志证闻》(1892 年)等，多为经史考订及金石文字之学。虽初出茅庐，但其所撰已得到时人较高评价，如晚清宿学汪士铎称赞《存拙斋札疏》"书不盈一卷，而考证极多精核"③；名儒俞樾亦摘录其语入所著《茶香室丛钞》中，且以为是老宿，其实罗振玉当时年未及冠。④ 周作人也曾为此书所倾倒，在《罗振玉这学者》一文中说："看他的有些木刻著作，从前颇为佩服，随笔中有《存拙斋札疏》一文，尝评之曰：罗叔蕴不愧为吾乡杰出之学者，亦颇有见识，其文章朴实尤可喜，所作序跋致佳，鄙意以为近时殆无可与伦比也。"⑤由此可见，罗振玉年青时期已具甚深的经史小学素养。

1896 年，罗振玉赴上海创业，是年正值 30 周岁。在上海，他与蒋伯斧等创立学农社，创办《农学报》，并编译《农学丛书》。自此，罗振玉踏进更广阔的社会，也成为他人生的第一次重要转折。在谈及为何从事农学时，罗振玉在《集蓼编》中回忆说："予少时不自知其谫劣，抱用世之志，继思若世不我用，宜立一业，以资事畜。念农为邦本，古人不仕则农，于是有学稼之志。既服习《齐民要术》《农政全书》《授时通考》等书，又读欧人农书译本，谓新法可增收获，恨其言不详。乃与亡友蒋君伯斧协商，于上海创学农社，购欧美日本农书，移译以资考究。"⑥可见罗振玉创立学农社是有所准备，且目的颇为明确。两次乡试的失败，使罗振玉的仕途受阻。故仿"古人不仕则农"，立"学稼之志"。为了学及东、西，罗振玉除了研读《齐民要术》《农政全书》等中

---

① 罗琨：《罗振玉评传》，百花洲文艺出版社 1996 年版，第 9 页。
② 罗振玉：《集蓼编》，《雪堂自述》，江苏人民出版社 1999 年版，第 6 页。
③ 罗振玉撰述，萧立文编校：《雪堂类稿·甲》(笔记汇刊)，辽宁教育出版社 2003 年版，第 88 页。
④ 甘孺(罗继祖)：《永丰乡人行年录》，江苏人民出版社 1980 年版，第 7 页。
⑤ 周作人：《罗振玉这学者》，《周作人文类编》(八十心情)，湖南文艺出版社 1998 年版，第 664 页。
⑥ 罗振玉：《集蓼编》，《雪堂自述》，江苏人民出版社 1999 年版，第 10 页。

国传统农学典籍外,还浏览西方近代农书。正是为了"购欧美日本农书,移译以资考究"的需要,他创立学农社,并于1897年开办了《农学报》。

《农学报》由蒋伯斧总庶务,罗振玉任编辑,是反映中国农业的第一份报纸。初为半月刊,翌年改为旬刊,每卷(期)25—30页,用连史纸石印。至光绪三十一年(1904)终止,共出315卷。报道内容涉及农、林、牧、渔等领域,尤以蚕桑、茶叶的篇幅较多。《农学报》发刊至次年1898年初,即将第一年已刊完之重要论著重新编刊为《农学丛刻》。后改为《农学丛书》①,陆续刊行。《农学丛书》自1900至1905年,共编印了七集,凡82册,计有文章233篇645万字。所收文章除译自日本、欧美农业著作、论文等近代实验农学的材料外,也涉及中国传统农学及其发展趋向。

罗振玉一生学术活动,从事农学的时间并不太长,从1896年创学农社起,到1901年选择历年所写的论农文字集为《农事私议》止②,前后不过5年时间。但是,当后人探讨中国近代农学史有关问题时,罗振玉在农学方面的活动与成就是不能不提及的。尤其是其创办的《农学报》与《农学丛书》,通过中国传统农学和近代实验农学的相互交汇,为中国近代新农学体系构建了最初的雏形。③

二、入仕教育部门与旅居日本

虽因两次乡试落第,仕途受阻,但罗振玉仍以其"学农社"和"农报馆"的突出成就,受到清朝当局的注意。1900年,应张之洞之邀,赴武昌主持湖北农务局,兼任湖北农务学堂监督。这是罗振玉踏上仕途而与清政府发生直接关系的开始,也可看作罗振玉人生的第二次重要转折。

在武昌,罗振玉因从严治校,深得张之洞赞许。此时,罗振玉社会活动

---

① 《农学丛书》的主体,即为《农学报》所载农学论著(以译著为主)的分类合订本,但也有新刊,如第5集所收悉为《农学报》以外文章。

② 光绪二十七年(1901),罗振玉在武昌整顿湖北农务学堂之暇,别择《农学报》所刊诸文,取22篇,刊为《农事私议》。分上下两篇,自著重要论文19篇为卷上,撮述日本、德意志、法国农政3篇为卷下,以《垦荒裕国策》附录。其详目如下:卷上:一农官私议、二垦荒私议、三劝业私议、四郡县兴农策、五郡县考察农业土产条说、六垦荒代振策、七论农业移植及改良(上下)、八北方农事改良议、九郡县设售种所议、十用风车泄水议、十一僻地粪田说、十二创设虫学研究所议、十三论海滨殖产、十四废物利用说、十五编中国重要输出商品岁计表说、十六与江西友人论制樟脑办法、十七振兴林业策、十八江干种树议、十九运河堤种树说帖;卷下:二十日本农政维新记、二十一德意志农会记略、二十二记巴黎世界大博览会农产馆;附录:垦荒裕国策。

③ 杨直民:《中国传统农学与实验农学的重要交汇——就清末〈农学丛书〉谈起》,《农业考古》1984年第1期,第19—29页。

与治学的关注点,也开始由农学而转向教育学。应该说,罗振玉从事教育活动,可追溯到 1898 年在上海开办的东文学社,创设该学社的初衷是为了满足他与友人一起创办的学农社的需要。创办学农社时,没有合适的日语人才,不得不聘用日人翻译,因而亟须培养自己的翻译人才。东文学社初创时只有日语一科,后来又增设物理、化学、数学及英文。

1901 年,罗振玉在公务之余,撰写了《教育私议》《教育五要》《各行省设立寻常小学堂议》等多篇文章,就教育改革问题提出了自己的见解。同年 5 月,罗振玉与王国维等一起创办了旨在振兴教育的《教育世界》,这是中国近代第一份纯教育杂志。《教育世界》自 1901 年创刊至 1908 年停刊,共发行了 166 期①,是清末发行量最大、持续时间最长的教育杂志。在旧式教育体系即将解体,近代新式教育制度正在萌发的过程中,《教育世界》成为国人了解认识国外教育,特别是日本教育的窗口,对当时的教育界产生了重要影响。

1901 年冬,受刘坤一、张之洞的保奏与委托,罗振玉携两湖书院、自强学堂数人赴日考察教育。罗振玉一行于次年春归国,除了在其所著《扶桑两月记》中介绍日本教育制度外,还在《教育世界》上连续发表多篇文章,其中《教育赘言八则》《日本教育大旨》《学制私议》等几篇文章,集中反映了罗振玉对日本教育制度的看法和对中国教育改革的建议。由此,罗振玉对教育改革的热忱和在教育事务上的能力,开始为社会所熟悉。

1902 年,罗振玉受聘任上海南洋公学虹口分校监督。1903 年,被两广总督岑春煊聘为教育顾问。1904 年,又被江苏巡抚端方聘为教育顾问。该年 11 月,江苏师范学堂创立,罗振玉任学堂监督,藤田丰八任总教习。师范学堂设有讲习科、速成科、体操专修科等,并招收初等本科生,还附属有小学。其所使用的教科书,大多根据《教育世界》所译载的日本教育书籍编修而成。

1905 年,清政府在各界教育改革的呼声中成立了学部。对此,罗振玉颇感振奋,1906 年前后,他在《教育世界》上接连发表了 6 篇文章,阐述其学部成立后的教育改革建议,其中较具代表性的文章有《学部设立后之教育管见》《各省十年间教育之计划》等。1906 年春,经端方等人的引荐,罗振玉充任学部参事厅行走,后又充任殿试襄校官、学部考试襄校官等。1909 年,补

---

① 　自第 1 期至第 68 期,《教育世界》的内容主要由"文篇"和"译篇"等组成,并以译文为主。"文篇"为论说文,或奏折等,每期或 1 篇,或 2 篇,所占分量并不多,但均与教育有关。译文大多与日本学制有关,包括日本文部省的沿革、幼稚园教育、小学、中学、大学、女子教育、师范教育、农工商等实业教育的具体规程等,也兼及英国、德国等的教育沿革和现状及欧美著名教育家的教育思想。改半月刊后分为论说、学理、教授、训练、学制、传记、小说、本国学事、外国学事等项目。

参事官,兼京师大学堂农科监督。随之,罗振玉赴日本考察农学教育,聘请教师、技师。归来后,即积极筹办京师大学堂农科。他亲自前往京城阜成门外望海楼一带勘察,亲笔写出书面意见。他提出学校应建在钓鱼台到罗道庄一带的建议,为之后农科大学有一个比较稳定的办学场所与环境奠定了重要基础。

罗振玉从事教育活动与教育研究,前后大致有 10 年时间。辛亥革命后,罗振玉旅居日本,从此结束了他的教育活动与教育研究。

近代中国从旧式教育向近代教育的变革,可谓步履维艰,最终能取得成功,与一些主张推行新式教育并为之努力的教育家密不可分。其中罗振玉的教育主张与教育活动,无疑占有不容忽视的地位。

1911 年后,罗振玉在日本京都大学内藤虎次郎、狩野直喜的邀请下,与王国维一起携家移住日本东京,开始了 8 年旅居日本的生涯。京都大学曾拟聘其为讲师,他婉辞未就。在日本,罗振玉治学主方向由农学、教育学而复归于经史考订及金石之学,即国学研究。

虽然从 1896 年起,罗振玉主要从事农学、教育学的研究及相关活动,但其对经史及金石学的爱好始终没有改变。特别 1906 年赴京任职后,罗振玉便利用京城文化荟萃的有利条件,常游厂肆,以俸入收购古籍、古物,其所收藏的大批甲骨、铜器、碑帖、字画和其他古物大多得之于此时。这一时期的地下大发现,如殷墟甲骨、敦煌卷轴等,得以及时寓目。其间还进言张之洞应妥善保存内阁大库档案,避免了这一珍贵文化遗产的损失。在张之洞主持学部时期,他曾建议在各省设国学馆,内分图书馆、博物馆、研究所三部。主张修学应多读书,考古宜多见古器物,无论已仕、未仕,如果有国学根底,就可以入研究所从事国学研究等。虽然因忙于事功,有关经史考订及金石之学的著述与东渡日本后相比,显得较少,但仍有《唐风楼金石文字跋尾》(1906 年)、《唐风楼藏墓志目录》(1907 年)、《俑庐日札》(1908 年)、《敦煌石室书目及发现之原始》《莫高窟石室秘录》《敦煌石室遗书》《唐折冲府考补》《隋唐兵符图录》(1909 年)、《殷商贞卜文字考》《昭陵碑录补》《周易王弼注唐写本残卷校字记》《隶古定尚书孔氏传校字记》(1910 年)等问世。其中《殷商贞卜文字考》考定甲骨出土之地是殷都故墟,甲骨文是殷王朝占卜的遗物,把甲骨研究推进了一大步。

旅居日本后,罗振玉得以潜心国学研究,他的一些重要经史考订和甲骨学、简牍学、敦煌学、金石学的著述,大多在此时问世。这一时期的主要著述有:《雪堂金石文字跋尾》(1911 年),《殷墟书契》(亦称《殷墟书契前编》,

1912 年),《流沙坠简考释》《鸣沙石室古佚书》(1913 年),《殷墟书契菁华》
《殷墟书契考释》《秦金石刻辞》《蒿里遗珍》(及《考释》)、《唐三家碑录》《芒洛
冢墓遗文》《西陲石刻录》《秦汉瓦当文字》(1914 年),《五十日梦痕录》《铁云
藏龟之余》《恒农冢墓遗文》《海外贞珉录》(1915 年),《殷墟书契后编》《殷墟
书契待问编》《殷墟古器物图录》《殷文存》《古镜图录》《历代符牌图录》《金泥
石屑》《石鼓文考释》(1916 年),《梦郼草堂吉金图》(及《续编》)、《六朝墓志菁
英》《鸣沙石室遗书续编》《鸣沙石室古籍丛残》(1917 年),《砖志征存》《恒农砖
录》《楚州城砖录》(1918 年),《古明器图录》(1919 年)等,著述极为丰富。

可以说,从 1900 年至 1919 年近 20 年间,是罗振玉学术成就的辉煌时
期。无论是农学、教育学,还是金石学、古器物学及经史考订的代表性成果
大多是在这一阶段完成的。

三、追随溥仪与后期学术生涯

1919 年,罗振玉携家由日本返国,先居于上海,后定居天津。1922 年,
溥仪成婚,罗振玉与一批清室遗臣一起"入贺"。后在清末重臣升允的推荐
下,受到溥仪的单独召见。对这"破格"之举和带来的"殊荣",罗振玉感激万
分。本就以清朝遗臣自居的罗振玉,由此开始了其人生的第三次转折。正
是这次转折,使罗振玉在政治上沾上了抹不去的污点。

1924 年 8 月,罗振玉被任命为清宫南书房行走,这是他首次进入内宫
任职,其主要任务是清点宫内藏器。这年的 11 月,溥仪被冯玉祥撵出紫禁
城。在罗振玉等人的协助下,溥仪到天津张园租住。罗振玉因在溥仪出宫
时的良好"护驾"表现,被任命为"留京善后事宜帮办"及"天津临时交派事
宜",后又被任命为溥仪的顾问之一。但在溥仪的老师陈宝琛、郑孝胥等人
的排挤下,罗振玉并不被"皇帝"重用,于是在 1928 年举家迁居旅顺。1932
年,在日本军国主义的操纵下,成立了以溥仪为傀儡皇帝的伪满洲国。1933
年 6 月,罗振玉被任命为伪满洲国监察院长。1937 年 3 月辞职后,即返回旅
顺,居家读书、著述,直至 1940 年 5 月去世。

这一时期,在治学方面,罗振玉仍专务古器物、古代典籍的搜集、整理、
刊布与研究,成果颇丰。其主要著述有:《海外吉金录续编》《汉两京以来镜
铭集录》《补唐书张仪潮传》(1922 年),《贞松堂唐宋以来官印集存》《道德经
考异》(1923 年),《雪堂藏古器物图录》《敦煌零拾》《魏书宗室传注》《唐折冲
府考补》(1924 年),《敦煌石室碎金》《玺印姓氏征》《重校订纪元编》(1925
年),《西夏官印集存》《纪元以来朔闰考》(1927 年),《镜话》《校订和林金石

录《汉熹平石经残字集录》（及《补遗》）、《敦煌本毛诗校记》(1929 年)，《贞松堂集古遗文》(1930—1933 年)，《古器物识小录》(1931 年)，《殷墟书契续编》《本朝学术源流概说》(1933 年)，《俑庐日札》（改订）、《高昌砖录》(1934年)，《贞松堂吉金图》(1935 年)，《三代吉金文存》《补宋书宗室世系表》《唐折冲府考补拾遗》《唐书宰相世系表补正》(1936 年)，《唐代海东藩阀志存》《姚秦写本僧肇维摩诘经解残卷校记》(1937 年)，《石交录》《贞松堂藏西陲秘籍丛残》(1939 年)等。此外，还有《永丰乡人稿四种》(1920 年)、《松翁近稿》(1925 年)、《丙寅稿》(1927 年)、《丁戊稿》《辽居稿》(1929 年)、《辽居乙稿》(1930 年)、《松翁未焚稿》(1933 年)、《车尘稿》(1934 年)、《后丁戊稿》(1938 年)等多部文集出版。1931 年还写成《集蓼编》（自传）。

综观罗振玉的一生，可以说他是一位"瑕瑜互见，功过共存"的人物。在晚年，他曾给自己写了这样一副挽联：

> 毕生寝馈书丛，历观洹水遗文，西陲坠简，鸿都石刻，柱下秘藏，守缺抱残差自幸。
> 半世沉沦桑海，溯自辛亥乘桴，乙丑扈跸，壬申于役，丁丑乞身，补天浴日竟何成。①

这副挽联既概括了他在学术上的突出成就，同时也流露了他"恪守旧制"的思想。罗振玉在政治上所走的那条道路，历史已作了结论，但这并不能掩没其受人瞩目的学术成就。

第二节　新出古物研究及其影响

罗振玉步入学海之时，正是埋藏在地下的文物资料不断被发现的时候。王国维将这一时期的新发现分为五类：一为殷墟甲骨文，二为敦煌塞上及西域各地

---

① 寝馈书丛：指吃睡都在书堆里。洹水遗文：指甲骨文首次在安阳殷墟出土。西陲坠简：指甘肃武威、张掖一带出土简牍。鸿都石刻：皇家藏书馆内收藏的碑刻拓片。柱下秘藏：指国家文史馆所收藏的稀有珍贵资料。柱下即柱下史，御史古称。桑海：指社会发生桑田沧海巨变。辛亥乘桴：指辛亥革命后，罗退隐日本。乘桴，即孔子云"道不行，乘桴浮于海"的意思。乙丑扈跸：指 1925 年，溥仪被冯玉祥撵出紫禁城后，罗振玉护送溥仪去天津日本领事馆。壬申于役：指 1932 年，伪满洲国成立，罗振玉任参议府参议，是溥仪身边少数几个高参之一。丁丑乞身：指 1937 年罗辞去伪满洲国官职。上联末句"守缺抱残差自幸"反映了他对个人学术成就的满足，下联末句"补天浴日竟何成"表现他对恢复清王朝的彻底绝望。

出土简牍,三为敦煌佛洞六朝及唐人写本,四为清内阁大库之书籍和档案,五为中国境内之古外族遗文。并认为"古来新学问起,大都由于新发见"①。陈寅恪也说:"一时代之学术,必有其新材料与新问题,取用此材料,以研求问题,则为此时代学术之新潮流。"②19、20 世纪之交的地下文物大发现,为罗振玉的学术研究提供了条件。罗振玉正是以其敏锐的学术眼光,充分利用了这一有利条件,取得了众多"开学术之区宇"的突出成就。王国维曾说:

> 近世学术之盛,不得不归诸刊书者之功。刊书之家,约分二等:一曰好事,二曰笃古。若近世吴县之黄、长塘之鲍、虞山之张、金山之钱,可谓好事者。若阳湖孙氏、钱塘卢氏,可谓笃古者也。然此诸氏者,皆生国家全盛之日,物力饶裕,士大夫又崇尚学术,诸氏或席丰厚,或居京师之位,有所凭借,其事业未可云卓绝也。若夫生无妄之世,《小雅》尽废之后,而以学术存亡为己责,搜集之,考订之,流通之,举天下之物,不足以易其尚,极天下之至艰,而卒以达其志,此于古之刊书者未之前闻,始于吾雪堂先生见之。尝譬之为人臣者,当无事之世,事圣明之主,虽有贤者,当官守法而已。至于奇节独行与宏济之略,往往出于衰乱之世,则以一代兴亡与万世人纪之所系。天固不惜生一二人者以维之也。学术亦然,孙、卢诸氏之于刊书,譬之人臣当官守法而已。至于神物之出,不与世相应,天既出之,固不忍听其存亡,而如先生之奇节宏略,乃出于其间,亦以学术存亡之所系等于人纪之存亡,故天不惜生一二人者以维之也。先生校刊之书,多至数百种,于其殊尤者皆有叙录。戊午夏日,集为二卷,别行于世。案先生之书,其有功于学术最大者,曰《殷墟书契前后编》,曰《流沙坠简》,曰《鸣沙古室古佚书》及《鸣沙石室古籍丛残》。此四者之一,已足敌孔壁、汲冢之所出。其余所集之古器、古籍,亦皆间世之神物,而大都出于先生之世。顾其初出,举世莫之知,知亦莫之重也。其或重之者,搜集一二,以供秘玩,斯已耳。其欲保存之、流传之者,鉴于事之艰巨,辄中道而废。即有其愿与力矣,而非有博识毅力如先生者,其书未必能成,成亦未必能多且速。而此间世而出之神物,固将有时而毁,是虽出犹不出也。先生独以学术为性命,以此古器、古籍为性命所寄之躯体,思所以寿其躯体者,与常人之视养其口腹无以

---

① 王国维:《最近二三十年中中国新发见之学问》,《王国维遗书》第 5 册,上海古籍书店 1983 年版,第 65 页。
② 陈寅恪:《陈垣敦煌劫余录·序》,《陈寅恪史学论文选集》,上海古籍出版社 1992 年版,第 503 页。

异。辛亥以后，流寓海外，鬻长物以自给，而殷墟甲骨与敦煌古简佚书先后印行，国家与群力之所不能为者，竟以一流人之力成之。他所印书籍，亦略称是。旅食八年，印书之费以巨万计，家无旬月之蓄，而先生安之。自编次、校写、选工、监役，下至装潢之款式、纸墨之料量，诸凌杂烦辱之事，为古学人所不屑为者，而先生亲之。举力之所及，而惟传古之是务，知天既出神物，复生先生于是时，固有非偶然者。《书》有之曰：功崇惟志，业广惟勤。先生之功业，可谓崇且广矣。而其志与勤，世殆鲜知之，故书此以为之序，使世人知先生之所以成就此业者，固天之所启，而非好事者与寻常笃古家所能比也。①

从王国维的笔下流淌出这么多的溢美之词，自然与两人的密切交往不无关系，但这绝不是一种吹捧，应是一种由衷的感佩。虽然这段文字写于 1918 年，且专为《雪堂校刊群书叙录》而作的序文，但从中已可充分感悟到罗振玉在搜集与刊布史料方面所做出的突出贡献。

不过，搜集与刊布史料毕竟只是罗振玉业绩的一个方面，并不能涵盖罗振玉学术贡献的全部。张舜徽在《考古学者罗振玉对整理文化遗产的贡献》②一文中认为，罗振玉的学术贡献至少有 6 个方面：一是殷墟甲骨文字的整理，二是金石刻辞的整理，三是古器物学的研究，四是熹平石经和汉晋木简的整理，五是敦煌石室佚书和高昌文物

《殷墟书契考释》三种（《殷商贞卜文字考》、《殷墟书契考释》（初印本）、《增订殷墟书契考释》）是甲骨学研究领域的奠基之作。

---

① 王国维：《雪堂校刊群书叙录·序》，《观堂集林》，河北教育出版社 2003 年版，第 568—570 页。

② 张舜徽：《考古学者罗振玉对整理文化遗产的贡献》，《中国史论文集》，湖北人民出版社 1956 年版，第 140—161 页。

的整理,六是内阁大库档案的保存和整理。应该说明的是,张舜徽所用的"整理"一词,其实包含了对材料的考订与研究。董作宾在所撰《罗雪堂先生传略》①一文中,则把罗振玉的学术贡献概括为 5 个方面:一曰内阁大库明清史料之保存,二曰甲骨文字之考订与传播,三曰敦煌文卷之整理,四曰汉晋木简之研究,五曰古明器研究之倡导。张、董二氏的概括有所不同,但有一点是共通的,那就是罗振玉的学术贡献是多方面的。

确实,今人治史,凡举殷墟甲骨文字、金石刻辞、汉晋简牍、敦煌石室佚书的整理与研究,以及内阁大库档案的保存和整理等,无不与罗振玉的学术活动有关。而所有这些,对中国传统金石学向古器物学乃至近代考古学的转变,均起了重要作用。这里仅仅就罗振玉对新出遗物的收集、刊布、研究及其影响做一番分析。

一、甲骨文字的著录与研究

王国维所言的清末五大发现中,以甲骨的发现为最早,因此相关的整理与研究成果也最早出现。从 1903 到 1916 年,国内先后出版著录甲骨文的资料有五部,它们是:《铁云藏龟》《殷墟书契前编》《殷墟书契菁华》《铁云藏龟之余》《殷墟书契后编》。除了《铁云藏龟》为刘鹗所编外,其他四部均由罗振玉编纂。其实,作为第一部甲骨文资料集的《铁云藏龟》,它的编纂出版也在一定程度上与罗振玉有关。

王懿荣殉难后,其收藏的甲骨为丹徒刘鹗所得。罗振玉在刘家始见甲骨,便视为奇宝,惊叹"汉以来小学家若张(敞)、杜(林)、扬(雄)、许(慎)诸儒所不得见"。对此,罗振玉在《殷商贞卜文字考》序文中说:

> 光绪己亥,予闻河南之汤阴发见古龟甲、兽骨,其上皆有刻辞,为福山王文敏公所得,恨不得遽见也。翌年,拳匪起京师,文敏殉国难,所藏悉归丹徒刘氏。又翌年,始传至江南。予一见,诧为奇宝,怂恿刘君亟拓墨,为选千纸付影印,并为制序。顾行箧无藏书,第就《周礼》《史记》所载略加考证而已。亡友孙仲容征君诒让,亦考究其文字,以手稿见寄,惜亦未能洞析奥隐。嗣南朔奔走五六年来,都不复寓目。去岁东友林学士泰辅始为详考,揭之《史学杂志》,且远道邮示,援据赅博,足补正予襄序之疏略。顾尚有怀疑不能决者,予乃以退食余晷,尽发所藏拓

---

① 董作宾:《罗雪堂先生传略》,《雪堂自述》,江苏人民出版社 1999 年版,第 213—216 页。

墨,又从估人之来自中州者,博观龟甲、兽骨数千枚,选其尤殊者七百。并询知发见之地乃在安阳县西五里之小屯,而非汤阴,其地为武乙之墟。又于刻辞中得殷帝王名谥十余,乃恍然悟此卜辞者,实为殷室王朝之遗物,其文字虽简略,然可正史家之违失,考小学之源流,求古代之卜法。爰本是三者,以三阅月之力为考一卷,凡林君之所未达,至是乃一一剖析明白,乃亟写寄林君,且以诒当世考古之士。惜仲容墓已宿草,不及相与讨论,为憾事也。①

这里提到了王懿荣的收藏、刘鹗的著录、孙诒让的考释、林泰辅的研究等,记述清晰。从"并为制序"以及《铁云藏龟》确有罗振玉序可推定,罗振玉所说"怂恿刘君亟拓墨,为选千纸付影印"应该并非虚言。

在《殷墟书契前编》的序言中,罗振玉还说:"光绪二十有五年,岁在己亥,实为洹阳出龟之年,予时春秋三十有四。越岁辛丑,始于丹徒刘君许见墨本,作而叹曰:此刻辞中文字与传世古文或异,固汉以来小学家若张(敞)、杜(林)、扬(雄)、许(慎)诸儒所不得见者也,今幸山川效灵,三千年而一泄其秘,且适当我之生,则所以谋流传而攸远之者,其我之责也夫!于是尽墨刘氏所藏千余,为编印之,而未遑考索其文字,盖彼时年力壮盛,谓岁月方久长,又学未邃,且三千年之奇迹当与海内方闻硕学共论定之。意斯书既出,必有博识如束广微者,为之考释阐明之,固非曾曾小子所敢任也。顾先后数年间,仅孙仲容征君(诒让)作《契文举例》,此外无闻焉。仲容固深于《仓》《雅》《周官》之学,然其《举例》则未能阐发宏旨,予至是始有自任意。"②从"于是尽墨刘氏所藏千余,为编印之"的记述中,表明罗振玉似乎直接参与了刘鹗选材、拓墨、编印甲骨材料集——《铁云藏龟》的编纂。

不过,另一种意见认为,罗振玉的上述记述并非实情。刘鹗后人刘蕙孙就这样认为:"《铁云藏龟》的类次和拓墨有无请罗振玉参与?是没有。其时罗正在湖北张之洞幕中办农校并到日本考察教育,并未在北京。铁云先生所藏的数千片甲骨,也是到1908年家难前才由北京南运,旋即散失。罗也未见过全藏,并无参与类似之事。"③刘蕙孙说法自然有所依据。孰是孰非,有待学者进一步研究。

既然"今幸山川效灵,三千年而一泄其秘,且适当我之生,则所以谋流传

① 罗振玉:《殷商贞卜文字考·序》,《雪堂自述》,江苏人民出版社1999年版,第160—161页。
② 罗振玉:《殷墟书契前编·序》,《雪堂自述》,江苏人民出版社1999年版,第125页。
③ 刘蕙孙:《甲骨聚散琐忆》,《刘蕙孙论学文集》,福建教育出版社2000年版,第370页。

而攸远之者,其我之责也夫",于是从 1906 年起,罗振玉便开始自行搜集甲骨材料。初从古董商人手中辗转购买,后派专人到安阳求购、采掘,又亲自前往实地考察,前后共得甲骨约 3 万片。所得甲骨,罗振玉并没有"秘不示人",而是设法整理和传印这些资料。在旅居日本 8 年时间里,埋头整理、考释这一大堆甲骨材料,成了罗振玉治学的一项重要内容。1912 年,罗振玉在所得甲骨中,择其精善者 2200 多片,自加墨拓,编成《殷墟书契前编》8卷,于 1912 年影印成册。1914 年,罗振玉又从所藏甲骨中选出精美重要而尚未拓摹者,拍成照片,影印出版。由于所选大多是罗振玉藏品中的"极品",故名为《殷墟书契菁华》。该书收大骨 4 片(正反)、小者 60 片。1915年,收集刘鹗去世后散失甲骨 40 片,编成《铁云藏龟之余》。1916 年,又选择所藏甲骨 1100 余片,编印为《殷墟书契后编》2 卷。虽然该书著录甲骨比《殷墟书契前编》少了一半,但其重要性并不亚于《殷墟书契前编》。如记述王亥之事的卜辞主要见于该书,王国维发现并肯定报乙、报丙、报丁的次序所用的材料也来源于此。1919 年,罗振玉归国以后,时时留心甲骨藏家,搜集各家拓片 3000 余张,后选择其中的 2000 余张,于 1933 年印成《殷墟书契续编》6 卷。因其拓本来源复杂,有刘鹗、王襄以及北京大学等所藏甲骨,故与其他著录重片者较多,新资料仅 370 余片。尽管如此,其结集出版,仍为研究者提供了极大方便。

《殷墟书契前编》《殷墟书契菁华》《铁云藏龟之余》《殷墟书契后编》《殷墟书契续编》5 部著录,共收甲骨 5000 余片,大都是罗振玉所藏甲骨和所集拓本中的精品。罗振玉在《殷墟书契续编》序言中自信地说,"不敢谓殷墟菁华悉萃于是,然亦略备矣"①。这些书籍都是用珂罗版影印成册,文字清晰,使未能见到原物的人也可利用这些材料,因而使甲骨由少数收藏家珍玩的"古董"转化为供学界研究的资料。由此,研究甲骨文字的风气,也就随之渐盛。有人评价说,"斯编既出,海内争传。殷代遗文,盖可多征。其有埤于契学,盖亦不尠"②。

对于殷墟甲骨,罗振玉不单是搜集、整理与印布,内容考释、分类研究也是其关注的重点。从"顾行箧无藏书,第就《周礼》《史记》所载略加考证而已"的记述中可以窥见,早在 1903 年,罗振玉已萌发考定其文字的念头。但毕竟甲骨年代久远,最终"未遑考索其文字"。《铁云藏龟》出版数年后,罗振

① 罗振玉:《殷墟书契续编·序》,《罗雪堂先生文集》初编七,台北大通书局 1986 年版,第 2721 页。
② 邵子风:《甲骨书录解题》,商务印书馆 1935 年版,第 98 页。

玉发现"仅孙仲容征君(诒让)作《契文举例》,此外无闻焉。仲容固深于《仓》
《雅》《周官》之学,然其《举例》则未能阐发宏旨",遂有了"自任之意"。① 1909
年,读到日本人林泰辅所寄赠《史学杂志》之论文,即《清国河南汤阴发现之
龟甲兽骨》一文,感觉有颇多疑义,于是就"尽发所藏拓墨","博观龟甲、兽骨
数千枚",详加考释,写成《殷商贞卜文字考》,以释疑误。后来,罗振玉还写
了《殷商贞卜文字考补正》,对前文做了校补。

《殷商贞卜文字考》是罗振玉研究甲骨的第一本著述。篇幅不长,但创
获不少。全书分四篇:考史第一:殷之都城;帝王之名谥(并简述祭祀、田
猎)。正名第二:籀文即古文;古象形字,因形示意,不拘笔画;与金文相发
明;纠正许书之遗失。卜法第三:贞;契;灼;致墨;兆坼;卜辞;埋藏;骨卜。
余说第四:古书契之形状;卜辞之行款、读法;甲骨文字涂朱与涂墨。这样,
罗振玉在甲骨学这块荒地上,开始了释文、考史的研究工作。书中除考释出
一批甲骨文字外,其对小屯为殷墟的考定、对卜辞中帝王名号的审察,也给
予后来研究者莫大的启示。

《殷墟书契前编》《殷墟书契菁华》等的相继完成,为罗振玉自己更进一
步考释、研究甲骨文字提供了基础。1914 年,罗振玉写成了惊动学界的《殷
墟书契考释》。此书分为八章:都邑第一,帝王第二,人名第三,地名第四,文
字第五,卜辞第六,礼制第七,卜法第八。书中释出单字近 500 个,并得到学
界认可。罗振玉还将卜辞分为卜祭、卜告、卜享、卜出入、卜田渔、卜征伐、卜
年、卜风雨等八大类,开后世甲骨分类研究之先例。1927 年,罗振玉对《殷
墟书契考释》进行了增订,又增加杂卜一项。原来杂乱无章的零散的甲骨材
料,经过分类,便成为井然有序的、有目可查的研究材料。郭沫若说,《殷墟
书契考释》的出版"使甲骨文字之学蔚然成一巨观。谈甲骨者固然不能不权
舆于此,即谈中国古学者亦不能不权舆于此"②。由此,甲骨文字不仅是古
文字学的研究对象,而且真正成了史学研究的材料。

罗振玉通过殷墟甲骨的收集与研究,为甲骨学的建立奠定了基础。

第一,创立较为缜密的考释甲骨文字的方法。罗振玉对甲骨文字考释
较早,释字最多,且大多正确。在《殷商贞卜文字考》中考释文字 473 个,在
《殷墟书契考释》中增加到 485 个(不包括人名、地名所隶定的字),在《增订
殷墟书契考释》中更增加为 560 个。他在孙诒让研究的基础上,明确提出

---

① 罗振玉:《殷墟书契前编·序》,《雪堂自述》,江苏人民出版社 1999 年版,第 125 页。
② 郭沫若:《卜辞中的古代社会》,《中国古代社会研究》,河北教育出版社 2004 年版,第 193 页。

"由许书以上溯古金文,由古金文以上窥卜辞"的方法,对一字的考释必求其形、声、义相符的原则,也给后来考释古文字者以启迪。

第二,考定安阳小屯为殷墟之所在。罗振玉说甲骨"发见之地乃在安阳县西五里之小屯,而非汤阴,其地为武乙之墟。又于刻辞中得殷帝王名谥十余,乃恍然悟此卜辞者,实为殷室王朝之遗物"。小屯为商代"武乙之墟"和甲骨卜辞"实为殷室王朝之遗物"的推定,不仅为甲骨的断代和之后的殷墟考古发掘奠定了基础,而且为把商代的历史由传说而推进到有文字可考的历史提供了可能。

第三,确立甲骨卜辞按类归并的研究方法。在考释文字的基础上,罗振玉注意对甲骨卜辞的分类通读。在《殷商贞卜文字考》一书中,他通读了134条卜辞;在《殷墟书契考释》一书中,他已读通卜辞766条,并按卜辞内容分为八大类;1927年的增订考释中,读通的卜辞增至1203条,类别由八大类而增至九大类。这种"分类以求殷墟卜辞"的方法,为进一步考释文字、探究商代历史提供了基础。

第四,开利用甲骨材料考订商代历史之先河。罗振玉考订了22个见于卜辞的殷帝王名谥,发现其先后顺序与《史记·殷本纪》中所列的30个大致相同,由此开辟了商代世系研究的新路;在《殷墟书契考释》中还介绍了殷商的授时、建国、祭名、祀礼、牢卣和官制等六种礼制;他考释出了16个"先妣"的名字,并开始了先王先妣关系的研究,对后来的商代周祭制度的研究也有一定影响;他还利用卜辞考证出203个地名,商代的地理研究遂由此展开。

罗振玉的甲骨文字收集与研究,也给传统金石学带来了新的学术生命。所以,李济说:"这里特别需要指出的是,罗振玉在王国维协助下出版的这些著作,为中国金石学研究的更新奠定了基础,说明了从殷商直到后汉许慎的《说文》问世前这个时期中国文字的发展变化。同时,他们在占卜方法、商朝都城地点的确定,尤其是在王室世系直至商的远祖的重建研究中,也取得了重大的考古成就。"[1]在此,李济充分肯定了罗振玉甲骨文字收集、研究的学术价值。李济把这些著作视为在王国维协助下出版的说法,或许尚能成立,但傅斯年视为"代撰"[2],则是值得商榷的。

罗振玉在《集蓼编》叙述了他用力于甲骨文字的原委:"宣统初元,予至海东调查农学。东友林博士泰辅,方考甲骨,作一文揭之杂志,以所怀疑不

① 李济:《安阳》,河北教育出版社2002年版,第35页。
② 傅斯年:《殷历谱·序》,《殷历谱》前附,"中研院"1945年版。

能决者质之予。予归草《殷商贞卜文字考》答之,于此学乃略得门径。及在海东,乃撰《殷墟书契考释》,日写定千余言,一月而竟,忠悫(王国维)为手写付印。并将文字之不可识者,为《待问编》,手拓所藏甲骨文字,编为《殷墟书契》,后又为《续编》,于此学乃粲然可观。予平生著书百余种,总二百数十卷,要以此书最有裨于考古。厥后忠悫继之,为《殷先公先王考》,能补予所不及,于是斯学乃日昌明矣。"①这段文字是罗振玉晚年的自叙,或许会带有些许自我夸饰,但却道出了一个事实,那就是罗振玉的《殷墟书契考释》并不像有人所怀疑的为王国维代撰。相反,王国维的研究甲骨文字以证古史,在一定程度上受罗振玉的影响。

王国维在所作《殷墟文字类编》序中说过:"殷墟文字之学,始于瑞安孙仲容比部;而实大成于参事。参事于庚戌撰《殷墟贞卜文字考》,甲寅复撰《殷墟书契考释》,创获甚多。丙辰之夏,复集撰殷墟文字之不可识者,为《殷墟书契待问编》;参事与余,续有所释,皆笺识其上。其于《考释》一书,又大有增删。"②之后,在所作《最近二三十年中中国新发见之学问》一文中,谈及殷墟甲骨文字时又说:"审释文字,自以罗氏为第一。其考定小屯之为故殷墟及审释殷帝王名号,皆由罗氏发之。余复据此种材料,作《殷卜辞中所见先公先王考》,以证《世本》《史记》之为实录;作《殷周制度论》,以比较二代之文化。"③由此可见,王国维在生前,已肯定了罗振玉在甲骨文字研究上的巨大成就,并且他自己也承认了他的贡献是凭借罗氏已取得的成果,继续向前发展的。

郭沫若曾说:"甲骨自出土后,其搜集、保存、传播之功,罗氏当居第一,而考释之功也深赖罗氏。"④唐兰认为:"卜辞研究自雪堂导夫先路,观堂继以考史,彦堂区其时代,鼎堂发其辞例,固已极一时之盛。"⑤这些当为公允之论。刘鹗、孙诒让虽然对甲骨文的著录与研究功不可没,但不久相继凋谢。刘鹗的《铁云藏龟》可能也是由罗振玉手拓编次且付印的。观堂(王国维)、彦堂(郭沫若)、鼎堂(董作宾)考证卜辞,皆在罗振玉之后,且受罗振玉的启迪实深。所以董作宾也说:"甲骨学能建立起来,得有今日,实出于罗氏

① 罗振玉:《集蓼编》,《雪堂自述》,江苏人民出版社1999年版,第42页。
② 王国维:《殷墟文字类编·序》,《观堂集林》,河北教育出版社2003年版,第697页。
③ 王国维:《最近二三十年中中国新发见之学问》,《王国维遗书》第5册,上海古籍书店1983年版,第66—67页。
④ 郭沫若:《卜辞中的古代社会》,《中国古代社会研究》,河北教育出版社2004年版,第149页。
⑤ 唐兰:《天壤阁甲骨文存并考释》,四川大学出版社2001年版,第448页。

一人之力。"①虽有些夸张,但并不为过。

二、汉晋简牍的整理与研究

古代通行的简牍,以竹木为之。由于这一类的材质容易腐烂朽脱,所以传世的不多。20世纪初,一些外国"考察""探险"队不断涌入中国西北边陲访古寻宝,他们有计划地在新疆、甘肃的楼兰、尼雅、敦煌等地,对古代遗址进行大规模的调查、盗掘,获得一批汉晋简牍和其他珍贵文物资料。主要有:1901年2月,斯坦因(M. A. Stein)在新疆尼雅发掘简牍44枚;1901年3月,斯文·赫定(Sven Hedin)于楼兰古城发掘魏晋简牍121枚;1906年,斯坦因又在尼雅获得简牍11枚,在楼兰遗址发现简牍173枚;1907年,斯坦因在敦煌获简牍、纸文书近千件,其中汉文简牍708枚;1909年,日本大谷考察队成员橘瑞超在新疆发现著名的"李柏文书"和简牍3枚;1914年,斯坦因又在甘肃敦煌、安西、酒泉、鼎新等地的汉代边塞遗址里,发现了170枚左右的汉简。这就是20世纪初年震惊世界的中国地下文物大发现之一——汉晋简牍的发现。

这些相继发现的汉晋简牍,多陆续被运至国外,引起西方研究者的关注。法国著名汉学家沙畹(E. Chavannes)率先对斯坦因在敦煌等地发现的简牍进行整理和考释,于1913年在英国出版了研究专著《斯坦因在东土耳其斯坦考察所得汉文文书》。该书按出土地点分为三编,共收集简牍及文书991件。寓居日本的罗振玉、王国维收到沙畹所寄手稿,敏锐地注意到这批简牍资料的重要性,于是根据沙畹手稿,选择了其中的588件作详考。4个月后,罗振玉、王国维就出版《流沙坠简》一书。罗振玉在《流沙坠简》序中说:

> 光绪戊申,予闻斯坦因博士访古于我西陲,得汉、晋简册,载归英伦。神物去国,恻焉疾怀。越二年,乡人有自欧归者,为言往在法都亲见沙畹博士方为考释,云且版行,则又为之色喜,企望成书有如望岁。及神州乱作,避地东土,患难余生,著书遣日,既刊定《石室佚书》,而两京遗文顾未寓目,爰遗书沙君求为写影。嗣得报书,谓已付手民,成有日矣。于是望之又逾年。沙君乃亟寄其手校之本以至,爰竟数夕之力,读之再周,作而叹曰:古简册之出世,载于前籍者,凡三事焉:一曰晋之

---

① 董作宾:《甲骨学五十年》,台北大陆杂志社1955年版,第63页。

汲郡,二曰齐之襄阳,三曰宋之陕右。顾厘冢遗书,亡于今文之写定;楚邱竹简,毁于当时之炬火;天水所得,沦于金源讨羌。遗刻仅存片羽,异世间出,渐灭随之。今则斯氏发幽潜于先,沙氏阐绝业于后,千年遗迹,顿还旧观,艺苑争传,率土咸诵。两君之功,或谓伟矣。顾以欧文撰述,东方人士不能尽窥,则犹有憾焉。因与王静安征君分端考订,析为三类,写以邦文,校理之功,匝月而竟。乃知遗文所记,裨益至宏,如玉门之方位,烽燧之次第,西域二道之分歧,魏晋长史之治所;部尉曲侯,数有前后之殊,海头楼兰,地有东西之异。并可补《职方》之记载,订史氏之阙遗。若夫不觚证宣尼之叹,马夫订《墨子》之文。字体别构,拾洪丞相之遗;书迹代迁,证许祭酒之说。此又名物艺事,考镜所资,如斯之类,偻指莫罄。惟是此书之成,实赖诸贤之力,沙氏辟其蚕丛,王君通其衢术,僧虔达识,知《周官》之阙文,长睿精思,辨永初之年月。予以谫劣,滥于编摩,蠡测管窥,裨益盖鲜。尚冀博雅君子,为之绍述,补阙纠违,俾无遗憾。此固区区之望,亦两博士及王君先后述作之初心也。①

在此,罗振玉简述了斯坦因的发现、沙畹的考释以及自己与王国维撰写《流沙坠简》的原因及经过,特别强调了这些流沙坠简的史料价值,并表示出"神物去国,恻焉疚怀"的遗憾。

作为历史遗文的简牍的发现,可上溯到西汉中期,汉景帝末年鲁恭王为扩其宫殿而毁孔子宅,获得与当时不同文字的简牍,即所谓"古文"写成的《尚书》《礼记》《论语》《孝经》等数十种儒家经典。这些简牍被孔子的后裔孔安国得到,孔安国将其中的《尚书》与当时流行本进行比较,指出其中不同之处。随后汉代著名学者刘向又对这批简牍进行了更为深入的比较研究。此后,古代简牍的发现还有多次,罗振玉所称的"一曰晋之汲郡,二曰齐之襄阳,三曰宋之陕右",便是其中主要三次。西晋武帝太康二年(281),汲郡人盗掘古墓,得竹简数十车,这是中国古代简牍的又一次重大发现。经当时学者束皙等整理研究,共整理出包括《竹书纪年》《穆天子传》在内的各种古书75篇,计16种之多,这就是有名的《汲冢书》。南齐高帝建元元年(479),襄阳人盗发古墓,大获玉器等宝物,其中有竹简书,宽数分,长2尺,蝌蚪文书写。北宋政和年间,陕西人掘地得一古瓮,中藏东汉竹简,字皆章草。它们的发现对经学和史学的研究都起了很大作用。20世纪初发现的这批简牍,

---

① 罗振玉:《流沙坠简·序》,《雪堂自述》,江苏人民出版社1999年版,第129—130页。

其史料价值同样不可估量。像这样一大批从地下发现的珍贵遗物，竟为掠夺外流，自然是一大损失。正是怀着"神物去国，恻焉疚怀"的心情，罗振玉与王国维一起，以极快的速度，完成了《流沙坠简》的撰写，1914 年由日本京都东山学社出版。

对此，王国维在《流沙坠简》序中也有类似的记述："光绪戊申，英人斯坦因博士访古于我新疆、甘肃，得汉晋木简千余以归。法国沙畹博士为之考释，越五年癸丑岁暮，乃印行于伦敦。未出版，沙氏即以手校之本寄上虞罗叔言参事。参事复与余重行考订，据椠逾月，粗具条理。乃略考简牍出土之地，弁诸篇首，以谂读是书者。案古简所出，厥地凡三：一为敦煌迤北之长城；二为罗布淖尔北之古城；其三则和阗东北之尼雅城及马咱托拉、拔拉滑史德三地也。敦煌所出，皆两汉之物。出罗布淖尔北者，其物大抵上自魏末，讫于前凉。其出和阗旁三地者，都不过二十余简，又皆无年代可考，然其最古者，犹当为后汉遗物，其近者，亦当在隋唐之际也。今略考诸地古代之情状，而阙其不可知者，世之君子，以览观焉。"①虽曰所撰《流沙坠简》只是"略考诸地古代之情状，而阙其不可知者"，但其开拓性意义向来为学术界所认同。

《流沙坠简》的材料出自沙畹著述中的照片。罗振玉与王国维首先按内容和性质，对简牍进行分类，共析为三大类：第一大类是小学、术数、方技书，涉及《仓颉》《急就》《力牧》《历谱》《算术》《阴阳》《占术》《相马经》《兽医方》等多种典籍。第二大类是屯戍丛残，其下又按内容分为簿书、烽燧、戍役、廪给、器物、杂事等六项。第三大类是简牍遗文，汇集各式书信。每一部分均有释文和考释。其中，第一、第三类由罗振玉完成，第二类由王国维撰作。罗振玉晚年写《集蓼编》，在谈到撰述过程时说："西陲古简，英人得之，请法儒法畹教授为之考证。书成寄予，予乃分为三类，与忠悫分任考证，撰《流沙坠简》三卷。予撰《小学术数方技书》《简牍遗文》各一卷，得知古方觚简之分别及书体之蕃变。忠悫撰《屯戍遗文》，于古烽候地理，考之极群。后忠悫在沪，将所著订正不少，仅于《观堂集林》中记其大略。惜不及为之重刊也。"②

罗、王二人利用简牍实物，结合文献资料，对汉代历谱、书体，两汉边塞和烽燧系统，玉门关址和楼兰故城、海头位置，汉代边郡都尉府职官制度等汉晋木简所涉及的一系列相关问题，逐一做了详尽的考释。

---

①　王国维：《流沙坠简·序》，《观堂集林》，河北教育出版社 2003 年版，第 406 页。
②　罗振玉：《集蓼编》，《雪堂自述》，江苏人民出版社 1999 年版，第 42 页。

　　罗振玉的简牍研究主要贡献在于对汉简历书的考订上,他从汉简历谱上记有初伏、中伏、后伏和腊的现象,联系史籍所载,证明自秦德公开始的"六月三伏"之节和冬日"腊祭",在汉代已演变成"朝野重伏"和"腊祭百神"的社会习俗。此外,他还对历谱中的"十二日""血忌""反支"等历法问题做了考证,勾勒出比较系统的汉代人日常生活里的各种禁忌规律。他还对《急就章》《仓颉篇》和医方所载药名做了考证,并指出简中的"九九术"与后人所记不同,"殆唐以后刊本所追改,非原书之旧矣"。他从汉简书体总结出汉字书体的演变轨迹,"借以知书体之变迁,窥简牍之体式,其裨益亦甚钜"。他对楼兰、尼雅文书史料价值的肯定,也填补了这一方面研究的空白。虽然因当时所见资料的局限,有些论断被之后更多的新资料和新的研究成果所订正,但其仍以开创性的工作,对后世产生了重要影响。①

　　《流沙坠简》是中国学者第一次对近代发掘资料进行系统整理和研究的成果,尽管罗、王没有参加发掘,但他们的成就以及开创的研究视角与方法确实令人耳目一新。之后,随着地下简牍材料的不断出土和相关研究的深入,"简牍学"迅速崛起,并成为国际汉学中的一门显学②。罗振玉、王国维的《流沙坠简》及有关论文,对后人裨益极大,他们筚路蓝缕之功,实为简牍学研究肇始阶段最重要的成果。

三、敦煌文献的整理与研究

　　汉晋简牍,出土于新疆、甘肃一带,不是偶然的。这些简牍之所以能长久地保存到今天,是由于西北气候干燥,地少潮湿,所以埋藏在地下的东西,不易腐烂。推之古书卷轴,能长期保存在石窟洞穴里,千年后还十分完好,也不是一件奇怪的事。在汉晋简牍出土的同时,敦煌遗书也重见天日。光绪二十六年(1900),看守千佛洞的道士王圆箓在敦煌莫高窟第 16 窟甬道北壁偶然发现了一个耳窟③,窟内重重叠叠堆满了从十六国到北宋时期的经卷和文书。这批古代文献总数在 5 万件以上,多数为手写本,也有极少量雕版印刷品和拓本。形态有卷子、折本(包括经折装、旋风装、蝴蝶装)、册叶本

---

①　罗琨:《罗振玉、王国维与流沙坠简》,《简帛研究》第 3 辑,广西教育出版社 1998 年版,第 510—513 页。

②　"简牍学"是研究简牍历史、制度及其所载图文资料的学科(广义的"简牍学",也包括对书写材料为丝织品的帛书的研究),也是一门跨历史学、考古学、古文献学、语言文字学以及文物保护科学的新学科。有关简牍学的名称,学界提法不一,除了简牍学,尚有简帛学、竹简帛书学、木简学等之称。

③　该洞窟后被称为"藏经洞",现编号为敦煌莫高窟第 17 窟。

和单片纸叶等。文字大多为汉文,但古藏文、回鹘文、于阗文、粟特文、梵文和突厥文等其他文字的文献亦为数不少。内容极为丰富,涉及宗教、历史、地理、语言、文学、美术、音乐、天文、历法、数学、医学等诸多学科,但以佛教典籍和寺院文书为大宗。① 这批古代文献,就是后来引起世界学术界震惊的"敦煌遗书"②。无论从数量还是从文化内涵来看,敦煌遗书的重见天日都可以说是 20 世纪初中国最重要的文物发现之一。

可惜的是,随着斯坦因、伯希和(P. Pelliot)、橘瑞超、鄂登堡(S. Oidenburg)、华尔纳(L. Warner)等人的到来,敦煌遗书中的最精华部分,大都被盗到国外。罗振玉想尽方法,将一部分重要典籍影印回来,使本国人士有机会看到自己先人手写的古书。王国维在《最近二三十年中国新发见之学问》一文中叙述道:

> 汉晋牍简,斯氏均由人工发掘得之。然同时又有无尽之宝藏,于无意中出世。而为斯氏及法国之伯希和教授携去大半者,则千佛洞之六朝及唐五代宋初人所书之卷子本是也。千佛洞本为佛寺,今为道士所居。当光绪中叶,道观壁坏,始发见古代藏书之窟室。其中书籍居大半,而画幅及佛家所用幡幢等,亦杂其中。余见渼阳端氏所藏敦煌出开宝八年灵修寺尼画观音像,乃光绪己亥所得。又乌程蒋氏所藏沙州曹氏二画像,乃光绪甲辰以前叶鞠裳学使视学甘肃时所收。然中州人皆不知。至光绪丁未,斯坦因氏与伯希和氏先后至敦煌,各得六朝人及唐人所写卷子本书数千卷(斯坦因氏所得约三四千卷,伯希和所得约六千卷,携之过京),及古梵文、古波斯文,及突厥、回鹘诸国文字无算。我国人始稍稍知之,乃取其余约万卷,置诸学部所立之京师图书馆。前后复经盗窃,散归私家者,亦当不下数千卷。其中佛典居百分之九五。其四部书为我国宋以后所久佚者:经部有未改字《古文尚书孔氏传》、未改字《尚书释文》、麋信《春秋谷梁传解释》《论语郑氏注》、陆法言《切韵》等;史部则有孔衍《春秋后语》、唐西州沙州诸图经、慧超《往五天竺国传》等;子部则有《老子化胡经》《摩尼教经》《景教经》;集部有唐人词曲及通俗诗、小说各若干种。己酉冬日,上虞罗氏就伯氏所寄影本,写为《敦煌石室遗书》,排印行世。越一年,复印其景本为《石室秘宝》十五种。又

---

① 郝春文:《敦煌文献与历史研究的回顾和展望》,《历史研究》1998 年第 1 期,第 112 页。
② 敦煌遗书又被称为敦煌文献、敦煌卷子、敦煌文书等。另外,一些在敦煌其他地方发现的文书,如 1944 年在敦煌土地庙出土的文书,通常也被包括在敦煌遗书中。

五年癸丑,复刊行《鸣沙石室佚书》十八种。又五年戊午,刊行《鸣沙石室古籍丛残》三十种。皆巴黎国民图书馆之物。①

王国维虽然见过端方于光绪二十五年(1899)所收藏的"敦煌出开宝八年灵修寺尼画观音像",以及叶昌炽于光绪三十年(1904)年前所得②,后归蒋汝藻的"沙州曹氏二画像",但对藏经洞所出,"中州人皆不知"。直到光绪三十三年(1907)后,被斯坦因、伯希和等盗往国外。1909年,伯希和到北京为法国国立图书馆购买汉籍,随身携带了一些1908年他从敦煌掠走的敦煌文献珍本。直到此时,北京学界才得知莫高窟发现敦煌文献的消息。当时在京的许多学者如罗振玉、蒋伯斧、王仁俊、曹元忠等,都前往伯希和寓所参观或研读、抄录。此时,罗振玉在学部供职,当得知敦煌石室中尚有8000余轴经卷遗书时,恐为他人所图,急告学部当局请速购回。当局因怕出资而推诿,经罗振玉多次努力,始同意将此部分由清政府买回,于1910年运回北京,藏于京师图书馆。而罗振玉的《敦煌石室遗书》《石室秘宝》等书,均是通过私人关系,取得伯希和的影本,陆续整理付印的。

伯希和所出示的敦煌卷轴,其中不仅有大量的唐写本,而且还有六朝时写本,内容虽以佛教经典为主,但也包括经、史、子、集以及一些地方志书之类的文史资料。在此之前,人们所见书籍版本以宋元本为珍,而唐以前之书是极难得的,故当时有"插架森森多于笋,世上何曾见唐本"(曾国藩译)之叹。罗振玉一见诧为瑰宝,"一时惊喜欲狂,如在梦寐"③。同年9月下旬,罗振玉发表了《敦煌石室书目及其发见之原始》一文,首次向国人介绍了敦煌遗书的大发现。又向伯希和商量影照十余种付印,与蒋伯斧分别作跋语成《敦煌石室遗书》(1909年)。随后请伯希和将已运回法国者择其重要的照相寄回,得到伯希和的同意。他将伯希和寄来的照片和搜集流散在国内之零碎,先后辑成《石室秘宝》(1910年),《鸣沙石室古佚书》(1913年),《鸣沙石室古籍丛残》《鸣沙石室遗书续编》(1917年),《敦煌石室碎金》(1925年),《敦煌零拾》(1924年,罗福葆辑)、《沙州文录补》(1924年,罗福苌辑)等。上述著作几乎公布了当时所能见到的所有敦煌文献的录文和照片图版。

---

① 王国维:《最近二三十年中中国新发见之学问》,《王国维遗书》第5册,上海古籍书店1983年版,第67—68页。
② 1903年,叶昌炽已在《缘督庐日记》中第一次记录和考订了所见的敦煌绢画与写经。
③ 罗振玉:《鸣沙石室遗书·序》,《雪堂自述》,江苏人民出版社1999年版,第127页。

罗振玉对于每一种古写本，都做了仔细校读的工作。他的儿子罗福颐在《先府君行述》中有云："先君既从伯希和教授得影本，乃分别已佚、未佚，编印为《鸣沙石室佚书》《鸣沙石室古籍丛残》各数十卷。每书为跋尾，提要钩玄，洞厥源委。又据其中记西陲事迹，足补史籍疏失者，论次之为《补唐书张仪潮传》《瓜沙曹氏系表》各一卷。"[①]

罗振玉不仅对所录篇帙文字进行了校定、疏证，而且运用这些新材料开始了补史传之缺失的工作。他的工作，确实有效，在历史、地理、宗教、法律等文献的整理与研究方面，都取得了成绩。

第一，历史典籍的整理和研究。敦煌文献中保存的历史典籍有些是佚籍，有些是有传世本的史籍写本。佚籍的价值自不待言，有传世本的史籍写本也因其抄写时间较早而具有重要的校勘价值。所以，学者对早期接触到的历史典籍自然十分珍视。《鸣沙石室佚书》收录有《春秋谷梁传解释》"僖公上第五"、《春秋后国语》《春秋后秦语》《春秋后魏语》《晋纪》《阃外春秋》等佚籍。罗振玉所撰目录提要分别据传世文献考出以上史籍的名称，并说明其对研治各时期历史的价值。罗振玉还在《吉石庵丛书》中又影印了《尚书释文》"尧典、舜典"。在《鸣沙石室古籍丛残》中又影印了《春秋经传集解》"僖公五年至十五年""僖公二十七年至三十三年""昭公二十七年二十八年""定公四年至六年"，《春秋谷梁传集解》"庄公、闵公"和《汉书·王莽传》等写本残篇。在跋文中罗振玉分别考定上列第一、第三件为初唐写本，第二、第四件为六朝写本，第五件为唐龙朔年间写本，第六件为唐太宗时写本。《敦煌石室碎金》也收录了罗振玉校录的《春秋左氏传·昭公残卷》和《汉书·匡衡张禹孔光传残卷》。

第二，对地志类文献的整理和研究。《敦煌石室遗书》收录了《沙州图经》和《西州图经》等地志类文献。罗振玉在跋文和校录札记中，首先考定《沙州图经》作于开元天宝年间，《西州图经》作于唐乾元以后至贞元以前，然后据写本订正了《元和郡县图志》和新旧唐书《地理志》等史籍的缺失。《鸣沙石室佚书》刊布了《诸道山河地名要略》和《贞元十道录》等全国性地志。罗振玉在所撰目录提要中考出了《诸道山河地名要略》的名称和作者，并举例说明这两个残卷，同样可补正《元和郡县图志》《通典》和新旧唐书《地理志》等书的缺失。《敦煌石室遗书》还刊布了《慧超往五天竺国传残卷》的录文，此书虽为僧人游记，但因保存了不少有关历史地理的资料，故有的学者

---

① 罗福颐：《先府君行述》；转引自张舜徽《训庵学术讲论集》，岳麓书社 1992 年版，第 357 页。

也将其列入地志类。罗振玉跋据慧琳《一切经音义》考定出此卷书名,并据其内容推断该书成于唐玄宗朝。罗振玉还撰写了《慧超往五天竺国传校录札记》,指出写本的别字异文和伪误。

第三,对有关宗教史文献的整理和研究。佛教史方面,《敦煌石室遗书》《沙州文录补》公布了包括碑文、窟铭、牒、戒牒、遗书等与佛教寺院有关的文书。道教史方面,也有收录,如《敦煌石室遗书》刊布了《老子化胡经》卷一、卷十的录文,《鸣沙石室佚书续编》影印了这两件文书的图版。蒋伯斧曾撰《老子化胡经考》。罗振玉撰《老子化胡经补考》,指出元代所传《老子化胡经》已与唐代所传之本不同,并已认识到有关《化胡经》的文献有《化胡经》和"化胡经类"文献的区别。罗振玉还对《化胡经》写卷的文字进行了校订。

第四,对唐代法律文献的整理和研究。《鸣沙石室佚书》刊布了唐代《水部式》残卷录文,罗振玉目录提要据《白氏六帖》考出其名,指出该卷可补《唐六典》《新唐书·百官志》缺失者 10 处,并据该卷结合传世文献考察了唐代的海运情况。《敦煌石室碎金》亦刊布了罗振玉校录的"律疏"和《唐律疏议·杂律下残卷》,罗跋考定了写本与传世本的不同。

第五,西北历史研究。1913 年至 1914 年,罗振玉依据史籍记载和当时所能见到的敦煌文献中的有关材料,先后撰写了《补唐书张仪潮传》和《瓜沙曹氏年表》。前文首先指出了《新唐书·吐蕃传》所记吐蕃攻陷沙州过程的疏失,推断沙州陷蕃应在贞元元年(785)。继而考察了张议潮起事、收复河西、遣使入朝等历史事件的过程,并确定了张氏归义军历任节度使的世次。罗振玉的成果奠定了张氏归义军政治史的基础。他关于陷蕃年代的考证推进了人们对这一问题的认识,他判断张议潮攻克凉州应在咸通二年(861)的说法也经受住了时间的检验。这篇文章最重要的贡献是关于张氏归义军节度使世次的考证,以后的研究都是在此框架基础上逐步深入和具体化的。后文在曹元忠《沙州石室文字记》基础上,不仅按时间顺序对有关资料进行了梳理、编排和考订,在一些问题上也取得了进展。如确定了曹议金在贞明年间已执掌归义军大权,曹氏取代张氏的时间当在贞明以前;指出在归义军张氏时统治区域有瓜、沙、甘、肃等十一州,到五代时归义军所领仅有沙、瓜二州;在"年表"的序言中确定接替曹元忠的应是曹延恭,并推测在延恭后可能还有延禄一世;确定了曹宗寿卒于大中祥符七年(1014),其子曹贤顺继任。

1930 年,陈寅恪提出了"敦煌学"一词,敦煌学现今已成为国际上的一门重要学科。① 而敦煌写本初出，清政府不予重视，国内亦少有人知。罗振玉闻见后，恐其有失，"汲汲为此，急若捕亡"而"冥行孤往，志不可夺"②，尽力搜集和刊布。自 1909 年罗振玉初见敦煌文书，至 1939 年《贞松堂藏西陲秘籍丛残》影印，30 年间他先后著录刊布十余部敦煌石室的文献，并对它们进行初步的整理与研究，为中国的敦煌学研究奠定了基础。

四、大内档案的保存和整理

内阁大库是指原贮存在清宫内阁大库中的档案文献。内阁大库包括两座库房：红本库（俗称西库）和实录库（俗称东房，全称为实录表章库）。它由明代文渊阁和藏书楼改建而成。大内档案按时代划分，可分为：①明档，清初为修明史而征集的明代天启、崇祯年间的题行稿等档案及旧存实录、诰敕等。②盛京旧档，清入关前后金天聪、崇德年间的满文档案等，清初由盛京移至京师。③清档，清入关后形成的题本等各种档案、图册、试卷等。清档按其用途大体可分为以下几类：内阁承宣或进呈的文件，记载国家政务的文件，官修书籍及为修书而搜集的文件，内阁日常公事的文件等。按其文种区分则包括红本、史书、实录、圣训、起居注、敕书、诏书、表章、各种档册、舆图、明档、满文老档等。其中红本最多，其次是史书。这些长年累积的历代档案和古本书籍，无疑是极为珍贵的文献材料。但这些在王国维看来是"三百年来，除舍人、省吏循例编目外，学士大夫，罕有窥其美富者"的大内档案，到清末民初，却经历了先将被焚毁、后将被化作纸浆的厄运。使其转危为安，逃脱两次厄运的，便是罗振玉。

罗振玉抢救、整理大内档案之事，王国维在所作《最近二三十年中国新发现之学问》一文中，曾介绍说：

---

① 1930 年陈寅恪在为陈垣《敦煌劫余录》一书所写的序中有"敦煌学者，今日世界学术之新潮流也"的表述（见《历史语言研究集刊》1930 年第 1 本）。这一名称从此沿用下来，成为约定俗成的专用名词。不过，当时的敦煌学含义主要指整理和研究敦煌发现的文献资料（敦煌遗书）。经过演变发展，敦煌学的研究范围和内容有所拓展。至少包括 5 个分支领域：①敦煌石窟考古：主要考订各个石窟的建造年代、分期和内容，为石窟艺术和其他分支领域的研究奠定基础。②敦煌艺术：对敦煌彩塑、壁画、书法、音乐、舞蹈和建筑艺术进行考察研究。③敦煌遗书：主要整理研究藏经洞所藏各类写本和刻印本书籍。这是敦煌学研究的最大领域，包括天文、地理、政治、哲学、宗教、文学、艺术、语言、文字等许多方面。④敦煌石窟文物保护：包括敦煌小区域气候观测，流沙治理，窟内外温、湿度控制，壁画、塑像病害治理，壁画色彩褪变化验与研究等。⑤敦煌学理论：主要包括敦煌学的概念、范围、特点、规律的研究，敦煌学在人类文化和学术史上的价值，研究敦煌学的现实意义，敦煌学发展史等。

② 罗振玉：《鸣沙石室遗书·序》，《雪堂自述》，江苏人民出版社 1999 年版，第 129 页。

　　内阁大库,在旧内阁衙门之东,临东华门内通路,素为典籍厅所掌。其所藏书籍居十之三,档案居十之七。其书籍,多明文渊阁之遗;其档案,则有历朝政府所奉之朱谕,臣工缴进之敕谕、批折、黄本、题本、奏本,外藩属国之表章,历科殿试之大卷。宣统元年,大库屋坏,有司缮完,乃暂移于文华殿之两庑,然露积库垣内尚半。时南皮张文襄之洞管学部事,乃奏请以阁中所藏四朝书籍,设京师图书馆。其档案则置诸国子监之南学,试卷等置诸学部大堂之后楼。壬子以后,学部及南学之藏,复移于午门楼上之历史博物馆(堆置于端门之门洞中)。越十年,馆中复以档案四之三售诸故纸商,其数凡九千麻袋(得价四千元),将以造还魂纸。为罗叔言所闻,三倍其价,购之商人,移于彰义门之善果寺。而历史博物馆之剩余,亦为北京大学取去,渐行整理,其目在大学日刊中。罗氏所得,以分量太多,仅整理其十分之一,取其要者,汇刊为《史料丛刊》十册。其余今归德化李氏。①

　　此段文字是从《库书楼记》删约而来,虽然简略,但王国维已大致点明了大内档案先后两次险些被毁的经过。

　　1908 年冬,宣统溥仪继位,由醇亲王摄政,令内阁于大库检清初摄政典礼旧档不得,阁臣因奏库中无用旧档太多而请焚毁。时有人从中得宋玉牒残页印出,主管学部的张之洞得此,询问罗振玉为何于大库出此物,罗乃告知此地为明文渊阁藏书地,其所藏应保存。于是乃将这批档案划归学部。学部派人去清查时,又将其中的部分档案选出作为无用之物准备烧毁,罗振玉得知此事后,再向张之洞说明这些档案的重要性,焚毁之事遂寝。他又设法将这些档案装在麻袋中移藏于学部。辛亥革命后,又移至午门楼上的历史博物馆,这批材料方免于被毁。罗振玉时为学部参事,所以能据理力争。罗振玉晚年在《集蓼编》里,对这事原委,有 1300 余字的详明记载,可以考见他当时力排众议,设法保护大库档案,是煞费苦心的。后来他的儿子在"行述"中,简约地写道:"宣统初元,摄政王监国,令内阁于大库检国初摄政典礼档案,阁臣检之不得,乃奏请焚毁库中无用旧档,得谕旨矣。先君闻之,亟言于文襄,谓中多重要史料,不当毁弃,又阁中藏书,乃前代留遗,虽残阙不完,亦应董理。文襄题焉,乃皆得归部保存。后岁壬戌,旧档又有造纸之厄。先

① 王国维:《最近二三十年中国新发见之学问》,《王国维遗书》第 5 册,上海古籍书店 1983 年版,第 69 页。

君时寓津沽,闻之,亟斥资购归,得以始终保留。曾择要印行为《史料丛刊初编》,惜未竟其业。"①经过罗振玉的努力,大内档案得以归学部保存。不过,"后岁壬戌,旧档又有造纸之厄"。

1921 年,历史博物馆因缺经费,以为这批旧档案无用,乃将其中的四分之三当作废纸以 4000 元之价卖给了造纸商,装了数千麻袋(有说是 9000、8000、7000 麻袋的),重达 15 万斤。是时罗振玉进京,在市上见到《洪承畴呈报吴兆叛案揭帖》和《高丽王进物表》,知为大库物,询知其所从来,急赶到纸铺,则大库档案俱在,且将毁以造还魂纸,已有数车运往西山纸厂。他乃在北京、天津友人处借款 1.3 万元,以高于原价三倍之值从纸商手中买下。于是这批濒于再毁的重要资料才又获得保全。

这前后两次保护大内档案,使其终不变为灰烬或纸浆,罗振玉的贡献是不可磨灭的。诚如徐中舒在《内阁档案之由来及其整理》一文中所说:"罗氏两次保存内阁档案的伟绩,即这内阁档案,已足纪念他了。"②罗振玉不仅收藏、保存这些材料,并且发愿整理全部档案,刊印行世。但他又深深感到,非建专馆,非有多人,不易奏功,不是一个人的力量所能为。他曾经运一小半到天津,整理数月,大有望洋兴叹之感慨。《史料丛刊》序中说过:"检理之事,以近数月为比例,十夫之力,约十年当可竟。顾检查须旷宅,就理者须部署庋置,均非建专馆不可。顾以前称贷,既竟吾力,将何从突兀见此屋耶?即幸一二间,此屋告成,天假我年,俾得竟清厘之事;典守传布,又将于谁望之? 私意此事竟非一二人之力所能及,而又何能执途人而语之?若得三五同志协力图之,一面鸠金建筑,一面贷大屋从事检理,检理所得,随时刊布;假以月成百纸计,则十年得万余纸,是检理告终,紧要史材亦得大要矣。虽然,茫茫人海,何从竟得其人? 亦托诸空言而已。"③

1924 年,罗振玉将已整理之史料 22 种付梓,名为《史料丛刊初编》。自谓:"当继是而二三以至十百,然固非予力所能任也。"对已步入晚年的罗振玉而言,自然有日暮途远之感。后来将未经整理之史料的一半,卖给德化李盛铎,大约就是认识到一个人的力量无法整理的缘故。剩下的一半,又移置到旅顺,设立"库籍整理处",选专人从其事,先后刊出《史料丛编》初集、二集、《明季史料零拾》《国朝史料零拾》等多种。他根据清初顺治康熙两朝考试卷子,撰写成《顺治康熙两朝考试制度考》,论述了清初的考试制度,并纠

---

① 罗福颐:《先府君行述》;转引自张舜徽《讱庵学术讲论集》,岳麓书社 1992 年版,第 361 页。
② 徐中舒:《内阁档案之由来及其整理》,《明清史料》(一),"中研院"1972 年版,第 9 页。
③ 罗振玉:《史料丛刊·序》,《罗雪堂先生全集》续编一,台北大通书局 1989 年版,第 10—11 页。

正了清人编修的《皇朝文献通考》一书中之失误。

当时学术界既已重视这一大宗资料,于是德化李氏所收藏的,便为当时中央研究院历史语言研究所购取。几经整理,前后刊行《明清史料》三集,每集 10 册。此外,1924 年溥仪出走后,清宫改设故宫博物院,当时清理的人们,又于宫中搜得大批史料。其中重要史料,经过学者整理,先后编为"掌故""文献"及"史料旬刊",陆续发表,给予研究明清史的人们以莫大的帮助。但是人们知道重视这方面的材料,加以积极整理之功,仍然是罗振玉倡导、影响的结果。①

由以上四部分的事实来看,罗振玉竟以一人之力,替中国学术界做了这样多浩大而艰难的工作,成绩真是大得惊人。他对新发现材料的搜集、收藏、刊布、研究,已跨出传统金石学的范畴,而接近近代考古学了。

第三节　从金石学到古器物学

中国传统金石学有悠久的历史,也取得了不凡的成果。随着清末民初地下古物持续发现,古物的数量日益剧增,古物的种类也日趋繁杂,已是"金石"二字所难以包融。罗振玉敏锐地察觉到这一点,并提出了用"古器物学"替代金石学的主张。

一、清代金石学的兴盛

如果说宋代是传统金石学的形成时期②,那么清代的金石学则进入了一个兴盛时期。清代金石学的兴盛,首先得益于以顾炎武、王夫之、黄宗羲为代表的思想家提倡的"经世致用"之学,反对"空谈心性"之学;另一方面与清朝政府在文化上推行极为酷烈的专制政策,致使大批知识分子埋头考据以远避文字狱之灾不无关系。同时,大乱以后的社会安定和经济发展,也为学术生活提供了客观的条件。

首先把视线投向金石学的是清初的顾炎武。顾炎武学识渊博,在经学、

---

① 张舜徽:《考古学者罗振玉对整理文化遗产的贡献》,《中国史论文集》,湖北人民出版社 1956 年版,第 156 页。

② 许多学者视宋代为金石学的形成期,如王国维在《宋代之金石学》中说"近代学术多发端于宋人,如金石学亦宋人所创学术之一";马衡的《中国金石学概要》、夏鼐的《中国文明的起源》等都持这一看法。但也有不同意见,如孙星衍在《寰宇访碑录》中认为金石学起于汉;卫聚贤在《考古学小史》中称中国考古可以分为"四大期",最早一期为"春秋战国宝贵期";阮元在《积古斋钟鼎彝器款识》中甚至把金石学的开始推到了三代等。

史学、音韵、小学、金石考古、方志舆地以及诗文诸学上，都有较深造诣。他一生读万卷书，行万里路，治学不惟以书本为务，亦且十分重视实地考察。他周游南北东西，所至之处，尤留心于寻访遗址遗迹，搜求金石碑刻。他曾读前代学者的金石著作，而认识到金石刻辞可以"阐幽表微""补阙正误"①，故将其毕生访古探幽、搜求碑碣所得资料摘录整理，述其原委，辨其讹误，撰成《金石文字记》《求古录》《石经考》等诸书，并以之与经史古籍相对证，对史书之阐幽表微、补阙正误者良多。顾氏的此类考索，不惟有益于史料之开拓，亦且推动了金石学在清代的发展。

不过，清代的金石学在乾隆之前尚不发达，除了顾炎武的著述之外，只有朱彝尊、万斯同等少数学者的著述涉及金石研究②，且大多偏重石刻。到了乾隆、嘉庆时期，由于考据学的发展和乾嘉学派的推动，金石证史为学人所重视，撰述者前后相继，他们或"专务以金石为考证经史之资料"，或从金石中"研究文史义例"，或重收藏而"专讲鉴别"，或"专讲书势"以作美术研究等，名家辈出，著述如林，使"金石学之在清代又彪然成一科学也"③。

（一）铜器著录和金文研究

清代的金石学继承了宋代的传统，铜器著录和金文研究仍然是金石学研究的一个主要内容。乾隆年间由梁诗正等奉敕编纂《西清古鉴》，共 40 卷，著录当时宫廷所藏商周至唐代青铜器 1529 件，皆摹绘其形制、款识。附《钱录》16 卷，著录历代货币。之后，王杰等编《西清续鉴甲编》20 卷，著录古铜器 975 件，又《乙编》20 卷，著录古铜器 910 件。乾隆四十四年敕编的《宁寿古鉴》，共 16 卷，著录清宫所藏彝器 600 件，镜鉴 101 件。此四部书合称"西清四鉴"，也称"乾隆四鉴"。其编写体例皆模仿宋代的《宣和博古图》。编者还利用文献资料分析古器物，纠正了前人研究的某些误失，因而被《四库全书总目提要》举为"有裨于经史之学"。

朝廷对古器物的重视，对金石学的复兴起了重要的推动作用。达官贵人和文人学士的收藏则更具考据意味。钱坫将其多年搜集的商周秦汉铜器摹绘图像、铭文并加考释，编撰为《十六长乐堂古器款识考》4 卷。该书钩摹铭文，图像考释并举，是考证金文较有成就的一部著作。程瑶田从出土实物出发，对照《考工记》及有关记载，作《考工创物小记》8 卷，以探讨古代车制

---

① ［清］顾炎武：《金石文字记·序》，《顾亭林诗文集》，中华书局 1983 年版，第 29 页。
② 如朱彝尊的《日下旧闻》《曝书亭集》，万斯同的《石经考》《汉魏石经考》《唐宋石经考》等就是涉及这方面的著述。
③ 梁启超：《清代学术概论》，中国人民大学出版社 2004 年版，第 182 页。

和钟磬、戈戟等制度。阮元编著的《积古斋钟鼎彝器款识》10 卷,模仿宋人薛尚功《历代钟鼎彝器款识法帖》的体例,编录历年收集的自商周至晋代的钟鼎等铜器铭文 550 种,与幕友朱为弼共撰释文,补正经史,于嘉庆十年(1805)自刊行世。自序称:"稽考古籍国邑大夫之名,有可补经传所未备者;偏旁篆籀之字,有可补《说文》所未及者。"确实该书对历史学和古文字学都有所贡献,是学术价值较高的一部金文综录。本书又录有阮氏所著《商周铜器说》上、下两篇,对商周以来钟鼎彝器等各类铜器的性质、历史价值以及汉代以来古铜器出土、著录情况,加以考订、论说,为此后古器物及铭文的研究奠立了基础,并在研究方法上开辟了新途径。

此后,著录之书分为两类:一类附有图像,如曹载奎的《怀米山房吉金图》著录 60 件、刘喜海的《长安获古编》著录商周秦汉礼乐兵器 79 件、吴云的《两罍轩彝器图释》著录 60 件、潘祖荫的《攀古楼彝器款识》著录青铜器 47 件,此外还有吴大澂的《恒轩所见所藏吉金录》、端方的《陶斋吉金录》及《续录》等;另一类仅收铭文,如刘喜海的《清爱堂家藏钟鼎彝器款识法帖》、吴荣光的《筠清馆金石文字》、徐同柏的《从古堂款识学》等,尤以吴式芬的《攈古录金文》3 卷、吴大澂的《愙斋集古录》、方浚益的《缀遗斋彝器款识考释》三书最为赅备,收器均在千件以上,内容丰富,摹写精善。根据金文资料或兼及其他铭刻的古文字著作,则有吴大澂的《说文古籀补》和《字说》、孙诒让的《古籀拾遗》和《古籀余论》等。

(二)石刻著录与研究

石刻著作为数甚多。钱大昕的《潜研堂金石文字目录》8 卷及《跋尾》25 卷,以金石证史,多有创获。钱氏认为宋以来治金石文字者凡有两途:一是"考稽史传,证事迹之异同";一是"研讨书法,辨源流之升降"。[①] 陈康祺在《郎潜纪闻初笔》中说钱大昕等人"开乾隆已后诸儒以金石之学印证经史之一派"[②],所论极是。武亿的《金石三跋》及《金石续跋》、严可均的《铁桥金石跋》等考订均较精审。孙星衍、邢澍合撰,嘉庆七年(1802)成书的《寰宇访碑录》12 卷,是一部历代石刻目录,收录周秦至元代碑刻 8000 余种,以及少量带字瓦当。所录碑刻按年代排列,每种下面都注明尺寸、书体、年月、所在地或拓本藏处,并附各家题跋和编者按语。后人曾不断为之增补,如赵之谦的

---

① [清]钱大昕:《郭允伯金石史·序》,《嘉定钱大昕全集·潜研堂文集》,江苏古籍出版社 1997 年版,第 382 页。

② [清]陈康祺:《郎潜纪闻初笔》卷三,中华书局 1984 年版,第 51 页。

《补寰宇访碑录》5 卷,罗振玉的《再续寰宇访碑录》2 卷,刘声木的《续补寰宇访碑录》25 卷等,这从一个侧面反映了该书为后人所重视的程度。清末,吴式芬的《攈古录》20 卷、缪荃孙的《艺风堂金石文字目》18 卷、端方的《陶斋藏石记》44 卷等,著录金石拓本已达上万种。

　　王昶的《金石萃编》和陆增祥的《八琼室金石补正》,则为当时两部收录碑文最多的集大成之作。王昶历任各地考官,笃好金石,勤于搜访,积 50 年之力,得先秦至宋、辽、金、大理时代的金石文字 1500 余通,嘉庆十年(1805)编成《金石萃编》160 卷。他在自序中说,金石内容广泛,研究石刻文字,“经史、小学,暨于山经、地志、丛书、别集,皆当参稽”①。他参稽群书,对器物及碑石形制做出说明,并加考释。书中收录碑铭全文,自信“欲论金石,取足于此,不烦他索也”②。以石刻而言,本书确是当时收录碑文最多的集大成之作。道光、咸丰时,为此书作补编、续编者有好几家,其中以陆耀遹的《金石续编》为最着力,全书 21 卷,共收从汉到宋、辽、金、西夏的石刻文字 400 余种,另外还有铜器、钟铭等 10 余种。王昶另收有元代碑文约 80 通,未及刊入《金石萃编》,后由罗振玉编为《金石萃编未刻稿》3 卷,于 1918 年刊行。陆增祥的《八琼室金石补正》是继《金石萃编》之后又一部石刻文字汇编,共 130 卷,所收石刻和其他器物铭文多达 3500 多种,较《金石萃编》多出约 2000 种。该书体例仿《萃编》,碑刻、器铭都录全文,只是《萃编》已著录者不再录全文,仅摘出《萃编》中的某些错误,据旧拓本或精拓本加以订正,且对《萃编》所引诸家题识,有遗漏者则补之。书中所收仍以石刻为主,兼收少量器物铭文和一些砖铭。石刻等物的年代从秦汉到宋、辽、西夏、金。此外,又收朝鲜碑刻 10 余种,还有越南、日本的各 1 种。书末附《八琼室金石札记》4 卷、《八琼室金石祛伪》1 卷、《八琼室金石偶存》1 卷。此书内容比《萃编》丰富,录文也更精确。翁方纲的《两汉金石记》是一部专录两汉刻石的著述,共录汉代碑刻 286 种,附魏、吴、晋碑刻 10 种,皆列全文,标明行数、款式,并逐条考证。翁方纲另有《粤东金石略》(9 卷、附 2 卷),是一部记录历代广东地区金石文字的著述。

　　毕沅也以为金石可证经史,历官所至,注意搜集当地金石文字。任陕抚时,与钱坫、孙星衍等辑《关中金石志》8 卷;改任豫抚,编录《中州金石记》5 卷;抚鲁时,又与学政阮元合编《山左金石志》24 卷。这些金石志详载碑石

---

① ［清］王昶:《金石萃编·序》,《金石萃编》第一册,中国书店 1985 年版,第 1 页。
② ［清］王昶:《金石萃编·序》,《金石萃编》第一册,中国书店 1985 年版,第 4 页。

广阔尺寸、字径大小、行数多少,使读者明了原石形制。诸志均著录碑铭全文,并对其碑文有所考释。阮元的《两浙金石志》(18 卷、补遗 1 卷)也是一部重要的地区性的金石志。专究某一名碑者更不胜枚举。墓志、造像、题名和画像石的研究也已有专书问世。还有人还注意到海外的资料,如刘喜海的《海东金石苑》8 卷、傅云龙的《日本金石志》5 卷等。

叶昌炽所著《语石》对历代石刻进行分门别类的研究,是中国第一部通论古代石刻文字的专著。该书共 10 卷,484 条。以笔记形式,对石刻文字进行全面的综合性研究。第 1 卷以朝代为序,概述了先秦至元代的石刻;第 2 卷按照地域区划,记述各省以及朝鲜、日本、非洲、欧洲等外国石刻;第 3、4 卷对石刻形制内容、碑帖区别等加以论述;第 5 卷介绍碑志以外的各类石刻;第 6 卷考证碑刻的撰文、书写、刻工等情况;第 7、8 卷论述历代著名书法家的书迹刻石以及碑刻文字的书体等;第 9 卷介绍石刻文字书写格式中的一些特例以及避讳等鉴别石刻的知识;第 10 卷讲石刻鉴定、拓本流传、碑帖装池、石刻保护等。

(三)钱币、玺印、玉器著录与研究

除了铜器著录、金文研究和石刻著述外,其他方面的著述也甚多,且有不少佳作出现。李佐贤的《古泉汇》就是一部古钱币研究方面的力作。李佐贤为道光进士,曾任翰林院编修、江州知府,又是钱币学家、金石学家、鉴赏家,编著有《古泉汇》《书画鉴影》《石泉书屋类稿》等,尤以《古泉汇》著称于世。他总结和利用了前人在古钱研究方面的成果,并汇集了吕佺孙、刘喜海、陈介祺诸家收藏的古钱拓本共 6000 种,先后编成《古泉汇》64 卷、《续泉汇》14 卷和《补遗》2 卷[①]。《古泉汇》分为古布、古刀、圆钱、异泉杂品、钱范等部分。春秋战国时的刀、布,宋人已有著录,但大量收集并加以分类则自李氏始。圆钱收集了从战国到明各王朝所铸钱币,还包括农民军和地方割据势力所发行者,又兼收朝鲜、日本、越南历朝的钱币。异泉杂品则专收通货性质的压胜钱、供养钱。而将泉范及范母同钱币一起列入钱谱,则是李氏的创举。在李氏以前,初尚龄的《吉金所见录》最为著名,但所收钱币仅1500 余品,仅是李书所收的四分之一。以材料之丰富而言,《古泉汇》超过了以前诸家。

陈介祺的《十钟山房印举》则是一部玺印研究的名著。陈介祺收藏甚丰,所藏铜器以毛公鼎为最著名,其次则有虢叔旅、兮仲等十余钟,因而又以

---

① 其中《续泉汇》14 卷和《补遗》2 卷是李佐贤与鲍康合撰之作。

"十钟山房"为其室名。藏品中数量最多的是玺印,其《十钟山房印举》一书将自藏玺印,并汇辑吴云、吴式芬、吴大澂、李佐贤、鲍康等藏印钤拓而成。初稿共 10 部,每部 50 册,每页 1—4 印。光绪九年(1883)重编,每部增至 194 册,因举类分别各种印式,故名"印举"。每页一印,集印逾万方。吴式芬与陈介祺合撰的《封泥考略》是中国最早编集的封泥资料专书。《封泥考略》共 10 卷,收录秦汉等封泥 849 方,大多出自四川和西安,也有一部分是山东临淄所出。全书先列官印,后列私印与闲印。每种封泥都有原大的拓片,后附文字考释,对研究古代的官制有重要价值①。1928 年,周明泰模仿《封泥考略》体例,把他个人的藏品,并汇集罗振玉的《齐鲁封泥集存》、陈宝琛的《澄秋馆藏古封泥》两书所收封泥共 800 余方,编成《续封泥考略》6 卷、《再续封泥考略》4 卷。

吴大澂编撰的《古玉图考》是中国第一部古玉学术研究专著。《古玉图考》成书于光绪十五年(1889),同年由上海同文书局石版影印出版。全书分 2 册(缩小本 4 册),共录玉器近 200 件,均绘有附图,并按类记述器物尺寸、名称、用途、年代及考释,是一本文图并茂,研究中国古代玉器有较高参考价值的著作。

综合性著作中较重要的有《金石索》《权衡度量实验考》等。《金石索》为冯云鹏、冯云鹓合辑,内容包括铜器、钱币、玺印、镜鉴、石刻和砖瓦等方面,反映清代金石学研究范围之广泛。吴大澂的《权衡度量实验考》一书,根据古代玉器、钱币、度量衡器和计量铜器的实测,推算古代尺度和衡制的量值,具有相当重要的学术价值。

(四)书画的收藏、鉴赏与著录

清代在书画收藏、鉴赏、著录方面的成就也相当突出。清内府收藏的美术品种类很多,其中见于著录的有书、画、缂丝、刺绣四大类。乾隆八年(1743),张照、梁诗正、励宗万、张若霭等奉敕编撰《秘殿珠林》,次年成书,共 24 卷,分类著录乾隆内府各宫殿所藏道释书画。《石渠宝笈》初编 44 卷,成书于乾隆十年(1745),专录内府藏非宗教题材书画,编纂方法和编纂者大体同《秘殿珠林》。之后又有《秘殿珠林石渠宝笈》续编,成书于乾隆五十八年(1793),由王杰、董诰、彭元瑞、金士松等奉敕编修,录初编未收及臣工新进的作品,体例依初编,唯不分等次;《秘殿珠林石渠宝笈》三编,成书于嘉庆二十一年(1816),稿本 28 函,120 册,由英和、黄钺、姚文田、吴其彦等奉敕编

---

① 《封泥考略》主要收录秦汉封泥,少量为战国时封泥;考释部分主要由翁大年撰写而成。

修,收初、续编后入藏内府的 2000 余件作品。清代宫廷收藏极富,许多法书名画尽入内府。该书编纂之初虽为皇帝取阅赏玩方便,但却也为后世保存了极为丰富的资料。

清代各家在书画鉴赏、著录方面的著述极为丰富。如孙承泽的《庚子销夏记》8 卷,所录内容主要为作者自己所收藏及作者亲眼所见的他人藏品,重视选录有价值的题跋,并时常加以议论和考据,鉴裁评论,都很精到。卞永誉的《式古堂书画汇考》,共 60 卷,分书、画两部分,每部分先辑录有关书、画理论,后按时代顺序排列书、画家及其作品、本人题跋、他人题跋,后有引据。鉴赏及考证体例完备,集历代著录之大成。高士奇的《江村销夏录》3 卷,序言中自称"三年仅得三卷",可见其态度严谨。此书编排周密,书中均记录个人收藏,书画混合,不作分项,每卷均以时代为序,每件作品则录作品内容、题跋、尺寸、款识、印鉴等,间加评语,但未对作品真伪作判断。此外,姚际恒的《好古堂家藏书画记》(附续记),阮元的《石渠随笔》与《石画记》,陆时化的《吴越所见书画录》,张庚的《图画精意识》等,都是这方面的著述。

作为金石学兴盛时期的清代,其金石研究呈现出如下特点:

第一,清代的金石学著作和从事金石学研究的学者数量极多。据容媛所撰的《金石书录目》统计,现存金石学著作中,北宋到清乾隆前 700 年间仅有 67 种(其中宋人著作 22 种),而乾隆以后约 200 年间却有 906 种之多。[1] 清代之前的金石学家约 360 位,而有清一代达 1058 位,占总数三分之二以上。[2] 著作之丰,人数之多,从一个侧面反映了清代金石学的发展之盛。

第二,清代金石学的著作大多继承了宋代的体系,但是除因袭宋代的存目、录文、摹写、篆字、分地区、鉴识、探究源流等形式外,开辟了断代、通纂、概论、发展史和书目等新的形式,而且精于鉴别,详于考订,在收录、鉴别、分类、考释等方面比宋人有明显的进步。

第三,清代金石学的研究范围得到了前所未有的拓展,这种趋势在清代后期表现得愈加明显。除了铜器、石刻外,玉器、镜鉴、泉币、兵符、玺印、砖瓦、封泥和陶器等,都开始作为著录和研究的对象。到了清末民初,甲骨和简牍的发现及研究,又扩大了金石学的研究范围。

二、罗振玉的金石刻辞研究

对于近代的大发现,金毓黻在王国维"五大发现"说的基础上加了一项,

① 张之恒:《中国考古学通论》,南京大学出版社 1990 年版,第 26 页。
② 朱剑心:《金石学》,文物出版社 1981 年版,第 60 页。

认为"近四五十年内所发现之史料,其最有价值者凡六:一曰殷墟之甲骨文字,二曰敦煌及西域各地之汉晋简牍,三曰敦煌石室之六朝唐人所书卷轴,四曰内阁大库之书籍档案,五曰古代汉族以外之各族文字,六曰各地之吉金文字"①。所加"各地之吉金文字"一项,同样是罗振玉倍加关注的对象。

鼎彝文字的搜集与考订,宋代学者已开始重视,至清儒乃更进一步取以说经释字。如阮元作《商周铜器说》上、下篇,论述铜器的重要价值以及周代有关彝器的记载和汉以后出土彝器的情况,其中特别强调钟鼎铭辞当与九经并重,从而进一步提高了钟鼎铭辞在证经补史中的作用。于是乾嘉学者们研究金文的风气,大大地展开了。罗振玉一生治学,是以乾嘉诸儒为师模的,因而十分强调铜器刻辞的价值,对于这方面的研究用力最勤。罗振玉在《窊斋集古录》序中说道:"予弱冠治金石文字之学,私以为金石文字者,古载籍之权舆也。古者大事勒之鼎彝,故彝器文字,三古之载籍也。唐以前无雕版,而周秦两汉有金石刻,故周秦两汉之金石刻,雕版以前之载籍也。载籍愈远,传世愈罕,故古彝器之视碑版为尤重焉。往尝与友人言:古之典籍,掌之史氏,民间不获流传。孔子辙环列邦,观百二十国之宝书,乃修《春秋》。吾人对三代列邦古彝器,是不啻不下堂而观三古列国之宝书也。生三千年之后,而神游三千年以前,得据以补诗书之所遗佚,订许郑诸儒之伪误,岂非至可快之事哉?"②罗振玉在这里明白地肯定了金石文字是雕版以前的古书,其中鼎彝更为重要。他自幼喜爱收集金石铭刻,终生不辍。加以近世出土的古器物,多为前人所不及见。罗振玉藏器既多,又收集拓本到四五千通,他就先后将自己私藏之器,影印为《殷墟古器物图录》(1916 年)、《梦郼草堂吉金图》(1917 年)、《贞松堂吉金图》(1935 年)诸书。又取前人所没有著录过的,共 2417 器的拓片,先后摹印为《贞松堂集古遗文》(1930 年)、《贞松堂集古遗文补遗》(1931 年)、《贞松堂集古遗文续编》(1934 年),凡 22 卷。书中不仅摹有青铜器的铭文,还摹录不少铅、银等器物上的文字。每条铭文均有释文,并记载了每件青铜器的收藏历史。卷前载有青铜器分类的总目和每类器物的细目,便于逐器逐物检索。

1937 年,罗振玉综括所收集古今钟鼎款识文字,无论之前已著录或未著录的拓本,悉付影印,成《三代吉金文存》20 卷。共收录金文拓片 4830 余件,其中:卷一:钟,百十有四;卷二:鼎,四百七十四;卷三:鼎,二百六十五;

① 金毓黻:《中国史学史》,上海世纪出版集团 2014 年版,第 315 页。
② 罗振玉撰述,萧立文编校:《雪堂类稿·乙》(图籍序跋),辽宁教育出版社 2003 年版,第 494 页。

卷四：鼎，九十四；卷五：甗，七十二；卷六：彝，三百九十五；卷七：簠，二百三十六；卷八：簋，一百二十三；卷九：簠，六十七；卷十：簠，九十一；卷十一：尊，二百七十一；卷十二：壶，一百一十三；卷十三：卣，一百九十三；卷十四：盉，六十三；卷十五：爵，三百六十八；卷十六：爵，三百四十四；卷十七：盘，六十三；卷十八：杂器，一百六十一；卷十九：戈，一百三十四；卷二十：戟，六十，矛，四十有六，杂兵，九十有一。其内容极为广泛，涉及邦国地理、贵族世系、外交盟誓、战争征伐、经济财货、刑法狱讼、职官爵禄、宗教祭祀、度量乐律、月相历法及许多重大史实，有的可印证、补充传世文献的记录，有的则为传世文献所未记载，具有很高的史料价值。在《三代吉金文存》序文中，罗振玉谈道："前人考古彝器文字者，咸就一器为之考释，无会合传世古器文字分类考之者。今宜为古金文通释，可约分为四类：曰邦国、曰官氏、曰礼制、曰文字。"①说明罗振玉已经意识到前人研究金文的局限，并指出新的研究方向——综合传世古器文字做分类研究。尽管其本人在具体研究上并未循此路径，但《三代吉金文存》的编成为研究者做分类研究提供了极大方便。该书资料丰富，印刷精美，是一部20世纪30年代集大成的金文集。在出版后的近半个世纪里，《三代吉金文存》一直是金文研究无可替代的工具书。

除了汇编资料，考释文字也是罗振玉关注的一个重点。在甲骨文考释方面，王国维曾称赞说："观其学足以指实，识足以洞微，发轸南阁之书，假途苍姬之器，会合偏旁之文，剖析孳乳之字，参伍以穷其变，比较以发其凡。悟一形繁简之殊，起两字并书之例。"②这种方法的运用，与其早年从事金石文字研究不无关联。罗振玉非常重视许慎《说文》在金文考释中的作用，认为"金文与许书互证，乃得其谊"。如"匄"字，"鼎中'用匄眉寿'之匃，从人从亡，他金文亦多如此作。案《说文》匄作匃，与此形异，然沒长于匄文下，引逯安说，亾人为匄，证以金文之从亾人作匃，正合。"③这就纠正了许书之误。又如据金文、今隶对照《说文》古文等字形，订正"克"字的字形之讹，指出"《说文》屡经传写，讹误甚多，不但可据古金文订正，亦有可据今隶参证者，是在细心人领取耳"④。再如据金文指出《说文》"追"字所从"之"乃古"师"字，其中"从师之字，多为曲解"⑤。此外，罗振玉也不忘用金文考证史实。尽管所

---

① 罗振玉：《三代吉金文存·序》，《雪堂自述》，江苏人民出版社1999年版，第150页。

② 王国维：《殷墟书契考释·序》，《观堂集林》，河北教育出版社2003年版，第567页。

③ 罗振玉撰述，萧立文编校：《雪堂类稿·丙》（金石跋尾），辽宁教育出版社2003年版，第11页。

④ 罗振玉撰述，萧立文编校：《雪堂类稿·丙》（金石跋尾），辽宁教育出版社2003年版，第6页。

⑤ 罗振玉撰述，萧立文编校：《雪堂类稿·丙》（金石跋尾），辽宁教育出版社2003年版，第5页。

论不多,但给人不少启发。如矢彝载有"甲申,明公用牲于京宫,乙酉用牲于康宫",罗振玉以为"用牲,告庙也。京宫,殆镐京之宫,告武王;康宫,殆告康王",注中言"康宫屡见,古礼器扬敦'王在周康宫',鬲攸从鼎、同君夫敦'王在康宫太室',颂敦'王在周康邵宫',寰盘'王在周康穆公',均谓康庙"。由此,罗氏断定矢彝当在康王之后,康宫问题成为铜器断代的主要标准之一。郭沫若不同意罗说,认为"康"为对周王的溢美之称,非专指康王,凡有"康宫"者不一定必为康王之后。唐兰则赞同罗说,并有更深入的讨论。康宫问题自罗氏发其凡,郭、唐二氏继之互相辩难,成为学界关注的焦点问题。此类以金石证、补经史的例子,可见其识之锐。

同样,罗振玉对于碑刻文字,从小便留心研究。光绪十年(1884)他还只有 19 岁时,便刊行了他自己的著作《读碑小笺》。薄薄 21 页,共收笔记 99 条,订正了段玉裁《说文》注、王昶《金石萃编》、赵明诚《金石录》等不少舛误。次年,又刻成《金石萃编校字记》。光绪十九年(1893),他又印出《再续寰宇访碑录》一书。这些都是他在青少年时仔细读碑的成绩。他喜欢收集拓本,曾经怀有一个综括所有石刻成为一书的宏愿。他在《金泥石屑》序中写道:"欲取海内贞石墨本,依文体类次之,其大要若颂、若序、若记、若神碑、若墓表、若墓志、若造像记、若刻经记、若题名、若诗词,分类辑录,罗列众本,精意校写,名之曰《寰宇石刻文编》。"①

这个工作,虽有待于后人来完成,但是罗氏搜访石刻,几于无所不至。单就他所刻《唐风楼碑录》12 种来看,就有昭陵碑录、三原三家碑录、西陲石刻录、芒洛冢墓遗文、东都冢墓遗文、邺下冢墓遗文、中州冢墓遗文、襄阳冢墓遗文、吴中冢墓遗文、石屋洞造像题名、龙泓洞造像题名、山左冢墓遗文等共 31 卷。他这样分地区来综录石刻,编印成书,替学术界保存了不少的可贵史料。

罗振玉总是对新出材料给予特别的关注,对熹平石经残字收集便是一例。他在《汉熹平石经残字集录》序中写道:"岁辛酉,中州既出魏正始石经,明年壬戌,与吴兴徐君鸿宝、四明马君衡,约皆至洛阳观汉太学遗址。已而予以事不果,乃语徐君:正始石经,与魏文《典论》并列。石经既出,《典论》或有出土者。此行率留意! 徐君诺之。既抵洛,邮小石墨本来,询为《典论》否。阅之,则汉石经《论语·尧曰》篇残字也。亟移书请更搜寻,遂得残石十余,此汉石经传世之始。嗣乃岁有出土者,率归徐、马两君。他人所得,不及

① 罗振玉撰述,萧立文编校:《雪堂类稿·甲》(笔记汇刊),辽宁教育出版社 2003 年版,第 421 页。

少半也。岁戊辰,闽中陈君承修谋合诸家所藏会拓以传之。寻以事至江南,乃嘱其友大兴孙君壮成其事。所谓《汉魏石经集拓》,由马君为之编次者也。其中汉石经得七十二石。予居辽之次年,山居多暇,乃就七十二石中本为一石而离析者,并之;仅存一字无可附丽者,去之;得石五十二。益以巾笥所藏,在《集拓》外,命儿子福葆、福颐句勒以传之。予手定其目,加以考证,为《集录》一卷。"①由此可见,罗振玉非常关注石经的出土及相应的著录、研究。他第一次整理汉石经残字,就是以马衡所编《集拓新出汉魏石经残字》为依据,再加以自己收藏的拓片来写定的。

《集录》于1929年7月印行。到8月底,他又搜集了新出土的残字拓片,马上整理付印,成为《汉熹平石经残字集录补遗》。在序中自述其经过道:"己巳长夏,予既写定熹平石经残字,成《集录》一卷;削稿甫毕,毗陵陶君祖光寄予新得之《周易》残字墨本二纸,《春秋经》三纸,《论语》及校记各一纸,复从海宁赵君万里许得北海图书馆所藏序记二纸,亟增入集录中。已而陶君复寄《鲁诗》墨本二纸,校记一纸,《礼经》二纸,《公羊传》二纸,则《集录》已付手民,遂别写为《补遗》。通计先后所著录为残石九十,得经文及校记八百三十有九言,序记三百有五言,总得千一百四十有四言。"②

是年9月,罗氏又陆续整理新得材料,成《汉石经残字集录续编》付印。自序中写道:"予今年夏,既撰《汉石经残字集录》一卷;秋八月,又成《补遗》一卷。乃迻书春明求去岁新出诸石之分藏各家者,不可得也。闻洛估有墨本百余纸,海宁赵君万里得之,复邮书假观。不逾月,赵君慨然以藏本付邮,使予乃得遍读之。惜毡墨粗劣,字迹往往不可辨。以三日夕之力,将其拓本较明晰者写定,得五十六石,为文四百二十有六。以前所见无《尚书》,今得经文及校记各一石。《隋志》所载七经,至是乃备。"③

11月,又印成《汉石经残字集录三编》1卷。自序中说:"予撰《汉石经残字续编》,闻洛阳出《周易》数百言,求墨本不可得,乃以手稿付印。工甫竟,而闽江陈君淮生(承修)自沪渎寄影本至,予乃据以著录;并益以《鲁诗》六石,《春秋经》一石,《公羊传》四石,总得十有三石,为文五百二十五,成《三

① 罗振玉:《汉熹平石经残字集录·序》,《罗雪堂先生全集》初编五,台北大通书局1986年版,第1891—1892页。
② 罗振玉:《汉熹平石经残字集录补遗·序》,《罗雪堂先生全集》初编五,台北大通书局1986年版,第2043页。
③ 罗振玉:《汉石经残字集录续编·序》,《罗雪堂先生全集》初编五,台北大通书局1986年版,第2049页。

编》一卷。"①这书编印才1个月，又收到赵万里所寄新出土的残石拓片，再编定为《集录四编》。

　　在这短短半年的时间内，竟从各处搜访材料，陆续整理印行了《汉熹平石经残字集录》及补遗、续编、三编、四编，并且每次都很仔细地做了一番校对考证的工夫，实属不易。② 这为熹平石经及相关研究提供了帮助。

　　罗振玉的简牍学、敦煌学研究，都与西北出土的汉晋简牍、敦煌遗书有关。在研究过程中他发现，丰富的"边裔石刻"同样具有重要的史料价值。为此，罗振玉专门辑录了《西陲石刻录》《西陲石刻后录》《高昌砖录》《高昌壁画菁华》《校订和林金石录》等边疆碑刻文字。在此基础上，撰写了《高昌宁朔将军曲斌造寺碑跋》《曲信墓志跋》《凉王大且渠安周造像修寺碑跋》《唐蕃会盟碑跋》等考证性文字，对唐与吐蕃、高昌等的关系进行了研究。他还结合敦煌出土卷轴，钩稽史书中的零星记载，作《补唐书张仪潮传》《瓜州渠氏年谱》《高昌麴氏系谱》等论著，以补订史书之缺误。

　　罗振玉在《西陲石刻录》序文中说道："宣统纪元，得见敦煌古卷轴，据唐写本《李氏再修功德记》补石本阙渺百余字，为之狂喜。……及校定石室佚书，复据《李氏再修功德记》及《索勋碑》，得知张仪潮家世，据以作《张仪潮传》，以补正前史阙失。窃谓古刻之裨益史事，以边裔石刻为尤宏。"③

　　《西陲石刻录》写定于1914年2月。此时罗振玉正居日本，得见日本人从中国西北所得古代墓砖甚多。认为所载年月世次，足订史书之误。后因写《高昌麴氏系谱》，又甄录砖文若干，遂成《西陲石刻后录》。罗振玉在《西陲石刻后录》序中说："夏六月（1914年），日本大谷伯光瑞以西陲所得古器物，陈于武库郡之别邸。予亟冒暑往观，见武周康居士写经功德记残石，不能得拓本，爰携毡墨往手拓之。复见高昌墓砖十余，朱书粲然。皆以延昌、延和、延寿纪年，具书月朔干支。手写其文归。依长术求之，则当陈隋唐三朝，盖高昌麴氏有国时纪年也，为之狂喜。诸史《高昌传》多疏误，予既据以作《高昌麴氏系谱》，复次第所录为《西陲石刻后录》。诸志既是朱写，不可模拓，而躬度流沙得此奇迹之吉川君小一郎，乃影照见诒。其不可辨者，往就校焉，于是此录乃得无遗憾。"④从这段记载里，可以看出，罗振玉对边疆碑

① 罗振玉：《汉石经残字集录三编·序》，《罗雪堂先生全集》初编五，台北大通书局1986年版，第2143页。
② 张舜徽：《考古学者罗振玉对整理文化遗产的贡献》，《中国史论文集》，湖北人民出版社1956年版，第150页。
③ 罗振玉：《西陲石刻录·序》，《雪堂自述》，江苏人民出版社1999年版，第135—136页。
④ 罗振玉：《西陲石刻后录·序》，《雪堂自述》，江苏人民出版社1999年版，第136—137页。

刻文字给予了特别的注意,同时也说明罗振玉对文物的搜求、考索、传拓,是具有高度热情和毅力的。这大概是他一生成就的先决条件。

三、古器物学的提出

由于清代金石学的兴盛,其研究对象已是"金石"难以概括。于是,罗振玉以其从事古物收藏与研究的经验与学识,提出了以"古器物学"替代金石学的主张。他在《与友人论古器物学书》中说:

> 宋人作《博古图》,收辑古器物,虽以三代礼器为多,而范围至广。逮后世变为彝器款识之学,其器限于古吉金,其学则专力于古文字,其造诣精于前人,而范围则转隘。古器物之名,亦创于宋人。赵明诚撰《金石录》,其门目分"古器物铭"及"碑"为二。金蔡珪撰《古器物谱》,尚沿此称。嘉道以来,始于礼器外兼收他古物。至刘燕庭、张叔未诸家,收罗益广。然为斯学者,率附庸于金石学,卒未尝正其名。今定之曰"古器物学",盖古器物能包括金石学,金石学固不能包括古器物也。①

在此,罗振玉通过对金石学历史发展的考察,认为清末民初的"金石学"已难以名实相符,遂提出用"古器物学"替代"金石学"的主张。

在这篇文字里,罗振玉不仅提出建立"古器物学"的设想,还划定了古器物学的研究对象,认为古器物大致可分为 15 类:一、礼器(如鼎彝);二、乐器(如钟磬);三、车器马饰(如鸾镳);四、古兵(如剑戟);五、度量衡;六、泉币;七、符契玺印;八、服御诸器;九、明器;十、古玉;十一、古陶;十二、瓦当砖甓;十三、古器物范;十四、图画刻石;十五、梵像。此后,罗振玉又从《云窗漫稿》中抽出这篇《与友人论古器物学书》单付排印,改题为《古器物学研究议》,更加明确了其建立古器物学的主张。虽然罗振玉对古器物学的界定,尚未摆脱金石学的规范,但已透出金石学即将向近代考古学转型的新气息。

这种新气息,在罗振玉的学术实践中有三点表现得尤为清晰:

第一,研究范围的扩大。宋代学者从事于金石考证,取材以钟鼎和碑碣为主。它的支流,涉及古玉、古印、古钱的研究。到清代,便扩充到古砖、瓦当、权衡、度量、明器、地券等一类的古物。随着清末的大发现,罗振玉、王国维等学者又把研究的触角指向地下出土的殷墟甲骨、汉晋简牍、敦煌遗书

---

① 罗振玉:《与友人论古器物学书》,《罗雪堂先生全集》初编一,台北大通书局 1986 年版,第 75—76 页。

等。在《雪堂藏古器物目录》序中，罗振玉写道："予冠岁即好蓄古器物，积四十年，始为之簿录。约为四类：曰金，曰石，曰陶，曰杂器。都计其数，得二千有奇。而历代泉币及历代私印，明器中之人畜车马、田宅井灶，以数繁不与；殷墟甲骨，不可数计，亦不与焉。"①这段文字写于 1924 年，此时罗振玉已有这样数量巨大、类别多样的收藏，后来十数年间，继续搜集的，还不在少数。可以说，罗振玉在《与友人论古器物学书》中所列 15 类古器物，大多是其收藏对象。

可以说，在清末民初，罗振玉是收集古器物最多的学者之一，而其在古器物方面撰述之勤、成书之多，也是其他学者所无法比拟的。因为罗振玉并不是为收藏而收藏，他的主要目的是传布与研究。他以为金石虽寿，但不能永存，转赖墨本以永其年，且金石器物本身不易流传，故将撰述推为此学"第一急务"。他说："古器不能久存，设馆陈列，宇内学者不能人人就观，故宜遴选通人，选成图籍付剞劂，以永古器之寿年，使海内异域之士得手一编而窥。"②这是罗振玉把一生大部分精力放在各类古器物的著述、刊布上的一个重要原因。

他在《集蓼编》中说："本朝经史考证之学，冠于列代。大抵国初以来，多治全经，博大而精密略逊。乾嘉以来，多分类考究，故较密于前人。予在海东，与忠悫论今日修学宜用分类法。故忠悫撰《释币》《胡服考》《简牍检署考》，皆用此法。予亦用之于考古学，撰《古明器图录》《古镜录》《隋唐以来古官印集存》《封泥集存》《历代符牌录》《四朝钞币图录》《地券征存》《古器物范图录》《古玺印姓氏征》诸书。"③旅居日本时期，罗振玉与王国维开始用分门别类的办法，对所收藏或接触到的古物进行分类著述，刊行公布。无论是王国维所撰的《释币》《胡服考》《简牍检署考》，还是罗振玉所编的《古明器图录》《古镜图录》《隋唐以来官印集存》《齐鲁封泥集存》《历代符牌图录》《四朝钞币图录》《地券征存》《古器物范图录》《玺印姓氏征》诸书，都已超出了传统金石学即金石文字之学的范围。

第二，古物价值认识的深化。宋人著书如《博古图》等虽以礼器为主，但亦写绘其形。至清乾嘉之时，则仅注意彝器款识，其器限于吉金，其学专力于古文，或有收罗他器，亦附于金石之后而不别立门类。文字学上造诣虽精

① 罗振玉撰述，萧立文编校：《雪堂类稿·戊》(雪堂藏古器物目录)，辽宁教育出版社 2003 年版，第 3 页。

② 罗振玉：《与友人论古器物学书》，《罗雪堂先生全集》初编一，台北大通书局 1986 年版，第 84 页。

③ 罗振玉：《集蓼编》，《雪堂自述》，江苏人民出版社 1999 年版，第 43 页。

于前人而范围反转狭窄。这种风气,不能不说是一种倒退。把非金石以外的文字材料,特别是数量更多的无文字的古器物弃置不顾,这对古代文化的研究无疑是一重大缺憾。罗振玉一反乾嘉金石学家风,不仅注意搜集有文字的金石,对人所不注意的无文字的古器物,亦进行搜集而加以著录。为此,罗振玉制订了一个对古物的整理、刊布的庞大计划,提出分三个系统将所有出土之古物类集为专书。其具体做法是:

1. 古礼器及庶物铭识,用"断代"法,分为殷、周、秦、两汉、新莽、三国至六朝,每代各为一辑,总名之为《集古遗文》。

2. 历代石刻,依"文体"类次,分为颂、序、记、神碑、墓表、墓志、造像记、刻经记、题名、诗词等,每类辑为一编,总名之为《寰宇石刻文编》。

3. 古器物,则用"分类"法辑为图录,分为贞卜文字、古陶文、古兵器、符牌、古器物范、释老氏像、古明器、泉布、砖甓、瓦当、玺印、封泥、镜鉴等,总名之曰《集古图录》。

4. 无法归入上述三大类的其他古物,则可仿前人《金石契》诸书之例,别为一编。①

经过多年的撰述,每个系统罗振玉都完成了若干种,如:按"断代"的铜器铭文,有《殷文存》《三代吉金文存》《秦金石刻辞》等;按"文体"的石刻文字,有属碑刻的《昭陵碑录》《唐三家碑录》《唐风楼碑录》等,有属造像记的《石屋洞造像题名》《龙泓洞造像题名》等,有属墓志的《芒洛冢墓遗文》《恒农冢墓遗文》《六朝墓志菁英》等,有属刻经的《汉熹平石经残字集录》等;按"分类"编成的图录,有《历代符牌图录》《古镜图录》《古明器图录》《古器物范图录》《四朝钞币图录》《秦汉瓦当文字》《齐鲁封泥集存》等。为辨别这些器物名称,他还著有《古器物识小录》。

认识与挖掘没有文字的古器物价值,把它置于金石文字的同等地位,其见识、眼界,就比乾嘉学派只注意吉金文字者高出一筹。

第三,古物研究方法的提升。在古史研究领域,当时的学术界存在两种极端的倾向:一是凡古代的书都是可信的;一是以为古代典籍大都不可信。罗振玉既不迷信古代典籍,也不简单地否定它,而是用所掌握的丰富的地下材料去加以检验,证实其可信与否。罗振玉认为地下材料可"据以补诗书之所遗,订许郑诸儒之讹误"。罗振玉用卜辞中出现的人名证《史记·殷本纪》中殷帝王名谥之可信,用敦煌写本及一些碑刻补唐书《张仪潮传》,用洛阳一

---

① 罗振玉撰述,萧立文编校:《雪堂类稿·甲》(笔记汇刊),辽宁教育出版社 2003 年版,第 421 页。

带所出之魏宗室墓志注《魏书》宗室传,以汉熹平石经校正今本诸经之讹误,都卓有成效。而他利用地下文字材料,对奉为小学圭臬的许慎《说文解字》提出怀疑,指出其违失,更是在古文字研究领域内开创了一个新局面。王国维后来把这种方法运用到更纯熟地步,并概括为地下出土材料与传世文献相印证的"二重证据法",对近代学术产生了重大影响。关于这一点,在下一章有专门的阐述。

亲临古文化遗址考察,在当时金石学家中并不多见。罗振玉在《五十日梦痕录》中记述了他考察安阳殷墟的情形:

> (三月)三十日巳刻抵彰德,寓人和昌栈,亟进餐,赁车至小屯,其地在郡城之西北五里,东、西、北三面洹水环焉。《彰德府志》以此为河亶甲城,宋人《考古图》载古礼器之出于河亶甲城者不少,殆即此处。近十余年间龟甲兽骨悉出于此。询之土人,出甲骨之地约四十余亩,因往履其地,则甲骨之无字者,田中累累皆是。拾得古兽角一,甲骨盈数掬。其地种麦及棉,乡人每为刈棉后即事发掘,其穴深者二丈许,掘后即填之,复种植焉。所出之物,骨甲以外,蠃壳至多,与甲骨等,往岁所未知也。古兽角亦至多,其角非今世所有。……有石刀、石斧;其天生之物有象牙,有象齿。今求之亦罕见。然得贝璧一,其材以蠃壳为之,雕文与古玉蒲璧同,惜已碎矣,为往昔所未见。①

辛亥革命后罗振玉旅居日本。1915 年上半年罗振玉短期回国,曾到上海、徐州、曲阜、安阳、洛阳等地寻访。这是他察访安阳殷墟时的一段日记。

在《殷墟古器物图录》序文中,也提到此事。他写道:

> 光绪戊申,予既访知贞卜文字出土之地为洹滨之小屯,是语实得之山左估人范某;予复咨以彝器法物有同出于是者乎?云:无之。予疑其言非实也。嗣读宋人《博古图》,于古器下每有注"出河亶甲城"者。河亶甲城,其地盖即今之小屯。知襄疑为不虚。盖宋以来,殷墟所出古器已多;今不应无之,特未寓目耳。宣统庚戌,乃遣人诣洹曲购之,往返者数四。初得古兽胳齿角及蠃甲数十;而卒得犀象雕器、石磬鼍族等物。雕器至精雅,与彝器雕文同。顾彼出模法,而此出手工。又得古珥

_____

① 罗振玉:《五十日梦痕录》,《雪堂自述》,江苏人民出版社 1999 年版,第 104—105 页。

> 戈之残者,精巧无与伦匹,而饰以宝石,亦手工所成。念吾人生于今日,得观三千余年前良工手迹,洵为人世之奇遇,宇内无二之重宝。①

这里有两点值得重视:一是罗振玉亲自到甲骨出土地点"洹滨之小屯"察访;二是在殷墟收集到一些无文字的残器断物。走向田野和关注各种文化遗存(包括有或无文字)是近代考古学与传统金石学的主要区别,罗振玉已迈出了第一步。他的后辈、学生,如董作宾、马衡等人,正是由书斋走向田野,最终完成了由金石家向考古学家的转变。所以,郭沫若说:"罗氏在中国要算是近世考古学的一位先驱者,他的蒐集与从来古董家的习尚稍有区别,他不仅蒐集有文字的骨片,并还注意到去蒐集与骨片同时出土的各种器物;在一九一六年(一九一五年——引者)他还亲到安阳小屯去探访过一次。这种热心,这种识见,可以说是从来的考古学家所未有。"②将罗振玉称为考古学家可能会有人提出异议,但他以非凡的努力与贡献为近代考古学的产生奠定了一块重要的基石则是毋庸置疑的。

---

① 罗振玉撰述,萧立文编校:《雪堂类稿·甲》(笔记汇刊),辽宁教育出版社 2003 年版,第 437 页。
② 郭沫若:《中国古代社会研究》,河北教育出版社 2004 年版,第 145 页。

第四章　王国维与"二重证据法"

——中国近代考古学的先声

1911年,王国维在《国学丛刊》序言中说:"学之义不明于天下久矣。今之言学者,有新旧之争,有中西之争,有有用之学与无用之学之争。余正告天下曰:学无新旧也,无中西也,无有用无用也。凡立此名者,均不学之徒。即学焉,而未尝知学者也。学之义广矣。古人所谓学,兼知行言之。今专以知言,则学有三大类:曰科学也,史学也,文学也。凡记述事物,而求其原因,定其理法者,谓之科学;求事物变迁之迹,而明其因果者,谓之史学;至出入二者间,而兼有玩物适情之效者,谓之文学。"①这是王国维对19世纪末20世纪初所出

王国维(1877—1927),初名国桢,字静安、伯隅,号观堂、礼堂、永观,浙江海宁人。

现的新学、旧学之辩,中学、西学之争的回应,也是对学术的独到界定。100多年后的今天,我们读来仍感新鲜。这里,虽谈的是"学",体现的却是王国维的"识"。"学"与"识",大概是治学过程中两个同等重要的要素。从"学"的层面看,王国维在哲学、美学、教育学、文学、史学、考古学等学科领域都取得了非凡的、丰硕的成果,他留给后人的"知识的产品,那好像一座崔巍的楼阁,在几千年来的旧学的城垒上,灿然放出了一段异样的光辉"②;从"识"的层面看,王国维恪守的"求真、求是"的学术精神,主张的"贯通古今、会通中西"的治学理念,倡导的"纸上之材料"与"地下之新材料"互证的治学方法,

---

① 王国维:《国学丛刊·序》,《观堂集林》,河北教育出版社2003年版,第700—701页。

② 郭沫若:《中国古代社会研究·自序》,《中国古代社会研究》,河北教育出版社2003年版,第6页。

同样为我们留下无尽的宝库。从学术进化的长河考察,他"留下的无价之宝,或许并不在某一专门学问的开拓,某一断代研究的发明,某一问题考释的定论,而在这些定论、发明或开拓所依凭的思想架构、致知门径和作业方法"①。王国维其学甚精,其识甚锐,因此成为学界共推的学术巨擘,世人推允的国学大师,近代中国享有国际盛誉的杰出学者。

作为一门近代学科的考古学,同样包含了"学"与"识"两方面内容。虽然中国近代考古学的真正诞生是在王国维去世之后,但是王国维所呈现的"识",对 20 世纪中国学术进程产生了广泛而深远的影响,也"从理论和方法上为现代考古学奠定了基础"②。

第一节　王国维的主要经历与治学活动

王国维的人生履历并不复杂,但他的治学经历与成果丰富多彩。他学贯古今、识会中西,博大精深,举凡文学、哲学、美学、教育学、古文字学、文献学以及历史学的先秦史、秦汉史、魏晋南北朝史、蒙元史、西北史等都有所涉猎和探究,并且在如此众多的学术领域都做出了杰出的贡献。王国维的治学历程,其学生徐中舒将其归为四个时期:"大抵先生为学次第,可分四期:二十二岁以前,居海宁本籍,治举子业,兼治骈散文,是为第一期。二十二岁以后,旅居上海、武昌、通州、苏州,八九年间,先治东西文字,继治西洋哲学、文学,年壮气盛,少所许与。顾独好叔本华,尝借其言,以抨击儒家之学,为论至廉悍。其后亦治诗词,于词尤自负在北宋诸家之间,南宋以下不足论矣,是为第二期。三十一至三十六,五年之间,居北京,专治词曲,标自然、意境二义。其说极透彻精辟,在我国文学史认识通俗文学之价值,当自先生始,是为第三期。三十六岁以后,随罗氏居东京,尽弃前学,专治经史。盖先生此时为学,已入自创时代。故虽由西洋学说以返求于我国经典,而卒能不为经典所束缚。此时学术最大之新发见有五:一曰殷墟甲骨文字;二曰敦煌塞上及西域各地之简牍;三曰敦煌千佛洞之六朝唐人所书卷轴;四曰内阁大库之书籍档案;五曰中国境内之古外族遗文。物既需人而明,人亦需物而彰。而先生适当其时而治其学,于是先生经史之学,遂成从古未有之盛。是

①　许冠三:《新史学九十年》,岳麓书社 2003 年版,第 103 页。
②　李学勤:《疑古思潮与重构古史》,《中国文化研究》1999 年第 1 期,第 4 页。

为第四期。"①

其中,作为学术"自创时代"的"第四期",无疑是王国维治学经历中的一个最精彩的时期,但是,我们要认识王国维学术的全貌,却不能偏废,绝不可以为其治学经历的前三期"无关弘旨"②。事实上,王国维在其学术经历的第四期中,虽然已"尽弃前学,专治经史",但其"前学"仍然对之后的"经史"之学产生着重要影响。1934年,陈寅恪为《王静安先生遗书》撰序,指出王国维的学术内容及治学方法中,"足以转移一时之风气,而示来者以轨则"者,在"取地下之实物,与纸上之遗文互相释证""取异族之故书,与吾国之旧籍互相补正"之外,还有"取外来之观念,与固有之材料互相参证"。③ 王国维所"取外来之观念",尤其是西方进化论和实证主义方法,对其史学研究也产生过影响。而这些"外来之观念"大多与王国维的早年经历与早期治学活动有关。鉴于此,我们首先对王国维的早期治学活动略加介绍与阐述。

一、早年经历与早期治学活动

王国维(1877—1927),初名国桢,字静安,又字伯隅,初号礼堂,晚号观堂,又号永观,浙江海宁人。自1877年出生到1898年赴上海以前,他的童年、青少年时期主要是在故乡海宁度过的。7岁入私塾,16岁中秀才。光绪十九年(1893)和二十三年(1897)两次赴杭州应乡试不中,从此"弃贴括而不为"④,完全放弃了科举求功名的愿望。由此,王国维结束了"治举子业,兼治骈散文"的治学经历的第一期。

光绪二十四年(1898)初,在上海《时务报》馆担任书记的许家惺,因事返里,请王国维代理其职。王国维欣然允之,即由其父王乃誉陪同,赴上海就职。此举虽然是为生计而谋,但也为王国维接触剧烈变动的社会和学习新知提供了条件。可以说,这是王国维一生中最重要的转折点,是他走上学术道路的开端。也正是在这一年,王国维结识了罗振玉,从此他一生的命运开始与罗振玉紧密相连。

王国维在《时务报》馆担任校对兼书记时,利用业余时间进入罗振玉创办的东文学社学习外文及近代科学,受业于日本人藤田丰八,并逐渐为罗振玉所赏识。不久,《时务报》因戊戌变法失败而遭关闭,王国维便由罗振玉引

① 徐中舒:《王静安先生传》,《追忆王国维》,中国广播电视出版社1997年版,第198—199页。
② 李学勤:《观堂集林·前言》,《观堂集林》前附,河北教育出版社2003年版。
③ 陈寅恪:《王静安先生遗书·序》,《陈寅恪先生全集》(下),台北里仁书局1979年版,第1435页。
④ 王国华:《海宁王静安先生遗书·序》,《追忆王国维》,中国广播电视出版社1997年版,第1页。

荐,加入东文学社,负责庶务,免缴学费,半工半读。光绪二十六年(1900),王国维从东文学社毕业后,先协助罗振玉译编《农学报》,后受罗振玉之召至武昌农务学堂,任日籍教员翻译。次年,由罗振玉资助,王国维东渡日本东京物理学校习数理,不久因病回国。光绪二十八年(1902),张謇在通州(今南通市)创办通州师范学堂,欲聘请心理学、哲学、伦理学教员。经罗振玉推荐,王国维于光绪二十九年(1903)3月至通州师范学堂任教。光绪三十年(1904),罗振玉在苏州创办江苏师范学堂,自任监督,藤田丰八为总教习,王国维也转入江苏师范学堂任教,并代罗振玉为《教育世界》主编。光绪三十二年(1906)春,罗振玉北上任学部之参事,王国维亦随之进京。

从1898年赴上海,至1906年随罗振玉进京,是王国维治学经历的第二个阶段。在这八九年时间里,王国维撰写和翻译了众多作品,内容涉及哲学、美学、文学、伦理学、心理学、逻辑学、教育学等广泛领域。不少作品有开拓之功,其中尤以哲学研究见长。王国维自叙自己的西洋哲学研究始于1901年春天,他先读康德的《纯粹理性批评》,但苦其不可解,接着研读叔本华哲学,却大好之。结果一直到1904年的春天,皆与叔本华为伴,自称是与叔本华之书为伴侣之时代。[1] 后来他发现叔本华思想多主观阐发而少客观知识,又回到对康德的研究。1903年至1906年,他在哲学研究领域收获甚丰。1903年撰有《哲学辨惑》《叔本华像赞》《汗德像赞》,并译有《西方论理学史要》等著述。1904年有《尼采之教育观》《叔本华之遗传说》《汗德之哲学说》《叔本华之哲学及其教育学》《书叔本华遗传说后》《叔本华与尼采》等成果。1906年完成《德国哲学大家汗德传》《汗德之伦理学及宗教论》等论文。此时期所撰写的名著《红楼梦评论》(1904年),所用观点也大抵来自于叔本华的思想。在研究康德、叔本华、尼采的同时,王国维还将很大精力倾注于儒学、诸子乃至清儒思想的研究。1904年著有《孔子之美育主义》《国朝汉学派戴阮二家之哲学说》,1905年撰有《周秦诸子之名学》《子思之学说》《孟子之学说》《荀子之学说》,1906年完成《墨子之学说》《老子之学说》《原命》《孟子之伦理思想之一斑》《列子之学说》等论文。1907年又著有《孔

---

① 王国维:《自序》,《王国维先生集(初编)》第5册,台北大通书局1976年版,第1635页。

子之学说》，另有《辜氏汤生英译〈中庸〉后》等问世。①

光绪三十三年（1907），进京后的王国维经罗振玉引荐，得到学部尚书兼军机大臣荣禄赏识，遂就任学部图书编译局，主编译及审定教科书等事。宣统元年（1909），学部又设编定名词馆，以严复为总纂，王国维任名词馆协修。至宣统三年（1911）武昌起义，这段时间王国维一直旅居北京，在学部任职。

北京是人文荟萃之地，有极其丰富的图书资料，加之生活相对安定，这为王国维的学术研究和文学创作提供了极好的条件。但此时，王国维的学术兴趣已由哲学研究转向了文学研究。其中的原因，王国维曾说："余疲于哲学有日矣；哲学上之说，大都可爱者不可信，可信者不可爱。余知真理，而余又爱其谬误。伟大的形而上学，高严的伦理学，与纯粹之美学，此吾人所酷嗜也。然求其可信者，则宁在知识论上之实证论，伦理学上之快乐论，与美学上之经验论。知其可信而不可爱，觉其可爱而不能信，此近二三年中最大之烦闷。"②正是这种矛盾思想和疲惫心态，促使王国维放弃哲学探究，而钟情于文学研究。不过，他在哲学研究中所汲取的西方实证主义研究方法，对他之后的文学研究，尤其是1911年东渡日本之后的史学研究发挥了重要的作用。

王国维治学经历的第三个时期，大体从1907年至1911年延续了4年左右。这一阶段中，王国维在文学研究和创作方面可谓佳作迭出。他将几年来所填之词先后集为《人间词·甲稿》（1906年）和《人间词·乙稿》（1907年）；后又辑成《唐五代二十家词》20卷（1908年），于每家之后作跋语；还编有一部以词为著录对象的专题目录《词录》（1908年）。但最具影响的著述，首推1908至1909年陆续刊出的《人间词话》64则③。

《人间词话》虽然仍然采用简单扼要的传统诗话形式，但它是王国维在总结自己诗词创作经验基础上，又以新的美学观点和文学主张，对唐宋以来

---

① 除了文中所提及的外，这一时期的作品尚有《曲品新传奇品跋》（1898年），《〈欧罗巴通史〉序》《势力不灭论》《农事会要》（1900年），《崇正讲舍碑记略》《教育学》《算术条目及教授法》（1901年），《教育学教科书》（1902年），《论教育之宗旨》《西洋伦理学史要》（1903年），《就伦理学上之二元论》《教育偶感二则》《释理》（1904年），《论近年之学术界》《论新学语之输入》《论哲学家及美术家之天职》《论平凡之教育主义》以及编定《静庵文集》并附《静庵诗稿》（1905年），《人间词甲稿》《教育小言十二则》《奏定经学科大学文学科大学章程书后》《教育家之希尔列尔（即席勒）传》《去毒篇（鸦片烟之根本治疗法及将来教育上之注意）》《纪言》《论普及教育之根本办法（条陈学部）》《教育小言十则》《文学小言十七则》《屈子文学之精神》（1906年）等。

② 王国维：《自序二》，《王国维先生集（初编）》第5册，台北大通书局1976年版，第1899页。

③ 1908年，王国维在《国粹学报》第47期刊出《人间词话》21则；1909年，在《国粹学报》第49、50期连刊《人间词话》43则。共64则。1910年又将《人间词话》64则作修订，并加附记。

诗词作家及作品进行深入分析以后而撰成的一部力作,蕴含有深厚、丰富的美学理论和独到、精辟的文学见解。尤其是他所提出的著名的"境界说",把中国传统诗话中偏重于风格、技巧分析的"格调""神韵""气象""兴趣""性灵"诸说,提到美学本质论高度加以概括和论证,形成了以"境界"为中心的评论诗词的美学原则和美学理论。王国维首先认为:"沧浪所谓兴趣,阮亭所谓神韵,犹不过道其面目,不若鄙人拈出'境界'二字,为探其本也。"①显然,王国维把境界作为文学的审美理想和评价准则。他说:"词以境界为最上。有境界则自成高格,自有名句。五代北宋之词所以独绝者在此。"②之所以对五代北宋的词评价很高,其标准即在境界。当然境界不局限于词,其实"诗词皆然。持此以衡古今作者,可无大误也③。他认为,"境非独谓景物也,喜怒哀乐,亦人心中之一境界。故能写真景物,真感情者,谓之有境界。否则谓之无境界。"④在这里,境不仅指景物,也是人的感情,景与情构成文学的两个基本元素,而这两者又是互相联系的,这便是客观与主观对立统一的关系。在这一美学理论的指导下,王国维进一步提出了四个关系,即:"自然"与"理想"的关系、"入"与"出"的关系、"渐悟"与"顿悟"的关系、"隔"与"不隔"的关系。认为诗词有造境,有写境,因此有了理想与写实两者之别。"然二者颇难分别,因大诗人所造之境,必合乎自然,然所写之境,亦必邻于理想也。"⑤尽管"境界有大小",但"不以是而分优劣"。诗人对宇宙人生,须入乎其内,又须出乎其外,这样才能成就大境界。"入乎其内,故能写之。出乎其外,故能观之。入乎其内,故有生气。出乎其外,故有高致。"

《人间词话》中所提到的古今成大事业、大学问者立业、治学三境界,更是成为后人常常引用的名句:"古今之成大事业、大学问者,必经过三种之境界。'昨夜西风凋碧树,独上高楼,望尽天涯路',此第一境也。'衣带渐宽终不悔,为伊消得人憔悴',此第二境也。'众里寻他千百度,回头蓦见,那人正在,灯火阑珊处',此第三境也。"⑥

《人间词话》虽是王国维针对诗词评论而阐发,然其意义远远超出了诗词评论的范畴。这一中西合璧的美学理论,无疑为中国美学研究开辟出了一条新的路径。

---

① 王国维:《人间词话》,人民文学出版社 1982 年版,第 194 页。
② 王国维:《人间词话》,人民文学出版社 1982 年版,第 191 页。
③ 王国维:《人间词话》,人民文学出版社 1982 年版,第 219 页。
④ 王国维:《人间词话》,人民文学出版社 1982 年版,第 193 页。
⑤ 王国维:《人间词话》,人民文学出版社 1982 年版,第 191 页。
⑥ 王国维:《人间词话》,人民文学出版社 1982 年版,第 203 页。

宋元戏曲史的研究是王国维在这一时期所致力的又一个重要领域。1907 年任学部图书编译局编译时,王国维便开始从事中国古典戏曲研究,此后陆续写出了《曲录》《戏曲考原》《录鬼簿校注》《优语录》《唐宋大曲考》《录曲余谈》《古剧脚色考》等多部专著。东渡日本后,于 1913 年完成了名著《宋元戏曲史》也称《宋元戏曲考》。这批著作是富有创造性的研究成果,给戏曲研究开辟了一条崭新的道路。

小说和戏曲历来被人们看作是一种不登大雅之堂的民间俗文学,所谓"庸人乐于染指,壮夫薄而不为",因此"古人所作戏曲,何虑万本,而传世者寥寥"①,对此进行研究撰述的学者则更少。王国维不仅进行了认真的研究,而且引入了西方学术研究中科学而严密的方法,先做分析考证,后做综合论述。上述前几部著述便是属于分析、考证,而《宋元戏曲考》属于综合型的巨著。他在著述时又运用了西方戏剧理论和美学理论,"观其会通,窥其奥窔者"②。考察戏曲历史,王国维首先是基于这样一种论断,即"戏曲者,谓以歌舞演故事也"③,只有"必合言语、动作、歌唱,以演一故事,而后戏剧之意始全"④。用这一原则考察中国古典戏曲形成、演变、发展过程,由此得出了清晰的结论:"我国戏剧,汉魏以来,与百戏合,至唐而分为歌舞戏及滑稽戏二种;宋时滑稽戏尤盛,又渐借歌舞以缘饰故事;于是向之歌舞戏,不以歌舞为主,而以故事为主,至元杂剧出而体制遂定,南戏出而变化更多。于是我国始有纯粹之戏曲。"⑤在艺术审美方面,他说:"元剧最佳之处,不在其思想结构,而在其文章。其文章之妙,亦一言以蔽之,曰'有意境'而已矣。何以谓之有意境?曰写情则沁人心脾,写景则在人耳目,述事则如其口出是也。古诗词之佳处,无不如是。"⑥王国维运用这种审美标准对戏曲的艺术特点和审美价值做了具体的分析和发挥。

梁启超在《中国近三百年学术史》中说:"最近则王静安(国维)治曲学,最有条贯,著有《戏曲考原》《曲录》《宋元戏曲史》等书。曲学将来能成为专门之学,静安当为不祧祖矣。"又说:"最近则有王静安(国维)著《宋元戏曲考》,实空前创作,虽体例尚有可议处,然为史界增重既无量矣。"⑦郭沫若则

---

① 王国维:《曲录·自序》,《观堂集林》,河北教育出版社 2003 年版,第 709 页。
② 王国维:《宋元戏曲考·自序》,《观堂集林》,河北教育出版社 2003 年版,第 711 页。
③ 王国维:《戏曲考原》,《王国维戏曲论文集》,中国戏剧出版社 1957 年版,第 201 页。
④ 王国维:《宋元戏曲考》,《王国维戏曲论文集》,中国戏剧出版社 1957 年版,第 36 页。
⑤ 王国维:《宋元戏曲考》,《王国维戏曲论文集》,中国戏剧出版社 1957 年版,第 134 页。
⑥ 王国维:《宋元戏曲考》,《王国维戏曲论文集》,中国戏剧出版社 1957 年版,第 106 页。
⑦ 梁启超:《中国近三百年学术史》,天津古籍出版社 2003 年版,第 404、333 页。

将王国维的《宋元戏曲考》与鲁迅的《中国小说史略》并誉为"中国文艺史研究上的双璧",认为二者所从事的,"不仅是拓荒的工作,前无古人,而且是权威的成就,一直领导着百万的后学"①。

二、东渡日本与"新史学"的开创

1911 年辛亥革命后,清政府解体,王国维随罗振玉东渡日本,此后客居日本 4 年有余。1912 年罗振玉藏书运抵日本,寄存京都大学,王国维在与罗振玉一同整理藏书的同时,开始系统研读古代经典。他仔细圈点《三礼注疏》,又认真阅读段玉裁《说文解字注》,为其以后从事古代礼制、官制、地理、文化等研究打下基础。为研究金文,他编成《宋代金文著录表》和《国朝金文著录表》(1914 年)两部金文目录,并以此对前人的研究成果进行一次清理。他尤其关注新出汉简的研究,与罗振玉一起撰成《流沙坠简》(1914 年),并为之作序,此为近代关于中国西北古地理的第一部著作。期间,王国维还陆续撰写了《简牍检署考》(1912 年)、《宋元戏曲考》《壬癸集》《释币》《秦郡考》《汉郡考》(1913 年)、《洛诰解》《鬼方、昆夷、猃狁考》《不期敦盖铭考释》《三代地理小记》《胡服考》《元刊杂剧三十种序录》《古礼器略说》《生霸死霸考》(1915 年)等论著,还为罗振玉校对了《历代符牌图录》《蒿里遗珍》《四朝钞币图录》《殷墟书契考释》等著述。

从这些著述可以见到,此时王国维的学术研究已开始由潜心文学向钻研史学转变,主要通过所见的出土文物和文献古籍资料,来研究经史、小学、金石、音韵、简牍、甲骨等学问。关于这一转变,罗振玉在回忆中说:"辛亥之变,君复与余航海居日本,自是始尽弃前学,专治经史,日读注疏尽数卷,又旁治古文字声韵之学。甲寅,君与余共考释流沙坠简,余考殷墟文字,亦颇采君说。"②由此,开始了创立"罗王之学"的时期。

1916 年,王国维回国,赴上海英籍犹太人哈同(S. A. Hardoon)创办的《学术丛编》就任编辑③,后兼任仓圣明智大学教授。至 1923 年,王国维一直寓居上海,继续致力于经史小学及古物器物研究,完成了大量著述,取得了极高的学术成就。有 1916 年撰写的《史籀篇疏证》《流沙坠简考释补正》

---

① 郭沫若:《鲁迅与王国维》,《历史人物》,人民文学出版社 1979 年版,第 166 页。
② 罗振玉:《观堂集林·序》,《观堂集林》,河北教育出版社 2003 年版,第 3 页。
③ 王国维仿近代欧洲学报而编辑《学术丛编》,主要刊行经学、文字学、史学等诸门国学新著,兼印行未刊旧籍。至 1920 年停办,5 年间《学术丛编》共出 24 期,刊行论著 52 种,其中 24 种为王国维自己所撰。

《周书·顾命考》《毛公鼎考释》《汉魏博士考》《魏石经考》《尔雅草木虫鱼鸟兽释例》等，1917 年撰写的《殷卜辞中所见先公先王考》（及《续考》）、《古本竹书纪年辑校》《今本竹书纪年疏证》《戬寿堂所藏殷墟文字考释》《殷周制度论》《五音论》等，1918 年完成的《经学概论讲义》《唐写本唐韵残卷校记》《续声韵考》等，1919 年完成的《唐写本老子化胡经残卷跋》《九姓回鹘可汗碑图记》《摩尼教流行中国考》《西胡考》（及《续考》）、《重辑仓颉篇》等；1920—1922 年间的作品有《敦煌发现唐朝之通俗诗及通俗小说》《残宋本三国志跋》（1920 年）、《唐写本切韵残卷三种》（1921 年）、《两浙古刊本考》《五代两宋监本考》（1922 年）等论著。这些均为王国维学术历程中从事经史研究的重要著述。王国维还曾参与编纂《浙江通志》，为江南著名藏书家蒋汝藻编《乌程蒋氏密韵楼藏书志》等。

　　1922 年，王国维允任北京大学研究所国学门通讯导师，以"无事而食，深所不安"，未受酬金。1923 年，王国维亲自精选诸年来陆续发表于《云窗丛刻》《雪堂丛刻》以及《学术丛编》上的多篇文章，汇编而成《观堂集林》20 卷，其中《艺林》8 卷、《史林》10 卷、《杂林》2 卷，共收文 200 篇，诗 67 首，由友人蒋汝藻出资刊行①。《观堂集林》是王国维从事国学研究的一部代表性的论著集。

　　1923 年，王国维受命任逊帝溥仪"南书房行走"，于 5 月离沪取海道北上入京，从而结束了在上海的寓居生活。按清代惯例，在南书房任职，大都应是进士、翰林以上学问渊博的著名人物。王国维虽是布衣出身，但以他的学识，与杨钟羲、景方昶、温肃等入南书房行走。期间，他曾检理景阳宫藏书，并有幸得窥大内所藏。1924 年底，溥仪被冯玉祥逐出紫禁城，王国维也结束了南书房行走生涯。两年间，王国维虽时常卷入小朝廷的争斗之中，但其主要精力仍放在国学研究上，撰成《魏正始石经残石考》《魏石经续考》《殷墟书契考释序》《梁伯戈跋》《颂壶跋》（1923 年）、《唐贤力苾伽公主墓志跋》《明内阁藏书目录跋》《散氏盘考释》（及跋）、《吴王夫差监跋》（1924 年）等著述。

　　其中，最主要的成果是《水经注校》。王国维曾校阅《水经注》宋刊残本、大典本、明抄本、孙潜校本残本、殿本、黄省曾刊本等多种版本，撰写了《宋刊水经注残本跋》《明抄本水经注跋》《聚珍本戴校水经注跋》等多篇跋文，对

---

① 蒋汝藻（1877—1954），近代藏书家。字孟苹，号乐庵，湖州南浔人。光绪末举人，官学部总务司郎中。参加过辛亥革命，任浙军政府盐政局长及浙江铁路公司董事等职，后专心于实业。建藏书楼为"密韵楼"，藏有宋本、元本、明本多种。王国维曾撰有《密韵楼藏书志》20 卷。

《水经注》版本和抄本的因袭、源流及翔实程度等都做了考证和评论,成为"从事郦注版本研究最早而获得很大成就者"①。最终撰成的《水经注校》,向为郦学研究者所推重。王国维对《水经注》的精审校勘,也对其考释古器物、古文字,研究殷周秦汉历史和地理起了重要作用。

1925年,王国维应聘就任清华学校国学研究院导师,负责经史小学,主讲"古史新证"及"《尚书》""《说文》练习""《仪礼》"等课程。其中最为精到者,便是明确提出"二重证据法"的《古史新证》。1927年,王国维投颐和园昆明湖自尽。过早离世,甚为可惜,但"他遗留给我们的是知识的产品,那好像一座崔巍的楼阁,在几千年来的旧学的城垒上,灿然放出了一段异样的光辉"。他的学术著作后经罗振玉结集为《海宁王静安先生遗书》,由商务印书馆出版。

第二节　"二重证据法"的提出与形成

在进入20世纪之前,除了宋代创立的金石学有限地利用实物资料外,中国传统学术均把传世文献作为立论基础。即便是清代的乾嘉考据学派,也大多是利用已有的文献来考证传世文献。与前贤不同,王国维在学术方法上的建树,最为人称道的就是他所提出和实践的既利用传世文献又关注地下出土资料的"二重证据法"。虽然"二重证据法"的正式提出距今已经过去90多年,但"近些年,很多有关古史研究的论著都提到王国维先生的'二重证据法',说明这一著名观点的影响力非常深远持久"②。那么,具有持久影响力的"二重证据法"是如何形成与提出的呢?

一、《古史新证》与"二重证据法"的提出

"二重证据法"是王国维1925年在清华国学研究院教课时正式提出的。那时他所讲授的有"古史新证"等数门课程。为授课方便,他将讲稿编印成讲义,随讲课进度随堂分发给学生。清华国学研究院办公室为便于存档保存,把讲义按线装书的形式装订成册并加上目录。

《古文新证》讲义分作"总论""禹""殷之先公先王""商诸臣"和"商之都邑及诸侯",凡5章。其中第一章"总论"和第二章"禹",曾作为顾颉刚编著

---

① 陈桥驿:《〈水经注〉版本和校勘的研究》,《杭州师范学院学报》2000年第1期,第22页。
② 李学勤:《"二重证据法"与古史研究》,《清华大学学报》(哲学社会科学版)2007年第5期,第5页。

的《古史辨》第一册下编的第55篇，
于1926年出版。同年，王国维学生
吴其昌曾据《古史新证》听课记录
整理成《王静安先生〈古史新证〉讲
授记》，刊于《清华周刊》第374期。
讲义全文公开发表，则是在王国维
自沉之后。1927年，《国学月报》第
2卷第8、9、10号合刊"王静安先生
专号"，载录了《古史新证》全文。
1930年，《燕大月刊》第7卷第1、2
期合刊，亦收录了《古史新证》。之
后，北京莱熏阁旧书店曾于1935年
影印了《古史新证》手稿本，但印数
不多，后人已难见到。台湾文华出
版社于1968年出版的《王观堂先生
全集》和台北大通书局1976年出版
的《王国维先生全集》，均收录了包

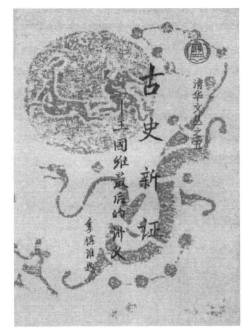

在《古史新证》中，王国维提出了
影响深远的"二重证据法"。

括《古史新证》在内共29篇讲稿。然《海宁王忠悫公遗书》和《海宁王静安先
生遗书》却未收此文。1994年，清华大学出版社以《古史新证——王国维最
后的讲义》为题，影印出版了当年研究院装订成册的油印本讲义，使人们得
以较容易看到其原貌。

在《古史新证》第一章"总论"的开篇，王国维明确提出了其史学研究实
践中所总结的"二重证据法"。他写道：

　　研究中国古史，为最纠纷之问题，上古之事，传说与史实混而不分。
史实之中，固不免有所缘饰，与传说无异；而传说之中，亦往往有史实为
之素地，二者不易区别，此世界各国之所同也。在中国古代，已注意此
事。孔子曰："信而好古。"又曰："君子于其不知，盖阙如也。"故于夏殷
之礼，曰："吾能言之，杞、宋不足征也，文献不足故也。"孟子于古事之可
存疑者，则曰："于传有之。"于不足信者，曰："好事者为之。"太史公作
《五帝本纪》，取孔子所传《五帝德》及《帝系姓》，而斥不雅驯之百家言；
于《三代世表》，取《世本》，而斥黄帝以来皆有年数之《谍记》。其术至为
谨慎。然好事之徒，世多有之。故《尚书》于今古文外，在汉有张霸之百

两篇,在魏晋有伪孔安国之书。百两虽斥于汉,而伪孔书则六朝以降行用迄于今日。又汲冢所出《竹书纪年》,自夏以来,皆有年数,亦《谍记》之流亚。皇甫谧作《帝王世纪》,亦为五帝三王尽加年数。后人乃复取以补太史公书。此信古之过也。至于近世,乃知孔安国本《尚书》之伪,《纪年》之不可信。而疑古之过,乃并尧、舜、禹之人物而亦疑之。其于怀疑之态度及批评之精神,不无可取。然惜于古史材料,未尝为充分之处理也。吾辈生于今日,幸于纸上之材料外,更得地下之新材料。由此种材料,我辈固得据以补正纸上之材料,亦得证明古书之某部分全为实录,即百家不雅驯之言亦不无表示一面之事实。此二重证据法,惟在今日始得为之。虽古书之未得证明者,不能加以否定,而其已得证明者,不能不加以肯定。可断言也。①

　　这段文字中所提到的"信古之过""疑古之过"当有所指。因为 20 世纪 20 年代之后,中国学术界又一次出现了"疑古"思潮。梁启超在《中国近三百年学术史》中说:"无论做那门学问,总须以别伪求真为基本工作。因为所凭借的资料若属虚伪,则研究出来的结果当然也随而虚伪,研究的工作便算白费了。中国旧学,十有九是书本上学问,而中国伪书又极多,所以辨伪书为整理旧学里头很重要的一件事。"②自宋以来,学者疑古,首在辨古书之伪,其成效昭著,为人所共见。20 年代开始出现的"疑古"思潮的影响力,显然是宋代、清代出现的疑古之风所不能比拟的,它"确实把信古打倒了"③,但随之而来的,是"在东周以前的历史,是没有一字可以信的。以后呢? 大部分也是不可靠的"④。

　　王国维尽管没有直接参与"信古"与"疑古"的论争,但他关注着论争的进展。上述所引中"至于近世,乃知孔安国本《尚书》之伪,《纪年》之不可信。而疑古之过,乃并尧、舜、禹之人物而亦疑之。其于怀疑之态度及批评之精神,不无可取。然惜于古史材料,未尝为充分之处理也",对当时"疑古之过"倾向提出了婉转的批评。在王国维看来,解决问题的最好办法是充分利用新的出土资料,所以,他说"吾辈生于今日,幸于纸上之材料外,更得地下之新材料。由此种材料,我辈固得据以补正纸上之材料,亦得证明古书之某部

---

① 　王国维:《古史新证——王国维最后的讲义》,清华大学出版社 1994 年版,第 1—3 页。
② 　梁启超:《中国近三百年学术史》,天津古籍出版社 2003 年版,第 279 页。
③ 　李学勤:《谈"信古、疑古、释古"》,《原道》第 1 辑,中国社会科学出版社 1994 年版,第 306 页。
④ 　胡适:《研究国故的方法》,《疑古与开新——胡适文选》,上海远东出版社 1995 年版,第 60 页。

分全为实录,即百家不雅驯之言亦不无表示一面之事实。此二重证据法,惟在今日始得为之。虽古书之未得证明者,不能加以否定,而其已得证明者,不能不加以肯定。可断言也"。可见,王国维对"信古之过"和"疑古之过"两种态度都不赞成,而是提倡以一种全新的方法——"二重证据法",对古史加以解释,即"释古"。

在《古史新证》第一章中,王国维列举了一些对古史研究具有重要影响的传世文献与地下出土的新材料。其中纸上的材料有:《尚书》《诗》《易》《五帝德》《帝系姓》《春秋》《左氏传》《国语》《世本》《竹书纪年》《战国策》及周秦诸子、《史记》等;地下新材料强调了两种:甲骨文字和金文。在以下各章中,王国维"就此二种地下材料可以证明诸书或补足纠正者——述之"①。这应是受讲课内容所限,王国维所利用的地下材料显然要更丰富些。

在第二章"禹"中,针对"近人"对禹的怀疑,王国维列举春秋时期的铜器"秦公敦"与"齐侯镈钟"之铭文与文献相对照,以此证明禹确实为古之帝王,且先商汤而有天下。秦公敦据王国维考证为春秋时秦之器,其铭有"禹责",即《诗经·大雅》之"维禹之绩",《商颂》之"设都于禹之迹"。"责"字当为"迹"之借字。齐侯镈钟是春秋时齐之器,其铭文为"虩虩成唐,有敢右帝所博受天命……咸有九州,处禹之堵。"其中"堵"字,王国维考证为《诗经·鲁颂·閟宫》"缵禹之绪"之"绪"。王国维说:"自《尧典》《皋陶谟》《禹贡》皆纪禹事,下至《周书》《吕刑》亦以禹为三后之一,《诗》言禹者尤不可胜数,固不待藉他证据。然近人乃复疑之,故举此二器,知春秋之世,东西二大国无不信禹为古之帝王,且先汤而有天下也。"②

在第三章"殷之先公先王"中,王国维考证了殷商之先公先王夒、相土、季、王亥、王恒、上甲、报乙、报丙、报丁、大乙、外丙、外壬、祖乙、羊甲、康丁、后祖乙、文武丁等多人。鉴于《史记·殷本纪》《史记·三代世表》及《汉书·古今人表》所记殷君数同而世数互异的情况,王国维以甲骨卜辞证之,并作《殷世系异同表》,将《殷本纪》《三代世表》《古今人表》及卜辞所载详细列出,以供查考。显然,此章是据1917年撰成的《殷卜辞中所见先公先王考》及《殷卜辞中所见先公先王续考》改写而来(详见本章以下内容)。

在第四章"商诸臣"中,王国维考证了商臣伊尹、咸戊二人。卜辞中见"伊尹"之记者有8条,铜器铭文1条,卜辞称伊尹或单称伊,齐侯镈钟称"伊

---

① 王国维:《古史新证——王国维最后的讲义》,清华大学出版社1994年版,第4页。

② 王国维:《古史新证——王国维最后的讲义》,清华大学出版社1994年版,第6页。

小臣"。王国维举古书数种以证之。《墨子·尚贤下》有"汤有小臣";《楚辞·天问》有"成汤东巡,有莘爰极,何乞彼小臣而吉妃是得",王逸注"小臣谓伊尹也";《吕氏春秋·尊师篇》有"汤师小臣",高诱注"小臣谓伊尹"。由此,王国维以为,齐钟所称"伊小臣"为伊尹无疑。伊尹又可单称"伊",于卜辞人名中屡见。《周书》《商书》及《白虎通》等文献皆记殷臣有"巫咸"之名,而王国维举 6 条甲骨卜辞均为"咸戊",故认为当以卜辞为正。①

在第四章之尾,王国维根据以上第三章、第四章的考证,写了一段与讲义"总论"相呼应的案语:"商之先公、先王及先正见于卜辞者大率如此,而名字不见于古书者不与焉。由此观之,则《史记》所述商一代世系,以卜辞证之,虽不免小有舛驳,而大致不误,可知《史记》所据之《世本》全是实录。而由殷周世系之确实,因之推想,夏后氏世系之确实,此又当然之事也。又虽谬悠缘饰之书,如《山海经》《楚辞·天问》;成于后世之书,如《晏子春秋》《墨子》《吕氏春秋》;晚出之书,如《竹书纪年》,其所言古事亦有一部分之确实性。然则经典所记上古之事,今日虽有未得二重证明者,固未可以完全抹杀也。"②王国维于此再次提出对古代典籍不可轻易怀疑的问题,经地下考古资料证明者如此,未经地下考古资料证明者亦不可随便否认,均应采以慎重之态度。他这段话与在第一章"总论"中提出的"二重证据法"紧相呼应,其针对性不言自明。

1927 年,王国维的学生姚名达给顾颉刚写信,曾讲到:"王静安(国维)先生批评先生,谓'疑古史的精神很可佩服,然与其打倒什么,不如建立什么'。"③这大概体现了王国维对疑古一派的态度。想必《古史新证》就是在这样的态度下编写的。

第五章为"商之都邑及诸侯",系据《说殷》和《北伯鼎跋》二文改写的④。王国维说:"商之都邑见于卜辞曰商、曰亳",而商、亳具体地点卜辞未有所记。殷字始见于周初之盂鼎,而不见于卜辞。卜辞所出之地小屯正在洹水之南,即《史记·项羽本纪》所说"洹水南,故殷墟者也"。然《史记》之《集解》《索隐》均引汲冢古文,言"盘庚自奄迁于北蒙,曰殷墟,去邺三十里"。《史记·殷本纪》却记"帝盘庚之时,殷已都河北,盘庚渡河复居成汤之故居"。又说:"帝武乙立,殷复去亳徙河北。"王国维认为,两者矛盾之原因是

① 王国维:《古史新证——王国维最后的讲义》,清华大学出版社 1994 年版,第 49—52 页。
② 王国维:《古史新证——王国维最后的讲义》,清华大学出版社 1994 年版,第 52 页。
③ 顾潮:《顾颉刚年谱》,中国社会科学出版社 1993 年版,第 139 页。
④ 《说殷》和《北伯鼎跋》均已收入《观堂集林》。

《尚书·序》误字而造成,将"盘庚五迁,将治宅殷"之"宅"误为"亳",以其他文献和甲骨卜辞出土地证之,"知盘庚以后帝乙以前皆宅殷墟,亦知《纪年》所载独得其实。故卜辞中虽不见殷字,而殷之在河北不在河南则可断也"。①

关于殷墟的认识,罗振玉开始认为是武乙之墟,后来在《殷墟书契考释》中认为应是武乙、文丁、帝乙三世之墟。《古史新证》则进一步提出上述之说,即认定自盘庚以后至帝乙共十一世殷王之都均在殷墟,至于末代殷王帝辛,王国维没能确定是否仍在殷墟。直到董作宾等发掘殷墟后,根据实地发掘所见,人们才断定殷墟亦是末代殷王帝辛的都城所在,从而证明《竹书纪年》"自盘庚迁殷,至纣之灭,二百七十三年更不徙都"可靠无疑。王国维虽然未能完满解决这个问题,但对于殷墟年代的考定,进而为甲骨的断代奠定基础,其功绩是不可否认的。

在此章中,王国维还考释了邶、鄘的地望。《郑氏诗谱》说:"邶、鄘、卫者,商纣畿内方千里之地,自纣城而北谓之邶,南谓之鄘,东谓之卫。"《后汉书·郡国志》认为邶在朝歌境内。王国维考证铜器中多有"北伯""北子"器,不知出土地点,清代末年曾在直隶涞水县出土北伯器数种,有鼎、卣等,铭文皆有"北伯作",此北即古之邶也。由此可证,涞易之间尚为商邦畿之地,而其制度文物全与商同。再观周初箕子朝鲜之封,成王肃慎之命,知商之声灵固远及东北,则邶之为国,自当远在殷北,不能于朝歌左右求之矣。邶既远在殷北,则鄘亦不当求诸殷之境内。王国维认为鄘与奄声相近,文献中多有其例。奄地在鲁,《左传》襄公二十五年"齐鲁之间有弇中",汉初古文《礼经》出于鲁淹中,皆可佐证。邶、鄘去殷虽稍远,然皆殷之故地。《大荒东经》言"王亥托于有易",而泰山下亦有相土之东都,自殷未有天下时,已入封城。又《尚书》疏及《史记》之《集解》《索隐》皆引汲冢古文"盘庚自奄迁于殷",则奄又当为殷都,所以其后皆为大国。"武庚之叛,奄助之尤力,及成王克殷践奄,乃封康叔于卫,封周公子伯禽于鲁台,封召公子于燕,而太师采诗之目,尚仍其故名,谓之邶、鄘,然皆有目无诗。季札观鲁乐,为之歌《邶》《鄘》《卫》,时尚未分为三。后人以卫诗独多,遂分隶之于邶、鄘,因于殷之左右求邶、鄘二国,斯失之矣。"②由此,王国维对邶、鄘地望做出了考证。

《古史新证》虽为讲课而编的讲义,但其实是一部研究殷商史的力作,充

① 王国维:《古史新证——王国维最后的讲义》,清华大学出版社1994年版,第53—56页。
② 王国维:《古史新证——王国维最后的讲义》,清华大学出版社1994年版,第56—57页。

分显现了王国维治史的科学方法与独到见解。尤其是通过出土甲骨、金文材料证传世文献,进而研究古史的方法,集中体现了王国维所主张的"二重证据法"精髓。"二重证据法"的提出,是中国近代实证史学创立的重要标志,并直接影响到中国近代考古学的创立。

二、"二重证据法"的形成过程

虽然,"二重证据法"之说最早见于《古史新证》中,但是作为王国维的一种治学方法和学术思想的具体体现,其形成则经历了一个过程。

1912 年,王国维在为从事甲骨文的考释、汉简的综合整理作准备时,已对如何运用新史料以考证历史问题作了初步思考。1913 至 1914 年间,王国维在撰写《明堂庙寝通考》,为罗振玉编定《齐鲁封泥集存》、校对《殷墟书契考释》,并与罗振玉共同考订《流沙坠简》[①]时,就已显示出将新发现的地下史料与历史文献二者结合、互相释证的治学方向。

"古制中之聚讼不决者,未有如明堂之甚者也。"[②]为此,王国维于 1913 年撰写了《明堂庙寝通考》一篇长文,对明堂古制详加考证。虽然主要是基于文献材料,但王国维尽可能地蒐集与运用甲骨文、金文等材料依据。如文中说:"明堂之制,既为古代宫室之通制,故宗庙之宫室亦如之。古宗庙之有太室,即足证其制与明堂无异。殷商卜文中两见太室(《殷墟书契》卷一第三十六页,又卷二第三十六页),此殷宗庙中之太室也。周则各庙皆有之。《书·洛诰》:'王入太室裸。'王肃曰:'太室,清庙中央之室。'此东都文王庙之太室也。《明堂位》又言文世室、武世室,吴彝盖云:'王在周成太室。'君夫敦盖云:'王在周康宫太室。'鬲攸从鼎云:'王在周康宫辟太室。'曶鼎云:'王在周穆王太□。'(此字摩灭,疑是室字。)伊敦云:'王格穆太室。'则成王、康王、穆王诸庙皆有太室,不独文武庙矣。至太室四面各有一庙,亦得于古金文字中证之。克钟云:'王在周康刺宫。'(刺宫即烈宫,古金文皆假刺为烈。)颂鼎(颂敦、颂壶、颂盘文同)云:'王在周康邵宫。'(邵字从召从卩,卩即古人字,《说文》作佋,经、传通用昭字。)寰盘云:'王在周康穆宫。'望敦云:'王在周康宫新宫。'同在宗周之中,又同为康王之庙,而有昭、穆、烈、新四宫,则虽欲不视为一庙中之四庙,不可得也。康宫如此,他亦宜然。此由太室之制度

---

① 《流沙坠简》共 7 卷,其中,《小学术数方技》1 卷,《考释》1 卷,《简牍遗文》1 卷,《考释》1 卷,罗振玉编撰;《屯戍丛残》1 卷,《考释》1 卷,《补遗》1 卷,王国维撰。

② 王国维:《明堂庙寝通考》,《观堂集林》,河北教育出版社 2003 年版,第 59 页。

言之,固当如此;若从先儒所说古宗庙之制,则更无太室之可言矣。"①在这里,王国维利用了殷商卜文、吴彝盖铭、君夫敦盖铭、鬲攸从鼎铭、曶鼎铭、伊敦铭、克钟铭、颂鼎铭、颂敦铭、颂壶铭、颂盘铭、寰盘铭、望敦铭等多种材料。其结论是否确切暂且不论,文中充分运用出土材料则是事实。这一点王国维在致缪荃孙书信中,已说得颇为明白:"顷多阅金文,悟古代宫室之制,现草《明堂庙寝通考》一书,拟分三卷,已说为第一卷(已成),次驳古人说一卷,次图一卷。此书全根据金文、龟卜文,而以经证之,无乎不合。"②用"金文、龟卜文"来证文献资料,对初治经史之学的王国维而言,既带有传统金石学的影子,又是具有开拓性的尝试。

1914 年《流沙坠简》编撰成书后,王国维曾为此写了长篇序文,文中详考汉长城及玉门关之位置,汉代西域丝绸之路的路线,海头之地望及得名之由来,精绝国与后汉之关系,从中则已显现出"二重证据法"的端倪。在此不妨节录王国维考辨汉长城位置的一段论述,略加说明:

> 案古简所出,厥地凡三:一为敦煌迤北之长城;二为罗布淖尔北之古城;其三则和阗东北之尼雅城及马咱托拉、拔拉滑史德三地也。敦煌所出,皆两汉之物。出罗布淖尔北者,其物大抵上自魏末,讫于前凉。其出和阗旁三地者,都不过二十余简,又皆无年代可考,然其最古者,犹当为后汉遗物,其近者,亦当在隋唐之际也。今略考诸地古代之情状,而阙其不可知者,世之君子,以览观焉。汉代简牍出于敦煌之北,其地当北纬四十度,自东经(据英国固林威治经度)九十三度十分至九十五度二十分之间;出土之地,东西绵亘一度有余。斯氏以此为汉之长城,其说是也。案秦之长城西迄临洮,及汉武帝时,匈奴浑邪王降汉,以其地为武威、酒泉郡(元狩三年),后又分置张掖、敦煌郡(元鼎六年),始筑令居以西,列四郡,据两关焉。此汉代筑城事之见于史者,不言其讫于何地也。其见于后人纪载者,则法显《佛国记》云:"敦煌有塞,东西可八十里,南北四十里。"《晋书·凉武昭王传》云:"玄盛乃修敦煌旧塞东西二围(东西疑东北之讹),以防北虏之患。筑敦煌旧塞西南二围,以威南虏。"案唐《沙州图经》,则沙州有古塞城、古长城二址。塞城周回州境,东在城东四十五里,西在城西十五里,南在州城南七里,北在州城北五

---

① 王国维:《明堂庙寝通考》,《观堂集林》,河北教育出版社 2003 年版,第 62—63 页。
② 王国维:《致缪荃孙》,《王国维全集·书信》,中华书局 1984 年版,第 37 页。

里。古长城则在州北六十六里，东至阶亭烽一百八十里，入瓜州常乐县界；西至曲泽烽二百一十二里，正西入碛，接石城界云云。李暠所修，有东、西、南、北四围，当即《图经》之古塞城。法显所见，仅有纵横二围，其东西行者，或即《图经》之古长城，而里数颇短。盖城在晋末当已颓废，而《图经》所纪东西三百里者，则穷其废址者也。此城遗址，《图经》谓在州北六十三里，今木简出土之地，正直其所，实唐沙州，《图经》所谓古长城也。前汉时，敦煌郡所置三都尉，皆治其所。都尉之下，又各置侯官。由西而东，则首玉门都尉下之大煎都侯官、玉门侯官（皆在汉龙勒县境），次则中部都尉所属平望侯官、步广侯官（汉敦煌县境），又东则宜禾都尉所属各侯官（汉效谷、广至二县境。以上说均见本书《屯戍丛残》烽燧类考释中及附录烽燧图表）。又东入酒泉郡，则有酒泉西部都尉所治之西部障，北部都尉所治之偃泉障；又东北入张掖郡，则有张掖都尉所治之遮虏障。疑皆沿长城置之。今日酒泉、张掖以北，长城遗址之有无，虽不可知，然以当日之建置言之，固宜如是也。今斯氏所探得者，敦煌迤北之长城，当《汉志》敦煌、龙勒二县之北境，尚未东及广至界。汉时简牍即出于此，实汉时屯戍之所，又由中原通西域之孔道也。长城之说既定，玉门关之方位亦可由此决。[①]

以上所论汉长城之位置，以及长城各处屯戍之都尉侯官的设置，汉长城为古代中原通西域之孔道等项，均与汉代历史关系甚大。故仅就王国维以新旧史料相结合考论长城而言，这一方法对于推进历史研究之重要性已经得到有力的显示。可以说，王国维这一长篇序言，开近代据出土简策研究西北地理之先河。王国维在致缪荃孙书信中说："岁首与蕴公同考释《流沙坠简》，并自行写定，殆尽三四月之力为之。此事关系汉代史事极大，并现存之汉碑数十通亦不足以比之。东人不知，乃惜其中少古书，岂知纪史籍所不纪之事，更比古书为可贵乎？考释虽草草具稿，自谓于地理上裨益最多，其余关乎制度名物者亦颇有创获，使竹汀先生辈操觚，恐亦不过如是。"[②]在这里，王国维以自信的口吻提出了迥异于当时日本学者的重要看法。这种自信，很大程度上来自于他对地下新出材料的了解与掌握。他的研究方法，也开创了学术研究的新范式。对此，鲁迅曾大加褒扬："中国有一部《流沙坠

---

① 王国维：《流沙坠简·序》，《观堂集林》，河北教育出版社 2003 年版，第 406—407 页。

② 王国维：《致缪荃孙》，《王国维全集·书信》，中华书局 1984 年版，第 40 页。

简》,印了将有十年了。要谈国学,那才可以算一种研究国学的书。开首有一篇长序,是王国维先生做的,要谈国学,他才可以算一个研究国学的人物。"①

如果说《齐鲁封泥集成》《殷墟书契考释》《流沙坠简》等的校对整理、编撰与考释,可以看作是王国维运用"纸上之材料"与"地下之新材料"相互印证来研究历史的肇始,那么,1915—1916 年《鬼方、昆夷、猃狁考》《三代地理小记》《毛公鼎考释》《太史公系年考略》等撰述,则可以看作是王国维"二重证据法"的真正萌生。

《鬼方、昆夷、猃狁考》(初名《古代外族考》)②一文,是王国维于 1915 年撰就的运用"二重证据法"的第一篇名文。文章开篇写道:"我国古时有一种强梁之外族,其族西自汧、陇,环中国而北,东及太行、常山间,中间或分或合,时入侵暴中国,其俗尚武,而文化之度不如诸夏远甚。又本无文字,或虽有而不与中国同。是以中国称之也,随世异名,因地殊号,至于后世,或且以丑名加之。其见于商、周间者,曰鬼方、曰混夷、曰獯鬻;其在宗周之际,则曰猃狁;入春秋后,则始谓之戎,继号曰狄;战国已降,又称之曰胡、曰匈奴。综上诸称观之,则曰戎、曰狄者,皆中国人所加之名;曰鬼方、曰混夷、曰獯鬻、曰猃狁、曰胡、曰匈奴者,乃其本名,而鬼方之方、混夷之夷,亦为中国所附加。当中国呼之为戎狄之时,彼之自称绝非如此,其居边裔者,尤当仍其故号。故战国时,中国戎、狄既尽,强国辟土,与边裔接,乃复其本名呼之。此族春秋以降之事,载籍稍具,而远古之事,则颇茫然,学者但知其名而已。今由古器物与古文字之助,始得言其崖略,倘亦史学家之所乐闻欤?"③从文中所言的"此族春秋以降之事,载籍稍具,而远古之事,则颇茫然,学者但知其名而已。今由古器物与古文字之助,始得言其崖略,倘亦史学家之所乐闻欤"来看,此时王国维已明确认识到出土资料和传世文献相结合研究古史的突出价值。正因为如此,文章广泛征引先秦两汉文献和小盂鼎、梁伯戈、毛公鼎等钟鼎彝器铭文,论述了商周称为鬼方、昆夷、獯鬻、猃狁,即战国以后所谓胡、匈奴的先秦游牧部族的活动地区和相互关系。不仅立一家之言,而且开拓了古代游牧部族史研究的新领域,在学术界影响甚大。

1915 年撰就的《三代地理小记》,下分《说自契至于成汤八迁》《说商》《说亳》《说耿》《说殷》《殷墟卜辞中所见地名考》《周时天子行幸征伐考》《古

① 鲁迅:《不懂的音译》,《鲁迅全集》第 1 卷,人民文学出版社 1981 年版,第 398 页。
② 此文于 1915 年即收入罗振玉《雪堂丛刻》(原名《国学丛刊》)。后收入《观堂集林》。
③ 王国维:《鬼方、昆夷、猃狁考》,《观堂集林》,河北教育出版社 2003 年版,第 296 页。

诸侯称王说》《秦都邑考》等 9 篇。每篇文章的篇幅均不长,都是利用甲骨卜辞、金文和传世文献研究上古历史地理的著述,同样体现了王国维用"二重证据法"治古史的方法。所以有学者称:"王国维是利用甲骨、金文解释中国古代史的创始人。"①

1916 年,王国维在所撰《毛公鼎考释序》中说:"三代重器存于今日者,器以盂鼎、克鼎为最巨;文以毛公鼎为最多。此三器皆出道光、咸丰间,而毛公鼎首归潍县陈氏,其打本、摹本亦最先出,一时学者竞相考订。嘉兴徐寿臧明经(同柏)、海丰吴子苾阁学(式芬)、瑞安孙仲容比部(诒让)、吴县吴清卿中丞(大澂),先后有作。明经首释是器,有凿空之功,阁学矜慎,比部闳通,中丞于古文尤有县解,于是此器文字可读者十且八九。顾自周初讫今垂三千年,其讫秦汉亦且千年。此千年中,文字之变化脉络,不尽可寻,故古器文字有不可尽识者,势也。古代字假借至多,自周至汉,音亦屡变,假借之字不能一一求其本字,故古器文义有不可强通者,亦势也。自来释古器者,欲求无一字之不识,无一义之不通,而穿凿附会之说以生。穿凿附会者,非也;谓其字之不可识、义之不可通而遂置之者,亦非也。文无古今,未有不文从字顺者。今日通行文字,人人能读之、能解之,《诗》《书》、彝器,亦古之通行文字,今日所以难读者,由今人之知古代不如现代之深故也。苟考之史事与制度文物,以知其时代之情状;本之《诗》《书》,以求其文之义例;考之古音,以通其义之假借;参之彝器,以验其文字之变化,由此而之彼,即甲以推乙,则于字之不可释、义之不可通者,必间有获焉。然后阙其不可知者,以俟后之君子,则庶乎其近之矣。孙、吴诸家之释此器,亦大都本此方法,惟用之有疏密,故得失亦准之。今为此释,于前人之是者证之,未备者补之,其有所疑,则姑阙焉。虽于诸家外所得无多,然可知古代文字自有其可识者与可通者,亦有其不可识与不可强通者,而非如世俗之所云也。"②这段文字,虽为毛公鼎铭文考释而写③,其实可视为王国维对考释古器物铭文方法的一次总结。他认为要考证清楚古器物铭文所记载的史事和制度,必须以《诗》《书》等文献典籍和其他彝器互相参证,求其文之义例,通其义之假借,验其文字之变化,由此及彼,以甲推乙。这段总结,可视为"二重证据法"之初步表述。

---

① 杨向奎:《略论王国维的古史研究》,《史学史资料》1980 年第 3 期,第 2 页。
② 王国维:《毛公鼎考释·序》,《观堂集林》,河北教育出版社 2003 年版,第 145—146 页。
③ 毛公鼎是清代道光末年在陕西岐山出土的晚周青铜器,铭文多达 497 字。

　　1916 年撰写的《太史公系年考略》(《太史公行年考》)①，是王国维又一在学术界影响深远的名作。太史公司马迁记载了自黄帝到汉武帝时期的史事，为后人留下了一部重要而可靠的信史。但是司马迁却没有记下自己的生年，班固《汉书·司马迁传》中亦缺乏记载。不明太史公的生年，此实为学术史上极大的遗憾。对此，历代学者亟望解决而未能如愿。王国维有勇气考证并且自信已经基本解决了这一难题②，其基础就是除了熟悉《史记》和有关汉史各种文献外，他还利用了前人不能、同时代人尚未真正注意的新出汉简史料。

　　关于司马迁的生年，现在所能找到的只有《史记·太史公自序》中两条注语。《太史公自序》说："卒三岁而迁为太史令，紬史记石室金匮之书。五年而当太初元年，十一月甲子朔旦冬至，天历始改，建于明堂，诸神受纪。"在"卒三岁而迁为太史令"句下，唐司马贞《索隐》引西晋张华《博物志》注："太史令茂陵显武里大夫司马迁，年二十八，三年六月乙卯除，六百石也。"所提"三年六月乙卯除"之三年，为武帝元封三年(前 108)，如果元封三年司马迁年二十八岁，则当生于建元六年(前 135)。然而，在"五年而当太初元年"句下，唐张守节《正义》注："迁年四十二岁。"如果按《索隐》引《博物志》载，司马迁生于建元六年(前 135)，那么，太初元年(前 104)，则迁年为三十二岁，而非四十二岁。也就是说，张守节《正义》所注"迁年四十二岁"，与《索隐》引《博物志》载司马迁之年龄正好相差 10 岁。这两条记载，必有一处错误。

　　对此，王国维考证说，《索隐》所引张华《博物志》此条，不见于今本《博物志》，当在逸篇中，但此条记载的格式行款，无疑根据汉人之记录，决非魏晋人之文体语气。其证据和分析是："考史公本夏阳人，而云'茂陵显武里'者，父谈以事武帝，故迁茂陵也。大夫者，汉爵第五级也。注人履历，辄具县里及爵。《扁鹊仓公列传》有'安陵阪里公乘项处'，敦煌所出新莽时木简有'敦德亭间田东武里士伍王参'是也。或并记其年，敦煌汉简有'新望与盛里公乘□杀之年卅八'，又有'□□中阳里大夫吕年，年廿八'，此云'茂陵显武里大夫司马迁年三十八(此处王国维已改二十八为三十八——引者)'，与彼二简正同。乙卯者，以颛顼历及殷历推之，均为六月二日。由此数证，知《博物

① 《太史公系年考略》发表于 1916 年，收入《广仓学宭丛书》甲类;《太史公行年考》发表于 1923 年，收入《观堂集林》卷十一。对司马迁行年论证，两文稍有详略，但其说未变。
② 王国维在自编的《观堂集林》"史林"中，将《太史公行年考》列在关于殷商史考证的三篇名作之后的第四篇，大概由此突显其重要性。

志》此条乃本于汉时簿书,为最可信之史料矣。"①而张守节《正义》所引,其所依据亦应当是《博物志》。故王国维得出审慎而重要的结论:"疑今本《索隐》所引《博物志》年二十八,张守节所见本作年三十八。三讹为二,乃事之常;三讹为四,则于理为远。以此观之,则史公生年,当为孝景中五年,而非孝武建元六年矣。"②尽管司马迁生年目前仍存在公元前135年和公元前145年两说,但王国维独特而缜密的考证,尤其是利用新出土的汉简材料作为旁证,使学界耳目为之一新。

自1915年至1916年两年间,王国维的古史考证成果累累。除上提及的《鬼方、昆夷、狁考》《三代地理小记》《毛公鼎考释》《太史公系年考略》外,还有《不期敦盖铭考释》《胡服考》《古礼器略说》《生霸死霸考》《史籀篇疏证》《流沙坠简考释补正》《周书顾命考》《魏石经考》《尔雅草木虫鱼鸟兽释例》《乐诗考略》(含《释乐次》《周大武乐章考》《说勺舞象舞》《说周颂》《说商颂上》《说商颂下》《汉以后所传周乐考》)等多种著述。这些著述主要通过运用考古新史料与典籍相释证的治学方法,对古代地理、民族、历法、制度、人物、习俗、古器物等诸问题做出考释,大多以其提出问题之新颖、见解之独到和考证之缜密,而受到研究者的重视。

王国维运用"二重证据法"取得的最大成果,无疑是1917年先后撰成的《殷卜辞中所见先公先王考》和《殷卜辞中所见先公先王续考》二文③。因其所运用的方法缜密精当,解决的问题重大,一举轰动学术界,为研究者打开了一片新天地,成为近代"新史学"的奠基之作。

在王国维之前,罗振玉已在《殷墟书契考释》中开始将甲骨文上的商王名号与《史记·殷本纪》相对证,指认出卜辞中商王名22个,外加示壬、示癸两个先王名号。王国维在罗振玉的基础上大大向前推进,他综合《史记》及其他古代文献与卜辞相对证,对整个商王室世系作总体的研究,出色地运用"二重证据法",取得了震惊学术界的成就。他先撰成《殷卜辞中所见先公先王考》,对俊(夒)、相土、季、王亥、王恒、上甲、报丁、报丙、报乙、主壬、主癸、大乙、唐、羊甲、祖某、父某、兄某等进行考定。在考释中,他把卜辞与相质证的文献范围,由《史记》扩大到《楚辞》《山海经》《竹书纪年》《世本》《汉书·古今人表》《吕览》,甚至扩大到金文,广参互证,而使前人无法解决的问题在他

---

① 王国维:《太史公行年考》,《观堂集林》,河北教育出版社2003年版,第251页。
② 王国维:《太史公行年考》,《观堂集林》,河北教育出版社2003年版,第246页。
③ 两文首先发表于1917年的《学术丛编》(即《广仓学窘丛书》甲类)。王国维在自编的《观堂集林》"史林"中,将两文列为第一、第二篇,足见其分量。

手里迎刃而解。例如关于"王亥",王国维考证说:

> 卜辞多记祭王亥事。《殷墟书契前编》有二事,曰"贞夑于王亥"(卷一第四十九页),曰"贞之于王亥,世牛,辛亥用"(卷四第八页),《后编》中又有七事,曰"贞于王亥求年"(卷上第一页);曰"乙巳卜□贞之于王亥十"(下阙,同上第十二页);曰"贞夑于王亥"(同上第十九页);曰"夑于王亥"(同上第二十三页);曰"癸卯□贞,□□高祖王亥□□□"(同上第二十一页);曰"甲辰卜□贞,来辛亥夑于王亥,世牛,十二月"(同上第二十三页);曰"贞登王亥羊"(同上第二十六页);曰"贞之于王亥,□三百牛"(同上第二十八页)。《龟甲兽骨文字》有一事,曰"贞夑于王亥,五牛"(卷一第九页)。观其祭日用辛亥,其牲用五牛、三十牛、四十牛乃至三百牛,乃祭礼之最隆者,必为商之先王先公无疑。案《史记·殷本纪》及《三代世表》,商先祖中无王亥,惟云:"冥卒,子振立。振卒,子微立。"《索隐》:"振,《系本》作核。"《汉书·古今人表》作垓。然则《史记》之振,当为垓或为核字之讹也。《大荒东经》曰:"有璃民国,句姓而食,有人曰王亥,两手操鸟,方食其头,王亥托于有易、河伯仆牛,有易杀王亥,取仆牛。"郭璞注引《竹书》曰:"殷王子亥,宾于有易而淫焉,有易之君绵臣杀而放之。是故殷主甲微假师于河伯,以伐有易,克之,遂杀其君绵臣也。"(此《竹书纪年》真本,郭氏隐括之如此。)今本《竹书纪年》:"帝泄十二年,殷侯子亥宾于有易,有易杀而放之。""十六年,殷侯微以河伯之师伐有易,杀其君绵臣。"是《山海经》之王亥,古本《纪年》作"殷王子亥",今本作"殷侯子亥"。又前于上甲微者一世,则为殷之先祖冥之子、微之父无疑。卜辞作"王亥",正与《山海经》同。又祭王亥皆以亥日,则亥乃其正字。《世本》作"核",《古今人表》作"垓",皆其通假字。《史记》作"振",则因与核或垓二字形近而讹。夫《山海经》一书,其文不雅驯,其中人物,世亦以子虚乌有视之;《纪年》一书,亦非可尽信者,而王亥之名竟于卜辞见之,其事虽未必尽然,而其人则确非虚构。可知古代传说存于周秦之间者,非绝无根据也。①

王国维进一步指出,"王亥之名及其事迹,非徒见于《山海经》《竹书》,周秦间人著书多能道之。"《吕氏春秋·勿躬篇》中的"王冰",《世本·作篇》中

---

① 王国维:《殷卜辞中所见先公先王考》,《观堂集林》,河北教育出版社 2003 年版,第 212—213 页。

的"胲",《楚辞·天问》中的"该",记的都同是王亥。最后,王国维说:"卜辞言王亥者九,其二有祭日,皆以辛亥,与祭大乙用乙日,祭大甲用甲日同例。是王亥确为殷人以辰为名之始,犹上甲微之为以日为名之始也。"①

用同样的方法,王国维又考证出卜辞中的"王恒"也是商先公。王国维据《铁云藏龟》及《殷墟书契后编》,认定卜辞人名有王恒,其文曰"贞之于王亘(即恒)"。王恒之为殷先祖,《史记·殷本纪》缺载,惟见于《楚辞·天问》。《天问》自"简狄在台喾何宜"以下二十韵,皆述商事。其问王亥以下数世事曰:"该秉季德,厥父是臧。胡终弊于有扈,牧夫牛羊?干协时舞,何以怀之?平胁曼肤,何以肥之?有扈牧竖,云何而逢?击床先出,其命何从?恒秉季德,焉得夫朴牛?何往营班禄,不但还来?昏微遵迹,有狄不宁。何繁鸟萃棘,负子肆情?眩弟并淫,危害厥兄。何变化以作诈,后嗣而逢长?"王国维认为,此十二韵,以《大荒东经》及《尔雅》郭璞注引《竹书纪年》参证之,实纪王亥、王恒及上甲微三世之事,而《山海经》《竹书纪年》之"有易",《天问》作"有扈",乃为误字。"盖后人多见有扈,少见有易,又同是夏时事,故改易为扈。"下文"昏微遵迹,有狄不宁",昏微即上甲微,有狄即有易,古狄、易二字互相通假。王国维参证卜辞及《殷本纪》《天问》等多种文献,疏理诠释商代王亥、王恒、上甲微三世史事,说:"盖商之先,自冥治河,王亥迁殷,已由商邱越大河而北,故游牧于有易高爽之地,服牛之利,即发见于此。有易之人乃杀王亥,取服牛,所谓'胡终弊于有扈,牧夫牛羊'者也。其云'有扈牧竖,云何而逢?击床先出,其命何从'者,似记王亥被杀之事。其云'恒秉季德,焉得夫朴牛'者,恒盖该弟,与该同秉季德,复得该所失服牛也。所云'昏微遵迹,有狄不宁'者,谓上甲微能率循其先人之迹,有易与之有杀父之仇,故为之不宁也。'繁鸟萃棘'以下,当亦记上甲事,书阙有间,不敢妄为之说。然非王逸《章句》所说解居父及象事,固自显然。"②

根据上述考析,王国维归结说,向来学者甚难索解的《天问》一段,实与《山海经》及《竹书纪年》同出一源。而《天问》就壁画发问,所记尤详,虽为文学作品,却有重要的史料价值。王恒之名为他书所未载,但卜辞中王恒与王亥,同以王称,其时代自当相接;而《天问》之该与恒,恰与此相当,以此新旧史料互参,适可明了商代王亥、王恒、上甲微三世史事之大略。

王国维考证王恒一段最后得出的结论是:"王亥与上甲微之间,又当有

---

① 王国维:《殷卜辞中所见先公先王考》,《观堂集林》,河北教育出版社 2003 年版,第 214 页。

② 王国维:《殷卜辞中所见先公先王考》,《观堂集林》,河北教育出版社 2003 年版,第 214—215 页。

王恒一世。以《世本》《史记》所未载，《山经》《竹书》所不详，而今于卜辞得之；《天问》之辞，千古不能通其说者，而今由卜辞通之。此治史学与文学者所当同声称快者也。"①

此文又根据卜辞中报乙、报丙、报丁，字皆在匸中，考证出卜辞中的田就是上甲微。并且识出卜辞中的唐就是商朝开国之君成汤，主要证据为：《铁云藏龟》中有一片唐、大丁、大甲三人相连；又《殷墟书契后编》中有一片刻有三段卜辞，一曰"贞于唐"，二曰"贞于大甲"，三曰"贞于大丁"，应当同时所卜，故三段辞在一骨上。据此，王国维推测："唐与大丁、大甲连文，而又居其首，疑即汤也。"②

《殷卜辞中所见先公先王考》成文后不久，王国维又见英人哈同《戬寿堂所藏殷墟文字》拓本凡八百纸，以及罗振玉带来新拓卜辞文字约千纸，发现这些新见材料可补证前文者颇多，于是撰成《殷卜辞中所见先公先王续考》。与《殷卜辞中所见先公先王考》一样，《殷卜辞中所见先公先王续考》也有诸多创见。其中最突出的价值，是第一次采用甲骨缀合之法，③考证出上甲微以下的世系应按"报乙、报丙、报丁、示壬、示癸"排列，改正了《殷本纪》中作"报丁、报乙、报丙"的误记。之前，王国维已从《殷墟书契后编》所收甲骨残片中，考证出报丙、报丁，并发现卜辞中是以报丙、报丁为次序，与《史记·殷本纪》及《三代世表》有所不同。此番又从哈同所藏卜辞拓片中，发现上刻有"上甲、报乙、示癸"等字的甲骨残片。王国维从它们的卜辞字形、文辞格式以及都涉及商代世系内容等方面，敏锐地察觉到，它们"疑本一骨折为二者"。于是，"以二拓本合之，其断痕若合符节，文辞亦连续可诵，凡殷先公先王自上甲至于大甲，其名皆在焉"④。

由此他首创了甲骨缀合法，并获得了殷先公、先王世系的重要史料。对此，他详加考证："其文三行，左行，其辞曰'乙未酒祉晋田十、习三、覀三、刁三、示壬三、示癸三、大丁十、大甲十（下阙）'。此中曰'十'、曰'三'者，盖谓牲牢之数。上甲、大丁、大甲十而其余皆三者，以上甲为先公之首，大丁、大甲又先王而非先公，故殊其数也。示癸、大丁之间无大乙者，大乙为大祖，先公先王或均中食于大祖故也。据此一文之中，先公之名具在，不独田即上甲，习、覀、刁即报乙、报丙、报丁，示壬、示癸即主壬、主癸，胥得确证，且足证

① 王国维：《殷卜辞中所见先公先王考》，《观堂集林》，河北教育出版社 2003 年版，第 215—216 页。
② 王国维：《殷卜辞中所见先公先王考》，《观堂集林》，河北教育出版社 2003 年版，第 219 页。
③ 即把甲骨拼接起来，是研究和破译甲骨文的一种考古研究方法。
④ 王国维：《殷卜辞中所见先公先王续考》，《观堂集林》，河北教育出版社 2003 年版，第 224 页。

上甲以后诸先公之次,当为报乙、报丙、报丁、主壬、主癸。而《史记》以报丁、报乙、报丙为次,乃违事实。"①

《殷卜辞中所见先公先王续考》另一重要价值,是考证商先王世数。记载商代先王世数的文献主要有三种:《史记·殷本纪》《史记·三代世表》《汉书·古今人表》,它们对商代先王世数的记载有所不同。王国维以卜辞与诸多文献相互比勘考析,证明对商代先王世数三种文献不同记载中,以《史记·殷本纪》所记世数为较正确。王国维指出:"《史记·殷本纪》《三代世表》及《汉书·古今人表》所记殷君数同,而于世数则互相违异。据《殷本纪》,则商三十一帝(除了大丁为三十帝),共十七世。《三代世表》以小甲、雍己、大戊为大庚弟(《殷本纪》大庚子),则为十六世。《古今人表》以中丁、外壬、河亶甲为大戊弟(《殷本纪》大戊子),祖乙为河亶甲弟(《殷本纪》河亶甲子),小辛为盘庚子(《殷本纪》盘庚弟),则增一世,减二世,亦为十六世。今由卜辞证之,则以《殷本纪》所记为近。"②此项考证,是运用商代"特祭"规律而推导的。所谓"特祭",是商代祭祀的一种独特仪式,即祭"其所自出之先王,而非所自出之先王不与者"。在《殷卜辞中所见先公先王考》一文中,王国维曾举出《殷墟书契后编》卷上有一片卜辞,曰"甲辰卜贞,王宾求祖乙、祖丁、祖甲、康祖丁、武乙衣,亡□"。据王国维考证,祖乙即小乙,祖丁即武丁。商代自小乙到武乙,中间有武丁、祖庚、祖甲、廪辛、康丁,共七帝,然此卜辞为文丁时文物,只列小乙、武丁、祖甲、康祖丁(即康丁)、武乙,是为特祭文丁所自出的五世先王,故非其所自出之祖庚、廪辛二帝不列其中。

王国维在《殷墟书契后编》卷上第 5 页所录卜辞中,发现一断片,原文竖写三行,自左到右为:

<blockquote>

[上阙]大甲大庚[下阙]

[上阙]丁祖乙祖[下阙]

[上阙]一羊一南[下阙]

</blockquote>

对于常人,此残缺之三行 12 个字,无异天书,万难索解。但王国维却能根据多年探索总结而得的卜辞祭祀规律及文辞书写格式"以意补之",读为:

<blockquote>

[大丁]、大甲、大庚、[大戊]

[中]丁、祖乙、祖[辛、祖丁]

[牛]一、羊一、南[庚、阳甲]

</blockquote>

---

① 王国维:《殷卜辞中所见先公先王续考》,《观堂集林》,河北教育出版社 2003 年版,第 224—225 页。

② 王国维:《殷卜辞中所见先公先王续考》,《观堂集林》,河北教育出版社 2003 年版,第 227—228 页。

于是,万难索解的 12 个字残片,至此得以补足疏通。

那么,王国维是如何解破、补足的呢?他说:"此片虽残阙,然于大甲、大庚之间不数沃丁,中丁(中字直笔尚存)、祖乙之间不数外壬、河亶甲,而一世之中仅举一帝,盖亦与前所举者同例。"①

这一"以意补之"的成功,为证明商代世数提供了极宝贵的史料。对此,王国维最后总结说:"由此观之,则此片当为盘庚、小辛、小乙三帝时之物,自大丁至祖丁,皆其所自出之先王。以《殷本纪》世数次之,并以行款求之,其文当如是也。惟据《殷本纪》,则祖乙乃为河亶甲子,而非中丁子。今此片中有中丁而无河亶甲,则祖乙自当为中丁子,《史记》盖误也。且据此,则大甲之后有大庚,则大戊自当为大庚子,其兄小甲、雍己亦然。知《三代世表》以小甲、雍己、大戊为大庚弟者非矣。大戊之后有中丁,中丁之后有祖乙,则中丁、外壬、河亶甲自当为大戊子,祖乙自当为中丁子。知《人表》以中丁、外壬、河亶甲、祖乙皆为大戊弟者非矣。卜辞又云'父甲一牡,父庚一牡,父辛一牡',甲为阳甲,庚则盘庚,辛则小辛,皆武丁之诸父,故曰'父甲''父庚''父辛',则《人表》以小辛为盘庚子者非矣。凡此诸证,皆与《殷本纪》合,而与《世表》《人表》不合,是故殷自小乙以上之世数,可由此二片证之。小乙以下之世数,可由祖乙、祖丁、祖甲、康祖丁、武乙一条证之。考古者得此,可以无遗憾矣。"②

千百年间,历代学者对《殷本纪》等三篇文献中所载商先王世数究竟何者为正确的问题,一直争论不休。王国维《殷卜辞中所见先公先王续考》问世,则千古之谜至此冰释。而司马迁《殷本纪》商先王 31 帝名、17 世数,除祖乙为河亶甲子、非中丁子此一处误外,其余全部能以新出土史料相质证,而太史公所记载史实之确切有据,乃再一次获得雄辩的证明。

《殷卜辞中所见先公先王续考》中还考证出卜辞中"毓、后、後"三字互通,商人称先祖为后,卜辞中屡见之"多后",乃是祭祀时对多位先祖的共称。且考证出,卜辞中称祖乙为中宗③,证诸文献,全与古来《尚书》学家之说相异。惟《太平御览》引《竹书纪年》曰:"祖乙滕即位,是为中宗,居庇。"今得卜辞证据,乃"知《纪年》是而古今《尚书》家说非也";《史记·殷本纪》以大戊为中宗,亦是根据《尚书》今文家之说而致误。④

---

① 王国维:《殷卜辞中所见先公先王续考》,《观堂集林》,河北教育出版社 2003 年版,第 228 页。
② 王国维:《殷卜辞中所见先公先王续考》,《观堂集林》,河北教育出版社 2003 年版,第 228—229 页。
③ 《戬寿堂所藏殷墟文字》残片中有曰"中宗祖乙牛吉"。
④ 王国维:《殷卜辞中所见先公先王续考》,《观堂集林》,河北教育出版社 2003 年版,第 226—227 页。

1918 年后,王国维又有《唐写本唐韵残卷校记》《摩尼教流行中国考》《西胡考》(及《续考》)、《魏正始石经残石考》《殷墟书契考释序》《殷墟文字类编序》《梁伯戈跋》《颂壶跋》《散氏盘考释》(及跋)、《吴王夫差监跋》《太史公行年考》等多种著述,进一步为"二重证据法"的完善与最终提出奠定了基础。

第三节 "二重证据法"形成的原因及意义

王国维之所以能提出"转移一时之风气","示来者以轨则"的"二重证据法",这既与 19 世纪末 20 世纪初大量地下新材料出土有关,更与王国维学通中西的成功的学术实践相联系。

一、"二重证据法"形成的原因

谈到"二重证据法"形成的原因,与王国维同时代的学者已有清楚的表达,蒋汝藻在《观堂集林》序中说:"窃谓君(指王国维)书才厚数寸,在近世诸家中,著书不为多,然新得之多,未有如君书者也。君新得之多,固由于近日所出新史料之多,然非君之学识,则亦无以理董之。盖君于乾嘉诸儒之学术方法无不通,于古书无不贯串,其术甚精,其识甚锐,故能以旧史料释新史料,复以新史料释旧史料,辗转相生,所得乃如是之伙也。"[①]

第一,"二重证据法"的形成,与王国维对 19 世纪末以来地下材料新发现的关注有极大的关系。19 世纪末到 20 世纪初的若干年内,殷墟甲骨卜辞、西域简牍及敦煌塞上文书、敦煌千佛洞六朝及唐人写卷、清朝内阁大库档案以及中国境内之外族遗文等相继发现,震动了中外学术界,极大地开阔了学者们的眼界,为王国维创造新的治学方法提供了有利条件和思维模式。这些新材料所涉及的内容远非传统的金石学范围所能比拟,它们使王国维的视野豁然开朗,同时也使他对史料的认识产生了一个突变。

王国维关注地下新材料,是从 1911 年随罗振玉东渡日本后开始的。1912 年,王国维始读清儒小学书,并撰《简牍检署考》。1913 年,圈注段玉裁《说文》注,并作《明堂庙寝通考》,序《齐鲁封泥集存》。在《明堂庙寝通考》中,王国维开始了用"金文、龟卜文"来证文献资料的尝试。在《齐鲁封泥集存》序中,王国维说:"自宋人始为金石之学,欧、赵、黄、洪各据古代遗文,以

---

① 蒋汝藻:《观堂集林·序》,《观堂集林》,河北教育出版社 2003 年版,第 5 页。

证经考史,咸有创获,然涂术虽启而流派未宏。近二百年始益光大,于是三古遗物应世而出,金石之出于邱陇窟穴者,既数十倍于往昔。此外,如洹阴之甲骨,燕齐之陶器,西域之简牍,巴蜀齐鲁之封泥,皆出于近数十年间,而金石之名乃不足以该之矣。之数者,其数量之多,年代之古,与金石同。其足以考经证史,亦与金石同,皆古人所不及见也。"①此时,王国维已经认识到,"吾辈生于今日","于纸上之材料外,更得地下之新材料",确实是治学的一大幸事。王国维之所以能比同时代学者有更多的"新得",就在于能够认识新发现材料的价值,利用这些新材料。

第二,"二重证据法"的形成,是王国维对传统金石学的继承和突破。实物材料在我国早有运用,比如宋代以来的金石之学。但传统金石学研究仅以零星出土的古代铜器和石刻为研究对象,偏重于著录和考定文字资料,以达到证经补史之目的,范围较为狭窄,内容亦有限。这种局限,到了乾嘉学者那里稍有改变。如钱大昕运用文字证史,开创金石文字与文献相结合研究之先河。乾嘉学者那种严密精良的考证方法,如实事求是、无征不信、广参互证、追根穷源、讲求义例逻辑等,对王国维治学产生了直接的影响。

对传统金石学王国维颇为推重,他曾评价道:"近世学术多发端于宋人,如金石学亦宋人所创学术之一。宋人治此学,其于搜集、著录、考订、应用各方面无不用力,不百年间遂成一种之学问。"②在王国维所撰的许多著述中,就可以看到金石学、乾嘉朴学之影子。1916 年,王国维在所撰《毛公鼎考释序》中说:"苟考之史事与制度文物,以知其时代之情状;本之《诗》《书》,以求其文之义例;考之古音,以通其义之假借;参之彝器,以验其文字之变化,由此而之彼,即甲以推乙,则于字之不可释、义之不可通者,必间有获焉。然后阙其不可知者,以俟后之君子,则庶乎其近之矣。"③这段近乎自述的话,正是王国维治学与传统金石学、乾嘉朴学关系极好的说明。

不过,他在承袭乾嘉一派的基础上,把碑刻文字扩大到甲骨文、金文、汉简,以之与历史文献互证,且运用得更自觉,更有时代性、科学性,因而能够超越前贤,取得卓越的成就。从王国维在 1917 年前后所写的一系列用甲骨卜辞考证古史的论著,如《殷卜辞中所见先公先王考》《殷卜辞中所见先公先王续考》《戬寿堂所藏殷墟文字考释》《殷周制度论》等,就可看到,他的研究早已不只限于静态的、就事论事的器物文字考证,而是对古史,尤其是商代

---

① 王国维:《齐鲁封泥集存·序》,《观堂集林》,河北教育出版社 2003 年版,第 455—456 页。
② 王国维:《宋代之金石学》,《王国维遗书》第 5 册,上海古籍书店 1983 年版,第 70 页。
③ 王国维:《毛公鼎考释·序》,《观堂集林》,河北教育出版社 2003 年版,第 146 页。

历史及商周制度的研究,他运用甲骨文确定商代先公先王次序,从而重建了商代的历史。

第三,"二重证据法"的形成,与王国维对"西学"的接纳相关联。继承以乾嘉朴学为代表的传统治学方法确有成效,但如果没有与"西学"融为一体,那么,王国维也难以取得超越前人的成果,并提出"二重证据法"。1936年王国华序《海宁王静安先生遗书》,论及其兄学术时说:"先兄治学之方,虽有类于乾嘉诸老,而实非乾嘉诸老所能范围。其疑古也,不仅抉其理之所难符,而必寻其伪之所自出;其创新也,不仅罗其证之所应有,而必通其类例之所在。此有得于西欧学术精湛绵密之助也。并世贤者,今文家轻疑古书,古文家墨守师说,俱不外以经治经。而先兄以史治经,不轻疑古,亦不欲以墨守自封,必求其真。故六经皆史之论虽发于前人,而以之与地下史料相印证,立今后新史学之骨干者,谓之始于先兄可也。"①

王国维的西学根底,建立于1898年至1907年间,用了实足10年的工夫。最初学习日语、英语和数、理课程。后来以攻读康德和叔本华哲学为主。虽然他日后并未坚持从事哲学研究,而是转向文学、史学,但这一段学术经历,尤其是对西方哲学认识问题、解决问题的思维方式的接纳,却使他获益匪浅。但与将学分"新学"与"旧学"或"西学"与"中学"这种机械性割裂不同,王国维认为应融中西为一体。这一主张,在1911年所做的《国学丛刊》序中,已有了明确的表达。他说:"余谓中西二学,盛则俱盛,衰则俱衰,见气既开,互相推助。且居今日之世,讲今日之学,未有西学不兴而中学能兴者,亦未有中学不兴而西学能兴者。"又说:"凡事物必尽其真,而道理必求其是,此科学之所有事也。而欲求知识之真与道理之是者,不可不知事物道理之所以存在之由与其变迁之故,此史学之所有事也。若夫知识、道理之不能表以议论,而但可表以情感者,与夫不能求诸实地而但可求诸想象者,此则文学之所有事。古今东西之为学,均不能出此三者。惟一国之民,性质有所毗,境遇有所限,故或长于此学而短于彼学;承学之子,资力有偏颇,岁月有涯涘,故不能主此学而从彼学,且于一学之中,又择其一部而从事焉。此不独治一学当如是,自学问之性质言之,亦固宜然。然为一学,无不有待于一切他学,亦无不有造于一切他学。故是丹而非素,主入而奴出,昔之学者或有之,今日之真知学、真为学者,可信其无是也。夫然,故吾所谓学无新

① 王国华:《海宁王静安先生遗书·序》,《追忆王国维》,中国广播电视出版社1997年版,第2页。

旧,无中西,无有用、无用之说,可得而详焉。"①正是有了这种"中学"与"西学"关系、"一学"与"他学"关系、科学精神和历史研究关系的认识,王国维的史学研究在继承传统考据方法的基础上,吸取了西学的实证主义治学思想,形成了既不尚古、又不蔑古,一切从客观事实出发来利用和处理传世文献与地下材料的实证主义治学方法。

第四,"二重证据法"的形成,是王国维自身学术实践的总结。王国维一生的学术内容和治学风格,陈寅恪概括为三个方面:"一曰取地下之实物,与纸上之遗文互相释证。凡属于考古学及上古史之作,如《殷卜辞中所见先公先王考》及《鬼方、昆夷、猃狁考》等是也。二曰取异族之故书,与吾国之旧籍互相补正。凡属于辽金元史事及边疆地理之作,如《萌古考》及《元朝秘史之主因亦儿坚考》等是也。三曰取外来之观念,与固有之材料互相参证。凡属于文艺批评及小说戏曲之作,如《红楼梦评论》及《宋元戏曲考》《唐宋大曲考》等是也。"②这是广义上的"二重证据法"。

其古史研究,从1913至1914年间撰写《明堂庙寝通考》《流沙坠简》等著述起,就开始遵循"取地下之实物,与纸上之遗文互相释证"的法则。1917年撰写的《殷卜辞中所见先公先王考》和《殷卜辞中所见先公先王续考》,则是运用"二重证据法"的名篇。1923年,王国维在为商承祚《殷墟文字类编》所做的序言中说:"故此新出之史料,在与旧史料相需,故古文字、古器物之学与经史之学实相表里。惟能达观二者之际,不屈旧以就新,亦不绌新以从旧,然后能得古人之真,而其言乃可信于后世。"③这也正是王国维经史之学取得突破的关键所在。

成功的学术实践是经典的理论阐述的基础。从1911年东渡日本"尽弃前学,专治经史",到1925年明确提出"二重证据法",王国维累积了包括以殷墟甲骨证商史、以钟鼎铭刻证周史、以汉晋木简证汉史、以敦煌文书证唐史等众多"古史新证"的成果。可以说,王国维正是以后半生的学术生命,铸就了"二重证据法"的治学方法。1925年,早已萌生且经过长期学术实践的"二重证据法",由《古史新证》而得到了提升,并由此成为"足以转移一时之风气,而示来者以轨则"的研究方法与学术思想。

第五,王国维的"二重证据法",是针对20世纪20年代兴起的疑古思潮而提出的。此时,以顾颉刚为代表的"古史辨"派对古史、古书提出了诸多怀

① 王国维:《国学丛刊·序》,《观堂集林》,河北教育出版社2003年版,第701—702页。
② 陈寅恪:《王静安先生遗书·序》,《陈寅恪先生全集》(下),台北里仁书局1979年版,第1435页。
③ 王国维:《殷墟文字类编·序》,《观堂集林》,河北教育出版社2003年版,第697页。

疑,在中国学术界掀起了一场颇有声势的疑古运动。虽然,在王国维看来,"勇于疑古"也好,"勇于信古"也罢,都是欠科学的,而且从 1912 年起,王国维已开始其"古史新证"的学术实践,并取得了众多成果,但是,王国维很少直接参与"古史辨"的论争。然而,这一状况在 1925 年后发生了转变,促成这一转变的是他入清华国学研究院讲"古史"。因为疑古派似乎触动了"古史"的根基,而事实是,"虽谬悠缘饰之书,如《山海经》《楚辞·天问》;成于后世之书,如《晏子春秋》《墨子》《吕氏春秋》;晚出之书,如《竹书纪年》,其所言古事亦有一部分之确实性"①。

可以说,作为讲义的《古史新证》,是王国维对疑古派"勇于疑古"的匡正与告诫。从其所选的内容来看,集中了多年来王国维以殷墟甲骨证商史、以钟鼎铭刻证周史的成果,这显然是对当时"东周之前无信史"观点的一种间接回应。

在讲义中,王国维还特选了一篇《桐乡徐氏印谱序》新作②,则直接反驳了钱玄同、容庚等认为"《说文解字》古文为汉人伪造"的观点。文中列举当时所见的战国铜器、兵器、货币、玺印、陶器,以及秦器如大良造商鞅量、大良造鞅戟、新郪虎符、相邦吕不韦戈及石刻《诅楚文》等,进一步说明他的"战国时秦用籀文,六国用古文"的观点,并特别指出:"欲治壁中古文,不当绳以殷周古文,而当于同时之兵器、陶器、玺印、货币求之。惜此数种文字,世尚未有专攻之者。以余不敏,又所见实物,谱录至为狭陋,然就所见者言之,已足知此四种文字自为一系,又与昔人所传之壁中书为一系。"③

1926 年,王国维复容庚书中除重申《说文解字》古文为战国末文字外,还对"勇于疑古"提出批评:"许书古文出壁中书,乃六国末文字,自不能与殷周古文合。其谬误无理,亦如后世隶楷,乃自然演变之结果。而正误与真伪,自系两事。……因许书古文之误谬或与殷周古文不合,而谓为伪字,与因《二十四史》之误谬或与近世之碑志不合,而谓之伪史何异?今人勇于疑古,与昔人之勇于信古,其不合论理正复相同,此弟所不敢赞同者也。"④

---

① 王国维:《古史新证——王国维最后的讲义》,清华大学出版社 1994 年版,第 52 页。

② 1926 年,《古史辨》第一册中发表了钱玄同《论〈说文〉及"壁中古文经"书》,反对王国维"秦用籀文,六国用古文"之说,认为《说文》古文为汉人伪造,更进而断定孔壁古文经为伪造。当时向王国维问学的容庚便持此说,王国维大不以为然。王国维在《致罗福颐》信中说:"近有人作一种议论,谓许书古文为汉人伪造,更进而断孔壁书伪造。容希白亦宗此说。拟为一文以正之。"这篇拟作的文章后来以浙江同乡徐安曾所作古印谱的序言即《桐乡徐氏印谱序》为名,印发给清华国学研究院的学生,由于古玺印文字是研究六国古文的重要资料,故以此代之。

③ 王国维:《桐乡徐氏印谱·序》,《观堂集林》,河北教育出版社 2003 年版,第 148—149 页。

④ 王国维:《致容庚》,《王国维全集·书信》,中华书局 1984 年版,第 437 页。

1927 年，王国维又一次对顾颉刚等人的过于疑古倾向提出了"与其打倒什么，不如建立什么"的告诫。

二、"二重证据法"的意义

王国维站在中西文化交融点上，采纳近代西方科学方法，利用各种新材料和多学科知识研究中国历史，得出新史识，既继承了考据史学的优良传统，又推陈出新，成为承前启后、继往开来的一代巨擘。王国维所开创的以"二重证据法"为代表的治学方法与学术理念，借用他评价沈曾植的话来说，即是"其所以继承前哲者以此，其所以开创来学者亦以此。使后之学术，变而不失其正鹄者，其必由先生之道矣"①。

第一，"二重证据法"是 20 世纪中国史学科学化进程的重要界标。中国史学有久远的"求真"的优良传统，就考证而论，自司马迁起，历代史家不断积累有益的经验，至乾嘉时期，考据之风极盛，更形成了一套严密考证的精良方法。乾嘉学者考史固然具有科学因素，但因时代的限制，与近代学术仍不可同日而语。按陈寅恪的话说，以乾嘉学派为代表的清儒"止于解释文句，而不能讨论问题"，"但能依据文句各别解释，而不能综合贯通，成一有系统之论述"。② 王国维治学则明确体现出近代学者自觉的科学精神和体系性的要求，其著述既有严密、精当的考证，又有综会贯通性的述论，因而"能承续先哲将坠之业"，"能开拓学术之区宇"③。这既是时代所使然，但更与"凡事物必尽其真，而道理必求其是，此科学之所有事也。而欲求认识之真与道理之是者，不可不知事物道理之所以存在之由与其变迁之故，此史学之所有事也"④，这一王国维对史学研究特点与目的的认识相关联。

以王国维治商周史为例，其所论涉及民族、地理、世系、祭法、立嫡、宗法、丧服、婚制、姓氏、语言、文字、器物等诸多方面的问题。尤其是《殷卜辞中所见先公先王考》及《续考》、《殷周制度论》，虽然篇幅不大，但方法新颖、见解独到，成为王国维"示来者以轨则"的巨作。

在《殷卜辞中所见先公先王考》及《续考》中，王国维对夋（夒）、相土、季、王亥、王恒、上甲、报丁、报丙、报乙、主壬、主癸、大乙、唐、羊甲等先公先王一

---

① 王国维：《沈乙庵先生七十寿・序》，《观堂集林》，河北教育出版社 2003 年版，第 574 页。
② 陈寅恪：《陈垣元西域人华化考・序》，《金明馆丛稿二编》，上海古籍出版社 1980 年版，第 238—239 页。
③ 陈寅恪：《王静安先生遗书・序》，《陈寅恪先生全集》（下），台北里仁书局 1979 年版，第 1435 页。
④ 王国维：《国学丛刊・序》，《观堂集林》，河北教育出版社 2003 年版，第 701 页。

一考定,并以甲骨卜辞与《史记·殷本纪》《史记·三代世表》《汉书·古今人表》相证,排定了商代自汤、大丁至帝乙、帝辛 31 帝名、17 世数,因而为殷商史研究奠定了坚实的基础。

如果说《殷卜辞中所见先公先王考》及《续考》意在考证,那么《殷周制度论》则重在"通识"。它是王国维在甲骨文研究基础上总结殷周制度变化的文章,郭沫若称之为"一篇轰动了全学界的大论文"①。在王国维看来,殷周制度具有如下特点:第一,"夏、商二代文化略同","中国政治与文化之变革,莫剧于殷、周之际。"第二,"周人制度之大异于商者,一曰'立子立嫡'之制,由是而生宗法及丧服之制,并由是而有封建子弟之制,君天子臣诸侯之制;二曰庙数之制;三曰同姓不婚之制。此数者,皆周之所以纲纪天下。其旨则在纳上下于道德,而合天子、诸侯、卿、大夫、士、庶民以成一道德之团体。周公制作之本意,实在于此"。第三,"有立子之制,而君位定;有封建子弟之制,而异姓之势弱,天子之位尊;有嫡庶之制,于是有宗法,有服术,而自国以至天下合为一家;有卿、大夫不世之制,而贤才得以进;有同姓不婚之制,而男女之别严"。② 这些观点,大多是"补前修所未逮"③,使《殷周制度论》成为对后人具有启发意义的一篇鸿篇巨制④。其所持商周之际政治文化制度变革最为激烈的观点,成为后来古史分期讨论中西周封建论的滥觞⑤。张岱年说:"王静安先生……对于殷墟甲骨研究深细,发明了'二重证据法',以出土文物与古代史传相互参证,达到了精确的论断,澄清了殷周史的许多问题。静安虽以遗老自居,但治学方法却完全是近代的科学方法,因而取得卓越的学术成就,受到学术界的广泛称赞。"⑥

王国维总结出的"二重证据法"实为首开风气者,他不仅在商周史,而且在运用汉简、敦煌文书、蒙元史史料等项也都取得了卓越的成绩。他充分运用纸上之材料与地下之新发现,"达观二者之际,不屈旧以就新,亦不绌新以从旧",在互相比照中接近历史的真实。传统的考证方法由此得到升华,因而被郭沫若誉为"新史学的开山"。

第二,"二重证据法"为研究者开启了治史诸多法门。王国维的"二重证

---

① 郭沫若:《十批判书》,《中国古代社会研究》,河北教育出版社 2004 年版,第 482 页。
② 王国维:《殷周制度论》,《观堂集林》,河北教育出版社 2003 年版,第 231、232、241 页。
③ 陈寅恪:《王静安先生遗书·序》,《陈寅恪先生全集》(下),台北里仁书局 1979 年版,第 1435 页。
④ 虽然其中的许多观点业已受到学术界的修正和反驳,有些人甚至提出王国维撰写此篇有他背后的政治色彩,但这并不影响它的学术价值,我们并不能借此否认它是一篇鸿篇巨制。
⑤ 周予同:《中国历史文选》(下),中华书局 1962 年版,第 445 页。
⑥ 张岱年:《国学大师丛书·总序》,《国学大师丛书》,百花洲文艺出版社 1997 年版,第 2 页。

据法"之所以在当时的历史学界有如此巨大的影响力与号召力,一则与其身体力行做出巨大而又令人信服的史学研究成果有关,二则与其凿破学术鸿蒙、开阔治学视野有关。王国维所做的史学研究,既有可以一锤定音成为史学界公认的不易之论,又有开启研究的新路数,为后人提供解决问题的途径与方法的创新之见。

将纸上之材料与地下发现之新材料互证,是中西学术交流背景下,汲取19世纪后半叶西方学者高度重视考古材料、强调"审查材料"的观念和方法的产物,加上恰好自1899年以后,多种新史料相继发现,为王国维提供了条件。王国维通过"二重证据法",既为研究者创立了传世文献与地下出土材料相结合的成功范例,也极大丰富了古史研究的可信资料,扩大了治史者的视野。就传世文献来看,王国维突破了以往研究者仅从史书上找证据的局限,而将以往被视为"谬悠缘饰之书""文不雅驯之言"的神话、传说,如《山海经》《楚辞·天问》《世本》《五帝德》等,也加以重视,与地下出土材料互相补充印证,得出重要的新见解。由此,"使久已沉埋的史料又活跃起来"①。

而就地下材料而论,考古之发现能提供以往未见的史料,可补典籍记载之缺,但考古材料又往往是片断的、分散的和孤立的,必须以历史文献中有系统的记载来印证和阐释,才能赋予孤立的实物以活跃的生命,具有说明历史原貌的价值,王国维运用卜辞、汉简等材料以证史即为研究者作了很好的示范。② 陈寅恪在《王静安先生遗书》序中,将王氏治学之内容和方法概括为"一曰取地下之实物,与纸上之遗文互相释证","二曰取异族之故书,与吾国之旧籍互相补正","三曰取外来之观念,与固有之材料互相参证"之后,称誉说"此三类之著作,其学术性质固有异同,所用方法亦不尽符会,要皆足以转移一时之风气,而示来者以轨则。吾国他日文史考据之学,范围纵广,途径纵多,恐亦无以远出三类之外"。③"二重证据法"之所以成为一种科学的治学方法,根本之处在于二重证据出自于不同的观察角度,这是取得科学的研究成果的前提。

中国历史文献极其丰富,19世纪末以后新的考古发现层出不穷,彼此互证就能不断有新的创获,因此"二重证据法"便成为20世纪历史考证学者应用最广的一种有效的研究方法。以后还有学者更推而广之,提出了"三重证据法"。如饶宗颐将"二重证据法"进一步细化,将"地下之材料"分为无文

---

① 杨向奎:《略论王国维的古史研究》,《史学史资料》1980年第3期,第8页。
② 陈其泰:《王国维"二重证据法"的形成及其意义》(下),《北京行政学院学报》2005年第5期,第86页。
③ 陈寅恪:《王静安先生遗书·序》,《陈寅恪先生全集》(下),台北里仁书局1979年版,第1436页。

字的实物和有文字的材料,认为其中地下的有文字材料即是"第三重证据"①。叶舒宪、毛佩琦在二重证据的基础上,再加上"文化人类学"、社会调查的资料与方法,形成"三重证据说"②。陈寅恪后来所提出的"诗文证史"③,可以说也是沿袭并发展了王国维的研究路径。

第三,"二重证据法"促进了中国近代考古学的创立。从世界范围看,近代考古学的诞生与发展是 19 世纪学术领域的重大成果。考古学的出现使研究没有文字记载的人类史前历史成为可能,也为不同历史时期的历史与文化研究提供了新的材料与途径。19 世纪末 20 世纪初,西方考古学知识通过各种途径开始传入中国,并随着殷墟甲骨、汉晋木简、敦煌文书的发现而渐渐萌芽。"二重证据法"最大的贡献,就是率先把考古发现的地下材料引入到中国史学研究领域,并得到了成功的运用。

王国维在《古史新证》中谈及"二重证据法"时,只是为讲课需要,列举了甲骨文字和金文两种"新材料",对"新材料"的范围与类别并没有明确的说明,但给出了一个重要的界定,即为"地下"。这种界定范围很广,只要是出于地下,皆为其所指。我们或可将王国维所言的"地下之新材料",理解为出土实物,即古代人类活动遗留下来的、曾经掩埋于地下、后来被发掘出土的实物,包括现今考古学上所说的遗迹、遗物等。由此推之,王国维所言的"二重证据法",就是运用传世文献与出土实物来共同探究历史。因为此时中国近代考古学尚处于萌发之中,王国维所运用的地下材料尚无法博及各种考古遗址与遗物,但从其治史实践看,其所利用或关注的地下材料仍是较为丰富的,有殷墟甲骨、钟鼎铭刻、汉晋木简、敦煌文书以及历代古器物等。把地下新材料引入史学研究,不仅扩大了史料范围,使研究者在从文献到文献的局限中得到新的突破,而且大大地提高了历史研究的科学性、可靠性,从而使人们或纠正,或肯定,或完善对历史的认识,也可使长期以来难以解决的历史悬案得以解决、澄清。

王国维正是这样一位把地下材料引入史学研究领域的创始人,他所创立和实践的"二重证据法"改变了传统的研究方法和学术观念,使史学研究进一步向广度和深度发展。而实证史学的创立和发展,促使人们更多地关

① 饶宗颐:《谈"十干"和"立主"》,《饶宗颐史学论著选》,上海古籍出版社 1993 年版,第 22 页。
② 叶舒宪:《人类学"三重证据法"与考据学的更新》,《书城杂志》1994 年第 1 期;毛佩琦:《历史研究中的"三重证据法"》,《科学时报》2006 年 11 月 16 日。
③ 陈寅恪"以诗证史"或"诗史互证"的方法主要体现在其所著《元白诗笺证稿》和《柳如是别传》中,他提出了如下几条原则:一是甄别资料,博考而慎取;二是用诗证史,必须辨别"古典"和"今典";三是诗文证史不仅以诗文为史料,而且诗史互证,方能融会贯通。

注地下材料,由此推动了有计划、有目的的田野考古活动。被称为中国近代考古学诞生标志的安阳殷墟的考古发掘,就是在这样的背景下展开的。而安阳殷墟的发掘一开始就带有"以物证史"的目的,这无疑是"二重证据法"影响的结果,也使中国近代考古学自诞生起便深深地打上了历史学的烙印。王国维在清华的同事李济,随后多次阐述的基于考古学的"古史重建",与"二重证据法"的思想也有很大关系。

"二重证据法"虽不能说是考古学本身的方法,但因其架起了文献研究与实物研究之间的桥梁,从而极大地影响和推动了中国近代考古学的创立与发展,所以王国维对中国近代考古学的建立有巨大的学术贡献,诚如李学勤在《疑古思潮与重构古史》一文中所说,王国维所总结的"二重证据法",对20世纪中国学术进程产生了广泛而深远的影响,也"从理论和方法上为现代考古学奠定了基础"。

为了直观起见,人们通常以1928年安阳殷墟的考古发掘作为中国近代考古学诞生的标志。其实,中国近代考古学的诞生是一个过程,至少1900—1928年可看作是中国近代考古学的诞生阶段。这一阶段,既有"学"的传播,也有"识"的准备。如果一定要选择几个标志点的话,那么,1900—1914年间,以章太炎、梁启超为代表的学者对"新史学"的倡导与实践,以孙诒让、罗振玉为代表的学者对甲骨文字的确认与研究;1915—1928年间,以王国维、安特生为代表的学者对地下实物的调查与研究,以傅斯年、李济为代表的学者对安阳殷墟考古发掘的组织与实施,无疑都是具有标志性意义的事件。不过,在安阳殷墟正式发掘之前,王国维与安特生的学术活动,更具有代表性。同样是在1925年,当王国维通过《古史新证》将前十几年学术研究实践,总结提炼为"二重证据法"时,瑞典人安特生(J. G. Andersson,1874—1960)在《甘肃考古记》中,提出了中国史前文化"六期说"。尽管安特生的"六期说"及衍生的"中国文化西来说"被证明是错误的,但安特生以其对北京直立人遗址的调查和仰韶文化的发现与确认,为中国近代考古学诞生阶段增加了"学"的分量。也就是说,王国维对中国近代考古学的贡献主要在于"识",安特生的成就侧重于"学",但他们都对中国近代考古学的最终诞生起到了直接的孕育与催生作用。

第五章　马衡的金石研究与考古探索

——从书斋考古到田野考古

当以王国维为代表的"识"——"二重证据法",与安特生为代表的"学"——"田野调查与发掘",通过当时的中央研究院历史语言研究所考古组聚焦到安阳殷墟这一中国古代王都时,已经过长期孕育的中国近代考古学终于诞生了。可能人们并不知道,安阳的考古发掘,其实与马衡有关。傅振伦曾回忆,"1925 年,(马衡)在《晨报副镌》发表《考古与迷信》,大声疾呼说,我们研究历史,不是复古,而是要了解我们的祖先如何生活和工作的整个知识。因此要考古,要作有组织、有计划大规模发掘,以打开更精确、更复杂的'地下二十四史'。"1928 年,"即派国学门事

马衡(1881—1955),原名裕苤,
字叔平,号凡将斋主人,别号无咎,
浙江鄞县(今宁波)人。

务员董作宾(字彦堂)持函赴沪谒蔡元培先生,请组织殷墟和汉太学遗迹等发掘,以探求殷代甲骨和汉魏石经。安阳不久即由中央研究院历史语言研究所发掘"[1]。1928 年,主持安阳殷墟第一次发掘的,便是由马衡向蔡元培推荐的董作宾。

在传统金石学与近代考古学之间,马衡是一位继往开来的重要学者。一方面,他继承乾嘉朴学的传统,从事金石学研究,在汉魏石经、古籍制度、度量衡制度研究等方面颇有成就,并以一部《中国金石学概要》,对传统金石

---

① 傅振伦:《马衡先生传》,《浙江学刊》1993 年第 3 期,第 123 页。按:《考古与迷信》一文发表于 1926 年。

学做了总结；另一方面，他关注地下的新发现，提倡有组织、有计划的田野考古。他虽没能参加 1928 年安阳殷墟的发掘，但在 1929 年组织并主持了战国燕下都的考古发掘。"虽然，马衡由于缺少现代考古学的训练，使其在考古学上的成就受到局限，但他毕竟受到新观念的影响，导致他在领导北大考古学会时，总是不遗余力地提倡考古发掘，加快了中国金石学向考古学过渡的脚步。"①不仅如此，马衡任故宫博物院院长近 20 年，对中国博物馆事业贡献良多。尤其是在战火纷飞的年代，为保护故宫文物的安全，更是历经艰辛，鞠躬尽瘁。1935 年与傅斯年、袁同礼、翁文灏、朱启钤、叶恭绰、李济等组织发起成立"中国博物馆协会"，并被推举为会长。所以，他不仅是"中国近代考古学的前驱"，还是"中国博物馆事业的开拓者""一位有力的文物保护者"。②

第一节　马衡的生平与学术活动

马衡(1881—1955)，原名裕荘，字叔平，一字印生，号凡将斋主人，别号无咎，浙江鄞县(今宁波鄞州区)人。曾任北京大学考古学研究室主任兼导师、西泠印社社长、故宫博物院院长、北京文物整理委员会主任委员等职，有《中国金石学概要》(1923 年)、《汉石经集存》(1957 年)、《凡将斋金石丛稿》(1977 年)等著述。

马衡一生治学大致可分为三个阶段：早年的学识积累时期(1917 年之前)、受聘北大和学术成熟时期(1917—1933 年)、守护故宫博物院时期(1933—1955 年)。

一、早年的学识积累时期

在古代中国，科举应试是读书人最好的出路，即便在风雨飘摇的清末，科举应试仍为大多学子所追求。马衡也不例外。他 6 岁入私塾，师从叶瀚③。叶瀚在为马氏兄弟讲授四书五经之余，也把金石文字带到课堂之上。马衡之后走上金石研究的道路，与早年叶瀚的启蒙不无关系。

光绪二十一年(1895)，其父马海曙病逝于上海宝山县任上，全家迁出县

---

① 陈以爱：《中国现代学术研究机构的兴起——以北京大学研究所国学门为中心的探讨(1922—1927)》，江西教育出版社 2002 年版，第 233—234 页。
② 郭沫若：《凡将斋金石丛稿·序》，《凡将斋金石丛稿》前附，中华书局 1977 年版。
③ 叶瀚(1861—1936)，字浩吾，浙江余杭人，为国学名家，博学多识，尤其精通中国美术史。

衙,扶灵回到故乡宁波。

回到宁波后,马衡利用家近"天一阁"藏书楼的便利条件,博览群书,并坚持习书法、攻篆刻。光绪二十五年(1899),18岁的马衡与弟马鉴一起,考取秀才。一门双秀才,在当时无疑是一件大喜事。但出人意料的是,马衡、马鉴兄弟却无意在科举的道路上走得更远,他们放弃了次年举行的乡试,报考了新式学堂——上海南洋公学①。

马衡为何放弃乡试而报考上海南洋公学,个中缘由已不得而知。但有一点可以肯定,当时的南洋公学是一所炙手可热的新式学堂。因为有盛宣怀所经营实业的巨额经费支持,南洋公学办学经费充足,教习待遇优厚,因此清寒子弟报名踊跃,竞争激烈。曾任公学监院兼西文总教习(相当于教务长)的加拿大人福开森(J. C. Ferguson)曾自豪地说:"为了招收一批精通本国语言的学生,本学院于1897年春季举行了一次考试,要招收30人,条件是20岁到30岁之间并愿意用一半时间学习、一半时间教授年轻学生者。这个班的成员称为师范生。录取的考生中有几个是举人,而其余的则几乎全是秀才。这30名师范生所组成的最早集体就是建立南洋学院的基础。在5月份这批学生入学后不久,又进一步举行几次入学考试,招收较年幼的学生,这些学生根据他们以前所受教育的程度逐步分为3个班级。师范生担任了这3个初级班的汉语教师,而教现代学科的老师则用一半时间教师范生,一半时间教年幼的学生。由于这些年幼的学生也是在熟悉汉语的基础上选拔的,加上他们的汉语课又是经过仔细挑选的师范生作良好指导的,因此显然,本学院每个学生,就其汉语的学习来说,名望是很高的。严格的招生制度不仅是我们的规则,而且是我们的实践,除非考生能够同其他投考者竞赛而通过入学考试,否则尽管是由有权势的人物推荐的对象,一个也不录取。没有经过预考,那些由高级官员推荐的或出生于有权势家庭的无能的学生,都被排除在本校学生队伍之外。"②由此可见,马衡能进入南洋公学就读并不容易。

值得一提的是,福开森对中国文化兴趣浓烈,特别热衷于收藏与研究中国甲骨、书画、瓷器等文物。正是由于福开森对中国文物研究之深,他后来成为故宫博物院文物鉴定委员会中唯一一位洋委员。喜好篆刻、金石的马

---

① 上海南洋公学是近代中国最早建立的新式高等学堂之一,是现上海交通大学的前身,由清末洋务运动的领袖人物盛宣怀集资创办。

② 福开森:《南洋公学早期史》,《交通大学校史资料选编》卷一,西安交通大学出版社1986年版,第10—11页。

衡自然受其赏识。同时,福氏的古玩收藏、鉴赏也对年轻的马衡有所熏陶。

可是,马衡的新式学堂求学之路也没有走多远。光绪二十七年(1901),弱冠之年的马衡,因准备婚事等原因,便从南洋公学肄业。次年,与上海"五金大王"叶澄衷之女叶薇卿完婚,开始了之后在叶家 15 年的"寓公"生活。

作为叶氏企业董事会董事的马衡,公事不多,年俸却有 6000 银圆还外加红利,可谓生活清闲而富足。但是马衡并非无所事事,他把主要精力投入到了所爱好的金石研究之中。光绪三十一年(1905),马衡结识金石大家吴昌硕。马衡的学识和好学态度受到吴昌硕的赏识,遂邀其参加西泠印社的筹建工作。吴昌硕还为马衡题了篆书"凡将斋"匾额。自此,马衡与西泠印社结缘一生。1912 年后,马衡陆续接触到罗振玉、王国维等人的著述,开始将关注点从传统金石之学拓展到甲骨、简牍等地下出土古物。虽然,在这一时期马衡尚无著述面世,但在金石文字界已颇有名气,曾被于右任赞誉为沪上"金石第一人"。

二、受聘北大和学术成熟时期

1917 年对于马衡来说,无论是在生活上还是在学术上,均是具有转折意义的一年。因为在这一年,36 岁的马衡结束了长达 15 年的"寓公"生活,应聘来到了北京大学。

当时的北大在蔡元培校长主事下,新文化运动之风开始弥漫整个校园,学术氛围呈现了一种前所未有的民主、开放新姿态。马衡就是在这种治学氛围中,开始了他崭新的教学与治学的生涯。在北大期间,马衡先任文学院国文系讲师,专授金石学,后任史学系教授,兼国学门导师、考古研究室主任;还兼任清华学校国学研究院特别讲师,北京师范大学、北京女子师范大学考古学教授。1923 年,任北京大学图书馆美术部主任;1929 年,任北京大学图书馆馆长。

马衡还组织或参与了多个学术团体,并开展国内外学术交流。1923年,组织古迹古物调查会(1924 年改名北京大学考古学会),任会长。1925年,应邀访问朝鲜,参观乐浪郡汉墓发掘,归国后在北京大学国学门举行演讲,题为"参观朝鲜古物报告";嗣后,和日本学者原田淑人联名发表《关于朝鲜乐浪郡古墓发掘之通讯》。1926 年,北京大学考古学会和日本学者滨田耕作等组织成立"东方考古协会"。1927 年,继吴昌硕之后任第二任西泠印社社长,遥领社职。该年,应日本学术界邀请,东渡日本讲学,先后在东京大学、九州大学、庆应大学作"中国之铜器时代"专题演讲,提出商周二代为中国青铜器时代的论断,此论被随后的殷墟等考古发掘所证实。同年,北京大学考古学会等组织和瑞典探险家斯文·赫定等人联合组成"西北科学考察团"①,收获甚多,其中在古居延县旧址掘得 11000 多枚汉代简牍。马衡参加了"居延汉简"的整理、考释工作。

马衡十分关注地下出土材料及保护情况,并亲自参加田野考古发掘。1923 年,赴河南新郑、孟津调查出土铜器,再到洛阳探寻汉太学遗址及汉魏石经出土情况。1925 年,赴甘肃敦煌会同当地政府阻止美国人华尔纳(L. Warner)盗窃莫高窟壁画,扣留已被揭盗壁画 26 幅。1926 年,在古董商协访下,抢购回山西稷山小宁村兴化寺被盗卖壁画 59 方②。1927 年,与陈垣等参加辽东半岛"貔子窝"考古发掘。1928 年,致函蔡元培,建议组织发掘河南安阳殷墟,并推荐北京大学考古学会事务员董作宾主持发掘。该年,发生军阀孙殿英东陵盗宝案,马衡与徐森玉等亲往东陵现场勘察,鉴定被盗古物,并出庭作证,主张严惩盗掘者。1929 年,率燕下都考古团赴河北易县,在燕下都老姆台进行了考古发掘,获战国及汉代文物 36 箱另 210 袋。

马衡的主要学术成果,大多在这一时期完成。从 1917 年发表处女作《论汉碑书体》之后,马衡在金石、考古方面屡有创获。1923 年,根据讲义稿整理编印《中国金石学概要》,完成《石鼓为秦刻石考》《汉石经鲁诗校文》《汉熹平石经论语尧曰篇残字跋》等著述。1924 年,在《东方杂志》刊发《新郑古物出土调查记》,在《京报》副刊发表《三千年前的龟甲和兽骨》。1926 年,发表《考古与迷信》于《京报》副刊,发表《北魏虎符跋》于《北京社会日报》。撰文《山西稷山县兴化寺壁画考语跋》《魏李相海造像碑跋语》发表于《北京大学研究所国学门周刊》。1927 年,撰《记汉居延笔》《汉永光二年文书考释》《汉兵物簿记略》等文。1928 年,在北平《新晨报》文化特刊发表《集拓新出汉魏石经残字目》。1929 年,在《北大图书部月刊》发表《汉熹平石经周易残

---

① "西北科学考察团",中方常用的这一名称,实际上是"中瑞西北科学考察团"的简称。外国书籍中则简称为"中瑞考察团"。由中国学术团体协会与瑞典探险家斯文·赫定联合组成。考察团于 1927 年 5 月从北京出发,经包头、百灵庙至额尔济纳河流域,于 1928 年 2 月到达乌鲁木齐。田野考古工作的主要收获有:中国学者袁复礼和瑞典学者 F. 贝格曼在内蒙古沿途 327 个地点采集的细石器,在新疆乌鲁木齐柴寓堡、吐鲁番辛格尔、哈密庙儿沟等地采集的新石器时代遗物;贝格曼在额尔济纳河流域调查居延烽燧遗址,采集约 1 万支汉代简牍;黄文弼在罗布淖尔、吐鲁番和塔里木盆地,进行考古调查和部分试掘。实地考察持续至 1933 年,后分头撰写考察报告。从 1937 年起,以《斯文·赫定博士领导的中国—瑞典考察团在中国西北各省科学考察的报告》为总标题,在斯德哥尔摩陆续出版。黄文弼负责部分,撰写为《罗布淖尔考古记》《吐鲁番考古记》《塔里木盆地考古记》等,在中国出版。

② 现收藏于故宫博物院,此壁画当属故宫博物院首次收购之文物。

字跋》。1932 年,完成《中国书籍制度变迁之研究》《隋书律历志十五等尺》。1933 年,发表《从实验上窥见汉石经之一斑》《魏石经概述》等文。

三、守护故宫博物院

1933 年,52 岁的马衡辞去了北京大学的一切职务,任故宫博物院代理院长;次年,正式就任故宫博物院院长。马衡由此开始了 20 年的守护故宫博物院的生涯。

事实上,马衡与故宫结缘可追溯到 10 余年前。1922 年,马衡就与沈兼士、朱希祖代表北京大学,从北洋政府教育部接收回清宫大内档案。现存北京大学档案馆一份当年的公函曰:"敬启者:本校日前呈请教育部将历史博物馆所藏明末及清代档案拨校编订,曾奉指令照准在案。兹将派本校史学系主任朱教授希祖、研究所国学门主任沈教授兼士、史学系讲师马衡三人前赴贵馆接收。希即派员接洽一切为荷。"这批档案经整理、编定,仅明末清初档案就有 23300 多件,可见其珍贵。整理就绪后,存放在北京大学考古陈列室,以供学者研究。

1924 年,马衡被清宫善后委员会聘为顾问,参加点查清宫物品工作。1925 年,故宫博物院成立,业务部门分古物、图书两馆,马衡任古物馆副馆长。故宫博物院成立之初,还设临时董事会和临时理事会,马衡为第一任理事会理事。1929 年,故宫博物院业务部门调整为古物、图书、文献三馆,马衡仍任古物馆副馆长,并主持工作。1934 年,马衡就任故宫博物院院长后,为故宫博物院乃至中国博物馆事业,做了大量工作。对此,傅振伦曾说:

1932 年八月廿九日,故宫博物院院长易培基,以莫须有的罪名被免职,次年国府任命先生为院长。先生日夜操劳,兢兢业业为故宫博物院做了大量工作,树立了我国博物馆工作的基础。就其荦荦大端而论,约有数端:(一)本院原有理事廿七人,多是国民党党政大员,先生建议由全国专家六十二人,组成专门委员会,以备学术咨询,兼鉴定本院藏品。古物一经鉴定,即登录编目,造账簿,作为藏品档案,收入库房。陈列或研究时,即依"出组"办法,提出办理。为了介绍和宣传国宝,还编印了周刊(画报)、月刊、旬刊、年刊、特刊、专集,发行出售。(二)向国内外募款,修缮了三大殿、东西十二宫,开辟了历史原貌和专题陈列室,轮流开放中、东、西三路,节日则五路全行开放。(三)对外国开展文化交流,1935、1939 年分别在伦敦、莫斯科参加国际展览,宣传我文化,促进国际友谊。（四）民国初年，外廷开设古物陈列所（俗呼"三大殿"），内廷旋成立故宫博物院，先生一再呼吁，合二为一，1947 年二者才合为一体，恢复了旧观。（五）本院古物分散各宫殿等处，其后集中敬事房旧库，先生又筹建延禧宫新库，更在南京朝天宫建设了装备有控制气温、湿度和防盗等先进设备的现代化库房。（六）故宫一向仅保存历代宫廷旧藏，从未开展征集工作，先生打破陈规，接收珍贵历史文物的"新权衡"，先后收买了流落外方的宫廷故物，大大地便利了科研工作。（七）先生和北京图书馆馆长兼故宫图书馆馆长袁同礼，会同中央博物院筹备处傅斯年、李济之等于 1934 年组织了中国博物馆协会，编印会报及丛书。在景山绮望楼举行成立大会后，1936 年夏又在青岛召开了第一次年会，通过了博物馆的行政管理、建筑、陈列、保管以及整理档案、考古发掘等决议，还决定仿照"圖"代表图书馆三字之例而以"愽"为博物馆三字的缩写。①

1937 年，抗日战争爆发，马衡率同仁将故宫文物分南、中、北三路西迁。历经艰辛，故宫文物安全抵达大后方，贮存贵阳安顺华严洞，四川乐山、峨眉等地。在条件十分艰苦的情况下，他与故宫同仁完成了文物抢运、保管任务。这无疑是保护珍贵历史文物的壮举，也是第二次世界大战中保存人类文化遗产的奇迹。郭沫若说："马衡先生同时还是一位有力的文物保护者。中国古代文物，不仅多因他而得到阐明，也多因他而得到保护。前日本帝国主义发动大规模侵华战争时期，马先生担任故宫博物院院长之职，故宫所藏古物，即蒙多方维护，运往西南地区保存。即以秦刻石鼓十具而论，其装运之艰巨是可以想见的。但马先生从不曾以此自矜功伐。"②郑欣淼在纪念马衡逝世 50 周年时说："七七事变后，南京形势日趋紧张，故宫博物院的南迁文物便奉命向西南后方疏散，或称'西迁'，从 1937 年到 1945 年日本帝国主义投降，这一迁又是八年。这八年中故宫同仁以储藏整理、保护文物完整为首务，尽管备尝艰难，险象环生，有的工作人员还付出了自己的生命，但人们无怨无悔，忠于职守。其中最重要的原因是对自己所承担的神圣责任的深刻认识。正如马衡所说：'本院西迁以来，对于文物安危原无时不在慎微戒惧、悉力保护之中，诚以此仅存劫后之文献，俱为吾国五千年先民贻留之珍

---

① 傅振伦：《马衡先生传》，《浙江学刊》1993 年第 3 期，第 123—124 页。
② 郭沫若：《凡将斋金石丛稿·序》，《凡将斋金石丛稿》前附，中华书局 1977 年版。

品、历史之渊源,秘籍艺事,莫不尽粹于是,故未止视为方物珍异而已矣。'马衡院长在这八年中策划调度,鞠躬尽瘁,功莫大焉。"①

1949 年后,马衡继续担任故宫博物院院长,在他主持下,故宫博物院的各项工作进展顺利,无论是举办各类展览、古建筑修缮,还是清理库存文物、鉴定研究文物,都有了很大的起色。

北平 1949 年 1 月底和平解放,故宫博物院 3 月 6 日被北平市军事管制委员会接管,马衡留任院长,全体工作人员均留原工作岗位,职薪不变。1949 年 2 月 19 日,北平市军管会接管北平文物整理委员会工程处,11 月改名为北京文物整理委员会,马衡任主任委员,俞同奎任秘书。此时,故宫博物院各项工作陆续恢复并有新的进展。为整修宫殿建筑,在总务处成立了测绘室,对故宫建筑进行普查,并对乾隆花园进行了测绘。为筹措维修款项,军管会做出了博物院售票款不必缴库,用作恢复费用的决定,并敦促故宫博物院制定修缮计划。于是,故宫博物院开列了 21 项修缮工程,首先开工的有乾隆花园、畅音阁、造办处大库、西六宫屋顶等急需保养的项目。从 1950 年开始,对从清代堆积下来的外东路箭亭前的垃圾山进行清理。在陈列展览方面,1949 年 9 月,故宫博物院开辟了"帝后生活陈列室""禁书陈列室""纺织陈列室""玉器陈列室"4 个陈列室。1950 年 10 月举办"清代帝后生活与农民对比展览""国内各民族文物展览""清代帝国主义侵华史料陈列""清代升平署戏曲资料展"等。1952 年 1 月,故宫博物院明代馆、钟表馆和"乾隆时代装潢陈列艺术展"开放。在文物收藏方面,1950 年 1 月,南迁文物第一批 1500 箱从南京运回。1951 年 11 月,文化部社会文化事业管理局副局长王冶秋和马衡院长等从香港以重金赎回王献之的《中秋帖》和王珣的《伯远帖》,并入藏故宫博物院。可以说,"在新中国成立初期,马衡院长为故宫博物院工作的全面恢复及以后的发展付出了大量心血,打下了基础,作出了重大的贡献"②。

虽然事务繁忙,但马衡对金石文字的爱好与研究并未中断。1936 年,撰写《南京朝天宫发现之古迹》《关于鉴别书画的问题》。1941 年,在《说文月刊》发表《中国字体之变迁》。1943 年,在《社会教育季刊》发表《中国书法何以被视为美》。1944 年,在重庆文风书局出版《我教你写字》;在《说文月

① 郑欣淼:《厥功甚伟 其德永馨——纪念马衡先生逝世 50 周年》,《故宫博物院院刊》2005 年第 2 期,第 12 页。
② 郑欣淼:《厥功甚伟 其德永馨——纪念马衡先生逝世 50 周年》,《故宫博物院院刊》2005 年第 2 期,第 20 页。

刊》发表《谈刻印》。1948年,撰写《宋范祖禹书古文考经石刻校释》。1952年,完成了《汉石经集存》,续写了《汉石经集存原序》《石经词解》《汉石经易用梁丘本证》等著述。

　　1952年,因各种原因,马衡离开了故宫博物院,留任北京文物整理委员会主任。离开故宫博物院,心情当是很复杂的。但他对故宫的挚爱不仅没有改变,反而得到了升华。也就是在这一年,他将珍藏的包括宋拓唐刻颜真卿《麻姑仙坛记》卷在内的甲骨、碑帖等400多件文物捐献给了故宫博物院。在他去世后,子女遵其遗愿,又把1.4万余件(册)文物捐给了故宫博物院,有青铜器、印章、甲骨、碑帖、书籍以及法书、绘画、陶瓷、牙骨器等,种类众多,数量惊人,精品不少。这是马衡日积月累收购来的,花费了他一辈子心血,现在全部捐给了国家,捐给了与他的生命联结在一起的故宫博物院。

第二节　马衡与金石学研究

　　关于马衡的学术成就,傅振伦在《马衡先生传》中曾有很好的概括。文中傅振伦将马衡的主要学术贡献概括为五个方面:一是确定殷墟甲骨年代;二是测定先唐十五导尺长度;三是肯定石鼓为秦刻;四是系统地研究了我国古籍制度;五是汉熹平、魏正始等石经研究。[①]这些,基本涵盖了马衡在金石学方面的成就。以此为基础,我们对马衡的金石学成就做如下归纳。

一、甲骨与铜器研究

(一)关注殷墟甲骨

　　金石学发展到清末,其研究对象已有明显的拓展。1923年,马衡

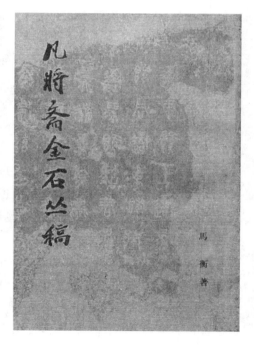

在《凡将斋金石丛稿》序中,郭沫若
称马衡为"中国近代考古学的先驱"。

---

① 傅振伦:《马衡先生传》,《浙江学刊》1993年第3期,第124—125页。

根据讲义稿整理而成的《中国金石学概要》中专列"金石以外诸品"一章，探讨铜器、石刻之外的甲骨、竹木、玉、陶、瓦、砖等类别。马衡首先指出："甲骨者，龟甲与兽骨也。其刻辞则殷商贞卜之辞也。曷为知为殷商，以出土地为殷墟，而刻辞中多纪殷帝之名也。曷为知为贞卜之辞，以甲骨皆有契灼之痕，而其辞义有贞、卜等字也。此为近今学术界一大发现，其价值且在商彝周鼎之上。顾世人有以为速朽之质，不应历三千年而不坏，因而疑其伪者。是由于未明实物之情况，及其发现之始末也。今特为详述之，以释世人之疑。"①这里，马衡肯定甲骨文为殷商遗物，并对甲骨文的价值给予了充分的估计，认为"其价值且在商彝周鼎之上"。尽管甲骨文发现是"近今学术界一大发现"，但世人仍有质疑其真伪者。接着，为"释世人之疑"，马衡从三个方面加之阐释：一是"出土之时地及首先发现之人，皆可得而考也"；二是"实物之情况及其用途，可由目验而得也"；三是"数量之多，刻画之精，体例之不紊，作伪者有所不能也"。最后，马衡总结说："以有殷一代太卜之所掌，史官之所纪，湮没三千年而复显于今日，吾侪得于断烂残阙之余，征其文献于万一，宁非人世之奇遇，宇内之瑰宝乎？故论价值，应超乎一切金石学材料之上，其董理研求之责，今后吾侪当共任之也。"②马衡再一次强调了甲骨文发现之难得以及其非凡的价值。将甲骨文价值置于"一切金石学材料之上"，且"今后吾侪当共任之"，已展现出马衡既入于金石又出于金石的治学意向。

（二）青铜器研究

青铜器是中国古代物质文化的重要组成部分，也是传统金石学最主要的关注对象。马衡在《中国金石学概要》中，也把青铜器作为最主要内容。《中国金石学概要》第三章专论历代铜器。马衡首先说："考古学家谓人类进化之阶，由石器时代进而为铜器时代，更进而为铁器时代。中国当商周之时，铜器最为流行，是为中国之铜器时代。"在20世纪20年代初期，有这样的认识，甚为难得。对此，马衡在《中国之铜器时代》一文中，还有进一步的阐述。然后，马衡对铜器作了分类："今括其大要，约分为六目：一曰礼乐器，二曰度量衡，三曰钱币，四曰符玺，五曰服御器，六曰古兵。"这里，马衡继承了清代金石学的传统。随后，在每一大类下又为若干小类进行探讨。如他将礼乐器分为以下小类进行讨论："分言之，则烹煮之器：曰鼎、曰鬲、曰甗，黍稷之器：曰敦、曰簠、曰簋，酒器：曰尊、曰罍、曰壶、曰卣、曰觥、曰盉、曰爵、

① 马衡：《中国金石学概要》，《马衡讲金石学》，凤凰出版社2010年版，第70页。
② 马衡：《中国金石学概要》，《马衡讲金石学》，凤凰出版社2010年版，第73页。

曰觚、曰觯、曰角、曰斝、曰勺,脯醢之器:曰豆,盥洗之器:曰盘、曰匜,载鼎实之器:曰匕、曰柶,承酒之器:曰禁,盛冰之器:曰鉴。其名称往往见于器中,读其铭辞即知为何器。"①此外,还对钟、鼓、镈、铎、磬等乐器进行了探讨。他以出土或传世古物,结合文献,选择典型,从历史发展来探讨其名称、器形、制作、工艺、书法等特征与演变。如卣字,马衡说,《说文》无卣字,而甲骨文、金文中均见,"今可据殷周之遗文,以补许书之缺义"②。

除了概述性谈历代铜器,马衡还有《中国之铜器时代》③《戈戟之研究》④《北魏虎符跋》⑤等专论。其中《中国之铜器时代》一文,就何时为中国的青铜时代问题做了探讨。

进入近代,随着西方考古学和"三期说"的传入,中国究竟何时进入铜器时代成了众多学者关注的问题。按照当时较流行的观点,中国商代还处于石器时代晚期。1927年,应日本学术界邀请,马衡东渡日本讲学,先后在东京大学、九州大学、庆应大学作"中国之铜器时代"专题演讲。马衡说:"中国古代之用金属品作器,始于何时? 创于何人? 此问题盖无人能解答也。求之于古史,则《尚书·尧典》有'金作赎刑'之文;《禹贡》扬州、荆州有'金三品'之贡,梁州有'璆铁银镂'之贡。求之于传记,则《春秋左氏传》(宣三)有王孙满对楚子之言,详述禹铸九鼎之经过;《史记·封禅书》且有黄帝采首山铜铸鼎之事。《史记》之说荒诞无稽,姑置不论,据《尚书》之说,则舜禹之时已知用金,则发明冶铸之人当更在其前。依《左传》记王孙满之言,则禹之时贡金九牧,铸鼎象物,匪特能以铜铸器,抑且刻镂物象,艺术至精矣。况九鼎之为物,在春秋战国之时为列强所觊觎,尤言之凿凿,不类响壁虚造之辞。故昔之言中国文明史者,多主冶金之术起于虞夏之世。然余于此窃不能无疑焉。"⑥确实,中国究竟何时进入铜器时代,当时"此问题盖无人能解答也"。而传统史学仅仅依据文献"多主冶金之术起于虞夏之世",则不能不令人生疑。

为了能更好地回答这一问题,马衡采取了类似王国维研究古史的"二重证据"法。他列举了宋薛尚功《历代钟鼎彝器款识法帖》中乙酉父丁彝、己酉戌命彝、兄癸卣三器,清吴式芬《攈古录金文》中戊辰彝、旂尊、庚申父辛角、

① 马衡:《中国金石学概要》,《马衡讲金石学》,凤凰出版社2010年版,第5—6页。
② 马衡:《中国金石学概要》,《马衡讲金石学》,凤凰出版社2010年版,第11页。
③ 马衡:《中国之铜器时代》,《马衡讲金石学》,凤凰出版社2010年版,第83—86页。
④ 马衡:《戈戟之研究》,《马衡讲金石学》,凤凰出版社2010年版,第87—90页。
⑤ 马衡:《北魏虎符跋》,《考古通讯》1956年第4期,第76页;此为马衡之遗文。
⑥ 马衡:《中国之铜器时代》,《马衡讲金石学》,凤凰出版社2010年版,第83页。

般甗（王宜人甗）四器，根据其金文所记年月日、祖妣称谓、祭名和祭人等史实，与文献记载、新发现的甲骨文相互参照，提出了中国至迟在商初已进入了青铜时代的观点。他说：

> 以上所举诸器，其形制及图案虽与周器无甚区别，而文字及事实，已足以证明其为商器而无疑。故吾人所见之铜器，当以商为最早，且当商之末季。此以前殆无征也。据此则吾人可信商之末季已完全入于铜器时代。但此为积极的证据，若由消极的证据观之，不能谓铜器时代即始于是时。何则？吾人所见商末之器，其制作之艺术极精，如《考古图》所录亶甲墓旁所出之足迹罍，虽周代重器亦无以过之。此种工艺，岂一朝一夕之功所克臻此。况古代文明之进步，其速率盖远不如今日。以吾人之推测，至少亦当经四五百年之演进，始能有此惊人之艺术。然则始入铜器时代之时，至迟亦当在商初，虽其时或为石器铜器交替之时，但不得不谓之铜器时代。故言中国之铜器时代，必数商周二代，其时期约历千五百年（公历纪元前一七五〇至二六〇年顷）。秦汉以后，铜器渐微，而铁器代兴矣。①

在今天看来，这一认识已成常识，但在当时有不少学者并不同意马衡的观点。如缪凤林针对马衡的演讲，就认为这一立论并不可靠，尤其是"日人轻视中国学术界久矣……愿国人之参与国际学术事业者慎重立言，国家之地位，个人之荣誉，均利赖之矣！"②但随着安阳殷墟等一系列考古发掘，马衡的观点渐渐成为定论。仅就这一点，便可窥见马衡在学术上的引领之风范。

二、书籍制度与度量衡制度研究

（一）系统研究书籍制度的变迁

1927—1933年，由中国学术团体与瑞典探险家斯文·赫定联合组成的西北科学考察团，对内蒙古、新疆等地进行了考古调查。1930年，西北科学考察团在居延烽燧遗址发现1万多枚汉代简牍。次年，这批简牍资料运抵北京，由劳干、贺昌群、马衡、余逊等人分别对简牍作整理、考释工作。马衡

---

① 马衡：《中国之铜器时代》，《马衡讲金石学》，凤凰出版社2010年版，第86页。
② 顾颉刚：《古史辨》第二册，上海古籍出版社1982年版，第37页。

利用汉简这一出土新材料,写成《永光二年文书考释》①《汉兵物簿记略》②《记汉居延笔》③等文章,不仅考释了简牍内容、史实,还说明了编册制度以及书写工具的形制和特征。

以此为基础,马衡撰成《中国书籍制度变迁之研究》一文,总结了中国历代书籍材料和形式的演进以及装帧的变化,为认识中国古代书籍形制及变化提供了新的参考。马衡说:"书籍为介绍文化之工具,其制度变迁之历史,应有研究之价值。惜年湮代远,书阙有间,欲求完全而有系统之知识,实属不易。所幸载籍之记录,实物之流传,虽属东鳞西爪,尚可得其大较。"关于书籍制度的研究,叶德辉在《书林清话》卷一中曾就文献记载,论及书之称册、卷、本、叶、部、函等六事。王国维也撰有《简牍检署考》,专论简策制度,考证详细,但此文作于王国维考释流沙坠简之前的 1912 年,未见简牍实物。马衡采王、叶二家之说,益以后出之资料,对书籍材质、形式及装帧方式做了较为全面的探讨。

关于书籍材质及其兴废之时期,马衡认为,从古迄今大致可分为三种材质、三大阶段:"一为竹木,自有书契以来迄于三四世纪;二为缣帛,自四五世纪迄于五六世纪;三为纸,自二世纪迄于今日(但初造之时,不甚通行)。"关于书籍的形式及装帧方式,马衡认为:"材质既不同,故形式亦因之改变。"接着,文中"依时代先后,就简册(竹木)、卷轴(缣帛与纸)、册叶(纸)等形式,分节说明之"④。

由于马衡充分注意到了新出材料,如居延汉简、敦煌文书等,因此得出超越前人的认识。如关于简册长度问题,马衡旁征博引,先引证孔颖达《左传序疏》云:"郑玄注《论语序》以《钩命决》云'《春秋》二尺四寸书之,《孝经》一尺二寸书之。'故知六经之策皆称长二尺四寸。"又引述王国维考证汉代简册长度,"(简)有长二尺者,有长一尺五寸者,有长一尺者,有长五寸者,皆二十之分数"。然后,马衡结合简牍实物加以验证,"敦煌所出汉木简之属于书籍类者,如《急就篇》一尺五寸,而《相马经》、医方等皆长一尺,元康三年历书长一尺五寸,而其余神爵三年、永光五年、永兴元年等历书皆长一尺。"对孔、王之说有所订正、补充。再如关于编简方法,马衡也引用汉简资料加以阐释,如居延汉简中有二册,"一为《兵器簿》,共七十七简;一为给丧假之文书,

---

① 马衡:《永光二年文书考释》,《马衡讲金石学》,凤凰出版社 2010 年版,第 216—217 页。
② 马衡:《汉兵物簿记略》,《马衡讲金石学》,凤凰出版社 2010 年版,第 218—221 页。
③ 马衡:《记汉居延笔》,《马衡讲金石学》,凤凰出版社 2010 年版,第 212—215 页。
④ 马衡:《中国书籍制度变迁之研究》,《马衡讲金石学》,凤凰出版社 2010 年版,第 201—203 页。

共三简,上下两编皆为麻线编成。《兵器簿》之两编且与右侧连贯,正如象形字之册。"①其他如卷轴、册叶等,也是结合敦煌所出写本进行论证。

显然,马衡结合实物材料对中国书籍制度所做的研究,结论令人信服。因此,其成就受到学术界的普遍认同。余嘉锡评价道:"今人马叔平先生作《中国书籍制度变迁之研究》,取证实物,附以图象,又前人所未及也。"②钱存训所著《中国古代书史》影响甚大③,书中对马衡的成果多有征引。

(二)关于度量衡的研究

关于古代度量衡的研究,马衡撰写有《历代度量衡之制》④《隋书律历志十五等尺》⑤《新嘉量考释》⑥《湿仓平斛跋》⑦等多篇文章。王国维也关注度量衡问题,对此两人曾有不少交流。

马衡说:"度量衡为测验一切物品之标准。欲知物之长短,不得不资于度;欲知物之多少,不得不资于量;欲知物之轻重,不得不资于权衡。历史所纪物之长短、多少、轻重,自各依时代度量衡之制,与今日之制无与也。"我们"研究历史,不可不知历代度量衡之制度。对其差异率有相当之认识,而后事实乃不至混淆"。⑧ 为此,马衡在《历代度量衡之制》一文中,从度量衡的产生、度量衡之所以差异、历代度制、历代量制、历代衡制、度量衡增进之比例等几个方面展开了论述。马衡运用文献记载结合实物的方法,对度、量、衡进行细致考释,提出了一些精到的见解。例如:在"度"方面,他用王莽货布四枚制成"尺"来检验王莽时期的新嘉量,一尺之长正好是 23.1 厘米。他不仅推出了王莽时期的尺度,也推算出了《隋书・律历志》所载唐代以前所用尺的实际长度,并附表以示⑨。这些研究成果,成为还原中国古尺的重要依据。在"量"方面,他说:"古盛酒诸器,皆有一定之容积","考古量者,除传世斗斛及自纪容量之诸器外,此种酒器无论其为金为陶,皆宜取资者。"⑩ 在"衡"方面,他指出:"古度量衡三者之考证,以权衡为最难正确。盖此种实

---

① 马衡:《中国书籍制度变迁之研究》,《马衡讲金石学》,凤凰出版社 2010 年版,第 203—204 页。
② 余嘉锡:《书册制度补考》,《释中国》第 4 卷,上海文艺出版社 1998 年版,第 2566 页。
③ 钱存训:《中国古代书史》,香港中文大学出版社 1981 年版。
④ 马衡:《历代度量衡之制》,《马衡讲金石学》,凤凰出版社 2010 年版,第 175—181 页。
⑤ 马衡:《隋书律历志十五等尺》,《马衡讲金石学》,凤凰出版社 2010 年版,第 182—187 页。
⑥ 马衡:《新嘉量考释》,《马衡讲金石学》,凤凰出版社 2010 年版,第 188—195 页。
⑦ 马衡:《湿仓平斛跋》,《马衡讲金石学》,凤凰出版社 2010 年版,第 196—197 页。
⑧ 马衡:《历代度量衡之制》,《马衡讲金石学》,凤凰出版社 2010 年版,第 175 页。
⑨ 马衡:《隋书律历志十五等尺》,《马衡讲金石学》,凤凰出版社 2010 年版,第 185—186 页。
⑩ 马衡:《中国金石学概要》,《马衡讲金石学》,凤凰出版社 2010 年版,第 20 页。

物,唯秦新两朝之权纪有斤两,尚可较其轻重;其不纪斤两者,则无从凭借矣。"①

三、石刻与石经研究

马衡治学,在汉魏石经研究方面用力最多。其所撰《汉石经集存》②,是集大成之作。此外,马衡对历代石刻同样给予了极大的关注,《石鼓为秦石刻考》③便是这一方面的力作。

(一)石鼓文研究

石鼓文,秦刻石文字,因其刻石外形似鼓而得名。唐初出土于凤翔府天兴县,共十枚,高约 2 尺,径约 3 尺,每枚分别刻有大篆四言诗一首,共十首,计 718 个字。内容最初被认为是记叙周宣王出猎的场面,故又称"猎碣"。

石鼓文的年代,"唐以来人所考订者,恒多异词:有以为周宣王时者,唐张怀瓘、窦泉、韩愈也;有以为周文王之鼓,至宣王时刻诗者,唐韦应物也;有以为周成王时者,宋董逌、程大昌也;有以为秦者,宋郑樵也;有以为宇文周者,金马定国也"。④ 马衡说:"众说虽极纠纷,而要之不过三说:一、宗周,二、秦,三、后周。三说之中,以主第一说者为多,尤以宣王之说最盛;清高宗又从而表扬之,其说乃定于一尊而无复异议。其次则第三说差有势力,清万斯同、庄述祖等尤力主之;逮乾隆末年以后,其说始渐息。至第二说,则郑樵之外惟巩丰一人,余无闻焉。"⑤在《石鼓为秦刻石考》一文中,马衡对三种观点进行了评说,"以为三说之中,以主秦者为最允当"。其理由有三:一是从文字之流变推寻,石鼓文"为未同一以前之秦文,亦即《史籀篇》之文";二是与传世的"秦公敦""重泉量""琅琊台刻石"等 12 种秦铭刻互证,可从"文字之形体"和"文字之声音训诂"两个方面,"证鼓文为秦文者也";三是从石鼓文的内容和称谓及其出土地推定,"缪公时居雍城","《元和郡县图志》所纪出土之地,正为雍城故址",故石鼓乃秦缪公(穆公)时所作。⑥ 近代以来,罗振玉、马叙伦、郭沫若、唐兰等学者均对石鼓文的制作年代、国别等做了讨论,然聚讼纷纭,莫衷一是。尽管这个结论学术界仍有不同看法,如有人认

---

① 马衡:《中国金石学概要》,《马衡讲金石学》,凤凰出版社 2010 年版,第 21 页。
② 马衡:《汉石经集存》,科学出版社 1957 年版。
③ 马衡:《石鼓为秦石刻考》,《马衡讲金石学》,凤凰出版社 2010 年版,第 97—103 页。
④ 马衡:《石鼓为秦石刻考》,《马衡讲金石学》,凤凰出版社 2010 年版,第 97—98 页。
⑤ 马衡:《石鼓为秦石刻考》,《马衡讲金石学》,凤凰出版社 2010 年版,第 98 页。
⑥ 马衡:《石鼓为秦石刻考》,《马衡讲金石学》,凤凰出版社 2010 年版,第 99—103 页。

为石鼓为秦文公时遗物,有人将其断为秦襄公时之物,也有人考证石鼓为秦
始皇时代的作品等,但石鼓是秦刻石已为学术界所公认。

(二)熹平石经、正始石经研究

石经是中国古代刻于石碑、摩于崖上的儒家经籍和佛道经典。熹平石
经是中国古代最早刊刻于碑石上的官定儒家经书,又名《汉石经》。熹平石
经初刻于东汉熹平四年(175),于光和六年(183)完成。共有 46 块碑,20 多
万字。原立于洛阳太学讲堂的东西两侧,遗址在今河南偃师佃庄镇。熹平
石经共包括《鲁诗》《尚书》《周易》《仪礼》《春秋》《公羊传》《论语》等七种经
文,经文从右向左直行书写,书体秀美,为汉隶精品。石碑后毁,宋代后有残
石出土,现存 8000 余字。正始石经是中国三国曹魏时期刊刻的碑石经书,
又名《魏石经》。初刻于正始二年(241),原立于魏都洛阳南郊太学讲堂,遗
址亦在今河南偃师佃庄镇。正始石经用篆文、古文、隶书等三种文字刻成,
故又称为《三体石经》。碑文仅有《尚书》《春秋》两种,从左向右刻写,碑文每
面约 33 行,每行 60 字,共有 28 碑。石碑后毁,现存残石共 2576 字。

以上是我们对熹平石经、正始石经的认识。这一认识的获得,与马衡的
研究密不可分。汉至唐石经历经火灾、迁徙等损失,遗留下来的多为断石残
字,且散于各地。马衡经过多方搜集,排比缀合,参校传世经本,考释石经文
字,积 30 年之功,撰成《汉石经集存》,大体复原了熹平石经部目旧貌。同时
对石经刻石的缘起、经数、经本、书体、行款、石数、校理和书碑人姓氏及出土
情况,也做了详细考订。马衡对汉石经用功极深,成果丰硕。除了《汉石经
集存》,研究成果还有《石经词解》①《从实验上窥见汉石经之一斑》②《汉石经
易用梁丘本证》③《汉石经〈鲁诗〉校文》④等,都是这方面的著述。

同样,魏石经也是马衡重点关注的对象。魏立石经,不载于《魏志》,但
《晋书·卫恒传》和《魏书·江式传》皆有记载。在《魏石经概述》一文中,马
衡对魏石经的发现、碑数、字数等做了分析,提出魏石经不同于汉石经的一
个重要特点,即"除两面经文外,往往有刻工试刻之字。意当时刻工对通行
之隶书已有把握,而古文、小篆二体,非所素习,不能不以他石先行试刻"⑤。
并举例为证,说明试刻多为古文、小篆二体,试刻之文不必为《书》《春秋》,并

---

① 马衡:《石经词解》,《马衡讲金石学》,凤凰出版社 2010 年版,第 134—140 页。
② 马衡:《从实验上窥见汉石经之一斑》,《马衡讲金石学》,凤凰出版社 2010 年版,第 125—133 页。
③ 马衡:《汉石经易用梁丘本证》,《马衡讲金石学》,凤凰出版社 2010 年版,第 147—149 页。
④ 马衡:《汉石经〈鲁诗〉校文》,《马衡讲金石学》,凤凰出版社 2010 年版,第 159—160 页。
⑤ 马衡:《魏石经概述》,《马衡讲金石学》,凤凰出版社 2010 年版,第 143 页。

且为随意书写。这些讨论与观点,发前人所未发,确凿有力,令人信服。

此外,马衡对古代印章亦颇有研究。他精于篆刻,印风典雅,得益于古玺和汉印尤多。根据自己心得,亦著书立说。北京大学藏有封泥 175 枚,为山东潍县郭氏原藏,马衡将其编成《封泥存真》,"俾读者由此以求玺印之用法,并考见简牍之形制焉"①。他又撰《谈刻印》一文,讨论印章的名称、形制、钮式、文字与章法、材质与刻铸、阴阳文之别、施用之方法以及刻印方法等,并特别提出:"印章既为古制,又为凭信之物,所用文字又为废止二千年之篆书,则作一印宜如何慎重,岂可标新立异,率尔操觚?况收藏印多用于古书籍及书画,尤不可以恶劣之印污损名迹。此责应由刻印家负之,固无疑也。古刻印家有其应具备之道德,有其应充实之学识,亦有其应遵守之规律也。一、篆文须字字有来历,不可向壁虚构不可知之书,圆朱文尤以此为重要之条件。惟人名、地名,遇后起字为《说文》所无者,宜以缪篆写之,所谓名从主人也。二、近来古玺日多,用印及刻印者,多喜仿效,宜视其文字恰合者应之。否则宁拒其请求,免贻不识字之讥。三、刀以传其所书之文,故印章首重篆文,次重刀法。不可徒呈刀法,而转失笔意。刻印家苟能遵守此简单规律,则道德学识自寓于其中,而非陋即妄之弊、狡狯欺人之风,或多少可以矫正之欤?"②此论,为其学术之心得,对于矫正印人非陋即妄之弊、重刀法轻文字修养之风,亦有现实意义。

第三节　走向近代考古学

马衡一生致力于金石学的研究,在治学方法上"继承了清代乾嘉学派的朴学传统,而又锐意采用科学的方法,使中国金石、博古之学趋于近代化"③。他在承袭传统金石学家训诂、考证之法的同时,又注意出土文物的现场勘察,并亲自主持燕下都的田野考古发掘,成为传统金石学向近代考古学转变过程中的关键人物,因而被郭沫若誉为"中国近代考古学的前驱"。

一、马衡从书斋考古走向田野考古

马衡虽长期从事金石学的研究,但他重视科学的考古发掘,并亲自参与

---

① 马衡:《封泥存真序》,《马衡讲金石学》,凤凰出版社 2010 年版,第 242 页。
② 马衡:《谈刻印》,《马衡讲金石学》,凤凰出版社 2010 年版,第 234 页。
③ 郭沫若:《凡将斋金石丛稿·序》,《凡将斋金石丛稿》前附,中华书局 1977 年版。

田野发掘实践。他继承了清代考据学的一些宝贵经验,又不因循守旧,倡导用西方近代考古学发掘和研究方法来丰富、提升中国传统金石学。这一点从马衡于 1924 年撰写的《新郑古物出土调查记》中,已有明显的体现:"窃以为古物既偶然发现,当于发见之地,集合专家,作有计划之发掘。虽破铜、烂铁、残砖、断甓,亦必记其方位,纤悉靡遗。如此,则一、地点不致谬误,可借以知为古代之某时某地;二、器物之种类、数量、方位不致混淆,可以明各器物之关系及其时之风俗制度;三、建筑物不致有意毁坏,可以观其时之工艺美术;凡此种种,胥于学术上有所贡献。"①

《新郑古物出土调查记》一文是马衡实地考察了"新郑铜器"出土现场后所写的考古调查报告,记录了 1923 年河南新郑郑韩故城内郑公大墓出土古物情况。报告分为:一、发现之时日,二、发现之地点,三、发现之始末,四、器物之种类及其数量,五、发掘之图及器物之位置,六、器物之制作,七、器物之时代,八、埋藏器物之原因,共八个部分。

1923 年 8 月,河南新郑农民"李锐凿井为灌园之用,凿地深至三丈,发见鼎甗等器,以三鼎售诸许昌,得银八百余元"②。其事为新郑县知事姚延锦、北洋陆军驻郑州第十四师师长靳云鹗所闻,认为钟鼎重器、尊彝宝物,为先代典范所寄,应该归于公家,垂诸后世。于是,收缴、回购了李某所得、所售的铜器,并进一步对墓葬区进行了较大规模的挖掘。结果共得铜器 100 余件,碎铜片近 700 块,以及陶器、玉器等若干。10 月,所获尽数运至开封,交于河南古物保存所收藏。事后,靳云鹗在出土地点立碑一通,纪念其事。碑文曰:"华夏为文物古邦,开化最早,凡夫礼器之制作,在秦汉以前已灿然其美备。而乃宗社丘墟,故宫禾黍,运会递嬗,时世变迁,致三代法物,不免有铜驼卧棘、铁戟沉沙之叹!征诸典册,虽历朝以来时有出土,然一鼎一爵,视为祯祥,赞颂咏歌,每极一时之盛。矧今河南新郑古器出土之多乃至百数十事,蔚为空前绝后之大观,诚国家之庥瑞有足纪者。盖中华民国十有二年八月二十五日,新郑邑绅李君锐,于县治城南门内(即其宅之东南隅)凿井掘地,发见周时钟鼎。云鹗适查防至此,闻其事,以古物出土,关系国粹保存之责,应归公家,驰报洛阳巡使蓬莱吴公。奉命遣员会同县绅继续监掘,运汴保管。李绅深明大义,慨然允诺,奋插从事者阅四十日,而宝藏尽焉。以监护周至,片铜寸瓦,幸未散佚,当运至汴垣。时仕女来观者,空巷塞途。国徽

---

① 马衡:《新郑古物出土调查记》,《马衡讲金石学》,凤凰出版社 2010 年版,第 235 页。

② 马衡:《新郑古物出土调查记》,《马衡讲金石学》,凤凰出版社 2010 年版,第 235 页。

灿烂,与古器斑斓相辉映,识者咸啧啧称羡,谓为郑国宴享祭祀之器。云鹗博考古籍,比拟形制,编有图志三卷,将来纂入县乘,足资考证;特再刻石纪事,立碑其处,俾后之览者,知神物数千年蕴藏地之所在,春秋佳日,觞咏其间,未始非为新郑县邑增一名胜,多一韵事,岂第纪念云尔哉! 中华民国十有二年双十令节,任城靳云鹗谨撰,古吴蒋鸿元谨书。"①虽然新郑出土的古器物并非如碑文所述已全部归公,其实还有李某隐匿转售于市者,但上百件钟鼎彝器能归公家收藏,不致流散,实为幸事,值得纪念。

大宗宝物出土,引起各界的高度重视,并迅速做出反应。其时,上至北洋军政府,下及河南、湖北、湖南、天津、陕西、北京、绥远等地军政要人,还有学界、贤达,皆纷纷致电、致函靳云鹗,在称颂其义举的同时,亦对该批出土文物的归属给予了极大的关注。1923 年 9 月 21 日,北京大学代校长蒋梦麟就致电靳云鹗,并特派马衡前往商讨古物收藏、研究事宜。电文称:"敬启者:我国为世界有名之旧邦,有最古之文明及悠久之历史,而此历史与文明尚须待考古学上之发见,然后可以证实或解决之问题至为繁多。敝校忝为全国文化中心之所寄,于此不敢漠然置之,特于研究所国学门设立考古学研究室及古迹古物调查会,延聘专家收集材料,用科学之方法,作公开之研究,以期发扬国光,有所贡献于世界。惟所感困难之点,在乎国人对于古代器物之观念,尚未完全脱离向来古董家赏玩之积习,而不能明了其关于学术上之价值,一听商贾之盗掘拆卖,而不能容学术团体为有计划之发掘,做有系统之整理,遂至古代文物于此受有意及无意的损失至为巨大。顷闻河南新郑地方发见大宗周代之器物,承贵师长之热心毅力,藉得保存,不致分散,诚为稀有之盛事。敝校研究所特派考古学家马衡教授前来参观,拟作学术上种种之研究,并与贵师长商酌敝校将来收积古物、调查古迹之办法。凤念贵师长关心文化,宏奖风流,敢祈赐予接纳,学术幸甚。"②于是,马衡前往新郑调查。马衡到达新郑时,挖掘已经基本结束,并回填了泥土。负责此事的工作人员向马衡介绍了器物出土情形及后来发掘经过,"先后开井四口,略有所得。其后划定范围(南北长三丈五尺,东西宽四丈五尺),层层发掘,深至三丈,而所有古器物遂完全呈露矣。衡至新郑时,古器已搬运殆尽;又复于上述范围以北发掘新坑。……其结果所得,仅陶器及砖瓦等,此外更无铜器"③。所见墓穴,"椭圆形,深三丈,朱砂底,中有残骸三(首在北,足在南),

---

① 碑名为《河南新郑古器出土纪念之碑》,今存河南省新郑市博物馆。
② 李宏、夏志峰:《新郑彝器述略》,《新郑郑公大墓青铜器》,大象出版社 2001 年版,第 26 页。
③ 马衡:《新郑古物出土调查记》,《马衡讲金石学》,凤凰出版社 2010 年版,第 235—236 页。

残玉三"①。据此,马衡绘制了《新郑县发掘古器物图》,大致标明发掘坑、墓穴、骸骨及遗物的位置。

　　关于器物之制作,马衡认为,"自来所出大器,如齐侯镈之类,铜质极精,冶工不苟,故虽历年久远,而锈蚀之处甚少,花纹文字,并皆清晰。此次所出者虽多大器,而铜质冶工较之远逊。其中惟钟、镈等器,以音律所关,不杂土质"。至于器物之时代,"以诸器之形制及'凵卢'(文为'王子婴次之□卢'——引者)之文字定之,确为东周之器。以新郑在东周时之沿革言之,始为郑都,后为韩都。韩都此在周烈王元年。此器不类战国时文字,故可确定为郑国之器。"20 世纪六七十年代以来,学者们从器群的组合、形制、花纹诸特征进行比较研究,以确定新郑大墓铜器群的相对年代。目前学术界对新郑大墓所出铜器的相对年代看法趋于一致,即为春秋中期偏晚阶段。马衡的推测极是。最后,马衡就器物埋藏原因作了分析:

　　　　在初发见时,群以为如此重器,必非殡葬之具。或谓其地为郑之宗庙,国亡而沦为丘墟;或谓郑之当亡国之际,迁其宗器以埋藏于此。衡以此二说皆非也。按《礼记·檀弓上》,原宪言于曾子曰:"夏后氏用明器,殷人用祭器,周人兼用之。"知商周之世,有以祭器为送终之具者。今传世商周礼器如是之多,大抵皆出自墟墓间者也。此次发见古物之地,居中椭圆形朱砂者,即为埋棺之故处,故残骸残玉,皆出其中(古墓中多有朱砂,疑为水银所化,据云,水银遇含有硫黄质之物即化为朱)。其外环列之器,皆殡葬之祭器也(其鼎甗器之底积煤甚厚,在未埋藏以前必曾用以烹煮或防潮者)。故此地为郑伯之墓,殆无疑义。②

　　由于马衡没有亲自参与大墓的发掘,这份调查记录尚不能算作严格意义上的田野发掘报告,但文中所述诸项已有近代考古学的成分与规范,特别是他绘制的发掘图及文物出土位置,表明马衡已具备近代田野考古的基本常识与技能。最后又推测埋藏铜器的原因,认为其当为郑伯随葬的器物,并从器物的形制和文字上考定为春秋铜器,说明马衡具有深厚的史学与金石学功底。这也表明,此时的马衡已突破了传统金石学足不出户的书斋式研究,开始走向田野考古。联想到这次调查比李济主持的中国人第一次田野

①　马衡:《新郑古物出土调查记》《马衡讲金石学》,凤凰出版社 2010 年版,第 237 页。
②　马衡:《新郑古物出土调查记》《马衡讲金石学》,凤凰出版社 2010 年版,第 238 页。

发掘——山西夏县西阴村史前遗址的考古发掘还要早 4 年多,这种做法确实具有先驱意义。

同年 10 月 19 日,北京大学根据马衡的调查、考察后报告,又致函靳云鹗,提出了收藏此批器物的要求。函曰:

> 敬启者:顷据敝校派赴河南考查古物马衡教授之报告,知其到郑后备蒙渥待,实深感切。窃维我国号称世界古物最富之国家,而考古之成绩反视欧美各国相差甚远,盖自来金石商估,于古物出土之际,多半任情去取,随意拆卖,因卤莽灭裂之处置,遂致损失其学术上之价值,此其弊一;文人雅士,得一古董,矜为珍秘之玩好,莫肯公开以研究,因秘密爱赏之结习,遂致隐其学术上之价值,此其弊又一。本校有鉴于此,特于研究所国学门延揽中外考古学家,组织古迹古物调查会,以搜罗考古学之材料,设博物馆以为系统之陈列,立研究室以行科学之研究。然于此尚有至大之难点在焉。缘考古学之材料分为四等:第一等为考古学者所自发掘,其发见地点与共存遗物均能明了者;第二等为仅知发见之地点,其他状态则不明悉者;第三等为发见地虽不明悉,而确为真物者;第四等为真伪不明者。厂市贩卖之品多系第三、四等材料,而第一、二等则稀如星凤。我国考古学不能进步之重要原因殆在于此,而本校考古学研究室之最大障碍亦在于此。兹幸河南新郑、孟津两处所发见之古物,一坑之中竟有数十、百件之多,自宋以来,古物发见之见于著录未有若是其多者。更赖贵师长热心毅力,始终维护,虽孟津之物稍有分散,而新郑则完全未曾缺失。是诚不朽之盛事可为吾国文化前途贺者也!顾保管研究之任,尤宜审慎选择。私人保存,固非国人之所愿,即归省有或归其他机关,仅事陈列,亦非妥善之办法。盖此等历史上稀有之国宝,必须置诸全国观瞻所系之首都之学术机关,整理之,陈列之,考证之,著录之,以贡献于世界。然后其物之真价值得以表显,而我国之国华亦得借以显扬。窃以为与其供之于一省,何若供之于全国?与其陈列之于仅供玩赏之机关,何若陈之于万国学者得共研究之学府?本校为世界及全国学界之所注视,有专门之组织与专门之人才,窃愿步趋各先进国之后尘,尽国立大学应尽之责任。为此,特以诚恳之词,请求贵师长将新郑、孟津两处所发见之古物,全数运交中央,由本校负保管、研究之责。如承允许,其效能岂徒使我国学术之地位可以增高?文化之流风可以远被?本校之博物馆得此亦可以定其基础,而贵师长之令

闻亦将远播长流,与此国宝共垂不朽矣! 除函陈国务院并函曹巡阅使及吴巡阅使外,用特函请贵师长核察施行。①

此函虽以北京大学的名义,但内容的起草无疑与马衡有关,甚至马衡有可能就是起草人。其中将考古学材料分为四等:"第一等为考古学者所自发掘,其发现地点与共存遗物均能明了者;第二等为仅知发见之地点,其他状态则不明悉者;第三等为发见地虽不明悉,而确为真物者;第四等为真伪不明者。"这种专业性的归纳,足见马衡等人对考古学的关注。而建议以新郑、孟津等地所发现古物为基础建立大学博物馆,则又是一个具有现代博物馆意识的明智之举。

新郑、孟津之行及此后的洛阳汉魏太学遗址的考察,使马衡的学术观念、学术视野发生了重大变化。终其一生,一直竭力倡导科学的考古发掘,用以打开更精确、更复杂的"地下二十四史"。为此,他还写有《考古与迷信》一文,对社会上将田野发掘等同于盗墓掘坟,并视为破坏风水行为的不正确的、迷信的思想予以匡正。

1925 年 10 月,马衡应邀前往朝鲜,参观了日本人在乐浪郡汉墓所做的发掘和江西郡高句丽时代的古墓壁画等,归国后在北京大学国学门举行演讲会,报告此行收获。1927 年,日本东亚考古学会由滨田耕作、原田淑人等出面约请北京大学考古学会马衡、沈兼士等在东京联合组成东方考古学协会。在辽宁旅大地区共同发掘貔子窝遗址,貔子窝包括位于今普兰店市皮口碧流河边相邻的单砣子和高丽寨两个遗址。后马衡等中国学者陆续退出。期间,马衡还率北京大学文科研究所考古研究室人员赴北京西部大觉寺、碧云寺、圆明园、文源阁等处遗址调查。

1928 年 5 月,中央研究院成立,蔡元培出任院长,其分属机构历史语言研究所由傅斯年负责,下设的考古组聘请李济为主任。马衡即致函蔡元培,提议在河南安阳殷墟进行考古发掘,并推荐自己的下属,时任北京大学国学研究所考古学会事务员的董作宾主持发掘事宜。傅斯年曾留学英、德诸国,接触过近代考古学,深知考古材料对于历史研究的重要价值。因此,1928年 8 月,他即派董作宾赴安阳考察,随后,董氏主持了第一次发掘,从此揭开了安阳殷墟大规模、科学发掘的序幕(先后 15 次),也标志着以重建古史为宗旨的中国近代考古学的确立,在中国考古学史上写下了辉煌的、具有转折

① 李宏、夏志峰:《新郑彝器述略》,《新郑郑公大墓青铜器》,大象出版社 2001 年版,第 27 页。

意义的一页。追根溯源,马衡的首倡之功,诚不可灭。

马衡虽然没有参加安阳殷墟的发掘工作,但却主持了燕下都遗址的考古发掘。

燕下都遗址位于河北易县城东南 5 千米许的北易水与中易水之间,是战国时期燕国的都城遗址。城址呈长方形,东西长约 8 千米,南北宽达 4 千米,是战国都城中面积最大的一座。城址中部有一道隔墙,将城分为东、西二城。其中东城分为宫殿区、手工业作坊区、墓葬区、居民区、古河道区五个部分,文化遗存相当丰富,保存较好。自清代以来,城址内外时有古物出土,尤其是每当大雨后,铜簇、古币、瓦当等物暴露田野,乡人拾取转售获利。著名的"齐侯四器"①,就出土在燕下都一带。1929 年,时任北京大学研究所国学门考古学研究室主任的马衡,代表北大、北平研究院与时任河北教育厅厅长的沈尹默相商,决定以河北作为北大的考古发掘基地。其首选发掘对象即为燕下都遗址。

1929 年 11 月,马衡与北平研究院干事常惠、傅振伦三人亲赴易县,以《水经注》、顺治和乾隆《易水志》为线索,参以北城寺明弘治十二年《重修炼台观音寺碑记》、于坻龙王祠明嘉靖廿二年《易州高陌社于坻龙王祠碑记》所载信息,利用三天时间对燕下都进行了前期勘察。之后,由傅振伦完成了《易县燕都调查报告书》。前期考察工作完成后,1930 年 3 月,由易县实业局周承殷等实测、绘制完成了比例为二万分之一的《燕下都故址图》。这是科学测绘的第一幅燕下都平面图。之后,马衡开始着手发掘的具体准备工作。1930 年 3 月,他先以北大考古学会主席的身份,主持召开了考古发掘燕下都的讨论会。经过一系列的讨论、准备后,4 月,由马衡亲自率领的"燕下都考古团"一行开赴易县。

考古团到达易县后,首先对燕下都故城东北的老姆台进行了发掘。这是对燕下都进行科学考古发掘的开始,也标志着河北科学考古发掘的开始。马衡对这次考古工作要求严格谨慎,他曾经和成员约法三章:出土古物不得遗失或损毁;农民出售古物,由团收买,个人不得私购;团员不得饮酒,每周轮流休息。② 考古团收获了包括瓦当、陶器、铜器在内的大量文物,其中战国时代燕国的古物占了大半。正当考古工作有条不紊地进行了一个多月后,突发意外情况。5 月,易县城角村发生了针对考古团的哄抢事件,迫使

① 齐侯四器,是春秋时期的齐侯嫁女的媵器,有鼎、敦、盘、匜各 1 件,其铭文字体端正、笔画秀丽。光绪十九年(1893)出土,为盛铎所得,转售美国大都会博物馆。

② 傅振伦:《马衡先生传》,《浙江学刊》1993 年第 3 期,第 123 页。

这次考古活动提前终止。事情的起因缘于 1928 年，军阀孙殿英东陵盗墓引起文化界声讨。当时马衡力主严惩，孙殿英知道后曾放出狠话，扬言报复马衡。这次哄抢案据传就是孙殿英所指使。考古团考虑到马衡人身安全，果断决定终止这次发掘。马衡先期离开易县，以筹备西湖博览会为名辗转上海、杭州避难，考古团其余人员于 6 月返回北平。发掘品计 36 箱又 210 袋，先交由易县文化事业同志会，后于 1931 年由庄尚严和傅振伦运回北平北海团城保存。燕下都首次考古发掘活动宣告结束。随后，傅振伦、常惠等发掘亲历者陆续发表了燕下都的相关研究成果。包括常惠的《燕下都故址调查报告》《易县燕下都考古团发掘报告》，傅振伦的《燕下都考古记》《燕下都城址内外土台之考究》《燕下都遗迹考》等。

这次田野考古后来被称为"试掘"，虽然只进行了一个多月时间，但收获和意义却极大。此次考古，不仅使世人得以了解和认识燕下都，亲睹燕下都丰富精彩的遗物，还为日后燕下都遗址的保护和全面发掘提供了丰富的资料。应该说，燕下都遗址考古发掘，与当时的河南安阳殷墟发掘、山东章丘城子崖遗址发掘、陕西宝鸡斗鸡台遗址发掘、浙江余杭良渚遗址发掘一样，是宋代以来文人雅士案头的金石考证向近代田野考古发掘迈出的探索性的一步，为中国近代科学考古的开展奠定了基础。

马衡的近代意识还体现在博物馆的建设与文物的保护上。考古或者田野考古，注重于地下文物的获取。获取的文物资料除了供研究之用，还有一个功能是通过博物馆陈展进行实物教育。当然，无论是在发掘、研究，还是陈展教育中，都必须对文物进行保护。这些方面，马衡均有开创之功。

1934 年，马衡与北平图书馆馆长兼故宫博物院图书馆馆长袁同礼、中央博物院筹备委员傅斯年等联络博物馆界，倡议组织中国博物馆协会。1935 年 4 月，中国博物馆协会在北平成立，通过了《中国博物馆协会组织大纲》，确定协会的宗旨是"研究博物馆学术，发展博物馆事业，并谋博物馆之互助"，推举马衡为会长。协会下设专门委员会负责博物馆学术研究，博物馆建筑和陈列，审查出版博物馆学术专著和论文，召开学术讲演等。协会还编印有关博物馆丛书，刊行《中国博物馆协会会报》，两月一期。1936 年中国博物馆协会和中华图书馆协会在青岛联合召开第一届年会，印发了《联合年会的希望》，主张"图书馆博物馆亟应增设，以补充学校教育之不足，且可保存文艺，提高学术"，并且"愿政府与社会时锡匡助，以期促进图书馆及博物馆事业"。年会通过了博物馆行政、建筑、陈列、保管、考古发掘、整理档案等决议 35 项。中国博物馆协会的成立，促进了博物馆学术研究和博物馆事

业的发展。抗日战争时期,会务陷于停顿。1948 年 6 月中国博物馆协会在
北平复会,修订《中国博物馆协会组织大纲草案》,马衡再次当选理事长。复
会后的第一次会员大会在故宫传心殿召开,马衡主持,列出了编印"中国博
物馆一览"、每月出会刊两期、举办学术讲座、编印会员录、每年编印国宝审
查报告并编印"国宝集"等工作计划。①

二、传统金石学与近代考古学的关系

马衡"不遗余力地提倡考古发掘,加快了中国金石学向考古学过渡的脚
步",那么,传统金石学与近代考古学究竟是一种什么关系呢? 时至今日,尚
无学者做过系统的研究,但从一些零散的表述中,我们大致可以看到这样一
种共识,即中国传统金石学与中国近代考古学既有联系又有区别。至于强
调它们之间的传承性,还是强调两者的差异性,不同的学者各有侧重。

1926 年,梁启超的一篇《中国考古学之过去及将来》的演讲稿,将传统
金石学完全纳入了考古学的范畴,认为"考古学在中国成为一种专门学问起
北宋时代"②。这大概代表了当时学界对考古学的看法。同年,王国维在北
京大学历史学会所做的《宋代之金石学》演讲中说:"宋代学术,方面最多,进
步亦最著。其在哲学,始则有刘敞、欧阳修等,脱汉唐旧注之桎梏,以新意说
经;后乃有周敦颐、程颢、程颐、张载、邵雍、朱熹诸大家,蔚为有宋一代之哲
学。其在科学,则有沈括、李诫等,于历数、物理、工艺,均有发明。在史学,
则有司马光、洪迈、袁枢等,各有庞大之著述。绘画,则董源以降,始变唐人
画工之画,而为士大夫之画。在诗歌,则兼尚技术之美,与唐人尚自然之美
者,蹊径迥殊。考证之学,亦至宋而大盛。故天水一朝,人智之活动与文化
之多方面,前之汉唐,后之元明,皆所不逮也。近世学术多发端于宋人。"③
这里,王国维虽然没有像梁启超那样明确提出"考古学在中国成为一种专门
学问起北宋时代",但从其"近世学术多发端于宋人"的概括性表述中,可以
推想,王国维对传统金石学与属于近代学术的考古学之间关系的认识,应与
梁启超相同。在此之前,王国维在清华大学所做的《最近二三十年中中国新
发见之学问》演讲中,所提出的"古来新问题,大都由于新发见""纸上之学问
赖于地下之学问"的观点,在强调地下出土材料的重要性的同时,也强调了

① 郑欣淼:《厥功甚伟 其德永馨——纪念马衡先生逝世 50 周年》,《故宫博物院院刊》2005 年第 2
  期,第 22—23 页。
② 梁启超:《中国考古学之过去及将来》,《中国历史研究法补编》,中华书局 2010 年版,第 230 页。
③ 王国维:《宋代之金石学》,《王国维遗书》第 5 册,上海古籍书店 1983 年版,第 70 页。

古今学问的相通性。

受王国维、梁启超等人的影响，20 世纪 30 年代，曾就学于清华学校国学研究院的卫聚贤写了两部中国考古学史著作——《中国考古小史》（1933 年）和《中国考古学史》（1936 年）。前者详细记述了民国前期中国考古的情况，后者则发挥了王国维、梁启超等关于考古学的认识，对中国自周代以来的考古史作了系统的梳理。卫聚贤称："中国考古可分为四大期，春秋战国为宝贵期，汉至唐为祥瑞期（除梁），宋至近代为研究期（除元、明），现在为发掘期。"可见，他把传统金石学与近代考古学均列为中国考古学的组成部分。不过，卫聚贤又明确提出，"前人研究古物，可说是一种金石学与古器物学。现代的考古即后人所谓'锄头考古学'，注重在发掘"，[①]强调近代考古学的重要特点是"田野发掘"，并将此作为与传统金石学根本不同之处。

大概过于强调传统金石学与近代考古学的联系，容易使人误认为考古学不过是金石学的别名而已。对此，1929 年，傅斯年在河南中山大学所做的《考古学的新方法》演讲中，一方面注意到了传统金石学与近代考古学的联系性，认为"我国自宋以来，就有考古学的事情发生"；另一方面也注意到两者的差异性，认为："考古学是史学的一部分，这个部分与其他部分不同，因其与自然界有关；与地质学是不能分开的，如离开了地质学，考古学就失其效用，考古学就根本不能成立的。所以考古学在史学当中是一个独异的部分。"[②]这里，傅斯年充分认识到近代考古学的独特性，特别强调了近代科学，如地质学等对近代考古学的影响。

1930 年，李济在《现代考古学与殷墟发掘》一文中，着重指出了传统金石学与近代考古学的不同，认为传统金石学与近代考古学的关系正好像"炼丹学之于现代化学，采药学之于现代植物学。炼丹采药，自有它们的学术史上的价值；然而决没有人说它们就是化学或植物学"[③]。虽然指出了两者之间的差异，但李济也没有否定两者的联系。1933 年，李济在为卫聚贤《中国考古小史》作序时说："严格的考古学在我国虽是很近的一种发展，旧学中却有它很厚的根基。要没有宋人收集古器物的那种殷勤，清代小学的研究，就不会有那种朴实的贡献。甲骨文的发现，始在清代古文字学隆兴之后，两相衔接，中国一切旧学，因此就辟出来一个新的途径。由此而注意发掘及文字以外的考古资料，只是向前进一步的事，可谓一种应有的趋势。再加以自然

① 卫聚贤：《自序》，《中国考古小史》，商务印书馆 1933 年版，第 1—3 页。
② 傅斯年：《考古学的新方法》，《史学方法导论》，中国人民大学出版社 2004 年版，第 187 页。
③ 李济：《现代考古学与殷墟发掘》，《李济文集》卷五，上海人民出版社 2006 年版，第 3 页。

科学的影响,现代化的考古学就应运而生了。"①在此,李济注意到传统金石学本身发展的连续性。虽然没有明确说传统金石学是近代考古学的前身,或者传统金石学是近代考古学的源头之一,但文中所表露的基本认识,即传统金石学与近代考古学既有区别又有联系的观点,仍是清晰可辨的。

李济的学生,著名的美籍华裔学者张光直,在谈及传统金石学与近代考古学的关系时,其观点要明确得多。1995年,他在《考古学和中国历史学》一文中说:"当代的中国考古学,有三个学术来源,在上面曾经提及的三个时期进入中国考古学的舞台,即:传统的古器物学,西方考古学和马克思主义的历史唯物主义。这三种东西都明显地存在于当代中国考古学的实践中。"关于传统的古器物学的影响,张光直说:"除了他们草创且沿用至今的青铜器的著录方法——文字的描述,形象的摹绘(现在是照片)和铭文的摹写(现在是照片或拓片)之外,关键的是宋代的金石学家还留给我们一套古代器物的命名方式。就像鲁道夫(Rudolph)所说的那样,'对中国考古学最重要的一项贡献,是宋代学者对青铜礼器及其他青铜器的分类和命名。除去某些错误以外,宋代学者建立起来的名称和分类,现在基本上还在沿用'。实际上,命名涉及器形和纹饰两方面的问题。"②张光直的这一认识,一方面是基于自己的判断,另一方面可能借鉴了以夏鼐为代表的中国大陆学者的看法。

1979年,夏鼐发表了《五四运动和中国近代考古学的兴起》一文,认为中国近代考古学有两个源头,一个源头是对中国传统金石学、古器物学的"批判地继承","另一个来源是西方资本主义国家的科学"③。并强调,1949年后的中国考古学是在马克思主义指导下发展的。1985年,夏鼐在向日本学术界介绍中国考古学发展情况时,重申了这一观点,认为"中国考古学的发展,到了二十世纪的二十年代,才进到了近代考古学的阶段。从十八世纪以来,一直到二十世纪初年,中国的学者继承和发展了北宋时(十一世纪前后)开始兴起的金石学,又利用新出土的古器物,做了大量的整理研究工作。对于中国近代的考古学的诞生,他们作出了一定的贡献",但同时强调,"中国近代考古学的另一来源是西方资本主义国家的科学,其中一个特别有关的学科是地质学"。④ 夏鼐在强调金石学是考古学前身的同时,也指出二者

---

① 李济:《卫聚贤中国考古小史·序》,《李济文集》卷五,上海人民出版社2006年版,第119页。

② 张光直:《考古学和中国历史学》,《中国考古学论文集》,生活·读书·新知三联书店1999年版,第13—14页。

③ 夏鼐:《五四运动和中国近代考古学的兴起》,《考古》1979年第3期,第194页。

④ 夏鼐:《中国考古学的回顾和展望》,《中国文明的起源》,文物出版社1985年版,第2页。

并不等同。这一认识,在 1986 年出版的《中国大百科全书·考古学》卷中,得到了完整地呈现:

　　　　中国作为世界上文明发达较早的国家之一,很早就有学者注意进行古代遗迹的考察和古代遗物的研究。具有一定学术系统的金石学,产生于 1000 年前的北宋,到清代更为发达,形成中国考古学的前身,留下许多可贵的研究成果。但以田野调查发掘为基础的近代考古学,在中国却兴起较迟。从 19 世纪末到 20 世纪 20 和 30 年代,一些帝国主义国家派遣的探险家、考察队,潜入中国边疆地区活动。20 年代后期,中国学术机关开始进行周口店、殷墟等遗址的发掘,标志着中国考古学的诞生。在半殖民地半封建的旧中国,考古工作不能很好地进行,当时只有十来位掌握考古发掘技术的专门人才,做过大规模发掘的遗址很少,掌握的科学资料也很有限。中华人民共和国成立以后,整个考古工作的面貌发生了根本性的变化。考古工作的队伍逐渐成长壮大,调查发掘遍及全国各个地区。以马克思列宁主义为指导,同时注意利用各种自然科学的方法,考古研究工作不断开展,专题研究和综合研究不断深入,从而逐步建立起中国考古学的体系,取得了举世瞩目的巨大成就。①

　　这大致反映了中国学者对于传统金石学与近代考古学关系的基本看法。裴文中、苏秉琦、安志敏、李学勤等学者,尽管并不完全认同上述的观点,但相差并不太远。

　　地质学专业出身的考古学家裴文中,并不讳言金石学与考古学之间的联系,"由科学的考古观点看来,(金石学)成功的方面,可以说是奠定了考古学之基础",与此同时,他也指出金石学的流弊使得清初考古学者走入歧途,造成后世古玩商之流的考古学家。"其主要原因,即宋时之'文士'及'雅士',只讲求购买古物,未能亲身到田野中去搜录古物。……其次之原因,即依赖于'古籍'。"②苏秉琦在谈及金石学与考古学的关系时,曾撰文认为"考古学并非是金石学的发展",但在之后所做的补记中,他又说:"文中谈'考古

---

① 王世民:《中国考古学简史》,《中国大百科全书·考古学》,中国大百科全书出版社 1986 年版,第 689 页。

② 裴文中:《史前考古学基础》,《裴文中史前考古学论文集》,文物出版社 1987 年版,第 62 页。

学不是金石学的发展'，还是一个有待深入研究的课题。"①安志敏认为："作为近代考古学前身的金石学、古器物学，起过一定的历史作用，但那种书斋式的研究传统，偏重于文字或礼器、礼制的考究，远不符合近代考古学的准则，但也残余着某些影响。"②李学勤说："历史上的古物学，都不能说是现代意义的考古学。现代考古学是在进化论思想与地质学等方法的影响下，于19世纪兴起的科学。"但又说："我们中国古代的传统对于古物的研究大家叫它金石学，金石学可以说是中国考古学的前身；在欧洲也有一种类似的研究，称为古物学，古物学也可以说是现代考古学的前身。"③

当然，也有学者认为，传统金石学与近代考古学之间毫无关系。如张忠培认为："既然，中国的考古学是自国外引入的，那么，金石学是中国考古学的前身之说，就不切实际。相反，在引入考古学后的一定时期内，有些金石学者从考古学那里吸取了一些营养，推进了金石学的研究，则是事实。至于那些用考古学方法或成果去整理、研究传世文物，是否仍应认为是金石学，或归入考古学范畴，关系到金石学之命运估量问题，较为复杂，则需另外讨论。不过，整体来说，自中国考古学产生、发展以来，金石学衰落了。"④郑振香也认为："金石学虽然在宋代就有，但只能对古器物作研究，它不能发展成为考古学。罗振玉的《殷墟书契》虽然在甲骨学方面取得了很大成就，但也只能仅此而已。"⑤这种观点虽然有点偏激，但确也代表了部分考古学界人士的看法。

从马衡的金石学研究与考古实践看，传统金石学与近代考古学之间确实存在较为密切的关系。1963年郭沫若为《凡将斋金石丛稿》作序时，对马衡曾有这样的评价："马衡先生是中国近代考古学的前驱。他继承了清代乾嘉学派的朴学传统，而又锐意采用科学的方法，使中国金石、博古之学趋于近代化。他在这一方面的成就是有目共睹的。马衡先生同时还是一位有力的文物保护者。中国古代文物，不仅多因他而得到阐明，也多因他而得到保护。前日本帝国主义发动大规模侵华战争时期，马先生担任故宫博物院院长之职，故宫所藏古物，即蒙多方维护，运往西南地区保存。即以秦刻石鼓十具而论，其装运之艰巨是可以想见的。但马先生从不曾以此自矜功伐。

---

① 苏秉琦：《苏秉琦考古学论述选集》，文物出版社1984年版，第278、283页。
② 安志敏：《考古学的定位和有关问题》，《东南文化》2002年第1期，第12页。
③ 李学勤：《考古与古文献的整理》，《文物中的古文明》，商务印书馆2008年版，第3页。
④ 张忠培：《中国考古学史的几点认识》，《史学史研究》1995年第3期，第53页。
⑤ 本刊记者：《新世纪伊始考古研究所专家讲座纪要》，《考古》2001年第3期，第85页。

马先生为人公正,治学谨严;学如其人,人如其名;真可谓既衡且平了。马先生复能诗,善书,工篆刻。一九三九年同寓重庆,曾以青田石为我治印一枚,边款刻'无咎'二字。今以钤于文末,以见一斑。凡德业之以盖人者,人不能忘之。马先生虽颇自谦,然其所成就,已应归于不朽。"①郭沫若对马衡的治学与为人都给予了高度的肯定。尤其是在 20 世纪上半叶中国已出现一批考古学家的背景下,郭沫若将"中国近代考古学的前驱"称誉给予主要从事金石研究的马衡,可谓慧眼独具。

---

① 郭沫若:《凡将斋金石丛稿·序》,《凡将斋金石丛稿》前附,中华书局 1977 年版。

第六章　施昕更、何天行与良渚文化

——中国江南田野考古的尝试

中国近代考古学的兴起，既与中国传统金石学的拓展相联系，也与西方近代考古学理论与方法的传入相关联，更与20世纪初期中国学人的田野考古实践密不可分。

1929年，正当马衡在北国组织实施燕下都考古发掘时，盛况空前的西湖博览会在江南杭州拉开帷幕。历时137天的西湖博览会在秀丽的西湖山水间为人们留下了永恒的记忆，也为后人留下了一份珍贵的遗产——浙江省第一个博物馆"西湖博物馆"（浙江省博物馆前身）。这一年，年仅17岁的施昕更参与博览会工作，7年后的1936年，施昕更在他的家乡余杭良渚进行了考古发掘，破天荒地打开了地下静睡了近5000年的文化宝藏——良渚文化。其所撰写的《良渚——杭县第二区黑陶文化遗址初步报告》是20世纪二三十年代中国仅有的几份考古发掘报告之一，也是长江流域的第一份考古发掘报告。除了施昕更，良渚文化的发现与认识还与何天行、慎微之、卫聚贤等学人的探索分不开。尤其是何天行，他与施昕更一起所做的良渚遗址的调查与研究，揭开了良渚文化考古研究的序幕，开启了长江下游地区的田野考古发掘工作之先河。对此，石兴邦说，何天行的《杭县良渚镇之石器与黑陶》"是介绍良渚文化最早的一部文献，在良渚文化的研究方面有开拓之功，在中国文化研究上占有重要地位"[①]。虽然，施昕更、何天行均是"小人物"，但他们却发现了"大文化"。[②] 良渚文化的发现意义重大。它证明了近世富饶的江南地区，在远古时期也非荒蛮之地，而是有着灿烂而独特的史前文化。施昕更、何天行所提出的"'吴越地区可与中原地区史前文化并驾齐驱，远古时代吴越地区也是孕育中国文化的重要的源流，成为中华文化史上的重要一页'的观点，为后来考古发现所证实"[③]。经过80多年的考古探索，学界已经形成较为明晰的看法，那就是距今约5300—4300年前的

---

①　石兴邦：《何天行先生的行述》，《史前研究》，三秦出版社2000年版，第549页。

②　王心喜：《"小人物"发现"大文化"》，《华夏考古》2006年第1期，第102页。

③　石兴邦：《何天行先生的行述》，《史前研究》，三秦出版社2000年版，第549页。

良渚文化已进入酋邦或早期国家阶段[1]。确实,良渚文化是一片实证 5000 年中华文明的"圣地"。

第一节 施昕更与《良渚》

施昕更(1912—1939),原名兴根,浙江杭县(今杭州市余杭区)良渚镇人。他的一生虽只有短暂的 27 个年头,却因其对良渚文化的发现与研究,在中国近代考古学史上留下了浓墨重彩的一笔。

一、投身文博

施昕更自幼聪颖,7 岁时进入杭县瓶窑(今余杭瓶窑)区立第二国民小学读书,成绩优异。13 岁小学毕业,因家境贫困辍学在家,后经校长多次上门劝说,施昕更的母亲才借钱送他到杭州第一中学(今杭州市高级中学)就读。初中毕业后,考入浙江省高级工业学校艺徒班,以半工半读的方式完成绘图专业学业。1929 年,施昕更 17 岁,杭州举办盛极一时的西湖博览会,他闻讯后,积极参与,成为西湖博览会艺术馆甲部的一名管理员。虽然施昕更在博览会的任职时间不长(西湖博览会举办前后计四五个月),对他来说这却是一生的转折

施昕更(1912—1939),原名兴根,
浙江杭县(今杭州市余杭区)良渚镇人。

点。1929 年 10 月西湖博览会闭幕后,为了保存陈列博览会期间征集来的物品,以供民众参观和研究,11 月,浙江省政府决定筹建永久性博物馆——

---

[1] 认为良渚文化处于酋邦阶段的论述如戴尔俭:《从聚落中心到良渚酋邦》,《东南文化》1993 年第 3 期;谢维扬:《中国最早国家》,浙江人民出版社 1995 年版,第 278—294 页。认为良渚文化处于早期国家阶段的论述如张忠培:《良渚文化的年代和其所处社会阶段》,《文物》1995 年第 5 期;张之恒:《良渚文化聚落群研究》,《东方文明之光——良渚文化发现 60 周年纪念文集》,海南国际新闻出版中心 1996 年版。

西湖博物馆(浙江省博物馆前身)。1930 年,因在博览会期间的出色表现和良好的绘画技能,施昕更进入西湖博物馆工作,成为地质矿产组的绘图员。由此,施昕更正式投身于文博事业。

西湖博物馆下设历史文化部和自然科学部,其中自然科学部分动物、植物和地质矿产三个组。施昕更在地质矿产组任绘图员,同时给地质矿产组主任盛莘夫①当助手,协助其进行地质研究。不久,因工作出色,施昕更成为西湖博物馆地质矿产组助理员。

施昕更虽学历不高,但勤奋好学,加之馆长董聿茂②、主任盛莘夫的悉心培养,很快便进入了学术之门,逐渐成为地质矿产领域的一名年轻学者。在短短的五六年间,施昕更便完成了《地质矿产组回顾与展望》《周口店新生代哺乳类化石之名称》《语石二则》《二十三年度地质矿产组考察报告》《全国矿冶地质联合展览会参观纪略》《华北二博物院参观印象记》《杭县北部砩矿之调查报告》《浙江含化石地层》《杭县北部之火成岩》《浙江矿产概论》等多篇文章。③ 这些论文立论明确,分析透彻,显现出施昕更已有较高的业务水平和研究能力。

1936 年 5 月,杭州古荡老和山因建造杭州第一公墓,动土中陆续出土一些石器,这引起吴越史地研究会的注意。经卫聚贤④倡导,西湖博物馆和吴越史地研究会联合对遗址做了试掘。施昕更以记录员、绘画员的身份参与了此次发掘。当接触到石器、陶片等出土遗物时,施昕更感到这些遗物似曾相识,因为类似的石器、陶片等在其家乡良渚一带也时有出土。难道家乡良渚镇出土的遗物与古荡发现的遗物存在某种关联?受好奇心和责任感驱使,施昕更急切地想弄清这一问题。这也成为其发现良渚遗址的契机。

---

① 盛莘夫(1898—1991),浙江奉化人,地质学家、古生物学家。早年对于浙江等省的区域地质、地层和矿产调查有卓越的贡献。一生中大部分时间从事地层古生物学研究及组织领导工作,对于奥陶纪地层及三叶虫化石尤有精湛研究及独特建树,其所著《中国奥陶系划分和对比》更具国际声誉。

② 董聿茂(1897—1990),浙江奉化人,动物学家、教育家。中国甲壳动物研究的奠基人之一。编著的《东海深海甲壳动物》填补了中国深海甲壳动物研究的空白。曾任浙江省立西湖博物馆馆长,浙江大学、杭州大学生物系教授。为浙江省博物馆事业的创建和发展做出重要贡献。培养了许多动物学人才。

③ 赵大川:《初创时期的浙江省博物馆与良渚文化发现人施昕更》,《东方博物》第 32 辑,浙江大学出版社 2009 年版,第 27 页。

④ 卫聚贤(1899—1989),山西万泉人。1927 年毕业于清华国学研究院。曾任南京古物保存所所长,发掘南京明故宫、南京栖霞山三国墓葬,并致力于江浙古文化遗址调查。1936 年任"吴越史地研究会"总干事,发起古荡遗址的发掘。其主编的《吴越文化论丛》是施昕更、何天行、慎微之等发表成果的阵地。

二、《良渚——杭县第二区黑陶文化遗址初步报告》

施忆良在《我的父亲施昕更》一文中回忆道："1936 年 5 月，父亲第一次参加在杭州古荡发掘新石器时代晚期遗址工作，随之对考古研究工作产生了浓厚的兴趣。"①确实，古荡的发掘激发了施昕更的考古热情。随之就有了施昕更对良渚遗址的三次考古调查、三次考古发掘。

（一）三次调查、三次发掘

至于为何选择良渚、长明桥一带做考古考察、调查、发掘的原因，施昕更解释说：

> 杭州古荡发见新石器时代末期遗址消息公布之后，我也颇有一种热切的心情去注意，而我当时见到已搜集的实物，似乎很熟悉，尤其是一种长方形有孔石斧，或称石铲，在杭县北乡一带屡有见到，不过我是认为同玉器并行的殡葬物，不承认它是新石器时代遗物，到现在还是如此，所以一向不注意它的，而这时似乎给了我一种暗示，古荡与杭县北乡，应有相互连结的关系。在参加古荡试掘后，我觉对于江浙新石器时代问题，必须有更详细的更广泛的探究工作，方有确当的论证，于是我就到杭县北乡良渚、长明桥一带去考察，并且作地表的采集。②

第一次调查，时间为 1936 年 5 月。参加完古荡遗址发掘后的第二天，施昕更就急切地回到家乡良渚，在长明桥一带进行了考古调查。"结果，因为遗址的淹没，已漫无可考，在地表采集亦没有甚么收获，而我亦不因之自馁，这一次可说是我探究杭县远古文化遗址的发轫。"③

第二次调查，时间为同年 7 月。他再次到良渚调查，目的"想利用河岸池底来观察地层的剖面"，以获得更多的收获。经过多日的分区考察，"对于石器遗址的分布地点，得有约略的轮廓，同时在枯竭的池底，亲自拣到的石器亦不少"。这些石器，大都很是粗劣，施昕更感觉到这里的遗址年代很可能早于古荡。施昕更还发现"地面上各处散布的印纹陶片极多，巨大的陶鼎足亦随地可见，而分布又呈明显的小区域，似为民族居住的痕迹"。一些印

① 施忆良：《我的父亲施昕更》，《杭州文史丛编》（文化艺术卷），杭州出版社 2002 年版，第 470 页。
② 施昕更：《良渚——杭县第二区黑陶文化遗址初步报告》，浙江省教育厅，1938 年，第 4—5 页。
③ 施昕更：《良渚——杭县第二区黑陶文化遗址初步报告》，浙江省教育厅，1938 年，第 5 页。

纹陶片,则与江苏奄城出土的完全一致。施昕更进一步领悟到,"杭县遗址的含蕴,是累积的复杂文化,它在浙江远古文化的层序上,是具有着极重大的意义的"①。

第三次调查,时间为同年 11 月。为什么接二连三地到良渚、长明桥一带作考古调查,施昕更回答说:"我对于探究遗址的兴趣,更加狂炽,以前所得尚以为不足,乃终日踯躅于阡陌之间,不以为苦。"此次调查,有了一个更大的发现。在良渚镇附近棋盘坟的一个干涸池底,施昕更发现了几片黑色有光的陶片。受《城子崖》发掘报告启示,施昕更悟及其与山东城子崖黑陶文化应为"同一文化系统的产物"②。

施昕更三次调查的结果,引起了馆长董聿茂的重视。由馆方依照当时国民政府颁布的《古物保存法》第八条之规定,呈请中央古物保管委员会,取得良渚遗址的采掘执照,由施昕更代表西湖博物馆,先后三次对良渚遗址进行了考古发掘。

在谈及这三次发掘时,施昕更说:"杭县北乡远古文化遗址,没有经过大规模的发掘,而黑陶遗址的情形,比较简单,因为这地方是经过人工开凿的池塘很多,以资蓄水灌田,所以不但地层很清楚的显示,也给予我采取遗物的便利。虽然也在附近地点开坑试掘,不过用钻探的方式,借此观察局部的地层大概而已。但所得遗物尚多,地层蕴藏真相亦渐明了,自信并不是草率了事,前后试掘,共计三次。"③

第一次发掘,时间为 1936 年 12 月 1 至 10 日,地点选择在发现黑陶片的棋盘坟遗址。对于这次试掘,施昕更做了这样的记述:"利用池水枯竭的时候,初次试掘棋盘坟黑陶遗址。先在四周观察试掘钻探,见有红烧土之迹甚广,石器亦多,并用轮廓求法知黑陶之集中点。试掘工作由昕更一人负责进行,挖掘的次序是很简单,只是利用池沼的方向为坑的方向,而向下挖掘,池沼上部虽经扰乱,而数公尺以下仍是完整。池的方向作东北西南向,先在东北部顺序开掘,至底盘之白灰色粉泥土而止。由地面至底盘,深达二公尺三四,然因遗物都潜藏于水面以下,取出极感困难。对于地面的包含,也不易作精确的观察。共工作一星期,所获得的遗物,以陶豆柄居多,皿圈足次之,碎片亦不少。这次感觉得较有意义的,得粗制石锤一,狭长切刀一,在黑陶文化层下部出土,二者的关系,似乎很密切共存,且石器形形制粗糙,坚固

---

① 施昕更:《良渚——杭县第二区黑陶文化遗址初步报告》,浙江省教育厅,1938 年,第 5 页。
② 施昕更:《良渚——杭县第二区黑陶文化遗址初步报告》,浙江省教育厅,1938 年,第 5 页。
③ 施昕更:《良渚——杭县第二区黑陶文化遗址初步报告》,浙江省教育厅,1938 年,第 8 页。

锐利,足信其为实用利器。大致看来,这遗址年代有了依据。"①虽然是第一次试掘,但字里行间可以看到,施昕更似乎已不是一个初试身手的初学者,而完全是一个训练有素的考古工作者。

第二次发掘,时间为同年的 12 月 26 至 30 日,地点仍为棋盘坟黑陶遗址。此次发掘为第一次发掘之延续。施昕更先由棋盘坟的黑陶中心起,逐渐向四周扩散挖掘,目的是了解其分布范围,并希望发现窑基、建筑等遗迹。经过 4 天的发掘,在文化层的中部出土了较完整的陶瓿、陶豆、陶壶等遗物,不仅数量较前次增多,形式也增加了。此次出土最多的还是陶豆柄及圈足。发掘过程中,馆长董聿茂、历史文化部主任胡行之专程到考古现场进行了考察。

第三次发掘,时间为 1937 年 3 月 8 至 20 日,地点在良渚荀山四周,兼及长明桥及钟家村一带。显然,此次发掘范围比第一、第二次明显扩大。关于范围扩大的原因,施昕更做了这样的解释:"因为我认为浙江黑陶文化意义之重大,决计作长期实地研究,并且这时杭县的黑陶,在杭州所谓古玩市场上已掀起了极盛的风气,黑陶一物,身价十倍,更有人唆使乡民挖掘收买,乡人以利所趋,盗掘之风更炽。本馆为保护文物,及备以后的发掘计,不能缄默,曾呈请民建教三厅通令各县严禁盗掘古物在案,并专函杭县县政府转饬当地公安机关严禁。但是事实上亦极少效力,我恐以后遗址之被毁,发掘不易,所以毅然负责作第三次的发掘工作。"②虽为发掘,实则抢救、保护。强烈的责任心,促使施昕更"毅然负责作第三次的发掘工作",施昕更对待文化遗产的态度跃然纸上。

此次发掘,施昕更在良渚新开了 5 个坑,以观察地层及遗物的关系。在长明桥,仅在乡人曾掘玉的旧坑内略作观察,并在其旁开了 2 个坑,获得少量陶片。经过前后 5 天的发掘,大致探明了良渚一带古遗址的地层堆积和文化内涵。黑陶的蕴藏地点以棋盘坟为中心,横圩里、茅庵前各发现一处,此外还有成堆积状态分布的大塘坝等处。为了编著报告,施昕更希望得到更多式样的黑陶,所以在黑陶的坑中试掘时间较多,收获亦大,获得较完整的陶鼎及陶壶、陶皿、陶瓿、陶篮等 10 余件,碎片 500 余片。

施昕更的田野发掘遭到了人为的干扰。对此,施昕更记述道:"在试掘的几天之内,轰动了当地一般无知农民,不明是非,横加阻难,或以为我个人

---

① 施昕更:《良渚——杭县第二区黑陶文化遗址初步报告》,浙江省教育厅,1938 年,第 8—9 页。
② 施昕更:《良渚——杭县第二区黑陶文化遗址初步报告》,浙江省教育厅,1938 年,第 9 页。

借此自肥；又其中莠民，三四人合股于夜中私掘，被毁农田极多，而皆归罪于我，几成众矢之的。"①

　　庆幸的是，经过几次试掘，目的大致已告完成，编著报告的材料亦臻充实，所以施昕更决定结束发掘工作。至此，良渚遗址最早的考古发掘告一段落。对这三次田野试掘的成效，施昕更自己评价道："综计三次的试掘，以最低的经费，极少的人力，而作过于奢望的发掘工作，自知对于遗址的真相，是不能完全呈现与了解的，但也可以说是探究这遗址的发轫，为初步的工作中必有的过程。"②确实如其所言，经此发掘，良渚文化最终得以发现，并成为东南地区考古史上的里程碑，施昕更也成为良渚文化的发现者。

（二）考古报告编写

　　施昕更通过三次野外调查、三次田野发掘，发现了良渚遗址和黑陶文化，引起了学术界极大的关注。施昕更感到，"发现者的责任，也应该把遗址的情形、遗址的内容，整理出一个系统来，贡献给大家知道"。于是，施昕更在编写正式报告前写了《杭县第二区远古文化遗址试掘简录》与《浙江远古之黑陶》两文。

　　《杭县第二区远古文化遗址试掘简录》是施昕更撰写的最早介绍和研究良渚文化遗址的论文，分别发表于 1937 年 4 月 14 日、21 日上海《时事新报》的《古代文化》周刊第 4、5 期；6 月 30 日出版的《江苏研究》第 3 卷 5—6 期的《吴越文化专号》以及 7 月出版的《吴越文化论丛》。文章分四节：一、发现及试掘的经过，二、地层及文化层，三、文化遗物，四、时代的检讨。文末的题记只标明此文成稿于 1937 年 3 月，没有具体日期，文中提及前一年 12 月间进行的前后两次试掘，而丝毫没有提及当年 3 月 8—20 日间实施的第三次试掘。由此推测，此文成稿时间应在第三次试掘之前，即在 1937 年 3 月上旬③。

　　《浙江远古之黑陶》是刊登在《美术生活》上的一篇短文。施昕更写道：

　　　　民国二十五年（1936）十一月，余在杭县北乡发见新石器时代之黑陶文化遗址，掘获黑陶多种，兹择黑陶中最完美者三件，并作简略说明，以飨读者。杭县黑陶文化遗址，位于县境北乡第二区良渚镇至长明桥

---

① 施昕更：《良渚——杭县第二区黑陶文化遗址初步报告》，浙江省教育厅，1938 年，第 9 页。
② 施昕更：《良渚——杭县第二区黑陶文化遗址初步报告》，浙江省教育厅，1938 年，第 10 页。
③ 张炳火、蒋卫东：《也谈良渚文化的发现人》，《良渚文化探秘》，人民出版社 2006 年版，第 1—20 页。

镇一带,距杭州市约二十公里,遗址展布区域,异常广袤,先后发见,已有五处,该处地层中所包含文化遗物颇多,且极复杂,为累积之文化层所造成,而黑陶文化层,包含于距地表约一公尺至一公尺以上之黑色土层内,黑陶层之上,又有精制琢磨石器、玉器,及印纹陶片等出土,所得黑陶种类有簋、鼎、瓴、敦、豆、皿、尊、壶、盆、盘、罐等十余类,颇具商周铜器之雏型,形制技艺,亦属精美,具漆黑之光泽,并具简单之刻纹,及记号文字,类多脆薄而玲珑,可谓文化史上之珍品。同层出土者,有粗制琢磨石器,如斧、石刀、石锤之类,亦可证其时代之悠远也。按黑陶文化遗址,初发见于山东城子崖,其在中国文化史上之地位,乃中国东部沿海发生之东方民族特殊文化之渊薮,构成中国最早历史期文化重要成分。发展路线由东西渐,西达河南淇水及洹水流城,与西来之彩陶文化相对峙,与一般注重中国远古文化纯为西来之外缘关系者,至此乃得极大之转变。兹又在古蛮荒之浙江发见,以地层上之证明,实物上之比较,确不分轩轾,而实同一文化系统之产物无疑,故其意义尤为重大,不啻显示远古东部沿海平原区域文化发展沟通之痕迹,对于史料贫乏之浙江,更得有价值之物证也。[①]

确实,良渚镇至长明桥镇一带的新石器遗址以及出土的黑陶、石器、玉器、印纹陶等实物,对于当时史前史料几乎是空白的浙江乃至江南地区,具有极为重要的价值。

接着,在馆长董聿茂和同事钟国仪等人的协助下,施昕更很快写就了考古报告——《良渚——杭县第二区黑陶文化遗址初步报告》。报告的撰写完成,得到了董作宾、梁思永、尹达、祁延霈、吴金鼎的指正及补充,并由吴行之校阅。全书共计5万字,除正文外,附图100余张。仿照《城子崖》定名为《良渚》,副题为"杭县第二区黑陶文化遗址初步报告"。报告编成后,便委托杭州印刷厂承印。

然正当印刷之际,"七七"事变爆发,抗日战争开始。1937年11月,日军在上海金山卫登陆,不久浙江的嘉善、平湖、嘉兴、桐乡相继沦陷,情况危急,西湖博物馆决定内迁。施昕更只得暂避乡间,负责印刷事宜。杭城失守,西湖博物馆迁徙至兰溪,《良渚》报告的印刷被迫中断。施昕更只身奔赴兰溪,只带了一部旧稿,"在杭印刷的字版,及锌制图版,在形势危急中无法

① 施昕更:《浙江远古之黑陶》,《美术生活》1937年第41期,第3页。

携出"。由于战事吃紧,西湖博物馆又从兰溪迁到永康,后至松阳。在徙居永康时博物馆已缩小编制,人员已仅 5 人,经费仅剩旧币 300 元。此时,印刷《良渚》一书已为财力所不许。且内地设备落后,亦无厂可以印刷。至松阳,物价飞涨,旧币贬值,境况更加恶劣,最后西湖博物馆人员被迫解散。

由于要养家糊口,施昕更初拟到已迁内地的中央研究院历史语言研究所考古组工作,未果。后经馆长董聿茂介绍,转道温州瑞安工作,后充任瑞安县抗日自卫会秘书。在瑞安,为免于功亏一篑,施昕更奉命再度整理《良渚》报告,于 1938 年 8 月整理完毕。馆长董聿茂携稿赴丽水,向迁到那里的浙江省教育厅呼吁,请以珍惜学术著作为重,要求拨款付梓。获准后,即派钟国仪至"孤岛"上海,与中国科学公司联系印刷事宜,并委托卫聚贤校对。

《良渚》考古报告,几经周折,终于在 1938 年底的抗战烽火中问世。施昕更说:"抗战时期内,一切都需要重新建立起来,而学术工作,同样的也仍欲速继起滋长,不断进展,因为我们除军事上的战争外,政治上、经济上、文化上,都需要战争,才可握最后的胜算。这本报告,在抗战期内重新付印,在民族上、文化上的认识,也有不平凡的意义。"①

然而不幸的是,次年 5 月,施昕更染上猩红热病并发腹膜炎,不久病逝于瑞安县立医院。是年,施昕更年仅 27 岁。②

施忆良在《我的父亲施昕更》一文中写道:"父亲死后,没有留下任何遗产,只留下《良渚》这本足以令我们子孙自豪的考古报告。"③是的,《良渚》足以令人自豪。它是最早的良渚文化考古发掘报告,也是 20 世纪上半叶中国考古界最具代表性的考古发掘报告之一。

《良渚——杭县第二区黑陶文化遗址初步报告》共分五个部分,即"绪言""遗址""地层""遗物"和"结语"。

"绪言"部分,主要叙述了作者对考古工作的见解、编写报告的动机以及付印经过,从中我们可以读到不少独到的见解。如施昕更写道:

> 关于中国史前文化的研究,是国外学者在西北及满蒙一带考古工作为其嚆矢。近十年中,国内学术机关继起大规模的发掘工作,如中央研究院发掘殷墟遗址等,加以国内热心人士,自知努力探究,责无旁贷,更脱离了从前金石学躯壳、古董的圈子,所以考古学成了中国近代来崭

① 施昕更:《卷首语》,《良渚——杭县第二区黑陶文化遗址初步报告》,浙江省教育厅,1938 年。
② 姚今霆:《施昕更年表》,《余杭文史资料》第 3 辑,余杭县政协文史资料委员会,1987 年,第 162 页。
③ 施忆良:《我的父亲施昕更》,《杭州文史丛编》(文化艺术卷),杭州出版社 2002 年版,第 471 页。

新的科学幸运儿了。所得的成效,在世界学术上足能放一异彩,在中国古代史上是增加了许多正确的史料。近年来,我们又看到一种趋势,就是一向注视在黄河流域所谓中国古代文化的摇篮地,而掉转眼光到东部沿海及长江流域并华南各省,实由于上述各地古代文化遗址发见的新事实所引起。①

这是一段十分精彩的表述,它暗含了两个基本认识:第一,中国近代考古学的核心是由西方传入的田野考古,但与传统金石学的关系亦不容忽视;第二,黄河流域是中国古代文化的摇篮的传统观点,很有可能因长江流域等地的考古进展而改变。

"遗址"部分,从三个方面叙述了遗址的情况。首先介绍了遗址发现经过。然后,详细介绍了遗址周围的自然地理环境及风土,并附有地形与遗址分布图,使人能够很清楚地了解到这些情况。最后介绍了三次发掘的经过,对每次发掘的地点、发掘起讫日期、发掘方法等都做了说明。

"地层"部分,分为"地层及文化层""各区坑层分述""遗址地面演进蠡测"三个方面。主要是对地层及文化层做了描述,给出了已发掘坑的层位情况,并对文化层成因做了推测。施昕更认为,良渚遗址的文化层可分为上、中、下三层,"几种文化遗物,在此区域上层的分布,时代先后历历可考,而玉器因系墓葬的关系,所以能深入各层之中,这是例外"②。

"遗物"部分,分为四节,即"黑陶""印纹陶片及素面陶片""石器""其他"。重点从陶色、陶质、纹饰、制法等方面对良渚黑陶进行描述和分析,并与山东城子崖龙山文化遗址所出黑陶做了比较。施昕更说:"杭县的黑陶时期,亦颇有人怀疑非远古物,因为其制作技艺之精美,形式变化之复杂玲珑,简直超乎近代陶器之上。而现在有事实的依据,也毋庸置辩。而江南黑陶与华北黑陶既是同一文化系统产物,其相对年代因此更可以解释了。"③

"结语"部分,在简要总结此次发掘的内容与收获的基础上,着重阐述了良渚遗址发现的意义。根据发掘所得,施昕更对良渚遗址在年代上做了这样的估计,"上层文化:铜器时代到铁器时代——印纹陶片、素陶与现代之砖瓦瓷片等相杂置;中层文化:石铜兼用时代——精制琢磨石器、玉器墓葬及小部分晚期黑陶;下层文化:新石器时代——早期黑陶及粗制琢磨石器,粗

---

① 施昕更:《良渚——杭县第二区黑陶文化遗址初步报告》,浙江省教育厅,1938年,第1页。
② 施昕更:《良渚——杭县第二区黑陶文化遗址初步报告》,浙江省教育厅,1938年,第15页。
③ 施昕更:《良渚——杭县第二区黑陶文化遗址初步报告》,浙江省教育厅,1938年,第43页。

制石器"①。最后,施昕更说:"中国远古文化之研究,固非易事,一般为古史的成见所拘束。西洋学者多注意外缘的关系,又在不健全的物证之下。唯一要图乃须探究类似遗址之比较,原始文化的系统及传播的问题,方可有相当的根据及稳固的基础,不致流入于武断的成见。而杭县的发见,也可以说是供给一部分研究资料。"②

综观《良渚》一书,至少有两个突出特点或优点:一是条目清楚、叙述精当、图文并茂,较全面地展现了遗址情况与遗址特征。这是考古报告的基本要求。二是注重用分类、比较的方法来说明问题、研究问题。这正是考古研究最基本、最常用和最重要的方法之一。③ 可以认为,报告基本上达到了作者的期望,即"将古人遗下来的物证,实事求是的、有系统的整理记载下来,为后来学者的一种参考","说明遗址、遗物在历史上的真正的价值"④。正因为如此,这本报告才能够经久不衰,在浙江乃至中国考古学史上占有一席之地。⑤

第二节　何天行与《杭县良渚镇之石器与黑陶》

何天行(1913—1986),字摩什,浙江杭州人。虽出身于中医世家,但一生痴迷考古,并以《杭县良渚镇之石器与黑陶》一文,为后人研究良渚文化奠定了早期的基础。同施昕更一起,被誉为"是坐在同一条板凳上的两位先驱者"⑥。

一、痴情考古

其父何公旦,精于医学,擅诗词,为浙江近代名医,育有三子四女,何天行排行老三。优越的家庭环境,为何天行创造了很好的学习条件。他自幼熟读古文,背诵诗词,18岁就读中国公学大学部预科,不久转入复旦大学文学系。良好的教育背景,为他此后进行文史研究打下了坚实的基础。

1936年大学毕业后,何天行任职于杭州、上海文教单位,曾任西湖博物

---

① 施昕更:《良渚——杭县第二区黑陶文化遗址初步报告》,浙江省教育厅,1938年,第45页。
② 施昕更:《良渚——杭县第二区黑陶文化遗址初步报告》,浙江省教育厅,1938年,第45页。
③ 王心喜:《"小人物"发现"大文化"》,《华夏考古》2006年第1期,第105页。
④ 施昕更:《良渚——杭县第二区黑陶文化遗址初步报告》,浙江省教育厅,1938年,第2页。
⑤ 杨楠:《施昕更与〈良渚〉》,《良渚文化研究》,科学出版社1999年版,第303页。
⑥ 吴汝祚:《施昕更与何天行》,《东南文化》1997年第1期,第15页。

馆历史部主任、杭州国立艺专图书馆主任,并在上海文化局任职,管理文物等事宜。1949年后,曾在东北人民大学图书馆任研究员,后因健康等原因,离职居家休养。何天行博学广识,凡举文学、历史、考古、政治、社会、教育等领域均有涉猎,并深有造诣。发表论文30余篇,论著亦有七八部,钩沉稽古,常有新意。其中,无论是精力还是财力,他投入最多的是考古调查与研究。

20世纪初,杭县良渚一带盗挖古物之风盛行,而许多石器和黑陶却少有人注意。当时人们还看不出它们的巨大史料价值和文化内涵,往往随挖随弃,因此在盗坑附近常常散落着许多石器与黑陶。1935年,就读于复旦大学文学系的何天行,迎来了一门他极感兴趣的课程——考古学。之后,他经常利用假期到民间探访、考察,这其中就包括到良渚一带调查。1936年,在对良渚遗址做了深入的考察后,何天行撰写了《杭县良渚镇之石器与黑陶》一文。他说:"浙江在春秋战国以前,绝少有真确的史料,文化不彰,向以纹身断发的蛮荒境界。现在发现了这样优秀的文化遗址,可见浙江远古文化本极悠久。从中国文化的起源与发展而论,这次发现,也不啻为东南的古文化奠一新的基础与途径。"①正因为有此认识,大学毕业后,虽然工作繁忙,何天行仍然继续考古调查,并将采集到的石器、陶器等古物进行分析研究。即便是20世纪50年代以后,何天行甚至到了变卖家产赖以维生的境地,他对考古仍痴心不改。

著名考古学家石兴邦曾回忆说:"1949年秋,我入浙江大学人类学研究班,有幸拜识先生,当时先生任西湖博物馆历史部主任,有暇我即去请教他关于良渚文化有关问题,多承垂教,并赠文献资料。有一次我随夏鼐、董聿茂(博物馆长)去良渚遗址考察,请先生同行,先生给了我们很多指点和帮助。后来我到北京考古研究所,他曾多次来京,向文物界领导和同志反映情况,呼吁协助解决文物考古和良渚文化遗址保护和研究的问题,其拳拳敬业之赤心,令人感念难忘。"②石先生知道,当时何天行的北京之行,是在失去工作后,自费去的。

尽管境遇不佳,何天行的一些考古学文章也常见于报端。如在1955年第4期《考古》上报道了《萧山湖岸发现新石器时代陶片》,1956年第1期《考古》上报道了《临平发现新石器时代陶片》,同年第5期报道了《浙江塘栖发

---

① 何天行:《杭县良渚镇之石器与黑陶》,吴越史地研究会,1937年,第1页。
② 石兴邦:《何天行先生的行述》,《史前研究》,三秦出版社2000年版,第550页。

现新石器时代遗址》等。后来因没有组织推荐,退稿渐多,但何天行仍笔耕不辍。六七十年代,在浙江图书馆,人们常可见到一位戴着眼镜、衣衫褴褛、端坐终日的老人,孜孜不倦地抄写着古籍。何天行在此时写的《良渚文化黑陶文字试释》一文,光释义就引用了《缀遗斋彝器考释》等古籍达 28 种之多。80 年代,年近七旬的何天行仍关注着考古发现,在 1982 年第 2 期《江西历史文物》上发表了《亚与夏》的论文,对江西清江吴城商代遗址发现的一个"十"字形陶文做了考证。1984 年 1 月何天行写信给厦门大学人类学博物馆拟购参观说明书、文物目录时,还提到福建浦城发现的新石器时代遗址可供研究者参考。这说明,他对浙江以外地区考古发现亦十分关心。

何天行在大学求学时,专攻中国文学,虽听了考古学课程,但毕竟只是通论而非专论。在当时条件下,以他自己的话说:"只能从已有考古报告中引取借鉴。"又说:"凡遗址中有足以供研究参考的,即使是一块兽骨,或是一块陶片,都要把它记录下来。"做考古工作所需的交通费、文物征集费等,都由他省吃俭用节约出来的钱去支付。连他父亲给的 200 块银圆的成家婚金,他也全都用在考古调查、研究上。① 其痴情考古,可见一斑。他这种热爱考古事业,孜孜不倦的钻研精神,令人敬佩。

除了关注考古学,何天行还兼及文史,著有《楚辞作于汉代考》等论著。蔡元培看到《楚辞作于汉代考》这部著作后,颇为赞赏,亲自题写书名,加以勉励。这使何天行终生难忘。

在谢世的前一年(1985 年),何天行在一件瓷盘上写下《筹笔》诗:"筹笔为成忆别诗,羲皇初考证前时。殷彝夏珞冠南国,著史寰畴序有思。"并写下了"一九三九年予从业上海沪江大学商学院,美籍地质学副教授 Sterlings Beath 晤见,盛意敦挚,为予一九三五年所始见良渚文化古器物著文,称述于纽约 ASIA 刊物上。此一古文化实物,遂传知于国外,自予最早发现良渚文化至今已五十年,因书瓷记之"。这是何天行对发现良渚古物的追述,也是其一生痴迷考古事业的写照。

二、《杭县良渚镇之石器与黑陶》

1936 年,西湖博物馆与吴越史地研究会联合试掘了古荡遗址后,屡出石器、黑陶的杭县北乡良渚、长明桥一带,也引起何天行的关注。在施昕更做了几次调查与试掘之后,何天行也到良渚进行了实地调查。何天行写道:

---

① 吴汝祚:《施昕更与何天行》,《东南文化》1997 年第 1 期,第 15 页。

"遗址发现后,作者即至当地查考,黑陶遗址以良渚镇为主,而长明桥次之,然以遗址均潜藏于水潭以下,即偶作了发掘,对于地层的包含也不能作精确的观察,非经扩大的发掘后,实不能确定地层的遗迹。"①尽管如此,何天行还是对遗址及出土的遗物做了细致的调查,并完成了《杭县良渚镇之石器与黑陶》一文。

《杭县良渚镇之石器与黑陶》由"绪言""遗址的发现""地层的大概""遗物的种类"和"结语",共五部分构成。

"绪言"部分,文字不多,但何天行提出了一些颇有见地的看法。他首先关注了中国考古尤其是南方考古的进展,写道:"近年来,国内考古界有一令人注意的倾向:即从向所重视在中国北部考古的目标,而逐渐兼顾到江南的古文化,尤其是在前所认为文化后起的两广与吴越,竟先后发现了史前的石器时代,这是可注意的。"②

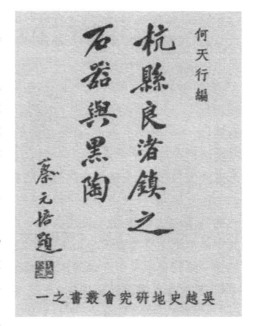

何天行(1913—1986)的《杭县良渚镇
之石器与黑陶》与施昕更的《良渚》一起,
为后人研究良渚文化奠定了基础。

接着,何天行认为,良渚所发现的石器遗址和黑陶文化意义重大,这不但是南方考古界的创获,而且是奠定重新认识东南古文化的基础。目前,长江下游的太湖地区史前文化,可以追溯到7000多年前的马家浜文化,经崧泽文化,发展为良渚文化。而对这一文化发展脉络的认识,正是从良渚文化开始的。何天行的推断,是很有远见的。

"遗址的发现"部分,何天行同样用简洁的文字,从地理位置、地形地貌、出土文物三个方面分析了古荡遗址与良渚遗址的共同点,认为"在古荡试掘后,我们便断定杭县第二区必有类似的遗址发现"。并引用《东南日报》所刊登的施昕更试掘良渚遗址后的消息,介绍了良渚遗址的特点及出土遗物。

---

① 何天行:《杭县良渚镇之石器与黑陶》,吴越史地研究会,1937年,第3页。
② 何天行:《杭县良渚镇之石器与黑陶》,吴越史地研究会,1937年,第1页。

"地层的大概"部分,何天行根据实地考察,对遗址的地层情况做了简要的分析,写道:"现从部分的发掘加以分析,遗物上层为极坚硬的碛砂层,疑是附近河床泛滥时的遗痕,表面为近代耕土层及墓葬区,土质大部作灰褐色,自碛砂层以下,为灰白色土层,杂绿色的细沙土,此层内包含玉器,占平均十分之八九,再下是淤土层,作青绿色,或作青黑,此层内包含黑陶及精制石器,至下层黑胶土为止,这是地层的大概。"①以今天的眼光看来,何天行对地层的描述并不专业,但对一个非考古专业出身的年轻人而言,在当时能有这样的描述,还是极为难得的。接着,何天行进一步分析道:"要之从地层的大体上研究,其时代显不一致,黑陶及精制石器居于最下,其上层包含精美的石器与玉器,至耕土层所发现的印纹和刻纹陶片,以长明桥尚河居多,其中一部分完全与奄城金山卫所发现的同类,当属同一时期的产物。"②虽然这一结论并不完全准确,但明显地显示出何天行试图通过地层的叠压关系,来推断遗址及遗物相对年代的努力。这正是考古学所特别关注的。

"遗物的种类"部分,显然是文章的重点。何天行用了较大的篇幅,对遗址出土的石器、黑陶种类做了归类分析,特别是对陶器上出现的刻划符号给予了更多的关注。他写道:

> 这次杭县所发现的黑陶,其中最使惊喜的,除有记号文字的作×、＋、V或L的黑陶以外,还发现一只有象形文字的陶器,原物作椭圆形,因底部略有残缺,疑是瓠豆的上部,因为这次杭县所发现的黑陶,大部分属于轮制,惟有这件是手制的,而且作椭圆形状态,为前所未见,因此更使人注意了! 在南方发现这样原始形的图像文字,谓为考古学上的创见亦无不可吧?③

这是最早关注良渚文化"文字"的论述,无疑是考古学上的创见。在《杭县良渚镇之石器与黑陶》的"附录"——卫聚贤的《中国最古的文字已发现》一文中说:"黑陶上有刻文的文字,系何天行先生在杭县良渚发现的,其文字在甲骨文以前",文字虽不多,又不能认识,"但为中国最古的文字,可以断言的"。④

---

① 何天行:《杭县良渚镇之石器与黑陶》,吴越史地研究会,1937年,第3页。
② 何天行:《杭县良渚镇之石器与黑陶》,吴越史地研究会,1937年,第4页。
③ 何天行:《杭县良渚镇之石器与黑陶》,吴越史地研究会,1937年,第6页。
④ 卫聚贤:《中国最古的文字已发现》,《杭县良渚镇之石器与黑陶》,吴越史地研究会,1937年,第12页。

可见何天行发现的"原始形的图象文字",已得到当时学者的重视。时至今日,良渚文化遗物中所发现的刻画符号,仍是考古学界研究的热点之一。

"结论"部分,何天行进一步强调了良渚遗址和黑陶文化发现的意义,并大胆提出了"远古时,江南文化已有超过黄河流域文化的倾向"①推想,并期望有更多的发掘以证明其推想。80多年后的今天,何天行的愿望已基本得到了实现。不断发现的良渚文化的大型墓葬、土筑高台,还有大量的、精致的成组随葬玉器,以及正在探索的良渚古城等,均已说明,良渚文化是中华文明的起源之一,并以"中华文明的曙光"而载入史册。

《杭县良渚镇之石器与黑陶》一文,在加了"卷头语"和"附录"后,作为吴越史地研究会丛书第一种,并由蔡元培题写了书名,于1937年出版发行。当时的吴越史地研究会,在"卷头语"中这样评述其学术价值:"一为打制石器及原岩石器,此即袁康谓神农赫胥时石兵,其时代当在新石器时代之前;一为黑陶文字,沿边两处共有十几个字,其字在甲骨文以前,为中国最古文字。"②在今天看来,其价值远远超出这两点,因为《杭县良渚镇之石器与黑陶》"是介绍良渚文化最早的一部文献,在良渚文化的研究方面有开拓之功,在中国文化研究上占有重要地位"③。与施昕更的《良渚》一样,《杭县良渚镇之石器与黑陶》对良渚文化的研究方面有开拓之功,这大概是其最大的价值所在。

第三节　浙江史前文化遗存的发现与研究

施昕更、何天行在良渚文化的发现和研究上做出了开创性的贡献。20世纪30年代,他们对良渚遗址的调查、发掘及其专著和报告的出版,揭开了良渚文化田野考古和学术研究的序幕,"为江南考古开辟了一个新的境地"④。

一、良渚文化研究的进展

施昕更、何天行的成果虽然是初步的,但对良渚文化的研究产生了持续的影响。

---

① 何天行:《杭县良渚镇之石器与黑陶》,吴越史地研究会,1937年,第12页。
② 吴越史地研究会:《卷首语》,《杭县良渚镇之石器与黑陶》,吴越史地研究会,1937年。
③ 石兴邦:《何天行先生的行述》,《史前研究》,三秦出版社2000年版,第549页。
④ 张炳火、蒋卫东:《也谈良渚文化的发现人》,《良渚文化探秘》,人民出版社2006年版,第18页。

（一）良渚文化的命名

良渚文化因良渚遗址得名。良渚文化从发现到正式命名,经历了 20 多年的考古积累和认识过程。

最初,因良渚发现的黑陶与山东城子崖遗址黑陶相类似,故一度被称为"江南龙山文化"。其实,良渚遗址与城子崖遗址的文化内涵与文化特点存在不小的差异。1939 年,曾由施昕更陪同亲临杭州察看过良渚遗址发掘现场的梁思永,在《龙山文化——中国文明的史前时期之一》①一文中已指出,西湖博物馆在浙江杭州良渚附近试掘了 6 处龙山文化遗址,它的文化"相"与河南龙山文化、山东龙山文化有显著的区别,"显示出不可忽视的确定的地域差异"。这种差异的表现,随着 20 世纪 50 年代后,浙江杭州老和山遗址、吴兴钱山漾遗址、吴兴邱城遗址、杭州水田畈遗址;上海马桥遗址、青浦崧泽遗址、松江广富林遗址;江苏无锡仙蠡墩遗址、苏州越城遗址、吴江梅堰遗址等一系列的考古发掘,渐渐明了。研究者们从器物特点及组合上总结出了如鱼鳍形足鼎、发达的圈足器、表面易脱落的黑皮陶、穿孔石钺(斧)、三角形石刀、石耘田器、有段石锛以及精致的玉器等这些与山东龙山文化不同的特点。② 于是,1959 年,严文明在其编写的新石器时代讲义中,第一次将良渚文化从庞杂的龙山文化中区分开来单独命名。③ 1959 年底,在长江文物考古队队长会议上,夏鼐作了《长江流域考古问题》的报告④,正式提出"良渚文化"的命名。虽然夏鼐仍认为"良渚文化受龙山文化的影响",但良渚文化的提出,已经表明良渚文化是有别于龙山文化(原称黑陶文化)的太湖流域新石器时代考古学文化。夏鼐进一步指出:"我们这一年虽在长江流域发现新石器遗址不少,但仍要继续全面调查和重点发掘。我们要搞清楚这个流域有哪几种文化? 它们的面貌(即文化内涵)是怎样的? 它们的社会经济形态怎样? 分布的范围和互相间的关系怎样? 它们的来源、发展和消失又是怎样? 除了本身的自发的演化和进步之外,文化的传播和人口的迁徙在它们的发展历史中是否也曾起过作用? 起了一些什么作用?"⑤一系列

---

① 梁思永:《龙山文化:中国文明的史前期之一》(英文),《第六届太平洋学术会议会志》第 4 本(1939 年),第 69—79 页;《龙山文化:中国文明的史前期之一》(中文),《考古学报》1954 年第 1 期,第 5—14 页。

② 刘斌:《华夏文明的曙光从这里长升起——良渚文化发现 70 周年纪事》,《今日浙江》2006 年第 23 期,第 53—54 页。

③ 牟永抗:《浙江良渚考古又十年》,《东南文化》1997 年第 1 期,第 8 页。

④ 夏鼐:《长江流域考古问题》,《考古》1960 年第 2 期,第 1—3 页。

⑤ 夏鼐:《长江流域考古问题》,《考古》1960 年第 2 期,第 2 页。

的问题,既为包括良渚文化在内的长江流域新石器时代考古提出了任务,也为今后的工作指明了方向。由此,良渚文化研究开始了新的历程。

值得一提的是,与施昕更、何天行调查、发掘良渚遗址同时或稍早,还有几位学者也在关注良渚文化的遗物与遗迹,他们是慎微之、陈志良[①]、卫聚贤等。其中,慎微之为浙江籍学者。

慎微之(1896—1976),又名圣清,浙江吴兴(今湖州)潞村人。1915年毕业于杭州蕙兰中学。后在上海沪江大学就读,1940—1945年留学于美国宾夕法尼亚大学,获哲学博士学位。学成回国后历任沪江大学商学院教务长,之江大学教育系主任、教授等职。1949年后,慎微之解职归乡,在菱湖吴兴高级中学教历史,1958年借调到吴兴博物馆从事考古工作。

慎微之自小就对考古感兴趣。1906年,在老家度暑假的慎微之,在潞村的钱山漾边游玩时,曾采集到一些石器。1934年夏,适值大旱,钱山漾三分之二的面积干涸见底。乘此良机,慎微之冒暑采集到石刀、石斧、石铲、石镰等各类石器200余件,陶鼎、陶鬲等陶器碎片数百件。根据这次调查、采集所得,慎微之撰写了《湖州钱山漾石器之发现与中国文化之起源》[②]一文。这是最早研究钱山漾遗址的论文。他认为"钱山漾在古代本系普通河流,它大部分为古城市旧址,由此推测钱山漾及其四周必尚有大量古物蕴藏"。并乐观地预言,若能进行"大规模发掘,定能获得大量石器以及化石,可使后人了解原始南方人之生活习惯及生产方法等等。不但对于整个人类有空前贡献,即对于以前之文化来自西北说,亦不攻自破矣"。20余年后的两次正式发掘,尤其是在第二次发掘中,出土了丝麻织品、植物种子和木桨等,也证实了慎微之对该遗址价值的预见。钱山漾遗址一直作为良渚文化的典型遗址之一,但据多年的考古发掘与研究表明,它是一种处于良渚文化向马桥文化过渡期的新型考古学文化,目前已被命名为钱山漾文化。[③]

应该说,在环太湖地区,钱山漾遗址、双桥遗址的发现,古荡遗址的发现与试掘,都在良渚遗址发现和试掘之前,但良渚文化之所以命名为良渚文化,而未被命名为其他文化,这与施昕更、何天行的考古活动及其《良渚——杭县第二区黑陶文化遗址初步报告》《杭县良渚镇之石器与黑陶》的成果有

① 陈志良(1908—1961),又名陈之亮,历史学家。20世纪二三十年代,在浙江的平湖、海盐、上虞、嘉兴和江苏的南京、苏州、溧阳等地发现了被认为是吴越民族先期文化的遗迹、遗物。著有《奄城访古记》《南京访古记》等。

② 慎微之:《湖州钱山漾石器之发现与中国文化之起源》,《江苏研究》第3卷5—6合期(1937年);又见《吴越文化论丛》,上海文艺出版社1990年版,第217—232页。

③ 刘慧:《湖州钱山漾文化正式命名》,《浙江日报》2014年11月17日,第2版。

着密切的关系。

(二)发掘与研究的进展

良渚文化的命名,加深了考古工作者对这一考古文化的认识,推动了苏南、浙北一带地域性文化的探究。

20 世纪 70 年代前半期,随着江苏吴县草鞋山、常州圩墩、吴县澄湖,上海青浦崧泽,浙江嘉兴雀幕桥、双桥等遗址的考古发掘,丰富了人们对良渚文化内涵与文化特点的认识。尤其是吴县草鞋山遗址[①],在墓葬内出土了大量玉器,如玉琮,玉璧、玉环等,第一次揭示了这些玉器确系良渚文化遗物,彻底纠正了之前将其归为"周汉玉器"的不正确认识。与此同时,1973—1974 年、1977 年,在浙江钱塘江南岸,余姚河姆渡遗址的两次发掘,随之河姆渡文化的确认,使长江下游地区新石器时代文化的重要性、古老性与独特性再一次凸显。由此,极大地推动了长江下游地区新石器时代文化的研究。1977 年,夏鼐在《碳—14 测定年代和中国史前考古学》一文中,认为青莲岗文化的江南类型和江北类型是两种不同的文化,建议把江南类型称为"马家浜文化",包括马家浜和崧泽两个阶段。依据碳—14 数据,夏鼐进一步指出,马家浜文化的年代相当于中原的仰韶文化,由马家浜文化发展来的良渚文化,其年代则相当于黄河流域的河南龙山文化、山东龙山文化,但良渚文化开始的时间要更早一些。"良渚文化的延续时间达 1000 年左右,即公元前 3300—前 2250 年。"[②]至此,不仅良渚文化的时间坐标已基本清晰,而且马家浜文化—崧泽文化—良渚文化的地域文化区系及发展序列也渐渐明朗。

20 世纪 70 年代后半期,随着中国经济建设步伐的进一步加快,考古事业也得到了长足的发展。江浙沪三省市的考古工作者,在环太湖地区取得了一系列引人瞩目的考古成果。在江苏,继草鞋山发掘之后,1977 年又在吴县张陵山发现了随葬玉琮、玉璧等玉器的良渚文化大型墓葬[③]。1978 年、1979 年和 1982 年,南京博物院对常州武进寺墩遗址进行了数次发掘[④],又发现了随葬众多玉琮、玉璧等玉器的更为壮观的大墓。在上海,1982 年和1983 年,上海文管会在青浦福泉山遗址的发掘中,也发现了随葬大量玉器

---

① 南京博物院:《江苏吴县草鞋山遗址》,《文物资料丛刊》(3),文物出版社 1980 年版,第 1—24 页。

② 夏鼐:《碳—14 测定年代和中国史前考古学》,《考古》1977 年第 4 期,第 225 页。

③ 南京博物院:《江苏吴县张陵山遗址发掘简报》,《文物资料丛刊》(6),文物出版社 1982 年版,第 25—27 页。

④ 南京博物院:《1982 年江苏常州武进寺墩遗址的发掘》,《考古》1984 年第 2 期,第 193—200 页。

的良渚文化大墓①。在浙江,1978 年至 1986 年,先后在海宁千金角、徐步桥,平湖平丘墩,余杭吴家埠,嘉兴雀幕桥,海宁三官墩等地,发掘清理了 80 余座良渚文化小型墓葬,为研究良渚文化的分期和文化内涵,提供了丰富的资料。1986 年,浙江省文物考古研究所在良渚文化的首次发现地,施昕更、何天行曾给予充分关注的余杭良渚、长明桥一带,发现了良渚文化的大墓——反山墓地,共清理出了排列有序的 11 座大型墓葬②。1987 年,在余杭安溪发现瑶山遗址③,清理出 12 座大型墓葬,并发现了覆斗形的祭坛遗迹。

　　这些发现意义重大,一方面玉琮、玉璧等这些中国传统礼制中的重器,竟在一向被认为是"蛮夷之地"的江南找到了渊源;另一方面大墓与小墓之间所表现出的悬殊差异,也足以使人们相信,这一文化的社会分化与进步,已达到了相当高的程度。随着各地考古发现材料不断增多,探讨中华文明的形成与模式,开始成为考古界的热门话题。此时,良渚文化研究在经历了漫长的个性认识与源流探索之后,也开始进入了对自身内涵进行更深入研究和其在中华文明形成过程中地位探讨的新阶段。

　　多年考古发掘表明,良渚文化分布范围虽然广泛,但余杭的良渚镇、瓶窑镇一带是其核心区。1981 年至 2001 年底,浙江省文物考古研究所在良渚镇及其周边地区进行了系统调查,发现在浙江余杭的良渚镇与瓶窑镇约 30 平方千米的范围内,共发现的遗址数量,已由原来施昕更确定的 10 余处遗址,而扩展到了 100 余处。并且对遗址的性状,有了更深入的了解,提出了"良渚遗址群"这一具有整体意义的概念。进入 21 世纪后,良渚文化的考古新发现陆续不断,有的发现堪称重大,如在瓶窑的莫角山四周发现的"良渚古城"④,在平湖庄桥坟遗址发现的"原始文字"⑤,为复原良渚社会、将良渚文化的认识真正提高到古国的程度,提供了资料。

　　自 20 世纪 30 年代施昕更、何天行分别写就《良渚——杭县第二区黑陶文化遗址初步报告》《杭县良渚镇之石器与黑陶》,到今天,学术界已发表和出版关于良渚文化的著作、论文达 600 多篇(本),可谓硕果累累。良渚文化

①　上海市文物保管委员会:《福泉山——新石器时代遗址发掘报告》,文物出版社 2000 年版。
②　浙江省文物考古研究所反山考古队:《浙江余杭反山良渚墓地发掘简报》,《文物》1988 年第 1 期,第 1—31 页。
③　浙江省文物考古研究所:《余杭瑶山良渚文化祭坛遗址发掘简报》,《文物》1988 年第 1 期,第 32—51 页。
④　张冬素:《良渚遗址发现五千年古城》,《浙江日报》2007 年 11 月 30 日,第 1 版。
⑤　刘慧:《浙江发现中国最早原始文字》,《浙江日报》2013 年 7 月 7 日,第 1 版。

发达的生产力与复杂的社会结构引起了世人的注意,被视为中国最初进入或接近文明社会的典型案例。

二、浙江其他史前文化遗存的发现与研究

施昕更、何天行的发现与研究,既开了良渚文化研究的先河,也开启了浙江史前文化发现与研究的序幕。数十年的考古发现与研究,不仅已构筑起距今 11000—4000 年间浙江境域新石器时代的地域文化区系及发展脉络,而且随着旧石器时代文化遗存的陆续发现,把浙江人类活动的历史推进到距今数十万年前的中更新世初期。

(一)旧石器时代文化遗存的考古调查与发掘

回顾浙江旧石器时代考古学研究的历程,可以形象地说是"起了大早,赶了晚集"。早在 1974 年冬,中国科学院古脊椎动物与古人类研究所和浙江省博物馆合作,开展了旧石器时代文化遗存的考古调查与发掘工作,并在建德李家镇新桥村乌龟洞的第四纪堆积中发掘出土了一批哺乳动物化石和一枚人的右上犬齿化石。而那时的华东地区在旧石器考古研究方面基本上是一个空白区,即使是整个中国南方地区,发现的旧石器时代文化遗存也是寥寥无几。此后近 30 年,由于种种原因,此项工作长期驻足不前。这种情形在进入 21 世纪后发生了转变。2002 年,中国科学院古脊椎动物与古人类研究所和浙江省文物考古研究所联合组队,实施了打开浙江境域远古文化宝库的"创新工程"。在对安吉、长兴、湖州、德清、临安等地广泛的考古学调查中,至 2006 年底,共发现了 58 处旧石器地点,其中 20 多处在网纹红土等典型的更新世的地层中发现了石制品。期间还对安吉的上马坎遗址、长兴的七里亭遗址进行了考古发掘,出土了一批地层明确的旧石器时代石制品。2008 年,徐新民在《浙江旧石器考古综述》①一文中,介绍与分析了浙江旧石器考古工作与成果。

上马坎遗址位于安吉溪龙乡溪龙村,距县城约 21 千米,距西苕溪约 2千米,遗址处于西苕溪的二级阶地上。2002 年,中科院古脊椎动物与古人类研究所、浙江省文物考古研究所在对浙江旧石器分布情况开展联合调查时,发现了该遗址,并进行了试掘,获得旧石器标本 45 件。2004 年 10 月至2005 年 9 月,浙江省文物考古研究所和安吉县博物馆正式对上马坎遗址开展考古发掘工作。上马坎遗址的地层堆积大致可分为上、中、下三大层次,

---

① 徐新民:《浙江旧石器考古综述》,《东南文化》2008 年第 2 期,第 6—10 页。

即紫红色黏土层、网纹红土层、砾石层。其中砾石层以磨蚀度较好、大小不等的砾石为主，并夹杂较粗的砂粒，胶结程度相当致密，质地极为坚硬。对这三大地层的土质、土色等情况的进一步分析，又可细分出 21 个上下叠压的堆积层。每一堆积层中均发现人工打制的石制品，这表明古人类在这一区域活动了相当长的时间。2004 年 10 月至 2005 年 9 月间的考古发掘，揭露面积 100 平方米，发掘深度达 9 米，出土石制品 430 余件。出土的石制品种类较多，包括石核、石片、刮削器、砍砸器、石球、石锥、手镐、雕刻器、尖状器等。从地层推测，其最早的年代可追溯到中更新世初期。

七里亭遗址位于长兴泗安镇白莲村，距县城约 38 千米，距西苕溪支流泗安塘约 1.5 千米，遗址处于泗安塘的二级阶地上。2005 年 9 月至 2006 年 5 月，为配合杭长高速公路建设，浙江省文物考古研究所与长兴县博物馆联合组成考古队，对七里亭遗址进行了大面积的抢救性考古发掘。此次发掘，总揭露面积 600 余平方米，发掘深度达 12.5 米，出土了数量众多的旧石器时代石制品。七里亭遗址的地层堆积大致可分为上下叠压的四大层次，即紫红色黏土层、网纹红土层、橘红色砂质黏土层、细砂黏土层。除了一件人工加工痕迹较为清楚的石核是在细砂黏土层中发现外，其他石制器均出自紫红色黏土层和网纹红土层中。根据这四大地层的土质、土色，又可细分出 19 个上下叠压的堆积层。根据地层堆积和出土石制品分析，可初步划分出上、下两个文化层。表土下的第 2 至第 5 层为上文化层，厚约 100 厘米，属于下蜀土堆积；下蜀土下的第 6 至第 13 层则为中更新世的网纹红土，厚度约 600 厘米，为下文化层。此次发掘，包括采集标本及东晋墓内填土中发现的旧石器时代石制品在内，共发现约 760 件石制品，其中属上文化层的石制品约 210 件，主要以石核、石片为主，另有少量断块，石器只有宽刃类中的刮削器、砍砸器及球形器等，不见尖刃类等其他石器；属下文化层的约 530 件，包括石核、石片、断块、砍砸器、刮削器、手镐、尖状器、石砧、石锤等。在发掘区西部网纹红土层之上的紫红色黏土层中，还发现一个加工石器的活动面，在这个面积约 30 平方米的活动面上发现数十件石制品，其中有石核和大量的石片，这些石片中有 5 件可以拼合在一起。

上马坎遗址和七里亭遗址的年代跨度都较大，也就是说两者的延续时间都较长。上马坎遗址的网纹红土层之下为胶结程度极高的砾石层，该层可能属于中更新世初期的某一阶段地层。七里亭遗址网纹红土层之下的细砂黏土层也可能已超出已知的网纹红土地质年代。如果对两个遗址堆积层的上限年代判断无误，那么浙江最早的人类活动历史可追溯到中更新世初段。发掘者推测,它们的绝对年代在距今约 80 万年以前。

杭州临安境内的第四纪沉积分布于河谷、山麓地带,常构成为河流的二级基座阶地,其上堆积着中更新世的网纹红土。2005 年调查发现的 5 处旧石器地点均分布在河流的二级阶地,其中 3 处属苕溪流域,2 处已处在钱塘江支流分水江上游的天目溪二级阶地。共采集到石制品标本 22 件,有石核、石片、砍砸器、尖状器、刮削器、石球、手镐等。从石制品的形态看,当时均采用锤击法来生产石片和修理石器。湖州吴兴区西部的低山丘陵区的地形地貌与安吉、长兴两地基本一致,河流两岸可见二级阶地,一些断崖剖面露出中更新世的网纹红土。2005 年调查发现 4 处旧石器地点,采集到 14 件石制品,有石核、石片、砍砸器、刮削器、球形器、手镐、短镐等。与临安境内采集的石制品一样,当时也均采用锤击法来生产石片和修理石器。

虽然近年来在今浙江境域内已发现多处旧石器时代地点和遗址,但发现古人类化石的地点并不多。

1974 年冬,由中国科学院古脊椎动物与古人类研究所的张森水、韩德芬与浙江省博物馆自然部的魏丰等学者组成的考察组,对建德李家镇新桥村乌龟洞进行了调查与发掘。在清理掉厚约 50 厘米左右的现代堆积后,便露出原生堆积。含化石的地层可分为上下两部分:上部为紫红色黏土,厚约 0.35 米,出土一枚属于智人类型的右上犬齿化石,伴出的哺乳动物化石有 11 种,包括猕猴、最后鬣狗、猪獾、大熊猫、中国犀、剑齿象、水牛、羊、鹿、麂、猪等,这些动物化石均属于中国南方的大熊猫——剑齿象动物群;下部为黄红色黏土,厚约 1.10 米,发现哺乳动物化石 14 种,其中有上层未见的豪猪、西藏熊、巨貘、纳玛象等哺乳动物化石。出土的古人类右上犬齿化石的形态与柳江人上犬齿化石接近,因此被通俗地称为"建德人"。这是浙江境域首次发现古人类化石,也是迄今为止浙江境域发现的最早的古人类化石,其时代大体相当于更新世晚期的后一阶段,绝对年代不超过距今 5 万年①。虽然建德乌龟洞发现了晚期智人牙齿化石,但遗憾的是没有发现与人类活动相关的文化遗物。② 如果从已发现的其他旧石器时代文化遗址推测,属于晚期智人阶段的"建德人",不仅能制造工具,而且能人工取火。

继建德人之后,在桐庐印渚镇延村也发现了 1 个古人类头盖骨化石。

---

① "建德人"的年代有不同的估计,如北京大学曾用上层出土的牛牙做了两个铀系年龄测定,其年代接近距今 10 万年前,但这个测定的年代可能偏差。
② 韩德芬、张森水:《建德发现的一枚人的犬齿化石及浙江第四纪哺乳动物新资料》,《古脊椎动物学报》1978 年第 4 期,第 255—263 页。

2000 年 5 月,桐庐延村在开发旅游资源的过程中,于离村约 1.5 千米的一个溶洞的洞穴堆积中,发现人类和动物化石。浙江自然博物馆的研究人员对残存堆积进行了抢救性清理,并收集了村民们的发掘所得,共获得人类头盖骨化石 5 片、不完整下颌骨和前额骨各 1 件、头骨印模 1 件,另有 100 多件哺乳动物化石。当时初步推定头盖骨化石为晚期智人化石,其年代大致为距今 1 万至 2 万年。后经铀系法测定,其年代在距今 5000 年至 1 万年之间。[①]

(二)钱塘江南岸的新石器时代文化

目前发现的旧石器时代遗存主要分布在钱塘江北岸,但今浙江境域的新石器时代文化首先在钱塘江以南地区发展起来。距今 1 万年前后浦阳江流域的上山文化,是目前浙江境域发现的最早的新石器文化,之后又相继出现了跨湖桥文化和河姆渡文化。这些文化曾经被视为毫无传承关系的独立文化,随着嵊州小黄山遗址的发掘,至少局部改变了这种看法。一些考古学者认识到,小黄山遗址的文化内涵与上述诸文化都有程度不同的相似性,这种相似性或许能将钱塘江南岸的新石器文化联结成一个整体。

上山文化是近年确立的今浙江境域内最早的新石器时代文化,属新石器时代初期,距今约 11000—9000 年。其典型遗址除了浦江的上山遗址外,还包括嵊州的小黄山遗址。

上山遗址位于浙江浦江黄宅镇。2001 年至 2006 年,浙江省文物考古研究所在此进行了 3 次发掘,发掘面积共 1600 平方米,获得了丰富的实物资料。[②] 其文化面貌以大量的打制并有滚磨痕迹的圆石球、钝角长方体的磨棒、形制较大的石磨盘及夹炭红衣陶器为基本特征。值得注意的是,在出土的夹炭陶片的表面发现较多的稻壳印痕,在陶器胎土中也羼和有大量的稻壳、稻叶。这是长江下游地区迄今发现的最早稻作遗存,为稻作农业起源问题的研究提供了珍贵的资料。遗址内发现干栏式和基槽式两种房屋残迹,这也是目前发现的新石器时代最早的房屋遗迹之一。上山遗址大部分处于新石器时代初期的后一阶段,其所显示的进步性主要表现在原始农业已开始形成,人们已脱离穴居生活而专门营造住居房屋,并建立了具有一定规模的农耕聚落。

小黄山遗址位于嵊州市甘霖镇上杜山村小黄山,1984 年,嵊州文物工作

① 石丽、金幸生等:《浙江桐庐人类头骨的铀系年代》,《人类学学报》2002 年第 4 期,第 323—324 页。
② 蒋乐平:《浙江浦江县上山遗址发掘简报》,《考古》2007 年第 9 期,第 7—18 页。

者在文物普查时发现,2005 年浙江省文物考古研究所会同嵊州市文物管理处进行了抢救性考古发掘。遗址面积 5 万多平方米,是目前发现的长江中下游地区距今 9000 年前后规模最大的聚落遗址。[①] 小黄山遗址堆积丰厚,可分早、中、晚三期。三期遗存的地层叠压关系明确,早晚传承演变轨迹清晰。遗址出土的夹砂红衣陶器群、用于加工食物的石磨盘、磨石和储藏坑是小黄山遗址发现的文化遗存最主要、最鲜明的文化特征。其晚期遗存中似乎存在跨湖桥文化因素,出土的绳纹圆底釜、双鼻平底罐可能与河姆渡文化同类陶器具有内在的联系。这为对上山文化、跨湖桥文化、河姆渡文化三者关系的探讨,提供了新的平台和重要线索。遗址所在的低山丘陵地形环境,接近生土的堆积特征,对探索长江下游地区新石器时代初、早期文化有重要的借鉴意义及重大的学术价值。经北京大学科技考古与文物保护实验室碳－14 测定并经树轮校正,小黄山遗址的年代距今 10000—8000 年上下。

　　跨湖桥文化以发现于浙江萧山湘湖村跨湖桥而得名。跨湖桥遗址经1990、2001、2002 年 3 次发掘,揭露面积近 1000 平方米,出土了大量的陶器、木器、骨器、石器、动物骨骼和少量的玉器、纺织工具以及稻谷颗粒等农作物,发现了灰坑、房址、墓葬、灰沟、柱洞等遗迹。2003 年,在跨湖桥遗址北部,又发现并发掘了同类型的下孙遗址。在 2004 年萧山举行的跨湖桥遗址学术研讨会上,该文化遗存被正式命名为跨湖桥文化。同年,考古发掘报告正式出版。[②]

　　跨湖桥遗址的石器有锛、斧、凿、镞、锤、磨棒、磨石、璜形饰件等,功能包括生产工具、加工工具、装饰品三大类。骨器有耜、镖、镞、哨、针、匕、簪等。骨耜用大型哺乳动物的肩胛骨制作,端部有圆形插孔用以装柄。骨耜的发现与 1000 多颗稻谷、稻米和稻壳的出土,说明原始的耜耕农业已经诞生。而保留食用痕迹的大量动物骨骼以及数量众多的橡子储藏坑表明,狩猎、采集依然是当时经济生活的重要组成部分。陶器以夹砂陶、夹炭陶为主,还有少量夹蚌陶。制作工艺以泥条盘筑为主,辅以分段拼筑、贴筑。器类与器形以釜、罐、钵、盘、豆为基本陶器群,有些作彩陶、黑光陶装饰。建筑有干栏建筑和土墙建筑两种形式。出土的独木舟是迄今发现的年代最早的独木舟。文化遗存年代距今约 8000—7000 年,是一处文化内涵较丰富的水乡农业聚落遗址。值得一提的是,跨湖桥遗址最后因海潮的侵袭而废弃。这一重要的水文地质现象,为研究全新世早期的海岸线变迁与中国东南沿海地区人

---

① 张恒、王海明、杨卫:《浙江嵊州小黄山遗址发现新石器时代早期遗存》,《中国文物报》2005 年 9 月 30 日,第 1 版。

② 浙江省文物考古研究所:《跨湖桥》,文物出版社 2004 年版。

类活动的关系问题,提供了重要的线索与资料。

　　河姆渡文化是中国长江下游地区著名的新石器时代文化,因 1973 年发现于浙江余姚的河姆渡遗址而得名。河姆渡文化主要分布于杭州湾南岸的宁绍平原,并越海东达舟山群岛,分早、晚两个发展阶段,年代距今约 7000—5500 年。该考古文化成就突出,它的发现首次证明长江流域同黄河流域一样,存在古老而灿烂的新石器时代文化。2003 年,即发现河姆渡遗址整整 30 年后,考古发掘报告终于出版。①

　　河姆渡文化种植和饲养经济比较发达。在河姆渡遗址中出土了大量的稻谷、稻秆、稻叶遗存,伴随出土的还有骨耜、木耜、木铲、骨镰、石刀、木杵等稻作农业工具。猪、狗或许还有水牛已被驯养为家畜。渔猎仍占重要地位,人们用骨镞、木矛、骨鱼镖狩猎捕鱼,并可能乘划舟楫进行捕捞,因为形态多样的木桨表明,河姆渡先民已能制造舟楫并具备一定的水上活动能力。河姆渡文化原始手工业也较发达。虽然陶器基本上用手工制作,但晚期已出现用慢轮修整陶坯的迹象。流行夹炭黑陶,配有支脚的陶釜是最常见的炊器。打纬刀和卷布轴的出土,证明此时已用原始腰机织布。骨器手工业兴盛。遗址中发现的燧石质地的打制石器,形态细小,器类以刮削器为主,这些石器应与骨器的加工制作有关。木作手工艺十分成熟,还出现了漆器。河姆渡遗址第四文化层出土的糅漆木碗,是中国已发现的年代最早的漆器之一。艺术创作也颇为出色,如双鸟朝阳象牙雕刻、双头连体鸟纹骨匕、稻穗猪纹陶盆和陶塑小猪等,都制作得质朴美观。双凤朝阳象牙雕刻、鸟形象牙圆雕匕可能是河姆渡先民崇拜太阳神、生殖神的直接写照。蝶形器和木筒形器很可能是用于祭祀、节庆等活动的礼器。此时人们已会打井,井壁用木框架支护。盛行高架的干栏式建筑,建筑物木构件常以榫卯相接,地板用企口板密拼。这种抬高居住面的干栏式建筑,是河姆渡先民为适应多雨潮湿环境的发明创造,对南方地区的建筑形态形成有着深远的影响。人骨鉴定表明,河姆渡文化先民既有蒙古人种特征,又带有现代澳大利亚—尼格罗人种特点,与黄河流域的新石器时代居民属于不同族群。

(三)钱塘江北岸的新石器时代文化

　　与河姆渡文化大致同时,在杭州湾北岸的太湖流域,一支新石器时代文化迅速发展起来,这就是被称为"江南文明之源"的马家浜文化。就目前的

---

① 浙江省文物考古研究所:《河姆渡——新石器时代遗址考古发掘报告》(上、下),文物出版社 2003 年版。

考古发现而言,钱塘江北岸的新石器文化较南岸晚了 3000 多年,然而,马家浜文化一经形成,便开启了钱塘江北岸的新石器文化,历经 3000 年的持续发展过程,中间经历崧泽文化,最后发展出辉煌的良渚文化。良渚文化达到了长江下游地区史前文化的巅峰。在距今 4200 年左右,良渚文化在天灾人祸的交相侵袭下急剧衰落,但一种崭新的文化因素则开始形成。

马家浜文化是长江下游地区的一支著名的新石器时代文化,因浙江嘉兴南湖乡马家浜遗址而得名。主要分布在环太湖地区,其范围南至钱塘江,西抵茅山,北边可达长江北岸一带。据碳—14 测定并经树轮校正,其年代约始于距今 7000 年前,到距今 6000 年左右发展为崧泽文化。

马家浜文化遗址发现较多,其中马家浜遗址较典型地反映了该考古文化的特点。马家浜遗址由上、下两个文化层构成,上文化层发现有墓葬和建筑遗迹,下文化层发现灰坑和墓葬。出土的遗物有陶器、石器、骨器、玉器以及大量的兽骨(包括水牛、鹿、麋鹿、野猪)和炭化了的圆角菱等。生产工具中的有孔石斧、弧背石锛最具特色。骨器制作精致,器类有骨镞、骨锥、骨凿、骨针、骨管等。陶器主要以外红里黑或表红胎黑的泥质陶为特色,外表常有红色陶衣。腰沿釜、喇叭形圈足豆、牛鼻形器耳的罐、圆锥足鼎是代表性器形。发现的长方形房子,周边一圈柱洞,有的柱洞内有残存的木柱或柱洞底垫放木板,室内为经过加工的黄绿色土面。共发现 30 具人骨架,埋葬密集,都没有墓圹,系就地掩埋。有的骨架重叠,也有单人葬,葬式以俯身葬为多,仰身葬次之;也发现有仰身屈肢,头向以南北向居多。有随葬品的墓葬数量不多,所发现的随葬品主要有石斧、玉环和陶器等,其中陶器组合为豆、罐、盆等。马家浜文化先民主要从事稻作农业,多处遗址中出土了稻谷、米粒和稻秆等实物,经鉴定,有籼、粳稻之分。还饲养狗、猪、水牛等家畜。渔猎经济也占重要地位,常发现骨镞、石镞、骨鱼镖、陶网坠等渔猎工具,以及陆生、水生动物的遗骸。在吴县草鞋山还出土了用葛麻纤维织造的编织物,这是目前发现的最早织物之一。①

崧泽文化因上海青浦崧泽遗址而得名。它上承马家浜文化,下接良渚文化,年代约为距今 6000—5300 年。崧泽文化遗址在今浙江境域发现不多,这一现象可能与杭嘉湖地区环境变化有关。崧泽文化晚期,随着气候和海平面的稳定,太湖流域适合居住和生产的范围扩大,定居点有所增加,社

---

① 郑建明、陈淳:《马家浜文化研究的回顾与展望——纪念马家浜遗址发现 45 周年》,《东南文化》2005 年第 4 期,第 16—25 页。

会经济出现了持续进步,为良渚文化的出现和社会繁荣奠定了基础。①

崧泽文化的生产工具以石器为主,石器通体磨光,制作精致,器形规整,穿孔技术较发达。器类有宽面穿孔石铲、长方形穿孔石斧、扁石锛、条形锛、石凿等。骨制工具有锥、镞等,陶制工具有纺轮、网坠等。居民从事稻作农业,在陶器的羼和料中经常发现稻壳和稻秆、稻叶碎末。猪的饲养也是生产活动的组成部分。陶器以泥质灰陶为主,次为夹砂红褐陶,还有少量泥质红陶和泥质黑皮陶。制陶技术较进步,普遍采用慢轮修整,到了晚期出现轮制陶器。陶器火候较高,质地较坚硬。陶器纹饰有堆纹、弦纹、压划纹、镂孔、彩陶等。其中,压划的绞丝纹、缠连索带纹以及由圆孔弧边三角孔组成的带状图案,精细美观,特征鲜明。器类最多的是鼎、罐、壶、杯,此外釜、盆、盘、钵、甑、带流器、刻槽器等也较常见。从器物造型看,大量流行三足器、圈足器和平底器,极少圜底器。耳、鋬等附件极少见。遗址中发现的墓葬数量不少,这些墓葬可分为三个时期,各期在存在共性的基础上也呈现出较大的差异性。早期墓葬,头向大多朝北,葬式为仰身直肢,随葬品很少,一般以豆多见。中期墓葬,头向改为朝南,葬式仍为仰身直肢,随葬品增多,陶器组合以鼎、豆、罐为主。晚期墓葬,头向同于中期,但随葬品明显多于中期,陶器组合以鼎、豆、罐、壶、杯为主。晚期还发现有合葬墓,有男女合葬、成年女子与小孩合葬、成年男性与小孩合葬等。从墓中随葬品的增多,随葬品中作为财富标志的猪下颌骨来看,私有制在形成中。男女合葬和成人小孩合葬说明以家庭为单位的社会结构组织出现。

大约距今5300年左右,崧泽文化发展、演变为良渚文化。在之后的1000多年里,良渚先民创造了十分辉煌的文化。虽然探索仍在进行,但80多年来的考古积累已经形成较为明晰的看法,那就是距今约5300—4300年前的良渚文化(良渚酋邦或古国),确实是一片实证5000年文明的"圣地",在中华文明的初创年代,正是从这里,喷射出最耀眼夺目的光芒。② 2019年,良渚古城遗址被列入《世界遗产名录》。

---

① 宋建:《关于崧泽文化至良渚文化过渡阶段的几个问题》,《考古》2000年第11期,第49—57页。
② 项隆元:《中国物质文明史》,浙江大学出版社2008年版,第69页。

第七章　夏鼐的考古学成就

——20世纪中国考古学进展的认识与反思

在绪论中我们已谈到,任何一种学术变迁,一方面会循学术演进的内在逻辑而呈现先后相接的连贯性,另一方面也会随社会变革而显示出发展的阶段性。与其他学科一样,20世纪的中国考古学进程同样是连贯性与阶段性交织在一起。

主导20世纪中国考古学的学者大致可以分为三批:由传统学术转型而来的学者、欧美留学归来的学者、1949年后国内培养的学者。第一批学者主导中国考古学的时间大体从20世纪初至1928年的殷墟发掘,代表人物就是我们前述的孙诒让、罗振玉、

夏鼐(1910—1985),字作铭,浙江温州人。

王国维、马衡等人;与之同时的还有一些西方学者,如斯坦因、伯希和、安特生、桑志华等。第二批学者主导中国考古学时间大体从1928年殷墟发掘开始至1985年夏鼐去世止。代表人物有李济、梁思永、裴文中、吴金鼎、夏鼐、曾昭燏等;也包括一些没有留学但成就不凡的学者,如董作宾、贾兰坡、苏秉琦、石璋如等。第三批学者主导中国考古学的时期是1985年之后,他们大多是夏鼐、苏秉琦等培养的学生。如果以中国社会发生急剧变革的1949年为界,将20世纪中国考古学分前后两段的话,那么前半段的代表性人物举李济最为恰当,后半段的标志性人物则非夏鼐莫属。

1949年前的考古发掘与研究以当时的中央研究院历史语言研究所为主。"1928年,中央研究院历史语言研究所成立,内设考古组。同年10月,派董作宾到河南安阳小屯进行调查和试掘。这是中国学术机关独立进行科

学发掘的开端,是中国考古学诞生的重要标志。1929年,李济作为当时中国唯一具有近代考古学知识及发掘经验的学者,被聘任为历史语言研究所考古组主任。"①1943年,夏鼐进入历史语言研究所工作。1949年,总人数只有十几个人的中国第一代考古学家分道扬镳,海峡两岸大约各占一半。夏鼐留在大陆,历任中国科学院考古研究所(即后来的中国社会科学院考古研究所)副所长、所长、名誉所长等职,成为1949年后中国考古学的扛鼎人物。王巍说:"夏鼐先生是我国杰出的考古学家,是现代中国考古学的奠基人之一,是新中国考古学的主要领导者和组织者,在中国考古学的发展过程中做出了巨大贡献。"②

第一节　夏鼐的求学生涯

夏鼐自幼笃志向学,嗜书成癖。自开蒙以来,读书几成每日必有之课业。因此,家人、师长、同仁、朋友无有不赞其"用功""勤奋"者。对此,夏鼐有他自己独特的解释:"我的念书成了瘾,用功这字和我无关,要克制欲望以读书才配称用功,上了瘾的人便不配称用功。不过我的读书瘾是喜欢自己读书,不喜欢有教员在后面督促着。"③显然,这是夏鼐对"用功""勤奋"的另一种诠释,也是夏鼐为人谦和的一种写照。不过,"念书成了瘾"的夏鼐,后来选择考古学作为自己的学术之途,则实属偶然,甚至还带有些许戏剧性。

一、求学经历

夏鼐(1910—1985),字作铭,浙江温州人,出身于一个经营丝绸的商人家庭。夏鼐少年时先后就读于培育过众多知名人士的浙江省立第十中学(今温州中学)附属小学和初中部,高中时转至上海私立光华大学附属中学高中部。在中学时代,夏鼐偏好文史的治学意向,善于思考的治学品格,已开始显露。他曾在光华附中的刊物上发表与学术大家吕思勉商榷的文章,对"茹毛"指"食鸟兽之毛"的说法提出了质疑。1930年,夏鼐考入燕京大学社会学系,次年,转入清华大学历史学系。在清华大学,夏鼐修读了许多学术大家的课程,如吴其昌(1904—1944)的"中国通史"、孔繁霱(1894—1959)

---

① 张之恒主编:《中国考古学通论》,南京大学出版社1991年版,第30页。
② 王巍:《夏鼐先生与中国考古学》,《考古》2010年第2期,第16页。
③ 夏鼐:《夏鼐日记》卷一,华东师范大学出版社2011年版,第31—32页。

的"西洋通史"、钱穆(1895—1990)的"战国秦汉通史"、雷海宗(1902—1962)的"中国上古史"与"史学方法"、史禄国(1887—1939)的"人类学"、陶希圣(1899—1988)的"中国社会史"、陈寅恪(1890—1969)的"晋南北朝隋史"、商承祚(1902—1991)的"殷墟文字研究"、蒋廷黻(1895—1965)的"中国近代外交史"、刘崇铉(1897—1990)的"西洋十九世纪史"等。在史学前辈的引导下,夏鼐不仅得到了严格的学术训练,还找到了自己的专攻方向——中国近代史。其毕业论文《太平天国前后长江各省之田赋问题》,得到论文导师蒋廷黻和校外评委傅斯年的赞誉。此文后发表在 1935 年的《清华大学学报》上[①]。

大学毕业前夕,夏鼐已经决定继续求学。为获得更多、更好的深造机会,夏鼐除了报考本校的清华研究院近代史门外,还参加了"国立清华大学留美公费生"的选拔。结果,天资聪颖、基础扎实的夏鼐在两场升学考试中均名列第一,且留美考试成绩为清华大学"历年之冠"[②]。当时,夏鼐留美考试择定的专业是考古学门。因此,成绩一公布,夏鼐便面临两难的选择:如果选择继续攻读中国近代史,就得放弃出洋留学的机会;如果选择赴美求学,必须得放下自己心仪的中国近代史研究。当时的夏鼐心境确实有点复杂:"自己本来预备弄的是中国近世史,这次突然考上了考古学,这样便要改变我整个一生的计划,对于这样一个重大的改变,我并没有预料到,我有些彷徨无主。"[③]尽管"彷徨",但必须做出明确选择。经过自己的思考和友人的劝说,夏鼐最终选择了赴美留学。随之,其学术方向也从已有较好基础的中国近代史研究转向了颇为陌生的考古学领域。

按照当时校方的规定,考古学门留学生在出国前必须进行一段时期的田野考古实习。因此,学校安排傅斯年、李济为导师,指导夏鼐留学前专业预备事宜。在李济的具体安排下,夏鼐放下近代史书籍,开始阅读考古学文献。他接触的第一篇考古学术论文,便是李济在清华国学研究院时发掘山西夏县西阴村遗址后所写的《西阴村的史前遗存》。同时,李济委托正在安阳殷墟负责考古发掘的梁思永指导夏鼐的田野考古实习。尔后,夏鼐参加了河南安阳西北岗商代王墓群的发掘。虽然他的主要任务仅仅是协助清理小型墓葬,但第一次考古实习对象便是安阳殷墟,且在考古学大家梁思永指

---

① 夏鼐:《太平天国前后长江各省之田赋问题》,《清华大学学报》(自然科学版)1935 年第 2 期。

② 徐贤修:《悼念旷世的考古历史学家夏鼐》,《传记文学》(台湾)1986 年第 4 期;转引自姜波《夏鼐先生的学术思想》,《华夏考古》2003 年第 1 期,第 100 页。

③ 夏鼐:《夏鼐日记》卷一,华东师范大学出版社 2011 年版,第 264 页。

导下进行,这不能不说是夏鼐的幸运。对田野考古一无所知的夏鼐很快就进入角色,他敏锐的领悟力给梁思永留下了深刻的印象。

李济、梁思永在留学美国时,均曾受业于哈佛大学的著名文化人类学家狄克逊(R. B. Dixon)。因此,李、梁都建议夏鼐赴哈佛大学,跟从狄克逊攻读考古学及文化人类学。但不巧的是,狄克逊刚于 1934 年病故。鉴于狄克逊去世后哈佛大学考古学科发展的不确定性,李济遂主张将当时世界考古学科的重镇——英国的伦敦大学定为中国考古学的培养基地。于是,夏鼐也由赴美改为赴英留学。

1935 年 8 月,夏鼐启程赴英,开始了为期 6 年的留学生涯。抵英后,通过李济的推荐,夏鼐进入伦敦大学科特奥德艺术研究所,师从著名汉学家、考古学家叶慈(W. P. Yetts),研习中国考古与美术。在艺术研究所学习期间,他与导师叶慈建立了良好的师生关系。1957 年叶慈去世,夏鼐撰写了一篇题为《英国汉学家叶慈教授逝世》的专文以示纪念①。不过,夏鼐在艺术研究所的时间并不长,一年后,他便转入埃及考古学系,师从埃及学家格兰维尔(S. Glanville),专攻埃及考古学。当时伦敦大学的考古学,尤其是埃及考古学可以说是世界顶尖的考古学专业,其创始人便是著名的考古学家皮特里(F. Petrie),考古学家惠勒(M. Wheeler)、埃及学家伽丁纳尔(G. Alan)等著名学者供职其间,其曾培养过许多国际性的考古学大家,如日本近代考古学的奠基人滨田耕作就是其中之一。当时与夏鼐一样在伦敦大学师从叶慈、皮特里、惠勒等学习考古的,还有山东龙山黑陶文化的发现者、后来成为著名考古学家的吴金鼎,和后来担任南京博物院院长的杰出考古学家、博物馆学家曾昭燏等。

转系之前,夏鼐经过几个月的学习,已对考古学产生了浓厚的兴趣,并且认识到考古学虽然在当时中国学术中的地位不高,但不久的将来,考古学必将在中国上古史的建构中占据中心地位。他说:"我觉得,要弄考古学,非有人类学的根基不可。关于文化的起源、变迁等,须有一规模较大的理论在后面,始能把握住考古学材料的意义。现在中国谈考古学的,还多以 19 世纪后半叶的人类学为根据,Spencer(斯宾塞)、Taylor(泰勒)等的'Uniformistic Evolutionism Theory'(均变论),尚极盛行,实则将来须费一番肃清的工作。然后再专就实证,以建立中国的上古史。考古学在学术界的地位,并不很高,但是治上古史,考古学是占中心的地位,尤其是中国现下

① 作铭(夏鼐):《英国汉学家叶慈教授逝世》,《考古通讯》1958 年第 2 期,第 9 页。

的上古史界情形,旧的传说渐被推翻,而新的传说又逐渐出现,与旧的传说是一丘之貉,都是出于书斋中书生的想象,假使中国政治社会稍为安定,考古学的工作实大有可为也。"①为此,他把近期的学习重点定为三个方面:"第一,必须依导师意见,先学习其文字,以便以文籍与古物互证。第二,对于发掘及保存古物之技术,更须注意;不若史前之遗物,仅留石器、陶器、骨器,保存较易,技术较简。第三,则以参考书籍较丰富,欲得一眉目,非多费工夫阅读不可。"②

照此计划,夏鼐首先加紧向伽丁纳尔学习古埃及象形文字。伽丁纳尔在古埃及象形文字的研究方面颇有造诣,著有被学界称为学习古埃及文字经典读本的《埃及语语法》(1927年)。名师指导加上自己的努力,夏鼐很快掌握了深奥的古埃及象形文字,成了中国考古学界识读这种文字的第一人。学习过程中,夏鼐将古埃及语言文字与中国语言文字相比较,写成《一个古埃及短语在汉语中的对应例子》的论文,发表于《埃及考古杂志》上③。

"对于发掘及保存古物之技术",夏鼐于1936年参加了时任伦敦大学考古学院名誉院长惠勒主持的英格兰曼彻斯特地区梅登堡遗址的发掘工作,这是他在国外首次参加的考古发掘。这次为期6周的考古实践,使夏鼐受益匪浅。多年以后,夏鼐还记得惠勒挂在口头的一句名言:"我们的发掘,不是为了寻找宝物,而是为了寻找居住遗址的柱洞。"④惠勒以作风严谨、方法细致而著称于考古学界。他在考古发掘时,先用探沟试掘,然后用网络式的布方进行正式发掘,并通过保留的探方壁和关键柱显示地层的层位及堆积状况。后来,夏鼐将这一套田野考古方法带回到中国。直到今天,这套方法仍被广泛地应用于中国的田野考古。此后,夏鼐还先后参加了埃及艾尔曼特遗址、巴勒斯坦杜韦尔遗址的考古发掘。

此外,夏鼐尽可能地涉猎相关书籍,以增进对古代文化背景和人类学知识的了解。他先后读了安德鲁斯的《古代人类觅踪》、泰勒的《原始文化》、霍尔的《远东的古代历史》、布雷斯特德的《埃及历史》、马里特的《形成中的人类——人类学入门》、凯尼恩的《图书馆与博物馆》等众多名著。

夏鼐对既定的学习计划乐此不疲。导师格兰维尔说"对他的课程表现出

① 夏鼐:《夏鼐日记》卷二,华东师范大学出版社2011年版,第52—53页。
② 夏鼐、王世民:《夏鼐陈请梅贻琦校长准予延长留学年限的信函》,《清华大学学报》(哲学社会科学版)2002年第6期,第3页。
③ N. Shiah, A Chinese Parallel to an Egyptian Idiom. JEA. 24(1938).
④ 夏鼐:《〈中国考古学研究〉日文版序言》,《夏鼐文集》(上),中国社会科学出版社2000年版,第136页。

全面的兴趣"①。夏鼐自己也认为，他"在工作中可以得到快乐，用不着休息"②。浓厚的兴趣加上科学的学习计划，夏鼐的学业突飞猛进，得到了格兰维尔和校方的一致认可。1938 年格兰维尔在写给学院院长的推荐信中说："他是一个出类拔萃的学生。我第一次见到他时……他对埃及学还一无所知。但他以极大的热情投身于这一学科的各个领域，很快就熟练地掌握了所必须具备的古代埃及语知识，这与他很快就适应了考古学是一样的。……从他在埃及和巴勒斯坦的考古经历来看，我有足够的证据相信他对不同类型的遗址的发掘技能都融会贯通、一点即通。我坚信，一旦他回到中国，他就会成为蜚声考古学界的学者……我认为，他是一个出色的、勤奋的和值得信赖的学生。"③格兰维尔对夏鼐的欣赏溢于言表，夏鼐由此获得了玛利奖学金。诚如格兰维尔所预言，夏鼐回国后不久便成了中国考古学界的领军人物。

　　1940 年，夏鼐在埃及开罗博物馆工作 1 年以后，启程归国。在开罗期间，他完成了博士论文《古埃及串珠》的初稿。夏鼐选择古代埃及的串珠作为研究对象，显然是受到了皮特里的影响。皮特里认为，当时法国已经主导了艺术史领域，德国也在文字领域占据优势，英国若想有所建树，则应该进军物质文化领域。因此，皮特里拟构了从物质文化入手研究人类历史的方案。在皮特里看来，"串珠是考古研究的字母表"④，是物质文化研究的前沿。因战争的原因，夏鼐的博士论文在 1943 年才得以最终完成。伦敦大学在战后复课后，夏鼐的博士论文作为特殊情况免于答辩。他于 1946 年被授予博士学位。

　　归国后，夏鼐先后供职于当时的中央博物院筹备处、中央研究院历史语言研究所，参加了四川彭山豆芽房、寨子山汉代崖墓的发掘。后来又随西北科学考察团参与了甘肃敦煌、武威、兰州等地古遗址和古墓葬的调查与发掘⑤。1948 年，夏鼐晋升为历史语言研究所研究员。与傅斯年、李济、梁思永等著名学者共事，夏鼐的学识与才华并没有被掩盖，反而日益显露。1947年，时任历史语言研究所所长的傅斯年出国考察时，受命代行所务的竟是年

---

① 夏鼐:《夏鼐日记》卷二，华东师范大学出版社 2011 年版，第 93 页。
② 夏鼐:《夏鼐日记》卷二，华东师范大学出版社 2011 年版，第 78 页。
③ 转引自姜波《夏鼐先生的学术思想》,《华夏考古》2003 年第 1 期，第 101 页。
④ (英)斯蒂芬·夸克著，颜海英译:《夏鼐先生与古埃及串珠研究》,《考古》2014 年第 6 期，第 102 页。
⑤ 此次"西北科学考察团"，由当时的中央研究院历史语言研究所、中央博物院筹备处、中国地理研究所、北京大学文科研究所四家单位联合组成。考察团在甘肃、新疆两地进行考察。其历史考古组的考察只限于甘肃境内，参加者有向达、夏鼐、阎文儒等人。调查发掘项目主要有:临洮寺洼山、广河阳洼湾的史前遗址和墓葬，汉代的玉门关和长城遗址，敦煌附近的六朝和唐代墓葬，武威附近的唐代吐谷浑墓葬。

仅 37 岁的夏鼐。1949 年,历史语言研究所迁往台湾,夏鼐没有前往,而是选择退居故乡浙江温州。

二、四次学业选择

与同时期的学者相比较,夏鼐的求学历程并不十分复杂,但他几次学业方向的选择,确实令人难忘,启人思索。

(一)第一次选择

1931 年,夏鼐从燕京大学社会学系转入清华大学历史学系。

众所周知,1949 年前的燕京大学和清华大学都是以文史研究著称的高等学府,因此夏鼐此时从燕京大学转入清华大学,从表面上看,好比是从一个重点院校转到另一个重点院校,并不值得奇怪,但对夏鼐今后的学术发展而言,却意义重大。1925 年成立的清华国学研究院,曾网罗了梁启超、王国维、陈寅恪、赵元任、吴宓、李济等大师级的学者。国学研究院虽然仅存在 4 年便停办,但却为之后的清华大学的史学发展奠定了坚实的基础。当夏鼐转学时,此时的清华大学历史学系已颇具规模,既有陈寅恪、蒋廷黻、雷海宗、刘崇铉、孔繁霱等著名学者,又有经过新史学洗礼的罗尔纲、梁方仲、吴晗、王栻等史学界的后起之秀,他们共同继承并营造了清华良好的史学氛围和治学环境。夏鼐关注文献、注重史实、长于史学、精于考据的学风与特点,就是在清华大学就读时熏陶出来的。

中国传统史学,特别是乾嘉以来的考据学派留下了不少优秀的传统。一些史家本着实事求是的治史原则,力图做到"去取出入,皆有明征,不徇单辞,不逞臆见,信以传信,疑以传疑"①,在校勘史籍、订正史实、拾遗补阙、编纂类书方面取得了许多成就。所以梁启超说:"他们的研究精神和方法,确有一部分可以做我们模范的,我们万不可以看轻他。他们所做过的工作,也确有一部分把我们所应该做的已经做去,或者替我们开出许多门路来,我们不能不感谢。"②时至今日,以乾嘉学派为代表的传统史学仍有许多优良传统值得我们学习和继承。就考古学而言,历史考古学研究必然且必须涉及古代文献,自然需要相应的传统史学功底;史前考古学研究虽无直接的古文献可资利用,但后世追记性文字资料仍有不少,更何况求真、求实的作风与

---

① ［清］潘耒:《国史考异·序》;转引自梁启超《中国近三百年学术史》,天津古籍出版社 2003 年版,第 306 页。

② 梁启超:《中国近三百年学术史》,天津古籍出版社 2003 年版,第 200 页。

传统史学的治史精神并无二致。

夏鼐所选择的清华大学,有着梁启超、王国维、陈寅恪、赵元任等国学大师培育出来的良好史学传统和研究氛围。沐浴于其中的夏鼐,自然深得其味。如1933年,夏鼐在选修陈寅恪的"晋南北朝隋史"课程中所写的"论北魏兵士除六夷及胡化之汉人外,似亦有中原汉人在内"的读史札记,获得陈寅恪的赞许。陈寅恪的评语是"所论甚是,足征读史细心,敬佩敬佩"①。从立业后夏鼐所发表的学术论文中,更可窥见其全面的史学素养和扎实的史学功底。当代学者吴德铎曾说:"中华书局的《中外交通史丛刊》中有一本他校注的《真腊风土记》。我起初以为整理古籍的工作,他进行起来未必也和考古发掘同样地得心应手,当我收到他的赠书细读之后,不禁深为他的精深勤奋所感动。他的校注工作绝不比任何一位专业古籍整理者逊色,从质量上来说,他的这本校注在众多的古籍校注本中,是出类拔萃的,它代表了我们当前这方面所达到的水平。我拜读之余,除由衷的敬佩之外,还深为自己的不学和懈怠而惭愧。"②除了《真腊风土记校注》③,其所撰学术论文,如《新获之敦煌汉简》《武威唐代吐谷浑慕容氏墓志》(1948年)、《略谈番薯和薯蓣》(1961年)、《我国古代蚕、桑、丝、绸的历史》(1972年)、《所谓玉璿玑不会是天文仪器》(1984年)等,既是考古学论文,也是精于考证的史学论文。

(二)第二次选择

1934年,夏鼐考取了赴美公费留学的资格,其学术方向由中国近代史转向了考古学。

夏鼐在清华就读时的学习兴趣主要是中国近代史,并已有《鸦片战争中的天津谈判》《评曼尼克斯的〈李鸿章传〉》《二程的人生哲学》《叶水心年谱及学案》《百年前的中英交涉——Napier事件》《法权问题与鸦片战争》等多篇精彩之作。他的学士毕业论文谈的也是太平天国前后长江流域各省之田赋问题。夏鼐之所以从中国近代史转向考古学,其中既有偶然因素,但也与时代背景有关。

就偶然因素而言,夏鼐之所以走上考古这条道路,按他本人的话来说,那就是完全是"由于偶然的机遇",被"逼入考古学领域"的④。如上所述,夏

---

① 夏鼐:《读史札记:论北魏兵士除六夷及胡化之汉人外,似亦有中原汉人在内》,《清华大学学报》(哲学社会科学版)2002年第6期,第6页。

② 吴德铎:《求是、踏实、朴实——纪念夏鼐同志》,《文汇报》1987年6月23日,第3版。

③ 〔元〕周达观原著,夏鼐校注:《真腊风土记校注》,中华书局1981年版。

④ 夏鼐:《夏鼐日记》卷一,华东师范大学出版社2011年版,第370页。

夏鼐心仪的学问是中国近代史,尤其是经济史。考取公费留学资格后,夏鼐曾彷徨许久。即便是参加了傅斯年、李济、梁思永安排与指导的殷墟考古实习后,他仍有放弃考古学重拾经济史的念头。在殷墟,李济问及对田野工作的感受时,夏鼐笑而未答,但他的真实想法是:"李先生问我:'觉得田野工作滋味如何? 这是一辈子的事情啊!'我只得苦笑而已。青年人所怕的不是吃苦,而是知道自己的命运被决定了,只能做第二、三流事业中的第二、三流人物。无疑的,我是不适宜于田野工作的,这不是指体格方面而言,而是指生活习惯而言,我的素养使我成为书呆子,关于统治工人及管理事务各方面皆是一个门外汉,勉强做去,未必见功,可是这有什么办法可想呢!"①甚至到了英国,开始师从叶慈学习中国考古与美术时,他仍然还有这样的心境:"与他一比较,我所受的教育,自然是完备得多,但是我所读的多是偏于文史一方面的东西,与考古学不生关系,自己对于古物虽有嗜好,在初中时便喜欢拣古钱,但对于用人办事的才干太差劲了。……将来的成败,实属不可预料,我只好不断努力,聊尽己责而已。"②

因此,有学者说:"通过这几段《日记》,我们可以看出,夏鼐选科的标准就是胡适一直对青年人强调的原则:'性之所近,力之能及'。在出洋之前,他对考古学一直没有兴趣。特别是通过殷墟实习,他更加觉得他不适合做田野工作。有的研究文章说,'夏鼐从中国近现代史转向考古学,主要是受了殷墟考古发掘的影响。'今据《日记》,可知此说完全不确。"③所言极是。不过,夏鼐被"逼入考古学领域",还是与"殷墟考古发掘的影响"有间接的关联。

因为就时代背景而言,20 世纪初期兴起的中国近代考古学,一开始便受到国内、国外学术界的共同关注。这从当时留美考试设定的学科领域有"考古学门"一门,便可领略其大概。当时"国立清华大学留美公费生"即"庚款生"的招生名额为 20 名,分属不同的"学门"。1934 年的招生学门与名额分配为:历史学门、考古学门、油类工业门、造纸工业门、陶瓷工业门、理论流体学门、高空气象学门、海产动物学门、应用植物生理学门、农学门、农村合作门、人口问题门、国势情资统计门、劳工问题门、成本会计门、国际私法门、地方行政门、水利及水电门(河工组)、水利及水电门(水电组)、航空门,各 1 名。在众多的学科中,此时的考古学已能占一席之地。

---

① 夏鼐:《夏鼐日记》卷一,华东师范大学出版社 2011 年版,第 320 页。
② 夏鼐:《夏鼐日记》卷一,华东师范大学出版社 2011 年版,第 370 页。
③ 宋广波:《从〈日记〉看夏鼐的学术人生》,《中国文化》2011 年第 2 期,第 148 页。

19 世纪末,日益兴盛的欧洲考古学开始传入中国。1900 年章太炎的《中国通史略例》,1901 年梁启超的《中国史叙论》,都已注意到 19 世纪中叶以来欧洲考古学的进展,以及石器时代、铜器时代、铁器时代的划分。1899年后安阳小屯村有字甲骨的陆续出土,1900 年敦煌石窟藏经洞的重见天日等,这些地下大发现,成为中国近代考古学诞生的前兆。1926 年从美国学习人类学归来的李济,对山西夏县西阴村遗址进行的发掘,开启了中国学者独立主持田野考古工作的序幕。1927 年中国学术团体与瑞典探险家斯文・赫定联合组成西北科学考察团,徐炳昶、黄文弼等负责和参与了内蒙古、新疆地区的考古调查与发掘。1928 年董作宾奉傅斯年之命前往安阳小屯进行考古调查与试掘,掀开了大规模殷墟考古发掘的帷幕。1929 年李济作为当时中国唯一具有近代考古学知识和发掘经验的学者,被聘任为历史语言研究所考古组主任。同年,中国地质调查所新生代研究室及北平研究院史学研究会考古组分别成立。从此,中国有了自己的从事考古研究的学术机构。1929 年在裴文中的主持下,发现第一个北京直立人的头盖骨化石。随后,发现大批石制品和人类用火痕迹,使中国旧石器时代人类文化面貌得到揭示。1933 年由裴文中、贾兰坡主持发掘的山顶洞遗址,使数万年前的山顶洞人文化呈现在世人面前。这一切,已在较大程度上改变、丰富了人们对古史的看法。尤其是以王国维为代表的一批学者,对地下出土文物的精到研究,使新生的近代考古学在中国学术界的地位渐渐受到重视。

虽然此时的夏鼐沉浸于中国近代史的学习与研究中,但对出土文物与考古学也有所耳闻。如果说其在报考考古学门时还带有几分盲目与冲动,那么报考之后,经李济、梁思永前辈的指点,夏鼐对中国考古学的现状与前景已有了较清醒的认识。否则,夏鼐不可能得出"假使中国政治社会稍为安定,考古学的工作实大有可为也"[①]这样的认识。

这次学业选择,对于中国考古学的意义亦十分重大。从夏鼐赴英留学踏上不列颠国土的那一刻起,中国将少去一个经济史研究专家,却多出一位具有国际声望的杰出考古学家。

(三)第三次选择

1936 年,夏鼐从伦敦大学科特奥德艺术研究所转入埃及考古学系。

作为一个中国留学生,却转攻埃及考古学,在人们看来,多少有些令人惊奇和费解。但就当时的情形而言,夏鼐转向埃及考古学却是一件较为自

---

① 夏鼐:《夏鼐日记》卷二,华东师范大学出版社 2011 年版,第 53 页。

然的事。因为夏鼐既然决定赴英留学并专攻考古学,那就得学习考古学的前沿理论和田野考古基本技术。然而,科特奥德研究所注重的是艺术史研究,既不重视考古学的理论,也不进行田野考古发掘的训练,因此,夏鼐决定转学于埃及考古学系。况且,埃及考古学系由于其创始人皮特里的巨大学术成就早已闻名遐迩。

埃及考古学系的创始人皮特里,早在 19 世纪末就被公认为著名的埃及学家、考古学家。他曾在埃及从事过多年的田野考古,后将个人发掘、收藏的埃及文物低价转让给伦敦大学,建立了埃及学博物馆。在考古领域,他以严谨、科学的方法和卓有成效的考释而闻名。他著述丰富,有《埃及史》4 卷(1894—1927 年)、《考古学的方法和目的》(1904 年)、《史前期的埃及》(1920 年)等。他所创立的分层科学记录的发掘技术和"顺序定年法"——以数字表示相对年代序列(简称 SD 法),不仅对埃及考古学,而且对整个考古学界具有划时代的意义。他所倡导的凡是发掘出来的遗物,不论大小都是重要的,都要进行科学的收集与研究的主张,更是影响深远。多年后,夏鼐的《田野考古学序论》一文和《考古学基础》一书中的《田野考古方法》部分,不少内容就是根据皮特里的考古学理念与方法写成的。1936 年,当夏鼐转入埃及考古学系时,皮特里虽已经退休,但仍担任埃及学博物馆名誉馆长。他的学术成就为他的学生格兰维尔和惠勒所继承。

在转系前,夏鼐已对转入埃及考古学系的得失做了充分的评估。当时,在著名的考古学家柴尔德(V. G. Childe)主持下的英国爱丁堡大学的史前考古学系也办得有声有色。究竟是转赴爱丁堡大学还是就近转入埃及考古学系,曾使夏鼐颇为踌躇。但在做了周密的调查和请教傅斯年、李济之后,夏鼐决定选择埃及考古学系。原因主要有二:一是夏鼐了解到,柴尔德虽名声在外,但在教学及奖掖后学方面似乎并不十分热心;二是听从傅斯年建议,有意避开李济、梁思永以及正在就学的吴金鼎的史前考古学方向,而选择国内更需要的历史考古学方向。埃及考古学正是属于历史考古学的范畴,而且埃及考古学系的田野考古方法与技术亦别具一格。所以,夏鼐在致信清华大学校长梅贻琦谈及转系的原因时说:"中国将来之考古学,必须以埃及考古学之规模为先范,故中国之考古学界,必须有一人熟悉埃及考古学,以其发掘技术及研究方法多可借镜。"①

---

① 夏鼐、王世民:《夏鼐陈请梅贻琦校长准予延长留学年限的信函》,《清华大学学报》(哲学社会科学版)2002 年第 6 期,第 3 页。

尽管夏鼐才华横溢,但学习考古毕竟是"半路出家",仍有许多意想不到的困难,更何况准备攻读的是繁杂而深奥的埃及考古学。因此,他致信清华大学校长梅贻琦,在说明转系缘由的同时,请求将留学时间延长1年。在李济等师长的帮助下,此请求得到清华大学的批准。于是,夏鼐办妥转学手续,离开了最初的导师叶慈,转投到皮特里学生格兰维尔的门下。碍于情面,他向叶慈提出的转系理由是:"学校命令,不得不尊。"①

夏鼐留学英国的收获是巨大的:他从皮特里、格兰维尔等学者那里秉承了严谨务实的优良学风,从惠勒那里学到了近代考古学的田野发掘方法与技术,他在英国梅登堡遗址、埃及艾尔曼特遗址、巴勒斯坦杜韦尔遗址等的发掘经历成为他一生的宝贵财富。这些遗址的发掘不仅使他掌握了娴熟的发掘技巧,而且极大地开阔了他的视野。这一切,均为这位学贯中西的学术大师的成长奠定了坚实的基础。

(四)第四次选择

1941年,夏鼐从埃及考古学转入中国考古学的研究。

1940年,夏鼐启程回国。次年到达云南昆明,并辗转至四川南溪李庄,出任中央博物院筹备处专门设计委员。两年后,改就中央研究院历史语言研究所考古组,任副研究员、研究员,直到1949年。这8年间,是夏鼐的学术生涯中最具有转折意义的一个时段,他完成了从主攻埃及考古学到专攻中国考古学的转变,完成了从一个青年学子到一位海内外公认的考古学家的转变。

归国后,夏鼐首先完成了博士论文的最后定稿。这篇题为《古埃及串珠》的论文,用英文写就,分4个部分,凡23章,共433页,以考古学方法对古埃及各种串珠进行了系统的研究。这篇论文"是考古学上一个关键性的、期待已久的进展,不仅对埃及,对整个非洲乃至其他地区的历史研究均如此"②。遗憾的是,这一在埃及考古学上具有重要意义的一项基础性研究成果,由于历史原因,70余年来不曾正式发表③。

虽然埃及考古学与中国考古学存在诸多不同,但基本原理与方法是相通的。在归国之后的8年时间里,尽管兵荒马乱,夏鼐还是参与了两次较大规模的田野考古工作,并将所学很好地运用到中国考古实践之中。一次是

① 夏鼐:《夏鼐日记》卷二,华东师范大学出版社2011年版,第53页。
② (英)斯蒂芬·夸克著,颜海英译:《夏鼐先生与古埃及串珠研究》,《考古》2014年第6期,第101页。
③ 中国社会科学院考古研究所在伦敦大学亚非学院的支持下,近年约请有关专家对论文进行了整理,即将由社会科学文献出版社和施普林格出版社合作出版。

与吴金鼎、曾昭燏、高去寻等在四川彭山豆芽房、寨子山发掘汉代崖墓;另一次是与向达、阎文儒等在甘肃进行的考古调查与发掘。前者时间较短,自1941年7月16日始,至11月23日止,历时4个月余。后者自1944年2月23日始启程,至1946年2月25日返回重庆,前后持续时间整整2年。两次田野考古实践,夏鼐收获甚多。他的专业性的做法,也被同事、学生津津乐道,并被奉为田野考古的圭臬。

一是田野考古必须事先做好文献研读工作。夏鼐在每次考古调查与发掘之前,首先是研读各种地方文献,充分了解历史上的有关记载及当地的地理环境、风土民情等。其次是广泛收集、阅读相关的研究文献,充分掌握学术界的研究现状与动态。这与其在专攻埃及考古学时,充分关注"古代文化之背景"异曲同工。如在参与彭山崖墓发掘工作之前,就细读了《中国西部考古图记》《中国四川的埋葬风俗》《华西边疆学会会志》《营城子》《乐浪王光墓》《乐浪彩箧冢》《四川地质发展史》《武梁祠堂石刻画像考》《汉代建筑样式及装饰》《川边考古简报》以及《四川通志》《蜀中名胜记》《蜀中广记》《四川地理》等。在前往甘肃进行考古调查、发掘之前,夏鼐研读的文献更加丰富。他先研读了斯坦因的大部头考察报告《塞林提亚》《中国新疆和甘肃地理研究报告》《千佛》《沙埋契丹废墟记》《亚洲腹地》《古代和阗》等,又阅读了其他中外学者的重要著作,其中有《斯坦因在新疆沙漠中发现的中国文书》《中国佛教艺术》《新疆地下宝藏》《敦煌洞窟》《西域佛教的研究》《敦煌发现绘画目录》《敦煌画的研究》《敦煌石室真迹录》《汉简西陲木简汇编》《居延汉简考释》《高昌陶集》《穿越玉门关与中亚》《西北古地研究》《西北的剖面》《徐旭生西行日记》《西域考古录》等,地方文献方面有《沙州图经》《秦边纪略》《甘肃通志》《甘肃新通志》《甘州志》《肃州志》《武威县志》《西域水道记》《敦煌杂钞》《敦煌随笔》等。可以说,夏鼐的文献调研工作,几乎囊括了与之相关的所有历史文献与研究文献。

二是田野考古必须细致观察,并做详细记录。这方面,夏鼐在英国留学期间得到了系统的训练。他所做的田野记录既详细又准确,堪称田野考古记录的范本。如:

> 今日开工,掘1001墓,工人6名,工作一日,墓道已露。另有工人4名,留在工作站中修理房子。选定1001墓,以其为规模较大者中最近工作站者,离站有2公里许。墓南有一砾石墓道,遂横贯墓道掘广2米、长5米之探沟,其初不见扰土之痕迹,砾石间杂沙土,质颇坚硬,有

类千佛洞一带之砾石岩。此或即石君（指石璋如——引者）前年试掘时认为生土者，一触即成片下坠，而壁上则为坚固之砾石岩，杂有一层沙，为地史第四纪所成之石，未经人工扰过。此后发掘较易，即沿边缘内向北推进，以求墓门。以墓道不广，不能同时利用多人，故即开 1002 墓。此墓无墓道，故即在坟南半，掘一广 2 米、长 4 米之探沟，深达 1 米，皆为砾石及沙，至收工时未得端倪。余以为此间墓室、墓道以及外围之砾石排列，并非如黄文弼君所云人工故意堆砌石块于其上，实由于当时堆土混合沙砾，以其较周围稍高，受风吹扬，细沙四散，仅余稍粗之砾石。至于地面下约半米至 1 米之硬土，……日人《新西域记》之吐鲁番旧墓图所示，疑即由于误以此硬土当原来保存之生土。此层硬土过薄，且其质颇易崩堕，故不当为保留之生土。①

根据在甘肃、青海考古调查时所获资料，夏鼐发表了《齐家期墓葬的新发现及其年代的改订》②《临洮寺洼山发掘记》③等具有划时代意义的考古学论文，还写了《新获之敦煌汉简》④《武威唐代吐谷浑慕容氏墓志》⑤等蜚声学界的考据性文章。从文章的选题、内容到方法，都可看到，这时的夏鼐已是一位地地道道的中国考古学家了。

学生时代的夏鼐曾引王国维语以自勉："异日发明光大我国之学术者，必在兼通世界学术之人，而不在一孔之陋儒。"此时的夏鼐，显然已是一位"兼通世界学术之人"，并为"发明光大我国之学术"而不懈努力着。

第二节　夏鼐的学术成就

从 1935 年赴英研习考古学到 1985 年逝世，夏鼐从事考古学研究的时间达整整半个世纪。50 年的学术生涯，夏鼐对考古学涉猎面既广且深，无论是史前考古学研究还是历史考古学研究，抑或是中国古代科技史、古代中外交通史的考古学探索，均有开拓性的创获，并有指导性的意义。

① 夏鼐：《夏鼐日记》卷三，华东师范大学出版社 2011 年版，第 195 页。
② 夏鼐：《齐家期墓葬的新发现及其年代的改订》，《考古学报》1948 年第 3 期，第 101—117 页。
③ 夏鼐：《临洮寺洼山发掘记》，《考古学报》1949 年第 4 期，第 71—137 页。
④ 夏鼐：《新获之敦煌汉简》，《考古学论文集》，河北教育出版社 2000 年版，第 169—209 页。
⑤ 夏鼐：《武威唐代吐谷浑慕容氏墓志》，《考古学论文集》，河北教育出版社 2000 年版，第 210—252 页。

一、史前考古学研究

在留学期间,夏鼐虽然专攻的是属于历史考古学范畴的埃及考古学,但归国后的学术重点却放在了史前考古学方面。他"对中国史前考古学进行了长时期的创造性研究,不断地拓宽道路,引导大家走向新的境地。主要是根据可靠的发掘资料,改订黄河上游新石器文化编年体系,规范考古学上的文化命名,提出中国新石器文化发展多元说。他还是现阶段最早从考古学上探讨中国文明起源的著名学者"①。

(一)关注中国史前时期的文化系统

虽然中国史前考古学起始于 20 世纪初期北京直立人遗址的发掘和彩陶文化、黑陶文化的发现等,但到夏鼐学成归国时,国内做过正式发掘的史前文化典型遗址为数甚少,对一些史前遗存的文化性质、相互关系的认识也模糊不清。由于可资利用的材料的不足,因此史前文化研究存在一种推测多于实证,甚至用主观臆测来替代实物证据的倾向,最典型的便是安特生所提出的黄河上游新石器文化编年体系,即齐家、仰韶、马厂、辛店、寺洼、沙井的"六期说"。

对中国近代考古学创立而言,安特生是一位非常了不起的学者与开拓者。应该说,安特生在 1925 年的《甘肃考古记》中所提出的"六期说"②,并非完全是无中生有或张冠李戴,而是有其考古地层学、类型学以及文化传播学的基础。只是安特生在提出这一观点时,过分脱离了"有几分证据说几分话"的学术规则,因此所提出的"六期说"显得有些草率与武断。20 世纪 30 年代,当梁思永在河南安阳揭示出"后岗三叠层"③之后,1937 年尹达就以《龙山文化与仰韶文化之分析》④为题撰文,在系统分析仰韶与龙山两种文化的基本特征及其相对年代关系的基础上,对安特生主持调查、发掘的,并以此作为"六期说"证据的河南渑池仰韶村、不召寨和甘肃广河齐家坪等遗址的性质与年代问题提出了质疑,得出的结论是,安特生对于各个遗址性质与年代的推测均有重新估计的必要。

---

① 王仲殊、王世民:《夏鼐先生的治学之路——纪念夏鼐先生诞生 90 周年》,《考古》2000 年第 3 期,第 84 页。
② 安特生:《甘肃考古记》,《地质专报》甲种第五号,商务部地质调查研究所,1925 年。
③ "后岗三叠层",即指仰韶文化层、龙山文化层、商文化层由下而上的叠压关系。一是从地层上说明了仰韶文化的古老性;二是从地层上证明了中国的历史由史前时期到历史时期是一脉相承的。由梁思永于 1931 年发掘安阳高楼庄后岗遗址时所发现。
④ 刘燿(尹达):《龙山文化与仰韶文化之分析》,《考古学报》1947 年第 2 期,第 251—335 页。

　　1944 年至 1946 年，夏鼐随西北科学考察团等来到甘肃敦煌、武威、兰州等地。他几乎踏遍了安特生当年调查、发掘过的每一处遗址，又新发现了百余处远古文化遗址。1945 年 5 月，夏鼐在甘肃宁定（今广河）阳洼湾发掘了齐家期墓葬 3 座，在二号墓坑填土中发现仰韶期的彩陶片。在此之前，在甘肃宁定齐家坪遗址的试掘中，夏鼐已发现了这一现象。因此，夏鼐在所撰的《齐家期墓葬的新发现及其年代的改订》一文中十分自信地说："这次我们发掘所得的地层上的证据，可以证明甘肃仰韶文化是应该较齐家文化为早。"①同年，在发掘甘肃临洮寺洼山遗址时，夏鼐注意到安特生所称的甘肃仰韶文化（甘肃仰韶期）与河南仰韶文化存在明显的差别，因而在《临洮寺洼山发掘记》一文中主张用"马家窑文化"替代甘肃仰韶文化（甘肃仰韶期）。②夏鼐进一步发现，寺洼文化和辛店文化其实是同一时代的两种不同文化，相互之间并没有因袭变迁关系，并且推测寺洼文化可能和文献记载中的氏羌民族有关。③ 夏鼐以细致的发掘和严密的论证，纠正了安特生关于齐家、仰韶、马厂、辛店、寺洼、沙井的"六期说"，改订了黄河上游新石器时代文化编年体系。这也是中国学者第一次用科学的眼光关注中国史前时期的文化系统问题，其影响极为深远。

　　20 世纪 50 年代以后，中国史前时期的文化系统问题一直是夏鼐关注的一个重点。如 1959 年，夏鼐在《十年来的中国考古新发现》一文中说："新石器时代的资料积累得多了，我们现正把它们加以分类，研究它们的内容和互相关系，并想求出它们的时代先后次序。在黄河流域，我们知道带有光亮黑陶的龙山文化是比较带有彩陶的仰韶文化为晚。前段所说的四个在陕西的遗址便是属于后者（即仰韶文化）。1956—1957 年在河南陕县庙底沟发掘，在仰韶文化层的上面另有文化层，虽基本上带着龙山文化的特征，但没有典型的黑陶，并且还有些陶器承袭着仰韶文化的痕迹，可能是代表龙山文化的早期。在甘肃东部，1956—1958 年的调查，发现了原始社会的遗址在370 处以上，并且确定了这地区的新石器文化的顺序是：仰韶——甘肃仰韶（即马家窑）——齐家。齐家文化和龙山文化大概是同时的，但是属于不同的文化系统。"④

---

① 　夏鼐：《齐家期墓葬的新发现及其年代的改订》，《考古学论文集》，河北教育出版社 2000 年版，第 15 页。
② 　夏鼐：《临洮寺洼山发掘记》，《考古学论文集》，河北教育出版社 2000 年版，第 26 页。
③ 　夏鼐：《临洮寺洼山发掘记》，《考古学论文集》，河北教育出版社 2000 年版，第 85—87 页。
④ 　夏鼐：《十年来的中国考古新发现》，《科学通报》1959 年第 21 期，第 722—723 页。

通过对中国史前时期的文化系统的梳理,既总结了之前的考古成果,也为之后的考古工作指明了方向。同时,这也为中国史前文化的谱系研究奠定了基础。

(二)提出中国新石器文化发展多元说

在梳理中国史前时期文化系统的过程中,夏鼐敏锐地察觉到中国新石器文化的发展并非只有黄河流域一个中心。1962 年,夏鼐在发表的《新中国的考古学》一文便曾提到:"根据考古资料,现今汉族居住的地区,在新石器时代存在着不同的文化类型。连黄河流域的中游和下游,也有很大的差异,古史传说中也有这种反映。"①1977 年,夏鼐发表《碳-14 测定年代和中国史前考古学》一文,根据当时已公布的各种史前文化年代数据,结合文化内涵和地层证据,全面讨论了它们之间的年代序列和相互关系,亦即中国史前文化的谱系问题。在此基础上,夏鼐分析说:

> 从前一般的看法,多倾向于我国新石器文化起源于黄河中游的中原地区,然后向四周传播。但是我在 1962 年的一篇文章中曾指出:"在长江流域和东南沿海一带,也发现了经济生活和它(指黄河流域的新石器文化)相同的农业部落遗址,但是文化类型不同。"这是说:经济生活的发展程度是相同的,都是以比较原始的农业为主,也兼从事于渔猎和采集工作,还饲养家畜。但是文化类型不同,表明它们有不同的来源和发展过程,是与当地的地理环境适应而产生和发展的一种或一些文化。当然这并不排除与黄河流域的新石器文化可能有互相影响,交光互影。这种看法似乎比那种将一切都归之于黄河流域新石器文化的影响的片面性的传播论,更切合于当时的真实情况,更能说明问题。这十几年的考古新发现和碳-14 测定年代的结果,似乎是支持我的这种看法。②

在此,夏鼐明确提出中国文化的起源是多元的,从考古学的视角否定了中国文化只起源于黄河中游的中原地区,然后向四周传播的旧说。显然,这是一篇具有里程碑意义的重要论文。

(三)重视考古学文化的命名与研究

考古学文化,是欧洲考古学发展到 20 世纪上半叶时,以柴尔德为代表

---

① 夏鼐:《新中国的考古学》,《考古》1962 年第 9 期,第 457 页。
② 夏鼐:《碳-14 测定年代和中国史前考古学》,《考古》1977 年第 4 期,第 221 页。

的一批考古学家提出并运用的,用以替代之前的考古学时期概念。用"文化"替代"时期"无疑是一大进步。对此,夏鼐说:"从前的所谓'阿舍利时期''莫斯特时期'之类,这时都改称'阿舍利文化'和'莫斯特文化'等。这主要是因为考古学的文化有地域上的局限性,一种'文化'不能代表世界范围内的一个时期,各种不同的'文化'往往在同一个时期中并存,实际是各自代表具有同样文化传统的共同体。明确了考古学'文化'这一基本概念之后,考古学研究就必须有更多的资料和对资料更为精细的分析,而研究的结果就能更符合于客观的实际。"①

考古学文化研究,首先涉及考古学文化的命名问题。20世纪50年代后,随着田野考古的展开,许多地方发现前所未知的新石器时代文化遗存,过去习用的几种文化名称已经难以概括。如何进行新的文化区分和命名,成为一个迫切需要解答的问题。同时,对当时出现的否定考古学文化,仅以蒙昧、野蛮、文明这类划分社会历史发展阶段的名词来区分中国考古学遗存倾向,夏鼐也表示了担忧。1959年,夏鼐发表《关于考古学上的文化定名问题》②一文,对什么是考古学文化,划分考古学文化的标准,以及定名的条件和方法等问题,给出科学、明确的回答。夏鼐指出,考古学上的"文化"应是指某一社会(尤其是原始社会)的文化在物质方面遗留下来可供观察的一群东西的总称,用以表示考古遗存中(尤其是原始社会的遗存中)所反映的文化共同体,通常以第一次发现典型遗存的小地名来命名。他又说,这样命名是想用简单的名称来表示一种特定的考古遗存含义,以便大家在共同使用时互相了解,不致产生误解。夏鼐还对考古新文化的命名提出了自己的看法,认为一种新文化的命名,需要具备这样三个条件:第一,必须是有一群具有明确特征的类型品,这种类型品,经常地共同伴出,而不是孤独的一种东西。第二,这种共同伴出的类型品,最好是发现不止一处。第三,必须对这一文化的内容有相当充分的认识,至少有一处遗址或墓地做过比较全面而深入的考古研究。夏鼐还预见到,区分考古学文化时,对哪些可以算是两个不同的文化,哪些只是由于地区或时代关系而形成的一个文化的两个分支,即在考古研究中如何界定文化、类型和分期的问题,学者之间会有不同看法,需要留待将来再作详细讨论。据此,张忠培将考古学文化概括为,"是表述分布于一定区域,存在于一定时间,具有共同特征的人类活动遗存的概

---

① 夏鼐、王仲殊:《考古学》,《中国大百科全书·考古学》,中国大百科全书出版社1986年版,第8页。

② 夏鼐:《关于考古学上的文化定名问题》,《考古》1959年第4期,第169—172页。

念",并指出"这篇逆潮流的著作的发表,无疑,对纠正当时出现的错误倾向,和推动考古学的健康成长,均起了重要的作用"。①

两年后的 1961 年,夏鼐又专就"考古学文化"概念在学术研究中的作用问题,写成《再论考古学上文化的定名问题》一文。该文一直没有发表,直到2000 年才收入《夏鼐文集》。文中,夏鼐再一次强调:"考古学不仅要研究全人类的社会发展史的共同规律,还要研究各地区各个族的共同体的发展的特殊性。在这里,只有'分期'这概念是不够的,还须要有'考古学文化'。"②

对此,徐苹芳在《夏鼐与中国现代考古学》③一文中评述说,夏鼐在 20世纪五六十年代所倡导的考古学文化研究,把中国考古学引入正确的学术研究道路,适时地把中国考古学从整理田野考古原始资料的阶段,推向以考古学文化研究为重点阶段。这是符合中国现代考古学发展规律的。

(四)倡导中国文明起源研究

20 世纪 70 年代末至 80 年代初,中国考古学与其他学科一样,迎来了"春天"。此时,在以夏鼐为首的许多资深考古学家们的主持下,《文物考古工作三十年(1949—1979)》④《新中国的考古发现和研究》⑤《中国大百科全书·考古学》⑥等反映中国考古学进展与成就的总结性著述,已经出版或即将付印。在这一学术背景下,夏鼐适时地提出,中国当代考古学要有新的学术目标,其中中国文明起源的考古学研究,就是一个应该努力的方向。从严格意义上说,中国文明起源研究其实是一个史学命题,但夏鼐认为这项工作必须由考古学家来主导完成。这是一个把中国考古学推向中国古史研究前沿的重要举措,对中国考古学发展既极具挑战性又富有战略意义。

1983 年,夏鼐访问日本时,就中国考古学的进展做了三次公开学术演讲,其中一次演讲的题目便是"中国文明的起源"。三次学术演讲引起日本学术界对中国考古的兴趣与关注,讲演稿很快由日本放送出版协会列为"NHK(日本广播协会)丛书",以《中国文明的起源》为书名于次年出版(日文版)。后经陈公柔翻译,夏鼐亲自改订,于 1985 年在国内出版了中文版。《中国文明的起源》正文三章:第一章《中国考古学的回顾和展望》、第二章

① 张忠培:《中国考古学史的几点认识》,《史学史研究》1995 年第 8 期,第 50 页。
② 夏鼐:《再论考古学上文化的定名问题》,《夏鼐文集》(上),社会科学文献出版社 2000 年版,第359 页。
③ 徐苹芳:《夏鼐与中国现代考古学》,《考古》2010 年第 2 期,第 5—11 页。
④ 文物编辑委员会:《文物考古工作三十年(1949—1979)》,文物出版社 1981 年版。
⑤ 中国社会科学院考古研究所:《新中国的考古发现和研究》,文物出版社 1984 年版。
⑥ 考古学卷编辑委员会:《中国大百科全书·考古学》,中国大百科全书出版社 1986 年版。

《汉唐丝绸和丝绸之路》、第三章《中国文明的起源》，即夏鼐在日本所做的三篇演讲稿。全书以第三章为书名，足见夏鼐及学术界对此问题的重视。每一章的开头，均有提要。每一章的后面，都有注释，除夏鼐的补记和原注外，还有日本学者冈崎敬、西村俊范和樋口隆康所做的大量注解。卷首有夏鼐专为出版中文版而写的序言，说明此书的形成及出版过程。书后有原日文版中由冈崎敬与西村俊范所做的《中国考古·发掘年表》，还附录由樋口隆康所写的日文版的序言《夏鼐先生与中国考古学》，由冈崎敬所做的日文版的跋尾《书夏鼐先生讲演集后》。

第三章《中国文明的起源》，分为10个部分：文明起源的早晚、小屯的殷墟文化、作为都市的殷墟、商殷时代的文字制度、已经发达的青铜器铸造技术、殷墟文化独有的特点、郑州二里岗文化、偃师二里头文化、文明的起源和新石器文化、中国文明是否系独立地发展起来的。从中可以看到，夏鼐是按这样的逻辑谋篇的：首先明确探索中国文明起源的有关理论问题，然后全面分析商代晚期殷墟文化的内涵、作为文明社会的基本特征与独有特点的考古学文化现象，再追溯这些基本特征与独有特点在殷墟之前的二里岗文化、二里头文化中的表现形式及其内涵，进而分析二里头文化之前的黄河流域与长江流域的新石器文化的谱系及文明因素，最后阐释学术界极为关注的中国文明是否系独立发展起来的问题。最终的结论是，中国文明是独立发展的土生土长的文明。对此，夏鼐在《提要》中这样写道：

最能代表商文明的高度水平的特点有：相当发达的冶铸青铜的技术与铜器上的纹饰，甲骨文字的结构与特点，陶器的型制与花纹，玉器的制法与纹饰，等等。这些都有它的个性、它的特殊风格和特征。它们可以证明，中国文明是独自发生、发展，而并非外来的。从最新发现的中国新石器时代的各种文化的分布地区，及其相互关系与发展过程，也可以看出中国文明的产生，主要是由于本身的发展。但是这并不排斥在发展过程中有时可能加上一些外来的因素、外来的影响。根据考古学上的证据，中国虽然并不是完全同外界隔离，但是中国文明还是在中国土地上土生土长的。中国的考古工作者，现正在努力探索中国文明的起源。探索的主要对象是新石器时代末期或铜石并用时代的各种文明要素的起源和发展，例如青铜冶铸技术、文字的发明和改进、城市和国家的起源等等。这些都是我们中国考古学上今后的重要课题。①

显然，夏鼐虽然谈的中国文明起源问题，但他是从世界考古学、世界文明史的视角入手的。全世界最古老的、独立发展的文明，是六大文明，即：两河流域、埃及、印度、中国、墨西哥和秘鲁。前二者是有互相影响的关系，有考古学的资料为证。印度和两河流域二者之间的关系，也是如此。墨西哥和秘鲁在新大陆，和旧大陆远隔重洋，一般认为它们的文明起源与旧大陆无关。只有中国文明的起源这一问题，成为传播论和独立演化论两派争论的交锋点。所以，中国文明起源问题不仅是中国历史学和中国考古学的一个重要课题，也是世界文化史、世界考古学上一个不可回避的问题。夏鼐的《中国文明的起源》，无疑是这一课题探索史上的一篇划时代的文献。

二、历史考古学研究

中国毕竟是具有 5000 年文明史的国度，历史时期的文化遗存极为丰富，因此，夏鼐对历史考古学也给予了充分的重视。在谈及他的求学经历时，我们已提到，年轻时期的夏鼐已经具有极为扎实的文史功底，有过良好的传统考据学训练。这为他之后从事历史时期考古学研究奠定了极好的基础。

20 世纪 50 年代后，夏鼐亲自主持和具体指导的田野考古工作，除河南渑池仰韶村等史前遗址的调查外，绝大部分属于历史考古学的范畴。尤其是 50 年代初期主持或指导的几次田野工作，不仅取得了丰硕的成果，而且对历史考古学的发展起到了极大的推动作用。例如：对河南辉县琉璃阁遗址的发掘，第一次在安阳以外发现早于殷墟的商代遗址；在河南郑州附近的调查，确认二里岗是早于殷墟的又一处重要商代遗址；在湖南长沙附近的发掘，初步判明当地战国两汉时代墓葬的演变情况，为之后的楚文化的考古研究打下基础。通过这些田野工作，使中国田野考古工作的重点，在地域上从北方的黄河流域扩大到南方的长江流域；在年代上从石器时代、商周时代推延到汉代乃至更晚。于是，过去那种"古不考三代以下"的不合理状况，开始发生改变。

夏鼐对历史时期考古问题的研究，上迄三代，下至宋元，涉及领域极为广泛，其中对古代科技史、中外交通史的专门性研究，用力尤多。在此，仅就

---

① 夏鼐：《中国文明的起源·提要》，《中国文明的起源》，文物出版社 1985 年版，第 80 页。

夏鼐在夏商文化的探索、汉唐文化的研究以及古代玉器研究方面的成就分述如下,有关古代科技史、中外交通史方面的成就我们将在以下专列小节做分别的介绍。

(一)夏商文化探索

夏鼐对历史时期考古的研究,往往是在对具体学术问题做出独到论断的同时,常常能从方法论上给人们以深刻启示。例如,有关夏文化的探索,当 20 世纪 50 年代末期着手开展这项考古工作时,夏鼐便再三提醒,对于所谓"古史传说"资料需要审慎对待,因为这类资料中既有古老民族口耳相传的合理内核,又有先秦诸子编造的"历史神话"。1977 年河南登封王城岗遗址发掘后,引起学者广泛的关注,但人们对遗址的性质众说纷纭。对此,夏鼐发表了《谈谈探讨夏文化的几个问题》[1]一文。文中着重谈了 4 个问题:夯土城墙问题、地层文化问题、夏文化问题、夏都问题。在谈到夏文化问题时,夏鼐从澄清概念入手,指出"夏文化"应该是指夏王朝时期夏民族的文化。有人以为仰韶文化也是夏民族的文化,纵使能证明仰韶文化是夏王朝祖先的文化,那只能算是"先夏文化"。夏王朝时期的其他民族的文化,也不能算是"夏文化",不仅内蒙古、新疆等边区的夏王朝时代的少数民族文化不能称为夏文化,如果商、周民族在夏王朝时代与夏民族不是同一个民族,那也只能称为"先商文化""先周文化",而不能称为"夏文化"。然后又特别强调,无论是夏文化的年代还是夏代都城的地望,均是极为复杂的学术问题,还需要做更多的工作。在谈及夏都问题时,夏鼐认为,如果轻易地将登封王城岗遗址看作是"禹都阳城"之所在,那就有失审慎。因为"禹都阳城"之说出自已距夏禹两千年的《孟子》,另外还有"禹都安邑"的说法。纵使"禹都阳城"可信,它和东周时的阳城是否是一地仍需证实。在此,夏鼐对考古探索中如何看待和利用文献资料,如何对疑难问题做更深入细致的研究,均作了谆谆的引导,可谓用心良苦。

夏鼐对商周青铜器及金文亦非常重视,并将它视为中国铭刻学的主体。集殷周青铜器铭文之大成的《殷周金文集成》[2]的编纂,就是在夏鼐的亲自筹划和具体指导下启动与实施的。为此,他还为《殷周金文集成》撰写了长篇的前言,以阐明铭刻学的含义及与考古学的关系、铭刻学研究的内容及方

---

[1]　夏鼐:《谈谈探讨夏文化的几个问题——在登封告成遗址发掘现场会闭幕式上的讲话》,《中原文物》1978 年第 1 期,第 32—33 页。

[2]　中国社会科学院考古研究所编:《殷周金文集成》,中华书局 1984—1994 年版。

法、铭刻学研究的成就及存在问题等。在夏鼐看来,传统金石学的内容,"如果依照现代的学科分类来说,实际上包括有铭刻学(Epigraphy)和考古学(Archaeology)两门学科",铭刻学是对古代刻在金、石、甲骨、泥版等坚固耐久的实物上的铭文进行各方面研究。和西方的铭刻学相比较,夏鼐认为中国的铭刻学有自己的特点:"一是甲骨刻辞是我国所特有的。二是先秦铭刻以金文为主,数量很多,而且有的具有很高的史料价值。石刻铭文,则先秦时极为罕见。三是我国汉文始终使用以象形为基础的文字,不用字母拼音,所以铭刻中的古文字数量众多,字体繁复而多变化。四是汉代以来的铭刻,除印玺和碑额外,一般使用隶楷和正楷,和今日所通用的楷书并没有多大的差别,一般仍都可以认识,只是有些异体字而已。秦代的和先秦的铭文的解读,则需要有古文字学的知识。五是甲骨和殷周铜器,由于近代古董商人的作假,其中有不少伪刻的铭文,甚至于器物本身也是赝品,这需要先作'去伪'的工作。六是我国至迟在唐代已有墨拓铭文的技术,这比临摹要正确得多。清末引进照相术和照片制版术,器物和拓本的印刷更为逼真了。"①显然,夏鼐所说的铭刻学贯穿整个历史时期,但重点还是甲骨、青铜。因为这些材料对于探索夏商文化具有特别重要的意义。

他本人对铭刻学也颇有研究,并留心新发现的殷周青铜器铭文材料。1972 年他在一篇文章中提到陕西蓝田新出土的西周铜器永盂时,注意到铭文涉及的人名"井伯"见于穆王时器"长甶盉"和若干恭王时器,其人是周王左右的主要臣僚,因而判定永盂"应是穆、恭时期彝器"。当时,有一位古文字学家发表考释文章,将永盂考定为恭王时器,认为井伯是恭王时期的人,论证时虽曾提到长甶盉,却忽略了该器铭文的"即井伯大祝射"一语②,读到夏鼐的文章后,对夏鼐如此博通金文,赞叹不已。

(二)汉唐文化研究

早在 20 世纪 40 年代赴西北做考古调查与发掘时,夏鼐已把历史时期的文化遗物与遗迹纳入了研究的视野。据调查所得,夏鼐写过两篇蜚声史学界的考据性文章:《新获之敦煌汉简》与《武威唐代吐谷浑慕容氏墓志》。《新获之敦煌汉简》一文,对 1944 年敦煌两关遗址和烽隧遗迹发掘出土的 30 余支汉简进行考释,在判定玉门关的确切位置的同时,还对玉门关的设置年

---

①　夏鼐:《〈殷周金文集成〉前言》,《考古》1984 年第 4 期,第 359—360 页。

②　王仲殊、王世民:《夏鼐先生的治学之路——纪念夏鼐先生诞生 90 周年》,《考古》2000 年第 3
　　期,第 88 页。

代提出了新看法。①《武威唐代吐谷浑慕容氏墓志》一文,则在考释当地发掘所获慕容曦光两方墓志的基础上,结合早年出土的四方慕容氏墓志,参以《旧唐书》《新唐书》《册府元龟》《通典》《资治通鉴》等文献资料,用年表的形式对吐谷浑晚期历史作了细致的梳理。②

20世纪70年代,随着考古发掘墓葬资料的增多,有关古代墓葬制度的问题引起夏鼐的关注。他以"史为"的笔名先后写了两篇文章:《关于"金缕玉衣"的资料简介》③与《长沙马王堆一号汉墓的棺椁制度》④,探讨了中国古代的"玉衣"制度与棺椁制度。

《关于"金缕玉衣"的资料简介》一文列举了汉代"玉衣"的考古发现,并结合文献记载,对历史上"玉衣"制度进行了考释。夏鼐认为,"玉衣"这种葬服制度,可能在战国末期已有雏形。《吕氏春秋》是战国末年的著作,已有"含珠鳞施"的记载,但当时还没有"玉衣"或"玉匣"的名称,它的形制,也没有汉代的完备。就考古发现而言,1959年在洛阳中州路西段的战国末期的墓葬中,发现有些死者脸上覆以缀玉的面幕,身上穿有缀玉的衣服。这可能就是汉代"玉衣"的前身,也可能便是《吕氏春秋》中所谓的"鳞施"。汉代的皇帝和贵族使用"玉衣"埋葬的重要原因,可能是迷信"玉衣"能够保存尸体不朽。魏文帝曹丕于黄初三年(222)禁止使用"珠襦玉匣",同时,在田野考古中也未发现过魏晋以后的"玉衣"。葬以"玉衣"的制度,可能从汉以后就消失了。这是首次从考古发现、文献记载的双重视角,对"玉衣"制度的考证。

《长沙马王堆一号汉墓的棺椁制度》一文,以马王堆一号汉墓发现的棺椁为切入点,系统梳理了先秦及秦汉时期的棺椁制度。对于《礼记·檀弓上》之中"天子之棺四重",郑玄注"诸公三重,诸侯二重,大夫一重,士不重"的记载,夏鼐认为应改为"天子四重,诸公三重,诸侯三重,大夫一重,士不重"为妥,换言之便是五层、四层、三层、二层、一层,即以内棺作为基数。至于如何区分棺与椁,夏鼐根据马王堆一号汉墓和有关文献记载,对棺、椁进行细致的辨析,认为椁室是厚木材在墓坑中搭成的,内棺和外棺则是预先做成的"有盖的木盒子",可以整体移迁,盛放尸体后套合起来葬入墓中。《马

① 夏鼐:《新获之敦煌汉简》,《考古学论文集》,河北教育出版社2000年版,第169—209页。
② 夏鼐:《武威唐代吐谷浑慕容氏墓志》,《考古学论文集》,河北教育出版社2000年版,第210—252页。
③ 史为(夏鼐):《关于"金缕玉衣"的资料简介》,《考古》1972年第2期,第48—50页。
④ 史为(夏鼐):《长沙马王堆一号汉墓的棺椁制度》,《考古》1973年第6期,第48—52页。

王堆一号汉墓发掘简报》中误将棺椁判断为三棺三椁。夏鼐认为,马王堆一号汉墓应为四层套棺和一个椁室。四层套棺内外髹漆,而椁室所有材料则不加髹饰,彼此区分得非常明确。当时,对棺、椁的认识确实存在混乱,如信阳长台关 M1 和 M2,都是四层套棺,但最初的报道把外面两层棺当成了内椁。夏鼐从考古发掘的实际出发,划分清楚了棺、椁之间的界限,使棺椁制度的探讨前进了一大步。

(三)古代玉器研究

中国古代玉器独树一帜,在宋代已得到金石学家的关注。虽然历史上也出现过《古玉图考》等金石学名著,但因"好古之士,往往详于金石而略于玉,为其无文字可考耶"①的缘故,玉器研究远不及青铜器、陶瓷器等受到重视。即便进入 20 世纪中期,玉器研究仍然没有明显的进展。20 世纪 80 年代后,随着考古出土玉器的增多,尤其是夏鼐有关玉器的几篇文章的发表,情况发生了变化。

80 年代初期,夏鼐连续写了几篇颇具分量的文章:《有关安阳殷墟玉器的几个问题》②《商代玉器的分类、定名和用途》③《汉代的玉器——汉代玉器中传统的延续和变化》④《所谓玉璇玑不会是天文仪器》⑤。夏鼐的这几篇论文对商代和汉代的玉器做了专门的论述,并使玉器研究的方法有了新的突破。

第一,夏鼐注意到,玉器研究进展不大,甚至存在混乱的一个重要原因是对玉的概念认识不统一。所以,他认为研究玉器必须首先明确玉的概念。"玉在今日中国有广、狭二义:广义的仍然是泛指许多美石;……狭义的或比较严格的用法,也是专指软玉和硬玉。考古学中使用的名词,应该要求科学性,所以我认为应采用矿物学的定名。"⑥第二,夏鼐强调,若要正确判定玉器的类别、名称和用途,则不能继续采取吴大澂那样的"诂经"方法,而应采用谨慎、严密的考古学方法,即根据考古发掘所见各种玉器的出土情况,以及它们的形状,结合传世品和文献资料考证其名称、用途,无法判定古名的另取简明易懂的新名,用途不明的可暂时存疑。第三,夏鼐提倡多学科的参

---

① [清]吴大澂:《古玉图考》,《说玉》,上海科技教育出版社 1993 年版,第 616 页。
② 夏鼐:《有关安阳殷墟玉器的几个问题》,《殷墟玉器》,文物出版社 1982 年版,第 1—7 页。
③ 夏鼐:《商代玉器的分类、定名和用途》,《考古》1983 年第 5 期,第 455—467 页。
④ 夏鼐:《汉代的玉器——汉代玉器中传统的延续和变化》,《考古学报》1983 年第 2 期,第 125—145 页。
⑤ 夏鼐:《所谓玉璇玑不会是天文仪器》,《考古学报》1984 年第 4 期,第 403—412 页。
⑥ 夏鼐:《有关安阳殷墟玉器的几个问题》,《殷墟玉器》,文物出版社 1982 年版,第 2 页。

与,尤其是鼓励从矿物学的角度来研究玉器,因为通过科学鉴定玉器的结构和所含元素,便能与地质矿产资料作比较分析,这既有利于判明玉器的质地、玉料的产地,也有利于玉器加工、流通等方面的研究。

此外,夏鼐在《汉代的玉器——汉代玉器中传统的延续和变化》《所谓玉璿玑不会是天文仪器》等文章中,还着重论述了困惑学术界多年的"六瑞""璿玑"以及"肉、好"等问题。关于"六瑞"(璧、琮、圭、璋、琥、璋、璜),他认为,这显然是战国和汉初儒生所演绎的理想化的礼器系统,并不符合历史实际,因为历年发掘上万座先秦、两汉墓葬所出的大量玉器,并没有某种玉色和某种器形的特别组合。而汉儒关于周代葬制中"六瑞"摆放位置的说法,更是出于杜撰。至于存世的汉代"六瑞",只有璧、圭或许带有某些礼仪功能,璜、琥只是作一般的饰物使用,而琮、璋在当时也已是古物,"因为琮、璋在汉代似乎已不制作"①。关于"璿玑",他认为,其造型尽管有些独特,但其实只是玉璧的一种变形,是一种带有某种礼仪和宗教意义的装饰品,而绝不会是天文仪器,不必为其使用方法枉抛心力。他主张根据这种玉器形制的差异,分别命名为"简单三牙璧"和"多齿三牙璧",总称"三牙璧"或简称"牙璧",而将"璿玑"一名放弃不用。② 夏鼐又考虑到,玉器研究中常被引用的《尔雅》所记璧、瑗、环三者的"肉""好"比例,无论怎样解释都与大多数实物不符,建议将这类玉器统称璧环类,或简称为璧,而将其中孔径("好")大于全器二分之一者特称为环,"瑗"字则因原义不明可放弃不用。③ 这样,使古玉研究从礼学家烦琐考证的窠臼中解放出来。

三、中外交通史研究

按通常的认识,考古学与中外交通史似乎关系并不密切,其实不然。夏鼐在《三十年来的中国考古学》一文中,专门谈及中外交通史考古资料时说:"汉唐时代的'丝绸之路'是中国和西方的陆上交通的渠道。这条孔道是汉武帝时张骞通西域后才开始畅通的。这三十年来,在沿途的中国境内的几个重要的中间站,发现过许多自汉至唐代的丝绸,其中以新疆吐鲁番阿斯塔那墓地出土品为最丰富而且精美。这墓地中还出土了大批的北朝至唐代的文书。又在沿途各处,发现了许多波斯萨珊朝银币和东罗马金币。中外交通的另一条渠道是海上航路。这三十年来,我们也发现了造海船的工场和

---

① 夏鼐:《汉代的玉器——汉代玉器中传统的延续和变化》,《考古学报》1983 年第 2 期,第 129 页。
② 夏鼐:《所谓玉璿玑不会是天文仪器》,《考古学报》1984 年第 4 期,第 410 页。
③ 夏鼐:《商代玉器的分类、定名和用途》,《考古》1983 年第 5 期,第 457 页。

海船遗骸。在广州市发现了西汉造船工场,有造船台和木料加工的场地。浙江宁波发现了五代宋初的海船,船上有出口的越窑瓷器。福建泉州发现南宋末年的海船,船中有大量的香料、药材等。我们也注意到从朝鲜、日本、南洋一带一直到非洲东岸的各处所发现的中国外销瓷和中国铜钱,以及最近发现的朝鲜新安海底沉船中的中国瓷器。这些都生动地反映了当时中国和亚非诸国的海上交通和贸易的情况。"①考古发现不仅能为中外通史研究提供难得的资料,而且许多问题只有通过考古学才能解决。利用考古学资料来探讨中外交通史相关问题,正是夏鼐学术研究的一个重要的方面。

从 20 世纪 50 年代到 80 年代,夏鼐对中国出土的波斯、拜占庭、阿拉伯等国家和地区的文物给予了持续的关注,先后写了《中国最近发现的波斯萨珊朝银币》(1957 年)、《青海西宁出土的波斯萨珊朝银币》(1958 年)、《咸阳底张湾隋墓出土的东罗马金币》(1959 年)、《西安土门村唐墓出土的拜占庭式金币》(1961 年)、《作为古代中非交通关系证据的瓷器》(1963 年)、《西安唐墓出土阿拉伯金币》、《我国古代蚕、桑、丝、绸的历史》(1965 年)、《综述中国出土的波斯萨珊朝银币》(1974 年)、《赞皇李希宗墓出土的拜占庭金币》(1977 年)、《近年中国出土的萨珊朝文物》(1978 年)、《扬州拉丁文墓碑和广州威尼斯银币》(1979 年)、《两种文字合璧的泉州也里可温(景教)墓碑》《瑞典所藏的中国外销瓷》(1981 年)等近 20 篇论文。他所进行的研究,既立足于出土文物,又重视相关文献资料,因此有许多创获。

波斯银币在中国时有出土。夏鼐在《综述中国出土的波斯萨珊朝银币》②一文中,对当时已经出土的波斯萨珊朝银币做了系统的研究。据夏鼐统计,出土萨珊朝银币一共有 33 批,总计达 1174 枚。各地出土数量是:新疆乌恰 947 枚,新疆吐鲁番 63 枚,新疆库车 1 枚,青海西宁 76 枚,陕西西安(包括长安)12 枚,陕西耀县 3 枚,河南陕县 2 枚,河南洛阳 16 枚,山西太原 1 枚,河北定县 41 枚。此外,还有二处远在广东省的英德和曲江,分别出土 3 枚和 9 枚(皆剪半边),可能是沿着广州和波斯湾之间的海上航线而来的。由此,夏鼐认为"在中国境内这些萨珊银币大部分出土于'丝绸之路'沿线。第五世纪末至第八世纪时候,'丝绸之路'的东端终点,应该是河南洛阳,因为当时洛阳是中国的首都或陪都"。这些银币的铸造年代与地点,夏鼐认为它们分别铸造于萨珊王朝中期和后期的 12 个国王在位期间,从沙卜尔二世

---

① 夏鼐:《三十年来的中国考古学》,《考古》1979 年第 5 期,第 391—392 页。
② 夏鼐:《综述中国出土的波斯萨珊朝银币》,《考古学报》1974 年第 1 期,第 91—110 页。

(310—379)到最后的伊斯提泽德三世(632—651),延续约 350 年。其中半数属库思老二世式的阿拉伯—萨珊银币。铸造地点明确的,几乎都在萨珊帝国的中部和东部。夏鼐进一步指出,这些银币的发现反映了萨珊帝国的权力起落和经济兴衰,也反映了它作为中国和东罗马(拜占庭)之间的贸易中间站的历史地位与发展情况,并且恰好能同中国史书的有关记载相互印证。特别是根据青海西宁的发现,他引证《法显传》《宋云行记》和《高僧传》等书,得出从公元 4 世纪末到 7 世纪初,即东晋南北朝时期,中西交通路线除甘肃河西走廊一线外,西宁也在重要的孔道上的重要结论。他说:"'丝绸之路'在中国境内的路线,从前我们一般认为是由兰州经过河西走廊而进入今日新疆的。最近由于青海西宁发现了一批 76 枚卑路斯银币,我们仔细地研究这一发现,再查考中国史书上的记载,认为由第四世纪末至第七世纪初,西宁是在中西交通的孔道上的。这条比较稍南的交通路线,它的重要性有一时期(第五世纪)可能不下于河西走廊。"①这无疑是一重要发现。在夏鼐提出此说以前,中西交通史研究者对这条路线及西宁在"丝绸之路"上的地位,并未引起足够关注。

　　夏鼐根据一些地方发现的萨珊式金银器和织锦,深入讨论了波斯产品在中国的流通及其产生的深刻影响。在《近年中国出土的萨珊朝文物》②一文中,夏鼐除了继续关注出土的萨珊银币外,还对萨珊式金银器、织锦以及婆罗钵文铭刻做了介绍与独到的分析。他说:"萨珊朝的工艺品中,以金银器和纺织品为最突出。中国在汉朝及汉以前(即公元三世纪以前),便有精美的青铜器和丝织品,当时举世罕匹,但是金银容器却很少见,只有到了唐代才开始发达。这种发展可能是受到了萨珊朝金银器工艺的影响。"他认为,在唐朝以前,萨珊朝金银器已输入中国,唐朝初期输入更多,并有中国的金银匠人模仿制作,可能也有波斯匠人在中国制作的。萨珊帝国覆灭以后,直到安史之乱,仍有这种风格金银器的输入或仿制。中国制造的仿制品,一般器形和波斯所制大致相同,但花纹常是唐代的中国风格。"中国手工艺人不仅在金银制造的容器模仿萨珊朝式的,并且在瓷器、漆器和铜器中,也有模仿萨珊式的。可见当时中国人民对于萨珊朝艺术品的喜爱。"夏鼐又指出,"丝绸是'丝绸之路'开辟以后中国的主要输出品。汉代(公元前一世纪初至公元三世纪)的丝绸曾在中亚和西亚发现过。到了萨珊朝时候,伊朗人

①　夏鼐:《综述中国出土的波斯萨珊朝银币》,《考古学报》1974 年第 1 期,第 94 页。
②　夏鼐:《近年中国出土的萨珊朝文物》,《考古》1978 年第 2 期,第 111—116 页。

从叙利亚迁来纺织工人,开始制造丝绸,后来也能织锦,并且倒流输入中国。中国人称之为'波斯锦'。"他认为,古代丝绸的织造技术有两种不同的传统,中国汉锦是经线起花的重组织,西亚和中亚的织锦则采取纬线起花的方法织成。新疆发现的资料表明,中国丝绸的织造技术和花纹图案,经过魏晋南北朝到唐代,因西亚的影响发生很大的变化,6世纪时有一种可能为外销而生产的萨珊式花纹织锦,后来中国织锦的织法也改用纬线起花。夏鼐在伊朗德黑兰召开的第六届伊朗考古年会上说:"所以有些中国仿制的萨珊织锦,仅就照片上观察,很难加以区别。这是两国文化交流、互相取长补短所取得的成果的一个例子。"①

对北朝和隋唐墓葬中发现的东罗马和阿拉伯的金币,夏鼐也都进行过考释、研究。夏鼐认为,河北赞皇东魏李希宗墓所出三枚金币,属狄奥多西斯二世(408—450)和查斯丁一世(518—527)在位时期;②陕西西安土门唐墓一枚金币,则为公元635年阿拉伯人开始占领拜占庭部分地区后的仿制希拉克略式;③而陕西西安窑头村唐墓出土的三枚阿拉伯金币,为公元702年阿拉伯首都大马士革的铸品,是中国第一次发现的奥梅雅王朝(白衣大食)时期的金币,也是中国发现的年代最早的伊斯兰铸币。④ 根据这些出土金币,夏鼐在文章中还分别讨论了中国和拜占庭、阿拉伯之间的友好往来及相关问题。"我们可以说,拜占庭和中世纪的中国有过接触。拜占庭金币经历了相当于地球圆周的整整四分之一的里程的旅途,传到中国。在拜占庭的遗址中,想必也会发现一些中国的文物。"⑤

对于东西交通的海上航路问题,夏鼐同样十分注意。他除在上述相关文章中提到南京东晋王氏墓出土印度所产"金刚指环"、广东英德和曲江的南朝墓出土波斯银币等早期物证外,又撰专文《两种文字合璧的泉州也里可温(景教)墓碑》和《扬州拉丁文墓碑和广州威尼斯银币》分别讨论了泉州两种文字(汉文、叙利亚字母突厥文)合璧的元代也里可温(景教)墓碑、扬州拉丁文元代天主教徒墓碑及广州明墓出土的威尼斯银币。对于泉州也里可温(景教)墓碑,夏鼐认为其重要性在于:"宗教史方面,它的发现表示公元十四世纪初泉州一带江南各地有过很多的景教徒,以致需要设置一位管理诸路

① 夏鼐:《近年中国出土的萨珊朝文物》,《考古》1978年第2期,第115页。
② 夏鼐:《赞皇李希宗墓出土的拜占庭金币》,《考古》1977年第6期,第403—406页。
③ 夏鼐:《西安土门村唐墓出土的拜占庭式金币》,《考古》1961年第8期,第446—447页。
④ 夏鼐:《西安唐墓出土阿拉伯金币》,《考古》1965年第8期,第420—423页。
⑤ 夏鼐、丁钟华:《中世纪的中国和拜占庭的关系》,《世界历史》1980年第4期,第4页。

明教、秦教（景教）等的教长。这墓碑虽然不采用叙利亚语文（即景教官方语），但仍用叙利亚字母来拼写突厥语，可见景教在这里影响之大，并且这位教长（主教）本人便是一位突厥族（汪古部）人；在语言学方面，这墓碑的发现说明当时这种文字不仅流行于中亚七河地区和内蒙古旧汪古部地区，并且还被远宦泉州的汪古部人带到江南的一些地方来。并且表示东突厥与西突厥语，已稍有分化。"①而在《扬州拉丁文墓碑和广州威尼斯银币》一文中，夏鼐总结说："这枚威尼斯银币的发现，结合前面所说的二块扬州拉丁文墓碑，可以看到 14—15 世纪时中国和意大利两国间在经济、宗教和文化各方面的关系。"②

夏鼐还较早地研讨中国古外销瓷问题，他曾于 1963 年撰写《作为古代中非交通关系证据的瓷器》③一文，介绍东非各地发现的中国宋元以至明清瓷片，特别提到他本人于 1938 年至 1939 年两度前往埃及福斯特遗址调查，亲手采集到当地仿制的青瓷和青花瓷残片，说明中国人民和非洲人民之间悠久的历史友谊。后来，他又根据在瑞典看到的一大批 18 世纪中国烧制的"洋瓷"，撰写《瑞典所藏的中国外销瓷》④一文，讨论中国瓷器在当时采用西方的珐琅彩和"泰西画法"的情况。

夏鼐的《真腊风土记校注》一书，是对元代周达观这位温州同乡根据其亲身经历记载柬埔寨吴哥时代真实情况的名著，所进行的全面校勘和缜密注释，是夏鼐对中外交通史研究的又一重大贡献。《真腊风土记》是同时代人对吴哥文化极盛时代柬埔寨的唯一记载，为国内外学术界所重视。夏鼐以数十年的积累，收集十多种刊本、抄本，以及中外学者的有关论著，博采众说，择善而从，使之成为目前最好的、可信赖的一种本子。从《真腊风土记校注》可以窥见，夏鼐在文献考据方面确实有令人叹服的功力。

四、中国科技史研究

中国古代科学技术史的考古研究，是夏鼐极为重视的一个方面。夏鼐在《三十年来的中国考古学》一文中说："利用考古资料作中国古代科技史的研究工作，这三十年间也有了进展。从前几乎专靠文献资料来做这方面的研究，现在我们认识到考古资料的重要性。它的重要性有时超过文献资料。

---

① 夏鼐：《两种文字合璧的泉州也里可温（景教）墓碑》，《考古》1981 年第 1 期，第 62 页。
② 夏鼐：《扬州拉丁文墓碑和广州威尼斯银币》，《考古》1979 年第 6 期，第 537 页。
③ 夏鼐：《作为古代中非交通关系证据的瓷器》，《文物》1963 年第 1 期，第 17—19 页。
④ 夏鼐：《瑞典所藏的中国外销瓷》，《文物》1981 年第 5 期，第 6—10 页。

如果将'科学技术史'的'史'字作狭义解释,专指文献记载方面的研究,那么应该另外有一门'科学技术考古学',利用考古资料来做研究。这三十年来,在冶金(主要是铜和铁)、纺织(主要是丝织品)和陶瓷三个方面,收获最大。但是其他方面如农学、医药、天文历法、地理舆图、工艺(玉器、漆器等的制作)各方面的科技史研究,考古学都提供了许多珍贵的资料。"①为"科学技术考古学",夏鼐花费了很大的精力,在做出许多开拓性贡献的同时,也带动了中国考古学界对科学技术史的关注。夏鼐在《中国考古学和中国科技史》一文中曾这样写道:

> 席文教授(N. Sivin)在他所主编的《中国科学》(*Chinese Science*)1980 年 4 期中,在我的一篇文章前面的编者按语中说:Hsia's interest in technical history was largely responsible for the attention paid to it in China by archaeologists, and for the willingness of archaeologists and historians to collaborate in study of artifacts, I know of no precedent anywhere for the extent to which these trends developed. 他把中国大陆上的中国考古学家和中国科技史专家之间对于古代文物研究方面的密切合作和中国考古学家特别重视中国古物的技术史方面研究,都归因于我的对于技术史感兴趣。这未免过分夸奖了,使我受之有愧。②

在此,夏鼐显然是过谦了。20 世纪 50 年代初期,他就根据自己亲手发掘的河南辉县战国车马坑和湖南长沙汉代车船模型,进行古代交通工具的复原研究。60 年代起,他又创造性地利用考古学的资料,运用考古学的方法,深入探讨天文、纺织、冶金和其他方面的中国古代科学技术,取得了许多成就,并带动了考古学与科技史的联姻。

(一)中国古代天文学史研究

在中国天文学史方面,夏鼐主要是对几幅有代表性的古代星图进行了研究。中国古代星图十分丰富,且略显繁杂。夏鼐首先对古代星图作了简明的分类:"我国古代的星图有两类:一类是天文学家所用的星图,它是根据恒星观测绘出天空中各星座的位置。一般绘制得比较准确,所反映的天象

---

① 夏鼐:《三十年来的中国考古学》,《考古》1979 年第 5 期,第 392 页。

② 夏鼐:《中国考古学和中国科技史》,《考古》1984 年第 5 期,第 427 页。

也比较完整。它和现代天文学上的星图性质相同,只是由于没有望远镜的帮助,星数和星座数较少而已。例如文献记载中所提到的战国时甘、石、巫三家星图,三国时陈卓所编的星图,以及现存的唐代敦煌星图,宋代苏颂《新仪象法要》中的星图和苏州石刻天文图。另一类是为了宗教目的而作象征天空的星图和为了装饰用的个别星座的星图。后者如汉画像石上的织女图等,前者如唐、宋墓中二十八宿图。"①上述两类星图的研究,夏鼐均有涉及。夏鼐做过详细考察的有:前一类星图中为现存年代最早的唐代敦煌星图;后一类星图为中国已发现的年代最早的洛阳西汉壁画墓星象图、最早表现黄道十二宫的宣化辽墓星图。

　洛阳西汉壁画墓星象图,1957 年发现于河南洛阳市西北角城外的一座西汉壁画墓中。星象图发现以后,有人对比现代星图提出过解释,认为所画内容为 12 个星座。并以月为界,月以前的六幅,可能象征白昼;月以后六幅,象征夜晚;共十二幅可能象征十二时辰。为此,夏鼐写了《洛阳西汉壁画墓中的星象图》②一文。在夏鼐看来,这样的解释有点牵强,认为"我们这星象图,决不会是在一幅西洋的星图上乱选出几个星座作为点缀,也不会只是在我国古代的星图任意选拣几个星座,漫无目的"。对此,夏鼐的讨论便从辨明正确的研究方法入手,指出这星图的内容,并不是比较全面地表现北天的星图,仅仅是选用少数几个星座,因而只能用中国古代星座对照,不应该用西洋星座对照;这星象图是西汉末年的,应该以《史记·天官书》作为主要的对比材料,而以《晋书·天文志》所载作为补充;但比较不能漫无边际,首先应该注意的是北天亮星的几个星座和天球赤道附近的二十八宿,它们可能是古人绘制星象图时用以选择的主要对象。经过考释、比较,夏鼐最后确认,这幅星象图既不是以 12 个星座来表示十二次,更不是象征十二辰,而是一幅从汉代天官家所区分的"五宫"中每"宫"选取几个星座用以代表天体的星图。

　河北宣化辽墓星图,1974 年发现于张家口市宣化区下八里村的一座辽代仿木结构的砖墓中。夏鼐对宣化辽墓星图的研究,重点不在星图的本身,而是二十八宿的起源问题。他根据辽墓壁画中的二十八宿和黄道十二宫图像,结合大量文献资料,进一步论证了中国古代天文学体系的特点。得出的结论是:"(1)二十八宿的巴比伦起源论是没有根据的。中、印二国的二十八

---

① 夏鼐:《从宣化辽墓的星图论二十八宿和黄道十二宫》,《考古学报》1976 年第 2 期,第 55 页。
② 夏鼐:《洛阳西汉壁画墓中的星象图》,《考古》1965 年第 2 期,第 80—90 页。

宿是同源的,而中国起源论比较印度起源论具有更为充分的理由。(2)二十八宿体系在中国创立的年代,就文献记载而言,最早是战国中期(公元前四世纪);但可以根据天文现象推算到公元前八至六世纪(620±100BC)。虽然可能创始更早,但是公元前四世纪以前的文献中只有个别的星宿名称,文献本身未足以证明这些星宿是已成体系的二十八宿的组成部分。(3)黄道十二宫体系,起源于巴比伦,完成于希腊,由希腊传入印度。后来这体系随着佛教传入中国,最早见于隋代所译的佛经中。十二宫图形的输入也可以早到唐代。但是在明代末年近代西洋天文学输入以前,这体系在中国始终未受重视,未能取代二十八宿和十二星次。"①关于二十八宿的起源问题有不少学者做过专题研究,众说纷纭。夏鼐的这一意见,至今仍是一种较为稳妥的提法。

夏鼐在《另一件敦煌星图写本——敦煌星图乙本》②一文中,对敦煌写本中的两件唐代星图做了研究。为了研究方便,他将现存英国不列颠图书馆的一件称为甲本,将现存敦煌文化馆的一件残卷称为乙本。夏鼐所进行的探讨,首先把甲、乙二本的紫微宫图各星官列成一表进行比较,发现两种星图的内容与《丹元子步天歌》所述最为相近,而与《晋书》《隋书》二史《天文志》的记述差异较多,但都属于一个系统。继而又就两本之间的差异互相对比,发现乙本的原来蓝本在星官数和星数方面,实稍胜于甲本的原本,但仍是一个系统的两个不同本子;至于两本中各星官的形状和位置,一般而论,都绘制得不很正确,却又没有很大的错误。夏鼐又将甲、乙二本的抄写年代和《步天歌》的撰写年代一并讨论,认为《步天歌》的撰述时代不可能早于李淳风(602—670)活动的时代,歌辞和诠释的作者应该都是唐开元年间道号丹元子的王希明。进而推测敦煌星图的原本应是根据《步天歌图》,它不会比《步天歌》的撰写年代(唐开元时即公元 8 世纪前半)更早,而其转抄的年代更晚,甲本在开元天宝,乙本在晚唐五代。这比英国李约瑟将甲本的年代定为后晋天福年间,提早了 200 年。乙本则是第一次进行如此缜密的研究。

(二)中国古代纺织史研究

中国古代纺织向来发达。虽然有机质的纺织品不易保存,但考古中仍时有发现。早在 20 世纪 20 年代,西方学者即已对新疆出土汉代丝织品进

---

① 夏鼐:《从宣化辽墓的星图论二十八宿和黄道十二宫》,《考古学报》1976 年第 2 期,第 56 页。

② 夏鼐:《另一件敦煌星图写本——敦煌星图乙本》,《中国科技史探索》,上海古籍出版社 1982 年版。第 151—162 页;又见夏鼐《考古学论文集》,河北教育出版社 2000 年版,第 738—754 页。

行研究。夏鼐则是中国学术界根据考古资料进行纺织史研究的先驱。1963年,夏鼐发表 4 万余字的《新疆新发现的古代丝织品——绮、锦和刺绣》①一文。文章参考了当时国外发表的几乎全部丝绸史考古论著,引用了国内较早出版的现代丝绸组织教材,对新疆发现的古代丝织品做了详细的组织分析和织法研究,并附带讨论汉唐时期的中西交通史问题。这一研究成果,不但使中国在这一研究领域与国际接轨,而且也为中国学者开创了可供学习参考的学术范式。1972 年,夏鼐又发表《我国古代蚕、桑、丝、绸的历史》②一文,系统论述中国汉代和汉代以前养蚕、植桑、缫丝和织绸方面的发展情况,并对汉代织机进行新的复原研究。

　　夏鼐认为,发明蚕丝生产技术的确切年代,目前虽然还无法确定,但中国在上古时期是唯一掌握这种技术的国家,至迟在殷商时代已经充分利用蚕丝的优点,改进了织机,发明了提花装置,能够织成精美的丝绸,遗存实物有普通平纹、畦纹和文绮三种织法。他注意到,中国当时除使用竖机之外,还使用平放或斜卧的织机,这便和古代希腊、罗马等国家专门使用竖机不同,有可能改进到使用吊综提花和脚踏。东周时期已有织锦,更需要使用一种有提花设备的平放织锦机。夏鼐又指出,中国的丝织生产发展到汉代至少已有 1000 多年历史,达到了一个高峰,五彩缤纷的汉锦代表汉代织物的最高水平,一般是使用二色或三色的组织法,如果需要四色或四色以上,便需要采用分区的方法,在同一区内一般都在四色以下。至于汉代的织机,夏鼐根据实践经验,认真分析,指出有些学者所复原的织机"是不能工作的"。遂以江苏铜山洪楼画像石中的织机图为主要依据,经多次讨论、反复试验和修改,重新做出比较合理的复原方案。他指出,汉代画像石上的织机都是简单的织机,但根据出土的锦、绮、文罗等实物,可以推测汉代已有提花机。当时,他从织物花纹单元的高度和纬线的密度考虑,认为有时需要提花综四五十片之多,推测汉代的织机已有提花设备,可能是"提花线束",而不是长方架子的"综框"。③

　　后来,夏鼐对自己这一影响甚广的看法有较大的修正。1983 年,他在日本的讲演中说:"最近我研究了马王堆汉墓的丝织物之后,我同意柏恩汉(Burhan)的意见,汉代提花织物可能是在普通织机上使用挑花棒织成花纹的。真正的提花机的出现可能稍晚。欧洲方面最早使用提花机的时间,各

① 　夏鼐:《新疆新发现的古代丝织品——绮、锦和刺绣》,《考古学报》1963 年第 1 期,第 45—76 页。
② 　夏鼐:《我国古代蚕、桑、丝、绸的历史》,《考古》1972 年第 2 期,第 12—27 页。
③ 　夏鼐:《我国古代蚕、桑、丝、绸的历史》,《考古》1972 年第 2 期,第 24 页。

家的意见不一致。有人认为始于六世纪,有人以为七世纪或更晚。但是也有人以为早在第三世纪时,波斯、拜占庭、叙利亚和埃及各国便已使用一种简单的提花机,而真正的提花机要到十二世纪才出现。他们对于提花机何时在欧洲开始使用,说法虽然不一致,但是都认为要较中国为晚,并且认为可能受了中国的影响。"①柏恩汉是加拿大皇家安大略博物馆的纺织史专家,曾在《国际纺织史研究中心通报》发表了这一论点,并广为西方学者接受,却鲜为中国学者认同。其中一个重要原因,是中国纺织史研究中有不容忽略的大量古代文献记载,其中有反证,即汉代王逸所作《机妇赋》。孙毓棠在 1963 年即指出该赋所描述的是提花机。西方学者研究的基本点也是考古发现的实物,分析的理论是现代纺织学,而对涉及音韵训诂之类的中国传统旧学不得要领。不过夏鼐极具传统史学素养,原来也是同意孙毓棠之说,可惜在其最后的论著里他没有详说转从柏恩汉之说得具体理由。有学者认为,这正是两种不同学术方法,即传统中学与现代西学的矛盾在纺织史考古研究中结合的一个例证。② 但从治学的过程来看,这也是夏鼐治学严谨的一种表现。

(三)中国古代冶金史研究

夏鼐在中国冶金史研究方面,也有相当重要的贡献。他撰写过《晋周处墓出土的金属带饰的重新鉴定》(1972 年)、《〈河北藁城台西村的商代遗址〉读后记》(1973 年)、《湖北铜绿山古铜矿》(1982 年)等文章,文中不仅提出了一些重要观点,其严谨、审慎的学术作风与态度也得到充分的体现。

1953 年,江苏宜兴晋代周处墓中发现较为完整的 17 件金属带饰及碎片,发掘者请南京大学化学系、中国科学院物理研究所鉴定这些碎片,分析结果为铝。由于炼铝是 19 世纪发明电解法后才被人们掌握的一种新技术,这一发现迅速引起国内外的广泛注意。但是,后来有人对另一些碎片再作分析时,却发现是银制品。"这样一来,这问题便难于做结论了,问题的关键所在是我们所分析的样品都是小块碎片,其中有银基合金,也有铝基合金(更精确地说,是'含杂质较多的纯铝'),而全部十七件较为完整的金属带饰,都没有经过分析以确定其质料。"为了澄清事实的真相,夏鼐请人采取几种不同的方法,对现存的全部带饰重新鉴定,检验结果非常一致,其材质都是银,而不是铝。据此,夏鼐说:"总之,据说是晋墓中发现的小块铝片,它是

① 夏鼐:《中国文明的起源》,文物出版社 1985 年版,第 55 页。
② 梁加农:《夏鼐的丝绸史考古研究》,《考古》2000 年第 4 期,第 93—94 页。

有后世混入物的重大嫌疑,决不能作为晋代已有金属铝的物证。今后我们最好不要再引用它作为晋代已知冶炼金属铝的证据。"①

1972 年,河北藁城台西遗址铁刃铜钺的出土,是中国考古学上的一项重要发现,表明中国先民早在公元前 14 世纪已经认识了铁,因而得到夏鼐的高度重视。开始进行的技术鉴定,以为铁刃属古代熟铁。夏鼐考虑到人类在发明炼铁以前有时利用陨铁制器,而初步鉴定结果中铁刃的含镍量又高于一般冶炼的熟铁,当即表示鉴定并未排除这铁是陨铁的可能,还不能确定其为古代冶炼的熟铁,需要进一步分析研究。后经多种现代手段的鉴定分析,结果证明藁城铜钺的铁刃不是人工冶炼的熟铁,而是用陨铁锻成的。②

夏鼐还根据湖北大冶铜绿山古铜矿遗址进行发掘的资料,讨论这处古代铜矿由竖井→横巷→盲井掘取矿石的过程,以及为采掘矿石而在提升、排水、通风等方面采取的相应措施,推想当年矿工利用发掘中见到的那些采矿工具进行采掘工作的情况,并且亲自设计了提升用木辘轳的复原方案。此外,还对炼铜竖炉做了模拟实验。他还指出,田野考古学的引入,使中国青铜器的研究提高到一个新的水平。今天,我们不仅研究青铜器本身的来源(出土地点),还要研究它们的原料来源。对古铜矿进行调查、发掘和研究,这是中国青铜器研究的一个新领域,也是中国考古学新开辟的一个重要领域。最后,夏鼐总结说:"铜绿山古铜矿的发现和发掘,对了解我国古代的社会生产,尤其是青铜业的生产具有重要意义。它证实了我国商周时代青铜器铸造业与采矿、冶炼业是分地进行的,并在采矿、冶炼和铸造业之间,甚至它们的内部都已有了分工。从铜绿山古铜矿获得的丰富资料,还说明东周时期的楚国在铜矿的开采和冶炼方面都已达到较高的水平,从而对于像曾侯乙墓出土的青铜器具,总重最达到十吨之多的惊人数字也就有了更深的理解。"③

(四)其他方面研究

1977 年,夏鼐还写了《考古学和科技史——最近我国有关科技史的考古新发现》④一文,对中国考古工作中有关科技史的新发现,归纳为天文和

---

① 夏鼐:《晋周处墓出土的金属带饰的重新鉴定》,《考古》1972 年第 4 期,第 39 页。
② 李众:《关于藁城商代铜钺铁刃的分析》,《考古学报》1976 年第 2 期,第 17—34 页。
③ 夏鼐、殷玮璋:《湖北铜绿山古铜矿》,《考古学报》1982 年第 1 期,第 12 页。
④ 夏鼐:《考古学和科技史——最近我国有关科技史的考古新发现》,《考古》1977 年第 2 期,第 81—91 页。

历法、数学和度量衡、地学、水利工程和交通工具、纺织、陶瓷和冶金、医学和药物学、农业科学等专题,进行全面的介绍。夏鼐所归纳的方面,其本人涉猎了其中的大部分领域。除了上述的天文、纺织、冶金之外,在数学、化学、农学、建筑等方面亦均有专文。

例如,《元安西王府址和阿拉伯数码幻方》①一文,讨论了中国引进阿拉伯幻方和数码字的经过,属数学史问题;《我国出土的蚀花的肉红石髓珠》②一文,讨论石串珠蚀花技术及其年代和地理分布,属化学史问题;《略谈番薯和薯蓣》③一文,考证了番薯与甘薯的不同,所论则属农学史的问题;《梦溪笔谈中的喻皓木经》④一文,对中国古代建筑史上的一部重要技术著作,进行整理和校释,则属建筑史的内容。

在中国陶瓷史方面,夏鼐虽没有发表过专题论文,但一直关心着陶瓷史研究的进展。20世纪50年代,他曾在《考古》杂志上对周仁等所著的《景德镇瓷器的研究》作了特别的介绍。他说:"作为一个社会科学工作者,我们所最感兴趣的,不是作为古董来玩赏的古瓷,而是制造这些古瓷的陶业工人。我们所以要分析和鉴定古代陶瓷的原料的成分、成品的物理性能和制造技术,只是因为它们是陶瓷工人的技术知识和手艺技巧的表现。此外,古代陶瓷工业还有另一方面,便是当时的审美观念。这便须要研究古瓷的器形和花纹。……如果忽视了这一方面,仍不能算是对于古瓷的全面研究。"⑤后来,正是在夏鼐的约请下,周仁和他的几位助手开始对古代陶瓷标本进行大量的分析鉴定工作。

夏鼐重视科技史研究与其个人的兴趣有关,但更与他很早便认识到考古材料能解决科技史问题,可充实科技史内容相关联。正如夏鼐在《考古学和科技史——最近我国有关科技史的考古新发现》中所说:"我们考古工作者在考古调查和发掘中时常发现有关科技史的实物资料。对于这些资料的深入研究,过去已取得了一定的成绩。今后将会有更多的发现,进一步解决科技史上的问题,充实科技史的内容,为科技史添新篇章。"⑥

① 夏鼐:《元安西王府址和阿拉伯数码幻方》,《考古》1960年第5期,第24—26页。
② 夏鼐:《我国出土的蚀花的肉红石髓珠》,《考古》1974年第6期,第382—385页。
③ 夏鼐:《略谈番薯和薯蓣》,《文物》1961年第8期,第58—59页。
④ 夏鼐:《梦溪笔谈中的喻皓木经》,《考古》1982年第1期,第74—78页。
⑤ 夏鼐:《介绍周仁等著〈景德镇瓷器的研究〉》,《考古》1959年第6期,第320—321页。
⑥ 夏鼐:《考古学和科技史——最近我国有关科技史的考古新发现》,《考古》1977年第2期,第89页。

第三节　20 世纪中国考古学进展的认识与反思

从考古学史的角度关注中国的考古学可追溯到 20 世纪 20 年代,但对中国近代考古学的总结与反思则要到 20 世纪 70 年代以后。前者以王国维于 1925 年撰写的《最近二三十年中中国新发见之学问》为发端,后者以夏鼐在 1979 年发表的《五四运动和中国近代考古学的兴起》为起始。

一、王国维、梁启超对考古学的认识与期望

人们对考古学的认识是随着考古学的发展而逐渐深入的,而考古学的每一次进展都会给人们带来新的期待。王国维的《最近二三十年中中国新发见之学问》(1925 年)、梁启超的《中国考古学之过去及将来》(1926 年)以及傅斯年的《考古学的新方法》(1929 年)、陈寅恪的《陈垣敦煌劫余录序》(1930 年)等,代表了国人对刚刚兴起的近代考古学的认识以及对中国考古学将来的期待。

《最近二三十年中中国新发见之学问》一文,是王国维在清华大学的学术演讲稿。文中,王国维简要回顾了近 30 年来的地下新发现,重点阐述了这些"新发现"对于"新学问"的意义与责任。他说"古来新学问起,大都由于新发见",认为自汉代以来,中国学问上之最大发现有三:一是孔子壁中书,二是汲冢书,三是今之殷墟甲骨文字、敦煌塞上及西域各处之汉晋木简、敦煌千佛洞之六朝及唐人写本书卷、内阁大库之元明以来书籍档册。且认为最末四者之一,已足当孔壁、汲冢所出。王国维谈新发现及其意义,可谓高屋建瓴。因为他本人就是以殷墟甲骨文字、敦煌塞上及西域各地之简牍、敦煌千佛洞之六朝唐人所书卷轴等作为研究对象,并做出重大学术贡献的实践者。也正是这种实践,使王国维感觉到,地下出土的实物资料是一个已经开启,且即将打开更多大门的学术宝库,因此需要更多学人的参与和努力。对此,王国维在文章最后这样说:"此外近三十年中,中国古金石、古器物之发见,殆无岁无之。其于学术上之关系,亦未必让于上五项。然以零星分散,故不能一一缕举。惟此五者分量最多,又为近三十年中特有之发见,故比而述之。然此等发见物,合世界学者之全力研究之,其所阐发,尚未及其

半,况后此之发见,亦正自无穷,此不能不有待少年之努力也。"①一句"此不能不有待少年之努力也",既包含了对后来者的殷殷嘱托,也体现了对中国近代考古学的深深期盼。

《中国考古学之过去及将来》一文,是1926年梁启超为欢迎万国考古学会会长、瑞典皇太子访问中国而撰写的演讲稿。梁启超的开场白是:"我不是考古学的专门学者,实在不配讲这个题目,但是因为万国考古学会会长、瑞典皇太子殿下光临敝国,同人为表敬意起见,嘱我把中国考古学之过去及将来稍为讲讲,表示欢迎之意。"这既体现了梁启超的谦虚,也道出了实情。此时,近代考古学在中国刚刚起步,中国学术界对于近代考古学知之甚少。事实上,梁启超演讲的重点,是古代的金石学。他先列举了宋代几位闻名的金石学家及其著作,如欧阳修的《集古录》、赵明诚的《金石录》、薛尚功的《历代钟鼎彝器款识法帖》、吕大临的《考古图》等,然后重点介绍了清代金石学的研究成就。他把清代金石学分成石、金、陶、骨甲及其他四类,分别概述了每一类的研究内容与研究成果。最后,梁启超畅谈了"中国考古学的将来"。他极具预见性地指出,今后考古学的发展方向,第一是重视发掘,而且要"做有意识的发掘";第二是重视方法,希望将来"全国高等教育机关要设考古专科,把欧人所用方法尽量采纳"。如果能做到这两点,那么"以中国地方这样大,历史这样久,蕴藏的古物这样丰富,努力往下做去,一定能于全世界的考古学上,占极高的位置"②。与王国维一样,梁启超对中国考古学的未来充满了期望,但梁启超认为中国考古学一定能在世界学术之林"占极高的位置",显然要比王国维自信得多。这并不奇怪,这一年梁思永正在美国哈佛大学攻读由梁启超协助选定的考古学与人类学。

此外,发表于1929年的《考古学的新方法》和1930年的《陈垣敦煌劫余录序》也是两篇对中国考古学充满期待的文章。

《考古学的新方法》是傅斯年从史学方法的视角谈论考古学的一篇演讲稿。他认为"考古学是史学的一部分","考古学在史学当中是一个独特的部分"。虽然"我国自宋以来,就有考古学的事情发生",但是"我们中国考古学家,还是用旧法整理,已有这样的发展和成绩。若用新方法去考察,所得当不止于此"。那么,新、旧方法的不同主要体现在什么地方呢? 傅斯年说:"中国人考古的旧方法,都是用文字作基本,就一物一物的研究。文字以外,

---

① 王国维:《最近二三十年中中国新发见之学问》,《王国维遗书》第5册,上海古籍书店1983年版,第69页。
② 梁启超:《中国考古学之过去及将来》,《中国历史研究法补编》,中华书局2010年版,第244页。

所得的非常之少。外国人以世界文化眼光去观察，以人类文化做标准，故能得整个的文化意义。"①傅斯年进一步指出，考古学离不开人类学和民族学，要注意人体测量，根据比较的方法来推测当时人类的身高及其变化。研究年代学有比较和绝对的两种方法，用来推定发掘物的年代。他并以安阳殷墟发掘为例，着重谈了地层学方法在考古学中的作用。傅斯年所讲的考古学新方法，并不是传统金石学家所推崇的文字训诂、名物考订，而是西方考古学中使用的地层学、年代学、人类学、民族学等新方法。这既是傅斯年对中国考古学的期待，也在总体上为中国考古学的发展指明了方向。

《陈垣敦煌劫余录序》是陈寅恪为陈垣依据京师图书馆所藏经卷编著的《敦煌劫余录》所写的序言，开篇便是："一时代之学术，必有其新材料与新问题。取用此材料，以研求问题，则为此时代学术之新潮流。治学之士，得预于此潮流者，谓之预流（借用佛教初果之名）。其未得预者，谓之未入流。此古今学术史之通义，非彼闭门造车之徒所能同喻者也。"②谈及学术，陈寅恪与王国维可谓异曲同工。不过，陈寅恪注意到，敦煌学虽然已成世界学术之新潮流，但敦煌文书的发现与研究主要为外国人所为，且大多文书已被盗运至国外。所以，他接着便说，"敦煌者，吾国学术之伤心史也"。此文虽谈的只是敦煌学，但其中所体现的现代学术意识和所引发的民族感情，对加深人们对出土材料的价值和考古学作用的认识，无疑具有促进作用。

二、李济、夏鼐对考古学的总结与反思

王国维、梁启超的期盼，很快由李济、梁思永等付诸实践，并通过安阳殷墟的发掘，为中国近代考古学赢得了一定的学术地位。

1934年，李济写了《中国考古学之过去与将来》一文。此时，距安阳殷墟的首次考古发掘已过去6年。李济在文中写道，一位曾为教师的朋友说，在20年代，他在中学课堂上，弃"三皇五帝"而不谈，只讲"石器时代"，遭到了学生们的"大笑"，而10年后的今天，连乡下的小学生都已经知道"石器时代"这个名词了。对此，李济颇感欣慰。确实，经过1921年河南渑池仰韶村彩陶文化的发现，1927年北京周口店北京直立人遗址的发掘，1928年大规模发掘安阳殷墟的序幕开启，1930年山东历城城子崖黑陶文化遗址的发掘等，考古学及其成果开始改变史学界对上古史的认识。李济解释说："近十

① 傅斯年：《考古学的新方法》，《史学方法导论》，中国人民大学出版社2004年版，第190页。
② 陈寅恪：《陈垣敦煌劫余录·序》，《金明馆丛稿二编》，上海古籍出版社1980年版，第236页。

来考古学在中国的成绩,有两件值得称述:一为发现中国北部的石器时代文化,一为确定中国青铜时代文化。十余年前,旧一点的史学家笃信三皇五帝的传说,新一点的史学家只是怀疑这种传说而已。这两种态度都只取得一个对象,都是对那几本古史的载籍发生的。直等到考古学家的锄头把地底下的实物掘出来,史学界的风气才发生些转变。"①

不过,李济清醒地认识到,虽然学术界风气有所改变,但要使人们真正认识地下文物的价值和考古学的作用,仍任重道远。他说:"若是我们认定地下古物是宝贵的历史资料,有保存及研究的必要,我们至少应有下列的几个基本的认识。这种认识并不是以见于国家法令为止,应该成为一种一切公民必须的训练。"为此,李济提出了三点建议,一是"一切地下的古物完全是国家的,任何私人不能私有";二是"国家应该设立一个很大的博物院训练考古人才,奖励科学发掘,并系统地整理地下史料";三是"就各大学之应设一考古系"。李济的建议既是出于对现实的考量,又有极强预见性。这些设想在 20 世纪 30 年代陆续开始实施,但刚刚起步就被动荡的局势所打断。至 1949 年,总人数不到 20 人的中国第一代考古学家分道扬镳,海峡两岸大约各占一半。

1950 年,李济发表了《中国古器物学的新基础》一文。他首先对已有800 多年历史的金石学的得失做了分析,并对金石学长期停滞不前的原因做了剖析。他这样写道:

> 我们可以说,自然科学在中国落后的原因,也就是古器物学在这一悠长的时间,没有进步的原因。这个原因,概括地说,可以推溯到两宋以来半艺术的治学态度上。自然科学是纯理智的产物;古器物学,八百年来,在中国所以未能前进,就是因为没有走上纯理智的这条路。随着半艺术的治学态度,"古器物"就化为"古玩","题跋"代替了"考订","欣赏"掩蔽了"了解",在这一演进中,吕大临为古物学所悬的目标,也就像秦、汉方士所求的三神山一样,愈求愈远,成了永不能达到的一种境界。因为与这一学业有关的几个基本问题,没有被这半艺术的态度照顾到,这八百年的工作,好像在没有填紧的泥塘上,建筑了一所崇大的庙宇似的,设计、材料、人工,都是上选,不过,忘记了计算地基的负荷力,这个

---

① 李济:《中国考古学之过去与将来》,《安阳》,河北教育出版社 2000 年版,第 301 页。

建筑,在不久的时间,就显着倾斜、卷折、罅漏,不能持久地站住。①

这一解释是非常贴切的。我们知道,西方近代考古学产生的基础,除了古物学,还有地质学、古生物学、进化论等自然科学理论与知识的发展。

1979年,夏鼐发表了《五四运动和中国近代考古学的兴起》一文,也对古器物学给予了充分关注。夏鼐认为"金石学""古器物学"是考古学的前身,并对陈介祺、吴大澂、孙诒让、罗振玉、王国维等前辈学人在19世纪末20世纪初的贡献给予了肯定。他说:"我国考古学的前身'金石学',在北宋时(公元十一世纪前后)便已经产生。……到了晚清(十九世纪后半至二十世纪初),金石学(包括古文字学)更为兴旺。学者如陈介祺、吴大澂、孙诒让等,他们研究的对象不限于金石,方法也比较谨严。民国初年的所谓'罗(振玉)王(国维)之学',对于这学科又有了新的发展。他们利用新出土的甲骨、铜器、简牍、石经和墓志等,做了大量的整理研究工作,有了一定的贡献。"②

文中,夏鼐对1949年前的考古学成就作了简要回顾。他列举了当时主要的考古发现与发掘,如:地质调查所于1921年在河南渑池仰韶村发现并发掘了新石器遗址,1923—1924年又在甘肃洮河流域发现了一系列的史前遗址,1927年开始发掘北京周口店的北京猿人遗址;北京大学于1922年成立北大研究所国学门的考古研究室,1923年成立古迹古物调查会(后改名考古学会),曾去河南新郑和孟津调查铜器出土地,1929年发掘燕下都;中央研究院历史语言研究所于1928年成立考古组,并于是年开始发掘安阳殷墟,1930年发掘山东历城城子崖的龙山文化遗址;1933年北平研究院史学研究所发掘陕西宝鸡斗鸡台等。他认为,这些发掘工作中,周口店和殷墟两处尤其重要,遗址文物丰富,学术价值又高。发掘工作开始以来,现已逾50余年,但是这两处遗址的宝藏,尚未罄竭。周口店的工作是国际合作性质的,好几个国家的专家都参加。殷墟的发掘工作完全是我们中国人自己做的。所以可以说近代考古学在中国已经诞生了。接着,夏鼐写道:

我曾在历史语言研究所考古组工作过。当时听组中同事说,当年成立考古组是为了发掘殷墟。要从所外调人来当组主任并主持殷墟发

① 李济:《中国古器物学的新基础》,《安阳》,河北教育出版社2000年版,第317页。
② 夏鼐:《五四运动和中国近代考古学的兴起》,《考古》1979年第3期,第194页。

掘,颇费一番苦心。所中提名二人,一位是著名金石学教授,另一位是年青而具有一定的近代考古学知识和发掘经验的归国留学生(1918—1923年留学)。蔡元培院长选择后者,后来证明这选择是明智的。后者本人在最近出版的一本著作中还说他自己在国外所接受的训练是人类学,但是由偶然的机会使他成为考古学家(《安阳》,1977年英文版,38页)。殷墟发掘开始后,1930年梁思永加入殷墟发掘团。他是我国第一个接受过西洋近代考古学的正式训练的学者。参加过安阳发掘的旧人都知道,自从他加入后,田野考古的科学水平大大地提高了。后来许多田野考古工作者都是在殷墟这工地训练出来的。①

尽管文中没有写出"另一位"的名字,但"归国留学生""学习人类学""著述《安阳》"等信息已足以说明其所指人物便是李济。只要对历史背景有所了解,便能知道,此时,夏鼐肯定中央研究院历史语言研究所和李济在考古方面的贡献,这是需要相当的勇气与担当的。

同年,夏鼐还写了《三十年来的中国考古学》一文。夏鼐在回顾1949—1979年中国考古学的进展后,总结说:"我们工作还很不够,整理的工作跟不上资料累积的速度,而综合研究和理论研究,更是跟不上了。然而,毫无疑问,中国考古学的将来是充满着光明的。"②

20世纪80年代后,中国考古学迎来了"黄金时代",回顾与反思中国考古学的论著开始增多。在1986年出版的《中国大百科全书·考古学》中,夏鼐全面表达了自己对中国考古学和考古学史的看法。③ 1989年,苏秉琦在《中国考古学从初创到开拓——一个考古老兵的自我回顾》④一文中,提到中国考古学产生之时的三个不同寻常之处:一是对金石学的继承,二是考古学创立早期代表人物的传奇经历,三是创立之初即有马克思主义应用,给出了他对中国考古学史一些新的认识。1995年,张忠培在《中国考古学史的几点认识》⑤一文中,通过梳理中国考古学发展历程,提炼出一些重要事件与成果,作为考古学分期的标志:一是1921年安特生主持的仰韶村发掘,二

---

① 夏鼐:《五四运动和中国近代考古学的兴起》,《考古》1979年第3期,第196页。

② 夏鼐:《三十年来的中国考古学》,《考古》1979年第5期,第392页。

③ 夏鼐、王仲殊:《考古学》,《中国大百科全书·考古学》,中国大百科全书出版社1986年版,第1—21页。

④ 苏秉琦:《中国考古学从初创到开拓——一个考古老兵的自我回顾》,《考古学文化论集》(二),文物出版社1989年版,第371—374页。

⑤ 张忠培:《中国考古学史的几点认识》,《史学史研究》1995年第3期,第47—53页。

是 1931 年梁思永揭示的"后冈三叠层",三是 1948 年苏秉琦发表的《瓦鬲的研究》,四是 1959 年夏鼐发表的《关于考古学上文化的定名问题》,五是 1975 年苏秉琦所做的《关于考古学文化的区系类型问题》学术讲演,六是 1985 年苏秉琦发表的《辽西古文化古城古国——试论当前考古工作重点和大课题》,由此提出了一种与众不同的考古学分期方式。1997 年,严文明在《走向 21 世纪的中国考古学》[1]一文中,对 20 世纪中国考古学的发展作了较全面的梳理,认为中国考古学是世界考古学的重要组成部分,也经历了同世界考古学大致相似的发

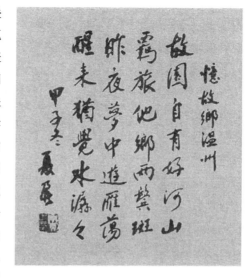

夏鼐《忆故乡温州》:故园自有好河山,羁旅他乡两鬓斑。昨夜梦中游雁荡,醒来犹觉水潺潺。

展阶段,即从以研究古代遗物为主的古器物学发展为以田野考古为基础的近代考古学,再发展到以全面复原古代人类社会历史为目标的现代考古学。并相信,正在走向 21 世纪的中国考古学今后的发展方向,将不但是自己的理论、方法更加完善和研究课题更加广泛而深入,也将会越来越走向世界。

　　夏鼐在 1936 年的日记中曾写道,"假使中国政治社会稍为安定,考古学的工作实大有可为也"[2]。20 世纪的中国考古学尽管有不少起伏与波折,但还是获得了很大的进展与成就,被公认为是近代学术史最辉煌的学问之一。而这一切,是包括浙江籍学者在内的数代学者不懈努力的结果。[3]

① 　严文明:《走向 21 世纪的中国考古学》,《文物》1997 年第 11 期,第 67—71 页。
② 　夏鼐:《夏鼐日记》卷二,华东师范大学出版社 2011 年版,第 53 页。
③ 　本章主要参考了王仲殊、王世民:《夏鼐先生的治学之路——纪念夏鼐先生诞生 90 周年》,《考古》2002 年第 3 期;姜波:《夏鼐先生的学术思想》,《华夏考古》2003 年第 1 期。

结　语

　　对浙江学人与中国近代考古学的关系的探究,暂且告一段落。走笔至此,有必要就本研究的认识稍加归纳与提炼。从浙江学者群的角度切入学术史研究,并观照区域学术史与中国考古学史,是一个新的尝试。通过对章炳麟与初期考古学,孙诒让与甲骨文研究,罗振玉与古器物研究,王国维与"二重证据法",马衡的金石研究与田野考古探索,施昕更、何天行与良渚文化发现,以及夏鼐的考古学成就等几个方面的梳理与钩沉,较全面地呈现了浙江学人的学术视野从传统学术向近代学术转变的轨迹,阐述了浙江学人的探索与中国近代考古学创立过程的关系。

　　浙江学人在传统金石学向近代考古学转型中扮演了重要的角色,且形成了前后相继的学者群体。

　　对西方考古学的介绍与接纳方面,前有章炳麟改造传统史学的呐喊,后有夏曾佑《中国历史教科书》的实践。在《中国通史略例》里,章炳麟关注并强调了地下考古发现与历史研究的密切关系。在《原变》一文中章炳麟不仅提到了西方考古学中石、铜、铁"三期说",而且还引《越绝书》中风胡子之言作比附,并注意到"以玉为兵"时代为西方考古学所未有。夏曾佑在《中国历史教科书》虽然没有明确提及考古学,但从诸如"夫蚩尤受金,作兵,伐黄帝,是地质学家所谓铜刀期矣"等言语中可以看出,作者不仅对西方考古学的"三期说"已有所了解,而且试图借用考古学理论来解释中国古史。尽管此时章氏、夏氏对西方考古学的了解并不全面,但其将考古学知识融入"新史学"和新式历史教科书的做法,对促进西方考古学知识的传播和学界对考古学的接纳起到了不可低估的作用。

　　在研究对象的拓展方面,先有孙诒让《契文举例》这一甲骨学的开山之作,继有罗振玉"古器物学"的提出与实践。虽然 1904 年的《契文举例》与1903 年刘鹗所辑的甲骨图录《铁云藏龟》,前后只相差一年时间,但在甲骨文研究、甲骨学形成的进程中,却向前迈出了关键的一大步,最终完成了甲骨文由发现、收藏、著录到研究的全过程。罗振玉则拓而广之,不仅在甲骨文字、金石刻辞、汉晋木简、敦煌佚书的整理与研究方面均有建树,而且敏锐地注意到此时的古物研究对象已不是"金石"所能概括,于是提出了以"古器物学"替代金石学的主张。虽然罗氏对古器物学的界定,尚未摆脱金石学的规范,但已透出金石学即将向近代考古学转型的新气息。值得注意的是,罗振玉还在亲临古文化遗址考察方面,迈出了第一步。他的后辈,如董作宾、马衡等学者,正是由书斋走向田野,最终完成了金石家向考古学家的转变。

在方法论层面,王国维总结和提倡的"二重证据法",对包括考古学在内的 20 世纪中国学术进程产生了广泛而深远的影响。王国维一方面承袭乾嘉朴学传统并加以拓展,在殷墟甲骨、汉晋简牍、敦煌文书、钟鼎石刻、齐鲁封泥等金石和古器物研究方面,取得了许多超越前贤的成果,成为甲骨学、敦煌学、简牍学的主要奠基者;另一方面倡导"古史新证",以殷墟甲骨证商史、以钟鼎铭刻证周史、以汉晋木简证汉史、以敦煌文书证唐史,突破了"信古"或"疑古"的局限,成为新史学的开山。王氏的"二重证据法"实践,为研究者开启了治史诸多法门,成为 20 世纪中国史学科学化进程的重要界标,也促进了中国近代考古学的创立。当然,"二重证据法"并不是考古学本身的方法,但在中国考古学的创立与发展中,时时闪烁着"二重证据法"及其所衍生的"三重证据法"的影子。

在田野考古方面,前有马衡主持的燕下都考古探索,后有施昕更发现"大文化"并开启长江下游地区史前考古的田野实践。在传统金石学与近代考古学之间,马衡是一位过渡阶段的重要学者。马衡一方面从事金石学研究,在汉魏石经、古籍制度、度量衡制度等方面颇有成就,并以一部《中国金石学概要》,对传统金石学做了总结;另一方面,他关注地下的新发现,提倡有组织、有计划的田野考古,虽没能参加由他提议的安阳殷墟的发掘,但组织并主持了战国燕下都的考古发掘。不仅如此,马衡任故宫博物院院长近 20 年,对中国博物馆事业、故宫文物的保护等方面贡献良多。施昕更的考古发掘,何天行的田野调查,更是破天荒地打开了在地下沉睡了近 5000 年的文化宝藏——良渚文化。施昕更所撰写的《良渚——杭县第二区黑陶文化遗址初步报告》,是 20 世纪二三十年代中国仅有的几份考古发掘报告之一,也是长江流域的第一份考古发掘报告。

在继往开来方面,则有以夏鼐为代表的一批学者。如果以中国社会发生急剧变革的 1949 年为界,将 20 世纪中国考古学分前后两段的话,那么前半段的代表性人物举李济最为恰当,后半段的标志性人物则非夏鼐莫属。50 年的学术生涯,夏鼐对中、西考古学涉猎面既广且深,但在其治学的精神和方法上,我们仍然看到"去取出入,皆有明征,不徇单辞,不逞臆见,信以传信,疑以传疑"的传统学术的影子。

可见，在中国近代考古学的初创过程中，浙江学人的探索与贡献是多方位的，但最值得称道的是在于"识"的层面的贡献。

"学"与"识"，大概是治学过程中两个同等重要的要素。作为一门近代学科的考古学，其实也包含了"学"与"识"两方面内容。作为"学"，即以"田野调查与发掘"为基础的考古学，无疑是诞生于19世纪上半叶的西方，并在19世纪末20世纪初通过直接或间接途径传入中国的。作为"识"，章炳麟、陈黻宸、夏曾佑等倡导"新史学"的"胆识"，孙诒让、罗振玉、王国维等重视"地下出土材料"的"见识"，以及马衡、施昕更、何天行等从书斋考古走向田野考古的"意识"，乃至求学阶段的夏鼐所表现出的"假使中国政治社会稍为安定，考古学的工作实大有可为也"的"远识"等，无疑为西方考古学在中国的传播、扎根、发展起了积极而关键的作用。

为直观起见，人们通常以1928年安阳殷墟的发掘作为中国近代考古学诞生的标志。其实，中国近代考古学的创立既是一个从认识到实践的逐步积累过程，也是"学"与"识"相互交融的过程。1900—1914年间，以章炳麟、梁启超为代表的学者对"新史学"的倡导与实践，以孙诒让、罗振玉为代表的学者对甲骨文字的确认与研究；1915—1928年间，以王国维、安特生为代表的学者对出土遗物的研究与田野考古示范，以傅斯年、李济为代表的学者开始对安阳殷墟考古发掘的组织与实施，无疑都是这一过程中具有重要意义的事件。其间，既有"学"的传播，也有"识"的准备。当以王国维为代表的"识"——"二重证据法"，与安特生为代表的"学"——"田野调查与发掘"，通过当时的"中研院"历史语言研究所聚焦到安阳殷墟这一中国古代王都时，已经过长期孕育的中国近代考古学终于诞生了。

正如"绪论"中所言，任何一种学术变迁，一方面会随社会变革而显示出发展的阶段性，另一方面也会循学术演进的内在逻辑而呈现先后相接的连贯性。浙江学人所呈现的"学"与"识"，一方面是基于浙江地域悠久而深厚的传统学术底蕴，另一方面得益于开时代风气之先的学术创新精神。

参考文献

安志敏.考古学的定位和有关问题.东南文化,2002(1).

安志敏.中国近代考古学的一百年.中国历史文物,2006(1).

白寿彝主编.中国通史.上海:上海人民出版社,1989.

北京大学校史研究室.北京大学史料.北京:北京大学出版社,1993.

查晓英.地质学与现代考古学知识在中国的传播.历史研究,2006(4).

陈德溥编.陈黻宸集.北京:中华书局,1995.

陈梦家.殷墟卜辞综述.北京:科学出版社,1956.

陈其泰.王国维"二重证据法"的形成及其意义.北京行政学院学报,2005(4,5).

陈其泰.中国近代史学的历程.郑州:河南人民出版社,1994.

陈桥驿.《水经注》版本和校勘的研究.杭州师范学院学报,2000(1).

陈星灿.中国史前考古学史研究.北京:生活·读书·新知三联书店,1997.

陈以爱.中国现代学术研究机构的兴起——以北京大学研究所国学门为中心的探讨(1922-1927).南昌:江西教育出版社,2002.

陈寅恪.陈垣敦煌劫余录序.见:陈寅恪史学论文选集.上海:上海古籍出版社,1992.

陈寅恪.金明馆丛稿二编.上海:上海古籍出版社,1980.

陈元晖主编.中国近代教育史资料汇编·教育思想.上海:上海教育出版社,1997.

陈元晖主编.中国近代教育史资料汇编·学制演变.上海:上海教育出版社,1997.

陈祖武.明清时期浙东学术的历史地位.光明日报(理论周刊),2004-03-02.

程邦雄,陈晓红等.孙诒让的甲骨文考释与金文.语言研究,2008,28(4).

董作宾.甲骨学五十年.台北:大陆杂志社,1955.

福开森.南洋公学早期历史.见:《交通大学校史》编写组.交通大学校史资料选编(卷一).西安:西安交通大学出版社,1986.

傅斯年.史学方法导论.南京:江苏文艺出版社,2008.

傅振伦.马衡先生传.浙江学刊,1993(3).

甘孺(罗继祖).永丰乡人行年录.南京:江苏人民出版社,1980.

顾颉刚.古史辨.上海:上海古籍出版社,1982.

郭沫若.中国古代社会研究.石家庄:河北教育出版社,2004.

郝春文.敦煌文献与历史研究的回顾和展望.历史研究,1998(1).

何天行.杭县良渚镇之石器与黑陶.上海:吴越史地研究会,1937.

胡厚宣.五十年甲骨学论著目.北京:中华书局,1952.

胡朴安.中国文字学史.北京:中国书店,1983.

姜波.夏鼐先生的学术思想.华夏考古,2003(1).

姜亮夫.孙诒让学术检论.浙江学刊,1999(1).

金毓黻.中国史学史.上海:上海世纪出版集团,2014.

金钟赞,程邦雄.孙诒让的甲骨文考释与《说文》小篆.语言研究,2003,
23(4).

考古学编辑委员会.中国大百科全书·考古学.北京:中国大百科全书
出版社,1986.

李海英.朴学大师——孙诒让评传.杭州:浙江人民出版社,2007.

李济.安阳.石家庄:河北教育出版社,2000.

李济.李济文集.上海:上海人民出版社,2006.

李孝迁.巴克尔及其《英国文明史》在中国的传播和影响.史学月刊,
2004(8).

李孝迁.西方考古学"三期论"传入考.学术研究,2011(2).

李学勤."二重证据法"与古史研究.清华大学学报(哲学社会科学版),
2007,22(5).

李学勤.甲骨学一百年的回顾与前瞻.文物,1998(1).

李学勤.谈"信古、疑古、释古".见:《原道》编委会.原道(第1辑).北京:
中国社会科学出版社,1994.

李学勤.疑古思潮与重构古史.中国文化研究,1999(1).

梁启超.清代学术概论.北京:中国人民大学出版社,2004.

梁启超.中国近三百年学术史.天津:天津古籍出版社,2003.

梁启超.中国历史研究法.石家庄:河北教育出版社,2003.

林华东.良渚文化研究.杭州:浙江教育出版社,1998.

刘斌.华夏文明的曙光从这里长升起——良渚文化发现70周年纪事.

今日浙江,2006(23).

刘德隆等编.刘鹗及老残游记资料.成都:四川人民出版社,1985.

刘蕙孙.刘蕙孙论学文集.福州:福建教育出版社,2000.

刘燿(尹达).龙山文化与仰韶文化之分析.考古学报,1947(2).

刘毅.从金石学到考古学——清代学术管窥之一.华夏考古,1998(4).

刘寅生,袁英光编.王国维全集·书信.北京:中华书局,1984.

罗琨.罗振玉、王国维与流沙坠简.见:中国社会科学院简帛研究中心.简帛研究(第3辑).南宁:广西教育出版社,1998.

罗琨.罗振玉评传.南昌:百花洲文艺出版社,1996.

罗振常.洹洛访古游记.郑州:河南人民出版社,1987.

罗振玉.罗雪堂先生文集.台北:大通书局,1986.

罗振玉.雪堂自述.南京:江苏人民出版社,1999.

罗振玉撰述.萧立文编校.雪堂类稿.沈阳:辽宁教育出版社,2003.

马衡.凡将斋金石丛稿.北京:中华书局,1977.

马衡.汉石经集存.上海:上海书店,2014.

马衡.马衡讲金石学.南京:凤凰出版社,2010.

马衡.中国金石学概论.长春:时代文艺出版社,2009.

毛佩琦.历史研究中的"三重证据法".科学时报,2006-11-16.

牟永抗.浙江良渚考古又十年.东南文化,1997(1).

南京博物院.1982年江苏常州武进寺墩遗址的发掘.考古,1984(2).

南京博物院.江苏吴县草鞋山遗址.见:文物编辑委员会.文物资料丛刊(3).北京:文物出版社,1980.

裴文中.裴文中史前考古学论文集.北京:文物出版社,1987.

钱宝琮主编.中国数学史.北京:科学出版社,1964.

钱存训著.戴文伯译.近世译书对中国现代化的影响.文献,1986(2).

钱穆.中国史学名著.北京:生活·读书·新知三联书店,2004.

裘锡圭.谈谈清末学者利用金文校勘《尚书》的一个重要发现.见:古代文史研究新探,南京:江苏古籍出版社,1992.

饶宗颐.谈"十干"和"立主".见:饶宗颐史学论著选.上海:上海古籍出版社,1993.

桑兵.晚清民国的国学研究.上海:上海古籍出版社,2001.

上海市文物保管委员会.福泉山——新石器时代遗址发掘报告.北京:文物出版社,2000.

邵子风. 甲骨书录解题. 上海:商务印书馆,1935.

沈颂金. 传统金石学向近代考古学的转变——以马衡为中心的考察. 学习与探索,2000(4).

沈颂金. 梁启超与中国近代考古学. 松辽学刊(人文社会科学版),2000(1).

施昕更. 良渚——杭县第二区黑陶文化遗址初步报告. 杭州:浙江省教育厅,1938.

施忆良. 我的父亲施昕更. 见:杭州市政协文史委. 杭州文史丛编(文化艺术卷). 杭州:杭州出版社,2002.

石兴邦. 何天行先生的行述. 见:西安半坡博物馆. 史前研究. 陕西:三秦出版社,2000.

宋广波. 从《日记》看夏鼐的学术人生. 中国文化,2011(2).

苏秉琦. 苏秉琦考古学论述选集. 北京:文物出版社,1984.

孙诒让. 古籀拾遗·古籀余论. 北京:中华书局,1989.

孙诒让. 墨子间诂. 北京:中华书局,1986.

孙诒让. 契文举例. 济南:齐鲁书社,1993.

孙诒让. 孙籀庼先生集. 台北:艺文印书馆,1963.

谭飞,程邦雄. 罗振玉与孙诒让之甲骨文考释比较研究. 语言研究,2009,29(4).

谭汝谦. 中国译日本书综合目录. 香港:香港中文大学出版社,1980.

汤志钧编. 章太炎政论选集. 北京:中华书局,1977.

唐兰. 天壤阁甲骨文存并考释. 成都:四川大学出版社,2001.

田旭东. 二十世纪中国古史研究主要思潮概论. 北京:中华书局,2003.

汪林茂. 从传统到近代——晚清浙江学术的变迁. 浙江大学学报(人文社科版),2004,34(5).

王国维. 古史新证——王国维最后的讲义. 北京:清华大学出版社,1994.

王国维. 观堂集林. 石家庄:河北教育出版社,2003.

王国维. 人间词话. 北京:人民文学出版社,1982.

王国维. 王国维戏曲论文集. 北京:中国戏剧出版社,1957.

王国维. 王国维遗书. 上海:上海古籍书店,1983.

王心喜. "小人物"发现"大文化". 华夏考古,2006(1).

王宇信. 关于殷墟甲骨文的发现. 殷都学刊,1984(4).

王仲殊,王世民. 夏鼐先生的治学之路——纪念夏鼐先生诞生90周年.

考古,2000(3).

卫聚贤.中国考古学史.北京:团结出版社,2005.

魏源.海国图志.长沙:岳麓书社,1998.

吴浩坤,潘悠.中国甲骨学史.上海:上海人民出版社,1987.

吴汝纶.吴汝纶尺牍.合肥:黄山书社,1990.

吴汝祚.施昕更与何天行.东南文化,1997(1).

夏曾佑.中国古代史.石家庄:河北教育出版社,2003.

夏鼐.关于考古学上文化的定名问题.考古,1959(4).

夏鼐.考古学论文集.石家庄:河北教育出版社,2000.

夏鼐.碳－14测定年代和中国史前考古学.考古,1977(4).

夏鼐.夏鼐日记.上海:华东师范大学出版社,2011.

夏鼐.中国文明的起源.北京:文物出版社,1985.

项隆元.中国物质文明史.杭州:浙江大学出版社,2008.

徐苹芳.夏鼐与中国现代考古学.考古,2010(2).

徐世昌.清儒学案.北京:中国书店,1990.

徐新民.浙江旧石器考古综述.东南文化,2008(2).

徐中舒.王静安先生传.见:陈平原,王枫编.追忆王国维.北京:中国广播电视出版社,1997.

许冠三.新史学九十年.长沙:岳麓书社,2003.

严复.严复集.北京:中华书局,1986.

严文明.走向21世纪的中国考古学.文物,1997(11).

杨楠.施昕更与《良渚》.见:浙江省文物考古研究所.良渚文化研究.北京:科学出版社,1999.

杨舒眉.1900－1915年间的中国通史编纂.齐鲁学刊,2010(5).

杨向奎.略论王国维的古史研究.史学史资料,1980(3).

杨小召,侯书勇.罗振玉与古器物学.求索,2009(1).

杨直民.中国传统农学与实验农学的重要交汇——就清末《农学丛书》谈起.农业考古,1984(1).

姚今霆.施昕更年表.见:余杭文史资料(第3辑).余杭县政协文史资料委员会,1987.

俞旦初.二十世纪初年西方近代考古学思想在中国的介绍和影响.考古与文物,1983(4).

俞雄.孙诒让传论.杭州:浙江人民出版社,2008.

詹鄞鑫.孙诒让甲骨文研究的贡献.南阳师范学院学报,2003,2(8).

张炳火,蒋卫东.也谈良渚文化的发现人.见:浙江省社会科学院国际良渚文化研究中心.良渚文化探秘.北京:人民出版社,2006.

张光直.中国考古学论文集.北京:生活·读书·新知三联书店,1999.

张舜徽.中国史论文集.武汉:湖北人民出版社,1956.

张宪文辑.孙诒让遗文辑存.杭州:浙江人民出版社,1990.

张之恒.中国考古学通论.南京:南京大学出版社,1990.

张忠培.中国考古学史的几点认识.史学史研究,1995(3).

章炳麟.訄书.北京:生活·读书·新知三联书店,1998.

章太炎.章太炎全集.上海:上海人民出版社,1985.

赵大川.初创时期的浙江省博物馆与良渚文化发现人施昕更.见:浙江省博物馆.东方博物(第32).杭州:浙江大学出版社,2009.

浙江省文物考古研究所.河姆渡——新石器时代遗址考古发掘报告(上、下).北京:文物出版社,2003.

浙江省文物考古研究所.跨湖桥.北京:文物出版社,2004.

浙江省文物考古研究所.余杭瑶山良渚文化祭坛遗址发掘简报.文物,1988(1).

浙江省文物考古研究所反山考古队.浙江余杭反山良渚墓地发掘简报.文物,1988(1).

郑欣淼.厥功甚伟 其德永馨——纪念马衡先生逝世50周年.故宫博物院院刊,2005(2).

周予同.中国历史文选.北京:中华书局,1962.

周作人.周作人文类编.长沙:湖南文艺出版社,1998.

朱芳圃.清孙仲容先生诒让年谱.台北:台北商务印书馆,1980.

朱剑心.金石学.北京:文物出版社,1981.

左玉河.从四部之学到七科之学——学术分科与近代中国知识系统之创建.上海:上海书店出版社,2004.

后　记

又是一个夏天。坐在书桌前,敲下最后一个修改字符,心里终于舒了一口气,因为从着手研究、撰述到今天修改、定稿,已走过了整整 10 个春秋。

本书稿是"近代浙江社会文化变迁"课题的一部分。2006 年就开始查阅资料、准备撰述,预期两年完成。一方面,开展"浙江学人的探索与中国近代考古学的产生"的探索,远比原先想象的要困难得多;另一方面,因日常教学任务极其繁重,难以有一个相对完整的时间从事研究。这样,断断续续地进行了 10 年光景。期间数易其稿,最终成今天的模样。

书稿的完成,得到各方直接或间接的帮助。感谢陈野老师的信任与俞为洁研究员的推荐,使我得以沉下心来对浙江学人与中国近代考古学产生的关系,这一虽早有想法但一直没下定决心的课题作系统的研究。感谢蒋卫东先生、王屹峰先生,他们为书稿提出了宝贵意见,还提供了相关资料。感谢冯倩、许彩云、倪灵玲、伍毅、徐莹、黄彦轮、汪蓉等研究生,他们为我查找了不少文献资料,汪蓉还为书稿的大部分注释作了核对。感谢匿名评审专家对书稿的肯定和提出的修改意见。还要感谢我的家人,正是有了妻子、女儿的付出,才使我得以安心地从事课题研究与写作。在撰述过程中,参考了众多学者的研究成果。没有前人的研究成果,不可能有这本著述的问世。在此一并表示谢意。

作者
2015 年 8 月

补　记

　　书稿完成后,发现还存在不少欠缺。之后陆续进行了补充与完善。在获得国家社科基金后期资助项目立项后,又根据评审专家的意见,就书稿中存在的问题与不足,作了针对性的补充与修改。在此过程中,朱伊凡、田璐、刘佳、宋旭雅、包玉叶、傅筠庭等研究生,协助我对书稿中的引文与注释做了进一步的核实,对一些错字别字作了改正。在此,对给予各种帮助的专家、友人、学生再一次表示感谢。

　　浙江大学出版社宋旭华先生、徐凯凯先生、吴超女士为本书稿的最终出版,花费了很多精力。宋旭华先生还为本书稿申报国家社科基金后期资助项目,提供了极大的帮助。对此表示深深的谢意。

　　虽然书稿得到评审专家很高的评价,但心中依然忐忑。如有不当之处,敬望方家与读者批评指正。

　　感谢国家社会科学基金对本书稿出版的支持。

作者

2019 年 3 月

图书在版编目（CIP）数据

浙江学人与中国近代考古学 / 项隆元著. —杭州：
浙江大学出版社，2021.4
ISBN 978-7-308-20502-3

Ⅰ.①浙… Ⅱ.①项… Ⅲ.①文物—考古—浙江
Ⅳ.①K872.55

中国版本图书馆 CIP 数据核字（2020）第 159764 号

浙江学人与中国近代考古学

项隆元　著

责任编辑	吴　超　宋旭华	
责任校对	杨利军	
封面设计	周　灵	
出版发行	浙江大学出版社	
	（杭州市天目山路 148 号　邮政编码 310007）	
	（网址：http://www.zjupress.com）	
排　　版	浙江时代出版服务有限公司	
印　　刷	浙江新华数码印务有限公司	
开　　本	710mm×1000mm　1/16	
印　　张	17.25	
字　　数	305 千	
版 印 次	2021 年 4 月第 1 版　2021 年 4 月第 1 次印刷	
书　　号	ISBN 978-7-308-20502-3	
定　　价	68.00 元	